JN437072

최신 무역학원론 (개정판)

최해범 | 전외술 공저

도서출판 두남

머리말

개정판에 즈음하여

작금 세계경제의 변화는 한 해가 과거 10년과 같을 정도로 빠르고 급박하다. 특히 경제환경의 변화는 솔직히 급변으로 요약할 수 있겠다. 동시에 하루가 다르게 달라지는 학문세계에서도 새롭게 발전된 이론들을 다듬어서 신속하게 기존의 저서를 보완하거나 그러한 내용들을 추가로 수록할 필요성이 제기되는 것이다. 2010년 이후 FTA의 확산추세, 유럽의 재정위기, 세계경제의 다극화 현상 등을 담은 교재가 필요하다는 사실을 절감함에도 불구하고, 대략 5년이 지나도록 무역학원론의 개정판을 내지 못한 것은 전적으로 저자들의 게으름 때문이었다.

상당수의 독자들로부터, 특히 이 저서를 교재로 채택하는 학생들에게서 보완의 필요성과 간단한 문제점들을 건의 받은 지가 몇 년이 흘렀음을 솔직히 인정하는 바이다. 이번에 무역학원론을 개정함에 있어서, 여러 가지 항목들이 삭제 내지 개선되었고 일부 이론들이 추가되었다. 그리고 그동안 비교적 난해했던 이론이나 내용에 대해서는 가급적 쉽게 학생들이 이해할 수 있도록 보완하고 동시에 문장을 쉽게 풀어쓰도록 노력하였음을 밝힌다. 특히 본 원론을 개정함에 있어서 국제경영 분야를 집중적으로 보완함으로써, 세계기업 내지 경제환경을 반영하려고 노력했다. 비전공 학생들에게는 다소 난해할지 모르겠으나, 이론과 내용 수준은 중급 정도의 범주를 벗어나지 않을 것으로 생각된다.

초판에서와 같이 학문상의 체계와 독자들의 이해증진을 위하여 원론수준의 기초이론들이 다수 수록돼 있으며, 특히 2010년 이후 국제경제의 상황변화에 따른 국제간의 자원이동과 그 배분 등에 관해서도 기초적인 내용을 제공하고 있다. 다국적기업의 자금조달, 국제금융 상황, 국제경영 전반에 걸쳐 상당폭 수정·보완하였다. 즉 무역학원론이란 취지에 맞게, 무

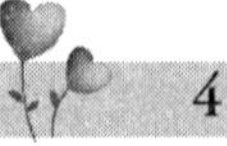

역학의 기초이론에서부터 현재 국제경제의 실증적 내용에 이르기까지 모두를 망라함으로써, 소위 경제이론과 국제경제 및 국제경영 전반까지를 다루고 있음도 밝혀두는 바이다.

사실 개정판이라고는 하지만 여전히 담아내지 못한 아쉬운 부분이 있음을 부인할 수 없다. 그게 학문이고, 개정의 필요성을 말해주는 게 아닌가 싶다. 이번 무역학원론 개정의 경우도 그렇다. 독자들을 위한 지속적인 노력과 관심을 가질 것을 다짐한다.

이 개정판을 준비하는 데 있어서 처음부터 끝까지 보완과 마무리를 도와주신 박성규 교수님에게 감사드리고, 그동안 다소 보완해야 할 부분이나, 약간의 문제들을 지적해 준 여러 제자들에게 고맙다는 인사를 지면을 통해 드린다. 계속적으로 보완하고 다듬어나갈 것을 약속한다. 그리고 본인의 졸저들을 초판부터 다듬고 편집하여 주신 도서출판 두남의 전두표 사장님께 감사드리며, 아울러 이 책을 교과서로 정해서 수업에 임하는 여러 학생들에게도 감사드리는 바이다.

2013년 2월
저자들 씀

머리말

2009년 기축년(己丑年) 새해를 맞이하여 지난 2008년은 우리 경제에 있어 그 어느 때보다도 어려움이 많았던 한해였다. 2008년 미국발 금융위기가 글로벌 금융 불안 및 실물경제 침체로 확산되면서, 세계경제는 대공황 이후 최악의 위기상황을 맞게 되었다. 글로벌 신용경색의 여파로 국내경제 역시 환율이 급등하는 한편 수출 및 내수경기가 크게 둔화되는 등 매우 불안한 모습을 보이고 있다. 이와 같은 대내외 여건의 악화에 따른 우리 경제의 위기 극복을 위해 많은 노력이 필요하며, 이러한 노력들이 여러 분야에서 이루어지고 있다.

본서는 이와 같은 노력의 한 축이라 할 수 있는 무역학을 공부하고자 하는 학생들은 물론 일반인들에 이르기까지 무역학의 기본원리를 습득시켜주는 지침서로 쓰였다. 오늘날 우리주변을 둘러싸고 있는 글로벌사회의 제경제현상을 잘 이해하고 장래에 대한 발전과 전망을 할 수 있는 힘을 기르는데 무역학을 배우고자 하는 이유라고 할 수 있다. 즉 높은 생활수준, 1인당 소득의 증대, 생산능력의 증가, 지속적인 경제성장, 각국의 경제적 독립과 자립 등의 여러 목표를 달성하려면 무역학의 기본원리를 습득하고 이해할 필요가 있기 때문이다.

더구나 오늘날 급변하는 글로벌 경제속에서 우리나라 경제가 고도경제성장을 지속하려면 개방화, 국제화의 흐름을 강화시켜야 할 형편이다. 이러한 시대적 상황에 비추어 볼 때 무역 및 무역학의 기본을 이해하는 것은 오히려 현대를 살아가는 우리 모두에게 하나의 상식적인 문제가 되어버렸다.

이에 따라 지금까지 무수히 많은 무역학 교재들이 나와 있고 일반기업체를 비롯하여 정부차원에서도 국제무역의 동향 등에 관한 교육을 강화해오고 있는 실정이다. 그런데도 무역학은 아직도 학생들은 물론 일반인들에게는 쉽게 이해하거나 활용하기가 어려운 학문으로 생각되어 지고 있는 것이 또한 사실이다.

본서의 목적은 학생들에게 무역학의 기초이론이나 원리를 정확히 이해시킴으로써, 무역학이 난해한 학문이라는 인식을 불식하고 글로벌경제사회를 좀 더 자세히 파악할 수 있는 힘을 기르는데 그 주안점이 있다.

이상과 같은 목적을 달성하기 위해 본서는 저자들이 강의하면서 강의교재로 사용하고 있는 저명한 국내외 문헌의 상당부분을 참고하였음을 밝혀둔다. 하지만 본서는 저자들의 능력이 일천하여 본서가 보잘것없이 되었음에 불만스럽고 송구스럽게 생각한다. 부족한 부분은 선배 및 제현들의 가르침을 받아 시대의 흐름에 따라 계속하여 보완하여 차후 개정판에서는 좀 더 짜임새가 있고 정교한 저서가 될 수 있도록 노력하겠다.

마지막으로 본서가 출간되기까지 바쁜 일과 속에서도 성심껏 도와준 제자들에게 진심으로 고마움의 마음을 전한다. 특히 국제무역학과의 김기환 선생과 이현국 선생에게 감사의 마음을 전한다. 또한 여러 가지 어려움에도 불구하고 본서의 출판을 기꺼이 허락해주신 도서출판 두남 전두표 사장님, 이승구 상무님과 편집부 관계자 여러분께 진심으로 감사의 마음을 전한다.

2009년 2월
저자들 씀

차 례

제1부 국제무역학의 기초

제3부 무역정책과 국제경제질서

제4부
국제금융론

제5부
국제경영활동

제6부
국제상학

제1부
국제무역학의 기초

01 국제무역의 기초개념

제1절 국제무역의 개념과 특성

1. 국제무역의 기본개념

뉴밀레니엄 시대를 맞이하여 오늘날 국제무역환경은 급격한 변화의 시대를 맞이하고 있다. 21세기에 접어들어 교통 및 정보통신기술의 혁신은 경제활동에 있어 국경의 의미를 퇴색시킴으로써 세계를 하나의 지구촌으로 만들어 가고 있다. 이와 같은 새로운 시대의 도래는 단순히 물리적 시간이 흐른다는 것 이상의 많은 의미를 함축하고 있는데, 국제기업활동을 영위하고자 하는 측면에서는 각국의 경제활동에 대한 보호와 규제가 철폐되어 국경이 없는 무한경쟁시대에 돌입하게 되었다는 새로운 패러다임을 맞이하고 있다. 특히 오늘날의 국제무역환경은 세계 각국의 상호 의존성의 심화로 인하여, 어느 국가도 경제적으로 고립되어 살 수 없다. 즉, 한 국가의 산업 · 상업 · 기술 및 모든 경제여건은 무역과 자본이라는 복잡한 구조에 의해 외국경제와 밀집한 관계를 맺고 있기 때문이다.[1)]

일찍이 영국의 아담 스미스(Adam Smith)는 『국부론』에서 한 사회 한 나라의 경제발전은 그 시장의 크기에 제한을 받는다고 하였다.[2)] 즉 시장이 너무 협소하면 그 경제는 더 이상 발전할 수가 없다는 것이다. 오늘날 가계, 기업, 정부는 상품와 서비스를 대상으로 경제활동을 추진해 나가고 있

---

1) 최해범 외, 『최신국제통상론』, 대학문화, 2001, p.19.

2) Adam Smith, *The Wealth of Nations*, I. M.. Dent & Sons Ltd., London, 1950, p.15.

다. 이와 같은 경제행위가 국내시장에서 이루어질 때 국내거래라고 하지만, 국가간에 이루어질 때는 국제무역(International trade)이라 부른다. 여기에서 국제무역은 일국의 경제주체가 타국의 경제주체와 재화, 서비스 및 생산요소를 상거래하는 행위를 총칭한다.

그럼 무역(貿易)이 어디에서 나왔는지 그 어원을 살펴보면, 무역은 고대국가에서부터 시작되었고 그와 함께 무역이라는 용어도 발생되었는데 오늘날 사용하고 있는 무역이라는 한문의 용어도 일찍이 고대중국의 고전인 『사기(史記)』와 『십팔사략(十八史略)』에 각각 기록된 '以物相貿易'과 '貿易衣服回轉數周'라는 문구로부터 출발된 것으로 설명된다. 이때 '貿'와 '易' 자는 모두 매매(賣買) 또는 교환(交換)을 의미한다.

한편 영어에서는 이를 'Trade'라고 하는데 이 영어 Trade의 어원이 '지나간 자국, 항로' 등의 뜻을 가진 Track이라는 단어와 '걷다, 밟다' 등의 뜻을 가진 Tread라는 단어에서 유래되고 있는바 어떤 길이나 항로를 따라가서 물건을 교환한다는 의미를 가졌다고 할 수 있다.[3)]

이와 같이 무역이란 교환 · 거래 · 매매 등을 뜻한 것이므로 이것이 국가간에 일어나는 것을 국제무역이라고 한다. 그런데 국가와 국가간에 이루어지는 무역의 용어로서는 국제무역이라는 명칭이외에도 세계무역 · 외국무역 · 해외무역 등이 있다. 이 같은 명칭들은 국가와 국가간의 무역을 지칭한다는 점에서는 모두 일단 공통되나 그 구체적인 의미는 다소 다른 것으로 해석되기도 한다.

우선 '국제무역(International Trade)' 또는 '세계무역(World Trade)'이란 국제간의 무역거래를 어느 특정한 국가의 관점에서 보지 않고 아시아 국제무역과 같이 일정한 지역 내에 있는 다수국간의 무역거래를 일괄하여 객관적으로 고찰할 때 사용되는 용어이다. 여기서 국제무역과 세계무역을 구분짓는 기준으로서는 국제무역이 어떤 지역을 대상으로 하는 부분적인 것임에 비하여 세계무역은 전세계 국가들간의 무역을 한 묶음으로 파악하는 경우라고 설명하는 학자들도 있으나 실제에 있어서 이들은 혼용되고

3) 최해범, 『현대무역학원론』, 일신사, 1996, pp.35~36.

있어 정확히 구별하는 것은 별 의미가 없다. 일반적으로 세계무역은 학문적 의미에서 보다 세계시장적 의미에서 사용되는 한편, 국제무역은 국민경제간의 결합체로서 또는 보다 학문적 입장에서 파악하려는 경향이 많다.

다음으로 '외국무역(Foreign Trade)' 또는 '해외무역(Overseas Trade)'이란 어떤 1국이 자국의 입장에서 다른 나라와의 무역거래를 지칭할 때 사용되는 주관적인 개념이다. 가령 한국의 외국무역 또는 한국의 해외무역이라고 불리는 경우가 그것이다. 이때 이러한 외국무역을 해외무역이라고도 부르며 또한 이러한 외국무역이 바다를 통해서 이루어지는 도서국가의 경우 이를 해외부역이라고도 한다.

한편 이 같은 국가와 국가간의 무역을 뜻하는 용어에 대칭되는 용어로서 '국내무역' 또는 '내국무역(Home or Domestic Trade)'이라는 것이 있다. 이것은 1국의 영토 내에 있는 외국인에게 상품이나 서비스를 제공하여 그 대가로서 외화를 수령하는 거래를 지칭한다. 따라서 이것은 외국인으로부터 외화의 수취를 가져온다는 점에서는 외국무역과 유사하나 그 거래가 국내에서 이루어진다는 사실과 그 대금수취방법 등이 일반적인 외국무역과는 상이하므로 이를 특별히 국내무역 또는 내국무역이라고 하는 것이다.

우리나라에서의 국제무역에 대한 연구와 과제는 선진국의 그것과는 분명히 구별되어야 한다. 왜냐하면 자원, 기술, 자본 등이 상대적으로 우위에 있는 선진국에서의 국제무역에 대한 문제의 정도와, 제반 여건이 상대적으로 열위에 있으면서 대외의존도가 매우 큰 우리나라의 입장과는 본질적인 차이가 있어 동 분야의 학문적인 논의에 많은 시간과 노력을 기울여야 할 것이다.4)

2. 국제무역의 특수성

국제무역은 상거래라는 점에서 국내거래와 근본적으로 동일하나 국가의 영역을 넘어서 국가와 국가 사이에 이루어진다는 점에서 국내거래와는 다

4) 전외술 외 2인, 『국제통상실무』, 신영사, 1999, pp.29~30.

른 특수성을 발견할 수 있다.

(1) 높은 거래장벽

국제거래에는 각국의 경제, 정치, 사회, 문화, 법 등 각종 제도상의 차이와 지리적 원격성으로 인하여 높은 거래장벽이 존재한다. 물론 오늘날 이와 같은 국제거래상의 높은 장벽은 세계경제의 개방화와 과학기술의 혁신으로 인하여 점차 낮아지고 있으나 여전히 국제무역의 장벽으로 존재하고 있다.

(2) 상품 및 생산요소 이동의 곤란

상품과 생산요소(자본, 노동)는 국내뿐만 아니라 국가 사이에서도 이동되지만 국내처럼 자유로운 이동은 상당히 어렵다. 우선, 상품의 국제적 이동을 살펴보면 교역상대국의 산업정책, 무역정책, 외환정책 때문에 자유롭게 이동되지 못하고 있다. 뿐만 아니라 상품의 수송에 따른 비용, 국제거래에 대한 정보의 부족, 수출입실무에 대한 복잡성이 상품의 자유로운 이동을 제한한다. 또한 자본이동은 자본공여국과 자본수입국의 통제 및 자본이동에 따른 위험 때문에 한계가 있다. 끝으로 노동 역시 교역상대국의 노동정책, 언어, 습관, 종교 등이 다르기 때문에 자유롭게 이동될 수 없다.

(3) 무역에 대한 국가관리

국내상업은 거래의 자유라는 기본원칙에 따라 원칙적으로 정부의 간섭을 받지 않으나, 국제무역은 서로 다른 국가 사이의 거래이므로 자국정부의 강력한 규제를 받는다. 즉, 각국 정부는 국제무역이 경제성장, 물가, 고용, 소비, 국제수지 등을 통해 국민경제에 미치는 영향이 지대하기 때문에 국제무역을 촉진하거나 규제하는 여러 가지 직 · 간접적인 지원 및 규제정책을 실시한다.

(4) 상관습의 중요성

국제거래에서는 통일된 국제사법이 존재하지 않고 있기 때문에 상관습

이 매우 많은 부분을 차지하고 있다. 국제거래는 국내거래와 달리 많은 국가의 이해가 복잡하게 얽혀 있어 거래와 관련된 통일적 규범 및 관행의 발전 없이는 국제무역의 확대가 불가능하다고 할 수 있다. 이에 국제무역에서는 이와 같은 역할을 수행하는 통일된 상관습이 발전하여 왔는데, Incoterms와 UCP(신용장통일규칙) 등이 대표적인 예이다.

(5) 외국환에 의한 결제

세계 각국은 각각 자국의 통화제도를 갖고 있으며, 중앙은행으로 하여금 이를 관리 · 운영하도록 하고 있다. 한편, 국제무역은 통화제도가 다른 국가 사이에 이루어지는 것이므로 외국환을 매개로 거래대금이 결제된다는 것이 특징이다. 그리고 이 결제를 위해서는 한 나라의 통화와 다른 나라의 통화와의 교환비율, 즉 환율이 결정되어야 하며, 이 환율의 변동에서 일어나는 환위험은 거래당사자에게 중대한 영향을 미치게 된다.

3. 국제무역의 성격

국제무역은 그 기능적인 특성에 기인하여 다양한 변수에 의해 직 · 간접적으로 영향을 받는다. 따라서 그 성격도 다음과 같이 여러 가지 관점에서 세분화하여 살펴볼 수 있다.

(1) 개별경제적인 성격

수출입행위는 국내상거래와 같이 개인간의 자유의사에 의하여 접촉이나 교섭을 통하여 이루어지는 사적 물품매매활동(private merchandising activity)이다. 즉, 무역 자체가 개별 무역업자들의 수출행위와 수입행위들로 구성되어지기 때문에 이러한 의미에서 국제무역이 개별경제적인 성격을 가진다고 말할 수 있다.

일반적으로 개별기업들에 있어서는 국제무역이 일체의 장애요인이 없이 자유로이 이루어질 때 무역의 기능을 최대한 살릴 수 있지만, 아직까지도 완전한 자유무역은 존재하지 않고 있다고 할 수 있다.

〈그림 1-1〉 국제무역의 성격

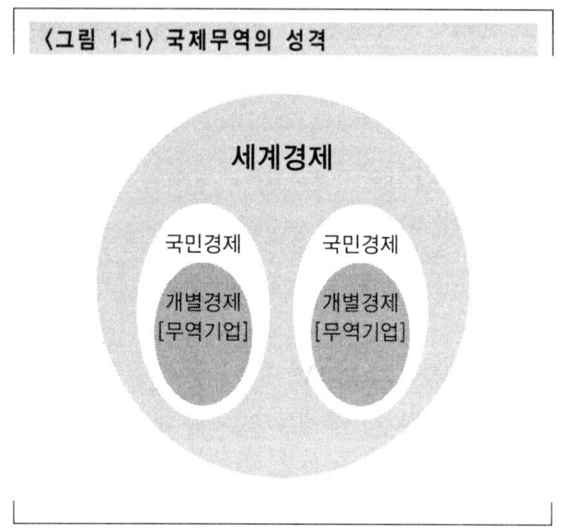

(2) 국민경제적인 성격

국제무역은 취급하는 물자와 자본이 국경을 넘어서 이동되는 경우에 발생하며, 개별기업의 이익차원과 더불어 국민경제적 측면의 공익이란 차원에서 제약을 받게 된다. 오히려 국가간의 물품교류 현상으로 일컬어지는 무역의 행위주체는 개별기업체이지만, 그 기본주체는 국민경제라고 할 수 있다.

상거래의 상대방이 외국인이라 하더라도 그 거래가 국경을 벗어나지 못한 국내에서 이루어지게 되면 우리는 이 거래를 무역이라 칭하지 않지만, 그 상거래가 동일한 국민간 또는 본 · 지점간 거래라 할지라도 일단 국경을 벗어나 발생하게 되면 이는 무역의 범주에 포함되어지게 된다.

한편 무역에 있어서 국가의 기본이익이 개별기업의 사적 매매에 의한 이윤추구보다 우선시 된다는 면에서 국민경제를 무역의 기본주체를 볼 수 있고, 이런 이유로 국가간 상거래에는 그 개별기업들이 소속된 국가의 무역정책이나 산업정책에 직접적으로 영향을 받게 된다.

이러한 의미에서 무역은 개별 기업적 성격뿐만 아니라 국민경제적 성격도 가진다고 볼 수 있다.

(3) 세계경제적인 성격

오늘날 교통 · 통신수단의 발달은 국제적인 분업화를 더욱 촉진시켜 왔으며, 세계의 어느 국가도 폐쇄된 완전한 자급자족 경제체제를 영위하지는 못하고 있는 실정이다. 미국과 같이 자원과 물자가 풍부하여 자급자족이 가능하리라고 생각되는 나라도 국제무역의 확대를 통한 경제발전을 꾀

하고 있으며, 구소련이나 구동구권, 중국 등 자급자족을 지향하던 사회주의 국가들도 이제는 사회주의체제를 포기하고 적극적으로 무역확대를 추진하고 있다. 이 같은 의미에서 볼 때 국제무역은 국민경제에 지대한 영향을 줄 뿐만 아니라, 국제분업화에 의해 국민경제간의 구조적인 결합을 촉진시킴으로써 상호간 밀접한 의존관계를 형성시키고 결국에는 세계라는 단일의 유기적 공동체를 형성하게 된다.

이 같은 세계경제의 유기적 결합은 세계기구 차원에서의 거래절차의 간소화 · 표준화, 관세 및 비관세 장벽의 국제적 조정, 거래관습의 통일 등과 같은 범세계적인 움직임을 통해 쉽게 발견할 수 있다. 따라서 국제무역은 국가간의 상호 의존성이 존재하고 한편으로는 자원을 효율적으로 이용하여 세계의 복리 · 후생을 극대화시키는 방향으로 무역이 이용되어져야 한다는 세계 경제적 차원에서 국제무역의 성격이 파악되어져야 한다.

제2절 국제무역의 주체와 종류

1. 국제무역의 주체

국제무역의 주체 즉 국제무역에 직 · 간접적으로 관계하는 참여자는 개인, 기업, 정부, 국제기구로 나누어 볼 수 있다. 먼저 개인의 경우 해외여행, 해외송금, 이민, 해외투자 등 다양한 방법을 통하여 국제무역에 참여할 수 있는데, 오늘날 세계화 · 개방화의 영향으로 국제무역에서 개인이 참여하는 규모와 범위가 점차 확대되고 있는 실정이다.

둘째, 국제무역에서 가장 활발한 활동을 하고 있는 주체로서 기업을 들 수 있다. 기업은 국제무역에서 가장 중요한 주체로서 수출입 전문기업, 중소기업, 대기업, 종합상사, 다국적기업 등 다양한 형태가 존재한다.

셋째, 개인 및 기업 이외에 정부물자나 전략물자의 수입 등의 거래주체로서 정부를 들 수 있는데, 국제무역의 주체로서 정부의 역할은 정부부문의 비중이 커질수록 증가한다. 그리고 정부는 민간무역과 투자활동에 있어 자국의 무역정책을 통하여 적극적으로 개입하기도 한다.

마지막으로 국제무역에 참여하고 있는 주체로서 국제기구를 들 수 있다. 국제기구란 국제사회에서 활동하는 범세계적 또는 지역적 조직체로서 국제무역과 관련하여 국제무대에서 많은 활동을 수행하고 있다. 특히 국제무역 규범의 제정과 국가간 상호협력을 통한 국제무역의 확대를 주요 임무로 1995년 1월 1일부터 활동하고 있는 세계무역기구, 일명 WTO(World Trade Organization)는 국제무역 주체의 대표적인 국제기구이다.[5)]

2. 국제무역의 종류

국제무역의 종류를 논할 때 다양한 용어가 쓰이고 있는데, 일반적인 무역의 종류는 무역을 보는 관점에 따라 여러 가지 형태로 구분하여 볼 수 있다.

(1) 인식관점에 따른 분류

무역의 종류를 논할 때 국제무역을 인식하는 관점에 따라 분류하기도 한다. 무역을 일국의 입장에서 보아 그 나라와 외국간에서 행하여지는 상거래라는 입장에서 외국무역(foreign trade)이라 하며, 상대국을 포함한 세계 전체의 입장에서 국제무역(international trade) 또는 세계무역(world trade)이라 한다. 그리고 내국무역(內國貿易)과 상반되는 입장에서 대외무역(對外貿易), 해상운송을 전제로 하여 해외무역(海外貿易) 등의 형태로 분류되고 있다.[6)]

(2) 물품의 이동방향에 따른 분류

거래되는 물품의 이동방향에 따른 분류는 수출무역(export trade)과 수입무역(import trade)으로 구분할 수 있다. 수출무역이란 일반적으로 매매의

---

5) 최해범 외, 전게서, pp.23~24.
6) 송용종, 『국제통상개론』, 두남, 2008.8., p.50.

목적물을 타국에 매각하는 행위라고 할 수 있으며 이는 국내에서 외국으로의 물품의 이동에 의하여 이루어진다.

한편 수입무역은 일반적으로 수출무역과 반대되는 개념으로, 이는 매매의 목적물을 국외에서 구매라는 행위로서 물품의 이동방향은 국외에서 국내로 반입되는 것을 말한다.

(3) 제3국 개입에 따른 분류

무역이 양국의 거래당사자 사이에 직접적으로 이루어지는 경우를 직접무역(direct trade)이라 하고, 거래당사자 사이에 제3자를 통하여 간접적으로 이루어지는 경우를 간접무역(indirect trade)이라고 하는데, 간접부역에는 다음과 같은 것이 있다.

1) 중계무역

중계무역(intermediate trade)이란 무역상이 일반적으로 수출할 것을 목적으로 외국에서 물품을 수입하여 원형 그래도 또는 약간의 가공을 하여 다시 제3국에 수출하는 것으로, 이는 수입액(지급액)과 수출액(수취액)의 차액을 수취하는 무역거래이다.[7)]

오늘날 중계무역이 성행하고 있는 대표적인 중계무역항으로서는 홍콩 · 싱가포르 등을 꼽을 수 있는데, 일반적으로 중계무역항이 되기 위한 전제조건으로서는 ① 관세를 부과하지 않는 자유항(free port)일 것, ② 물품의 집산지일 것, ③ 외화의 교환이 자유로울 것 등을 만족시켜야 한다.

2) 통과무역

통과무역(transit trade)[8)]이란 수출물품이 수출국에서 수입국에 집적 운송

---

7) 우리나라의 A기업이 일본의 B기업으로부터 물품을 수입하여 원형 또는 약간의 가공을 하여 다시 중국의 C기업으로 수출하는 경우 우리나라의 A기업은 그 차액을 취득하게 되는데 이 때 우리나라 A기업의 입장에서 본 무역을 중계무역이라 한다. 중계무역의 경우 A기업과 B기업 간의 계약과 A기업과 C기업 간의 계약은 전혀 별개의 계약거래가 된다.

8) 최근 들어 각국은 통과무역을 자국에 유치하기 위해서 통과수수료를 징수하지 않는 경우가 많다.

되지 않고 제3국을 통과하여 운송되는 경우에 제3국의 입장에서 보는 무역을 통과무역이라고 한다. 따라서 통과무역은 물품이 자기 나라를 통과하는 데 따른 노임, 통과수수료, 운임, 보험료 등을 얻게 되는데 이를 형식적으로 중계무역과 유사하나 제3국에 있는 무역업자는 동 거래에 자립적인 개입이 없다는 점이 중계무역과 상이하다.

3) 중개무역

중개무역(merchandising trade)이란 수출국과 수입국의 중간에서 제3국의 상인이 중개하여 이루어지는 무역거래로서, 이 경우 물품은 수출국에서 수입국으로 직접 송부된다. 그러나 대금의 결제는 수출상과 수입상이 직접 결제하고 중개업자나 수출상이나 수입상으로부터 일정한 수수료(commission)를 받는 경우와, 수입상이 중개업자에게 결제하고 중개업자는 수출상에게 결제하는 경우가 있다.

4) 스위치무역

스위치무역(switch trade)이란 물품의 수출입 계약은 수출상과 수입상이 직접 체결하고 물품도 수출국에서 수입국으로 직접 송부하지만 단지 대금결제만은 제3국의 업자를 개입시켜 간접적으로 하는 경우의 무역을 말한다.

5) 우회무역

우회무역(round-about trade)이란 어떤 국가가 자기 나라의 외환에 대한 통제가 심할 경우 이러한 외환관리의 구속을 회피하기 위하여 외환통제를 받지 않는 제3국을 통하여 이루어지는 무역을 말한다.

(4) 물품의 형태에 따른 분류

물품의 형태에 따라 유형무역(visible trade)과 무형무역(invisible trade)으로 구분할 수 있다. 유형무역이란 가시적인 무역으로서 협의의 물품인 상품(commodities)을 수출입할 경우에 해당된다. 유형무역은 우리의 눈으로 볼 수 있고 상품의 형태가 있으므로 이러한 상품을 수출입할 경우에는 반

드시 수출입통관을 거치게 될 뿐만 아니라 무역통계에도 나타나게 된다.

이에 반해 무형무역이란 불가시적인 무역으로서 광의의 물품에 포함되는 생산요소(자본 · 노동)나 서비스 등을 수출입할 경우에 해당되는 것이다. 이러한 물품은 물품으로서의 형태가 없고 육안으로 볼 수도 없기 때문에 세관에서의 수출입통관절차를 거치지 않고 수출입할 수 있으며, 무역통계에는 나타나지 않으나 국제수지표상에서 나타난다.

(5) 수출입의 연계에 따른 분류

연계무역(counter trade)에 대한 정의를 명확히 하는 것은 매우 어려운 실정이나, 일반적으로 수출과 수입이 연계된 모든 무역거래형태를 총칭하는 것으로 폭넓게 이해되고 있다. 연계무역방식에는 물물 교환, 구상무역, 대응구매 및 산업협력 등의 거래형태로 구분되고 있다.

1) 물물교환

물물교환(barter trade)이란 매매당사자간에 환거래가 발생하지 않고 물품이 직접 교환되는 단순한 무역거래형태로서 연계무역의 가장 기본적인 형태의 하나이다. 물물교환방식은 하나의 계약서로 거래가 성립되며, 신용장의 발행이 없고 교환물품의 양과 질에 의해 거래당사자간의 지급의무를 상계시키며 거의 동시에 물품이 교환되고 대응 수입의무의 제3국 전가도 허용되지 않는다.

2) 구상무역

구상무역(compensation trade)은 환거래가 발생하고 대응수입의무를 제3국에 전가할 수 있다는 점을 제외하고는 물물교환형태와 동일하다고 할 수 있다. 구상무역방식은 하나의 계약서로서 거래가 성립되며 거래당사자간에 합의된 통화로 대금결제가 이루어진다.

3) 대응구매

대응구매(counter purchase)는 무역을 국영으로 실시하고 있는 동구권 국가들이 동서무역에서 활용하고 있는 연계무역의 대표적인 거래형태이다. 즉 대응구매란 대응수입 계약조건하에서 수출액의 일정비율에 상응하는 물품을 대응 수입해야 하는 의무를 지는 거래방식인데, 계약서상에서 두 개의 별도의 계약서에 의해서 거래가 이루어진다는 점만이 구상무역과 상이할 뿐 나머지는 별다른 차이가 없다. 따라서 대응구매형태의 계약에서는 두 개의 일반 신용장이 발행될 뿐만 아니라 형식상 완전히 분리된 두 개의 일반무역거래형태로 환거래가 발생하며 대응수입의무의 제3국 전가도 가능하다.

4) 산업협력

산업협력(industrial cooperation)은 크게 수출설비에 의한 생산제품수입과 합작투자형태로 구분할 수 있다. 수출설비에 의한 생산제품수입은 플랜트, 장비, 기술 등의 수출에 대응하여 동 설비나 기술로 생산되는 제품을 수입하는 거래형태를 의미하며, 합작투자는 일방적인 자본재 수출이 아닌 자본참여, 판매망 제공 등 수출자의 참여 형식을 취하고 있다. 산업협력방식에 의한 거래형태로 여러 가지 거래형태 중에서 특히 기술이전이 수반된다는 점이 가장 큰 특징이라 할 수 있다.

(6) 무역의 주체에 따른 분류

무역은 무역을 영위하는 주체가 누구냐에 따라 민간무역과 공무역, 국영무역, 정부무역으로 구분된다.

1) 민간무역, 공무역, 국영무역

민간무역(private trade)이란 무역의 주체가 민간(상사)이 되는 것을 말하며, 그 나라의 공공기관이 무역의 주체가 될 경우를 공무역이라 한다. 그리고 국영무역(state trade)이란 국가가 무역의 주체가 되는 것으로 국가의 계획과 협정에 의하여 정부 또는 정부의 대행기관에 의하여 영위되는 무역형태를 말한다. 즉, 국가의 방침이 국영에 의한 경우의 무역을 말하며, 이의 대표적인 것은 구소련과 중국에서 볼 수 있다.

2) 정부무역

정부무역(government trade)이란 정부가 비영리의 목적하에 무역거래의 책임이 있는 당사자가 되는 무역형태를 말한다. 따라서 이는 구소련과 중국 등의 공산국가에 행하였던 국영무역과는 상이하다.

(7) 국가의 간섭여부에 따른 분류

국가가 무역에 대하여 어떠한 관리통제를 하느냐에 따라 무역은 자유무역, 보호무역, 관리무역, 협정무역으로 구분된다.

1) 자유무역

자유무역(free trade)이란 자국의 무역업자의 무역행위에 대하여 전혀 국가가 간섭이나 통제를 하지 않고 자유롭게 활동하게 하는 무역거래를 말한다. 곧, 대외무역에 있어서 관세장벽, 수입제한, 외환의 할당, 수출장려금 등의 국가적 간섭이나 통제를 하지 않고 무역활동에 아무런 제한 없이 수출입을 자유롭게 하는 무역형태이다. 현재 완전한 자유무역을 실시하고 있는 나라는 거의 없다.

2) 보호무역

보호무역(protective trade)이란 외국의 경쟁으로부터 국내산업을 보호 · 육성할 목적으로 관세정책이나 수입억제정책에 의하여 정부가 무역정책에 적극적으로 개입 · 간섭을 하는 무역형태로 국가간의 무역을 자유로이 방임하는 것이 좋다고 하는 자유무역과 정반대이다. 오늘날 대부분의 국가는 정도의 차이는 있으나 보호무역을 채택하고 있다.

3) 관리무역

관리무역(controlled trade, government-managed trade)이란 보호무역이 주로 관세제도에 의하여 국내산업을 보호한다는 입장에 비해 수출입거래에 행정적 수법을 통하여 허가제 혹은 할당제와 같이 국가의 직접적인 관리통제에 의하여 운영되는 무역을 말한다. 자유무역주의 하에서도 다소의 관리무역을 가미하고 있는 경우가 많다.

4) 협정무역

협정무역이란 두 나라 사이에 무역을 증진시키거나 또는 무역의 균형을 위하여 협정이나 조약을 체결하고 이에 따라 시행되는 무역을 말한다.

(8) 기타의 무역거래형태

1) 물품의 가공방식에 따른 분류

가공무역(processing trade)이라 함은 가득액(가공작업비 등)을 얻기 위하여 원료의 일부 또는 전부를 외국에서 수입하여 이를 가공하여 다시 외국에 수출하는 것을 말하며, 가공방식에 따라 일반가공무역[9]과 수탁가공무역[10]으로 구별할 수 있다.

2) 물품의 수 · 위탁여부에 따른 분류

무역거래형태 중에서 계약물품의 수탁 혹은 위탁 판매 여부에 따라서 위탁판매무역과 수탁판매무역으로 구분할 수 있다.

즉, 수 · 위탁판매방식에 의한 무역은 무환으로 물품을 수입 또는 수출하여 그 물품의 판매대금 한도 내에서 결제가 이루어지는 무역을 의미한다.

3) 물품의 수송경로에 따른 분류

무역은 수출입의 경로 및 운송방법에 따라서 육상무역(overland trade), 해양무역(ocean or maritime trade), 연안무역(coasting trade), 하천무역(river trade)으로 구분할 수 있다.

4) 무역의 상대국에 따른 분류

무역의 대상국이 정치적으로 독립된 국가이면 외국무역이라 하고, 무역이 본국과 식민지 사이에 이루어지는 것을 식민지무역(colonial trade)이라 한다.

---

9) 일반가공무역이란 외화획득을 위하여 수출할 것을 목적으로 원료의 전부 또는 일부를 수입하여 가공 후 수출하는 거래를 말한다.

10) 수탁가공무역이란 가득액을 얻기 위하여 대상원자재의 전부 도는 일부를 거래상대자의 위탁에 의하여 외국에서 수입하여 이를 가공 후 위탁자 또는 그가 지정하는 자에게 수출하는 거래를 말한다.

5) 플랜트수출

플랜트수출(export of industrial, plant export)이란 플랜트의 구성부분이 되고 기계기구, 자체제작 및 판매와 병행하여 플랜트의 종합기능발휘에 필요한 기술지식, 공업소유권, Know-how, 기술자용역을 포함하는 유형 · 무형의 물품수출이나 소요인원의 조달, 외국에서의 플랜트공사의 도급업무 등을 포함하는 수출을 말하는데, 1건당 수주액이 크기 때문에 외화가득률(foreign exchange earning rate, rate of foreign exchange earning)[11]이 매우 높다.

오늘날 플랜트수출은 거대한 자본, 장기시공, 고도기술의 필요성 때문에 기술수출 및 기업수출과 병행될 때가 많으며, 금융기관 및 정부지급보증에 따라 장기연지급으로 지급되고 있다.

6) 기술무역

기술무역(trade of techniques)이란 기술수출(export of techniques : 민간기업의 기술제공)과 기술수입(import of techniques : 외국기업으로부터의 기술수입)에 의한 무역적 효과를 종합한 형태를 말한다. 이에 의하여 기업이 외국기업으로부터 받아들이는 특허권(patent license), 실용실안권(utility model license), 상표권(brand license), 의장권(design license) 등의 공업소유권(industrial property)이나 know-how 등의 기술료나 로열티(royalty)의 수입은 물론이고 기업이 외국기업에 지급하는 기술료나 로열티와의 무역외수지를 종합한 것이다.

7) 관광수출

관광수출(tourist income)이란 외국에서 관광객을 유치하여 외화를 획득

---

11) 외화가득률이란 수출액에 대한 원료와의 관계를 나타내는 비율로서 수출가액, 즉 수출수입에서 수입투입에 의한 외화비용을 차감한 잔액이 외화가득액이며, 이 외화가득액을 수출가득액에 대한 비율로 나타낼 때 이를 외화가득률이라고 한다. 이는 수출용원자재의 수입의존도(rate of dependence of import)를 나타내는 척도가 되기도 한다. 다음의 공식에 의하여 산출한다.

$$\text{외화가득률} = \frac{\text{수출금액(FOB기준)} - \text{외화가득용원료수입액(CIF기준)}}{\text{수출금액(FOB기준)}} \times 100$$

하는 것을 말한다. 따라서 관광사업은 국제수지와 중요한 관련을 가지고 있으며 외화가득률이 높기 때문에 장려되고 있다.

8) 녹다운방식 수출

녹다운(knock-down)방식 수출이란 완제품에 대한 수입제한이나 고율의 관세 등의 무역장벽을 회피하기 위하여 현지의 실수요지에서 조립생산을 하여 판매하는 현지조립방식의 수출을 말한다. 즉, 녹다운방식 수출은 현지시장의 무역장벽을 회피하기 위하여 완제품을 수출하지 않고, 부품이나 반제품의 형태로 수출하여 현지의 거래처에서 완제품을 생산하여 판매하는 방식을 말한다. 이 방식은 현지국의 무역장벽을 회피하기 위하여 우리나라가 미국이나 EU 등 선진국의 시장에 침투하기 위한 우회적인 수출방법으로 사용하기도 한다.

9) OEM(Original Equipment Manufacturing)

OEM은 일명 주문자상표 부착 생산이라고 불리는데 이는 자기 상표가 아니라 주문자가 요구하는 상표명으로 부품이나 완제품을 생산하는 방식이다. 한편 OEM 수출은 적정한 제품값을 요구하기가 힘들 뿐 아니라 주문자인 상표권자의 하청생산기지 이상의 기능을 할 수 없는 단점이 있다. 우리나라 수출상품의 경우 국내업체가 생산했으나 외국의 유명상표를 달고 외국에 수출되는 OEM 비중이 높아 큰 문제점으로 지적되기도 한다.[12)]

제3절 국제무역학의 학문적 성격과 연구범위

1. 독립과학으로서의 국제무역학

국제무역학이란 일정한 지역내의 서로 다른 국가간의 경제거래로써 국민경제 상호간의 경제관계를 연구하는 학문이다. 따라서 국제무역은 국민

---

12) 김창봉 외 3인, 『무역학원론』, 박영사, 2007, pp.31~32.

경제가 그 전제가 된다. 즉 이는 단일의 경제사회나 획일적인 세계경제를 의미하는 것이 아니고 독립된 주체로서의 국민경제를 전제로 하고 그것을 단위로 하여 세계경제 및 세계시장을 포함한다.

그런데 국제무역이란 개념을 이해하기 위해서는 국제간의 경제활동과 관련하여 경제주체의 의사결정이 완전히 자유롭지 못하다는 인식의 바탕하에 접근하는 것이 중요하다. 이는 한 국가내에서의 경제활동과 국경을 넘어서 이루어지는 경제활동 모두에 국가의 주권이 작용하고 있다는 것을 의미한다. 뿐만 아니라 세계경제의 상호의존성의 심화로 인하여 외국의 기업활동이나 소비자와 무관하게 간주되던 국내의 경제활동에 대한 무역정책에도 외국의 영향을 받게 된다.

이러한 세계경제환경의 급격한 변화로 세계경제교류의 전 분야를 다루는 국제무역학의 필요성이 대두하게 되었다. 일반적으로 세계자원의 효율적인 배분과 세계국민의 복지향상에 국제무역학의 궁극적인 목표를 두고 있어 이를 효율적으로 달성하기 위해서는 체계화된 국제무역학에 대한 학문적인 연구가 중요하다고 할 수 있다. 더구나 새로운 21세기를 맞이하여 자국의 경제성장은 국제무역환경에 얼마나 효과적으로 적응할 수 있느냐에 달려있기 때문에 그 어느 시대보다도 국제무역학에 대한 학문적인 의의가 높다고 할 수 있다.

오늘날 국제거래는 국가경제를 지탱하는 근간으로서의 역할을 하고 있는데 이로 인해 국제무역학에 대한 관심과 연구도 활발히 진행되고 있다. 그러한 과정 속에서 국제무역학은 그 학문적 체계와 내용을 정립하면서 발전을 거듭해 왔고 이제는 독립된 하나의 이론적 · 실천적 사회과학으로서의 발전과 확장을 이룩하고 있다. 더구나 국제거래의 특성 때문에 봉쇄경제체제에서의 국내 경제원리나 정책이 그대로 개방경제체제에서의 경제원리나 정책이 될 수 없다. 이와 같은 학문대상의 독자성이나 그 원리의 독자성 때문에 국제무역학은 일단 하나의 독립적 성격을 지니게 된다.

2. 국제무역학의 성격과 연구범위

국제무역은 학문의 연구대상이 국가간에 이루어지는 각종 경제활동에 대한 국가의 규제를 완화 내지 철폐하기 위하여 국가간에 취하고 있는 각종 활동 및 과정을 담고 있어 다음과 같은 학문적 성격을 갖는다.

첫째, 국제무역학은 국제거래에서 발생되는 복합적인 문제를 대상으로 하는 하나의 독립된 학문적 성격을 갖는다. 어떠한 학문이라도 과학으로서 인정받기 위해서는 그 학문의 대상이 되는 독특한 영역이 있어야 한다. 그런 의미에서 보면 국제무역학은 국제적인 경제거래라는 독립된 연구대상과 영역을 가지고 있다.

둘째, 국제무역학은 학문적 대상이 되는 국제간 거래의 복합적인 성격 때문에 종합적인 성격을 갖는다. 전술한 바와 같이, 국제무역은 개별경제적인 성격, 국민경제적인 성격, 세계경제적인 성격을 지니고 있는데 국제무역학은 여타 학문에 비하여 좀 더 복합적 내지는 종합적 학문으로서의 성격을 갖는다.

한편 국제무역학의 학문적 체제 내지 연구대상범위와 관련하여 체계적이고 통일된 견해는 아직 존재하지 않는다. 이는 국제무역학의 역사가 일천하며, 학문자체가 지니고 있는 실천적 및 복합적 성격 때문에 다른 사회과학과는 달리 그 성격이 다소 종합적이기 때문이다.[13] 따라서 국제무

〈그림 1-2〉 국제무역학의 학문적 연구범위

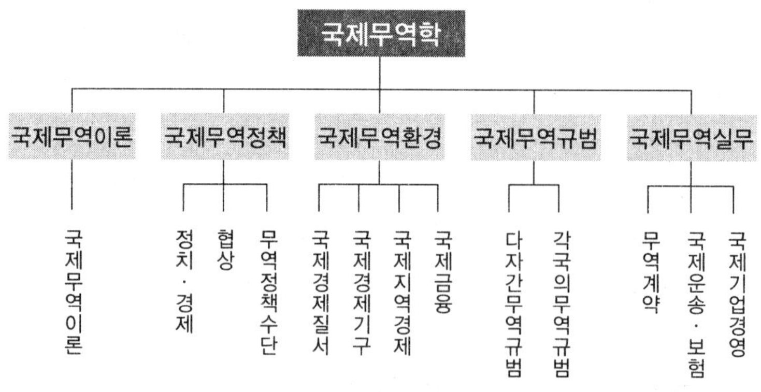

역학의 학문적 체제를 정립하기 위해서는 우선 그 연구의 대상범위를 어떻게 규정할 것인가 결정되어야 하는데, 국제무역학에서는 국제무역과 관련된 전 분야를 연구대상범위로 한다. 하지만 이를 보다 구체적으로 설명하면 국제무역학의 주된 연구범위는 국제무역이론, 국제무역정책, 국제무역환경, 국제무역규범 및 국제무역실무 과제 등으로 크게 나눌 수 있다.

---

13) 최해범 외, 전게서, p.34.

제2부 국제무역이론

02 국제무역이론의 중요성과 과제

제1절 국제무역이론의 중요성

우리가 현재 살고 있는 이 지구상에는 수많은 나라의 국민경제들이 있고 또한 그들은 각종 경제거래를 통하여 서로 관련을 맺고 있다. 이와 같이 여러 나라 사이에 이루어지는 일체의 경제적 교환거래에 관한 이론체계를 국제무역론(international trade theory)이라 부른다. 오늘날의 국제경제는 각국의 이해관계가 서로 얽힌 산물이기 때문에 복잡할 뿐만 아니라 국민경제에 미치는 영향도 매우 크다고 할 수 있다. 특히 작금의 급변하는 세계경제의 추세는 일국의 국제경제를 분석하는데 있어서 국제경제적 요인이 결코 경시될 수 없는 상황에 이르게 되었고, 결국 좋든 싫든 국제경제에 대한 충분한 이해가 없이는 국민경제 자체를 거론하기가 어렵게 되었다.

즉 오늘날 세계에 존재하는 어떤 국가도 국제적인 상호의존관계가 없는 상태로 고립하여 독립적으로 경제를 운영하기가 대단히 어렵다. 더구나 세계에 존재하는 어떤 기업도 직접이든 간접이든 국제적 대외거래와 무관하게 내외적 기업활동이 갖고 있는 중요성을 무시할 수 없는 형편이다. 또한 이 같은 국제경제거래에 관한 국민경제적 상호의존도와 개별기업적 상호밀착성은 각국경제의 국제화와 개방화 추세의 경향에 따라서 더욱 심화되고 있다.

따라서 오늘날 지구촌 위의 어떤 나라도 자국의 경제정책을 올바르게 수립하고 실천하기 위해서는 국제경제의 문제를 고려할 수밖에 없게 되었다. 또한 기업의 입장에서도 더 많은 이익과 성장을 추구하려면 해외진출의 방법이나 제반 문제점에 따른 대응능력이나 전략 등에 무관할 수 없게 되었다. 하나의 실천과학으로서의 국제무역론이 연구되고 교육되어져야 하는 중요성과 의의는 바로 여기에 있는 것이다.

한편, 우리나라의 입장에서 볼 때 국제무역론의 중요성은 우리 국민경제가 지니는 특수성에서 찾을 수 있다. 예컨대 우리의 경제는 구조적으로 높은 대외의존도를 가지고 있을 뿐만 아니라, 1970년대 이후의 고도성장에 따른 수출주도형 전략은 무역의 국민경제적 역할을 더욱 증가시키고 있는 것이다.

결국 오늘날 국제무역에 관한 새로운 환경의 변화에 능동적으로 대응하면서 지금까지 추진되어온 수출일변도의 정책이 파생시킨 부작용 내지 문제점들을 제거하는 가운데 무역의 국민경제적 효과를 극대화시키고 그것의 폐단을 극소화시키기 위한 치밀한 연구와 분석이 국제무역론이라는 학문적 범주 속에서 진행되어야 할 것이다.

제2절 국제무역이론의 과제

오늘날 국민경제 및 국제경제의 환경 아래에서 각국의 무역패턴이 어떻게 결정되며 이것이 다시 각국의 후생에 어떠한 영향을 미치는가 하는 것을 연구하는 것이 바로 국제무역론의 가장 주된 과제가 된다. 일반적으로 국제경제거래에 있어 실증분석으로서의 국제무역론에서 제기되고 있는 과제를 살펴보면 대체로 다음과 같다.[1)]

1. 무역의 발생원인

국제무역론이 직면하고 있는 근본적인 문제 중의 하나는 왜 무역이 발

1) 최해범 외, 전게서, pp.37~40.

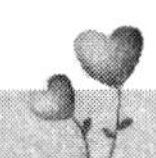

생하느냐 하는 것이다. 고전파 경제학자들은 노동을 유일한 생산요소로 간주하고 노동생산성의 차이가 무역을 발생시킨다고 보았다. 또한 이 문제는 국제무역의 가장 기초적인 연구대상이며 국제무역론의 중심적인 과제이다.

무역발생의 원인에 관한 연구는 스미스의 절대생산비설에 의해 처음으로 밝혀진 이후 리카도(D. Ricardo)의 비교생산비설에 이어 헥셔-오린(E. Heckscher and B. Ohlin)의 요소부존이론으로 더욱 체계화되었다.

2. 무역의 방향

무역의 방향은 어떻게 결정되는가 하는 것이 국제무역론의 두 번째 과제이다. 다시 말하면 이것은 어떠한 상품이 교역되며 각국은 어떤 상품을 수출하고 어떤 상품을 수입하느냐 하는 것이다. 따라서 무역방향의 결정은 일국의 무역구조를 표시하는데, 이 문제 역시 국제무역론의 중심적인 과제이다.

3. 교역조건의 결정

무역을 통하여 교역조건이 어떻게 결정되는가 하는 것이 국제무역론의 세 번째 과제이다. 교역조건은 국제시장에서 거래되는 수출품과 수입품의 교환비율이다. 즉, 상품의 국제적 교환비율은 어떻게 결정되며 이에 따른 국제무역의 이익배분은 어떠한가 하는 것이 바로 교역조건의 문제이다. 더구나 교역조건은 국가간의 무역균형의 문제와도 연결이 된다.

이러한 교역조건의 결정과 무역의 균형에 관하여는 밀(J.S. Mill)의 상호수요균등의 법칙에 의해 최초로 제시되었고, 그 후 마샬(A. Marshall)과 에지워스(F.Y. Edgeworth)에 의해 체계화되었으며, 미드(J.E. Meade)에 의해 이론적으로 정립되었다.

4. 무역의 이익

무역이 교역당사국에 이익을 가져다주는가를 규명하는 것은 국제무역론

〈그림 2-1〉 국제무역이론의 흐름

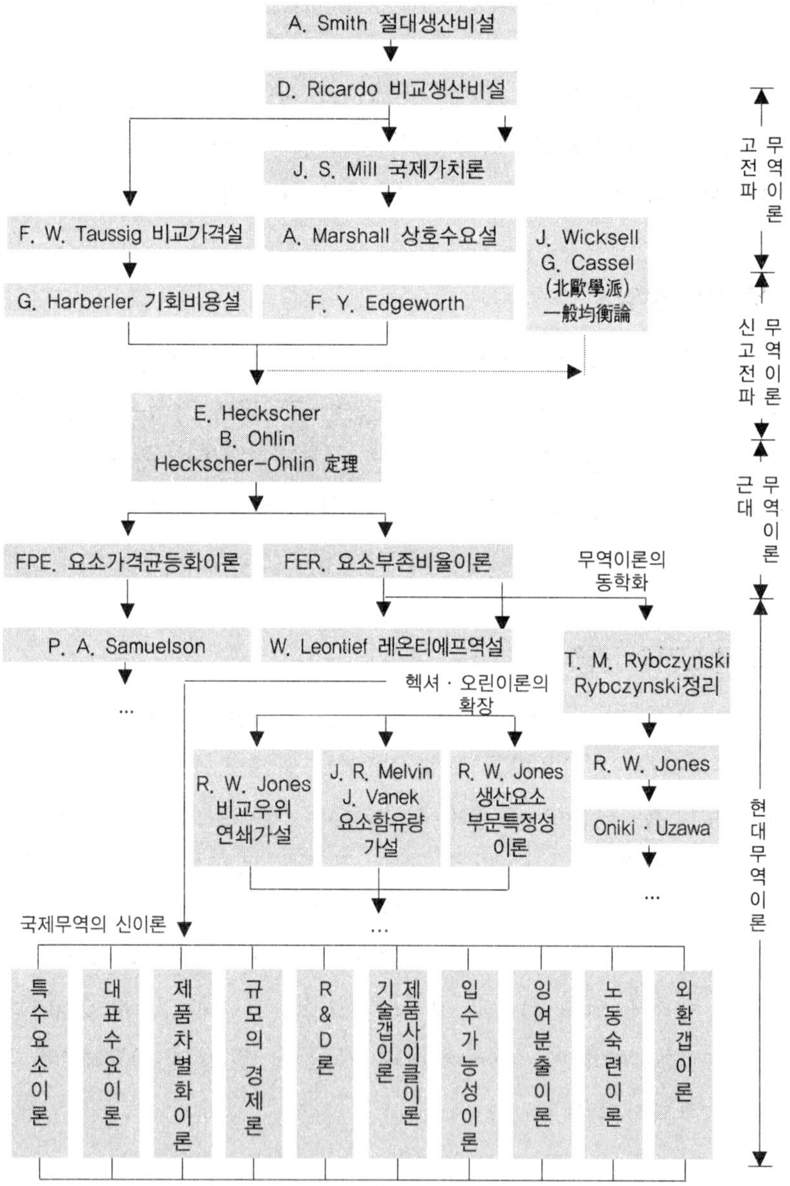

자료 : 최해범, 『현대무역학원론』, 일신사, 1996, p.63.

의 네 번째 과제이다. 즉 무역을 통하여 각국은 어떤 이익을 가지며 어떤 효과를 가지느냐의 문제는 국제무역론의 규범적 분석(normative analysis)에 해당된다. 이 문제는 스미스와 리카도 등의 고전파 학자들에 의해 이미 규명되었다. 또한 무역이익에 대한 국제무역론의 연구는 무역의 경제적 후생효과에 대한 연구로 발전하여 무역정책이론 발전의 기초가 되었다.

지금까지 논의한 국제무역론의 과제는, 고전파 경제학자들에 의해 고전파 무역이론으로 정립된 뒤에, 신고전파 무역이론을 거쳐 헥셔-오린의 근대무역이론으로 발전하게 되었다. 그리고 근대무역이론은 실증적 검증을 거쳐 현대무역이론으로 더욱 발전하게 되었다. 이러한 국제무역이론의 전개과정을 정리하면 다음의 <그림 2-1>과 같다.

제3절 국제무역이론의 분석도구

1. 생산가능곡선

생산가능곡선(production possibility curve)이란 일국이 일정한 기술수준에서 일정한 생산요소를 완전히 사용하여 두 가지 상품을 생산할 수 있는 가능성을 나타내는 곡선이다. 따라서 생산가능곡선상의 모든 점은 일정한 생산요소를 완전히 사용하여 두 가지 종류의 상품을 생산할 수 있는 조합을 나타낸다. 이 생산가능곡선을 변형곡선(transformation curve), 기회비용곡선(opportunity cost curve) 또는 생산내체곡신(production substitution curve)이리고도 한다.

생산가능곡선을 국제무역이론에 처음으로 도입한 학자는 하벌러(G. Haberler)이며 기회비용의 개념으로 비교우위론을 전개했다는 의미에서 기회비용설이라고도 한다. 생산가능곡선에는 다음과 같은 세 가지가 있다.

첫째, 불변생산비하의 생산가능곡선이다. 즉 <그림 2-2>와 같이 불변생산비하의 생산가능곡선은 AB처럼 직선으로 나타난다. 즉 이 그림에서 표시된 것과 같이 일정한 생산요소를 사용하여 밀만을 생산하려고 하면 40

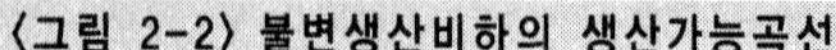
〈그림 2-2〉 불변생산비하의 생산가능곡선

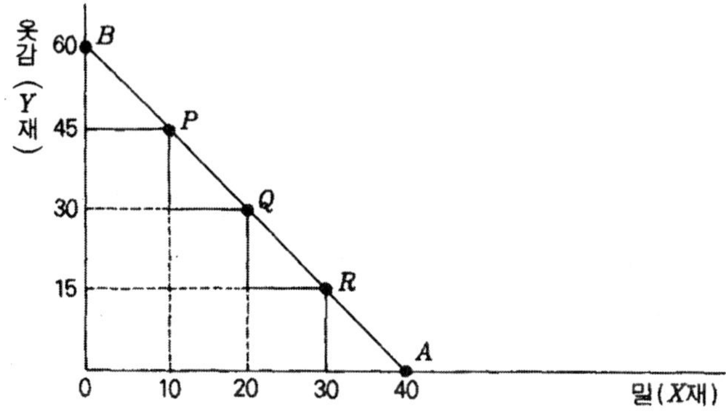

단위, 옷감만을 생산하려고 하면 60단위를 생산할 수 있다. 밀과 옷감을 동시에 생산하려고 하면 P에서는 밀 10단위와 옷감 45단위를 생산할 수 있으며 Q에서는 밀 20단위와 옷감을 30단위 그리고 R에서는 밀 30단위와 옷감 15단위를 각각 생산할 수 있다.

밀 생산량을 10단위씩 증가시키려고 하면 옷감 생산량은 15단위씩 감소되고, 반면에 옷감 생산량을 15단위씩 증가시키려고 하면 밀 생산량은 10단위씩 감소된다. 이와 같이 어느 한 가지 상품의 생산량을 증가시키려고 하면 다름 상품의 생산량은 반드시 감소되지 않을 수 없는 것이다.

그러면 10단위의 밀을 생산하기 위한 비용은 얼마인가? 그 생산비를 화폐로써 표시할 수 있으나 국제무역의 순수이론에서는 이를 화폐로써 나타내지 않고 다른 방법을 활용한다. 이것을 10단위 식량의 생산량 때문에 반드시 감소되지 않으면 안 되는 15단위의 옷감의 양으로 표시한다. 이를 밀 생산의 기회비용이라고 부른다. 반면에 15단위의 옷감을 생산하기 위한 기회비용은 10단위의 밀이다.

이와 같이 밀이나 옷감 생산량이 증가되더라도 이 두 가지 생산물의 기회비용이 변동되지 않고 일정하다. 이 경우의 기회비용을 불변기회비용(constant opportunity cost)이라고 한다. 이는 불변생산비를 말한다. 불변생

산비는 규모에 관한 수확불변하에서 결정된다.

둘째, 체감생산비하의 생산가능곡선이다. 즉, <그림 2-3>과 같이 생산가능곡선이 원점에서 볼록한 모양이다. 가령 X재 생산량이 승가됨에 따라 이로써 감소되지 않으면 안 되는 Y재 양은 점차 감소된다. 즉 X재를 10단위 생산하기 위하여 생산점을 B점에서 P점으로 이동시키면 Y재 생산량은 40단위나 감소되나 X재 생산량은 30단위밖에 감소되지 않는다.

따라서 X재 단위당 생산비는 그 생산량을 증가할수록 체감된다. 이를 체감기회비용(decreasing opportunity cost)이라고 하며 이는 체감생산비를 뜻한다. 체감생산비는 수확체증하에서 결정된다.

〈그림 2-3〉 체감생산비하의 생산가능곡선

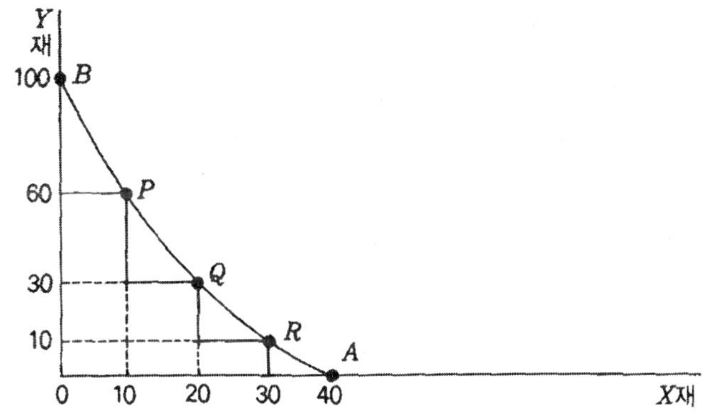

셋째, 체증생산비하의 생산가능곡선이다. 이는 <그림 2-4>에서 보듯이 생산가능곡선 형태가 AB와 같이 원점에 대해 오목하다.

이 그림에 표시된 것과 같이 일정한 생산요소를 사용하여 X재만을 생산하려고 하면 40단위, Y재만을 생산하려고 하면 100단위를 생산할 수 있다. 두 가지 상품을 동시에 생산하려고 하면 P에서는 X재 10단위와 Y재 90단위를, Q에서는 X재 20단위와 Y재 70단위를, 그리고 R에서는 X재 30

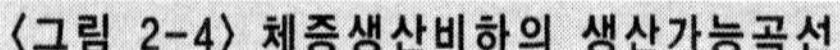
〈그림 2-4〉 체증생산비하의 생산가능곡선

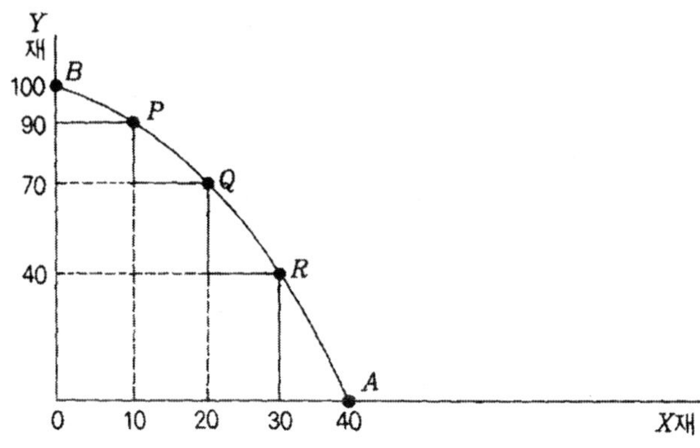

단위와 Y재 40단위를 생산할 수 있다.

X재 생산량을 10단위씩 점차 증가시키려고 하면 Y재 생산량은 감소되지 않을 수 없는데 최초에는 10단위만큼 감소되지만 그 다음에는 각각 20, 30, 40단위씩 더욱 많이 감소된다. 다시 말하면 X재 생산량을 10단위씩 추가로 증가시킴에 따라 이로써 감소되지 않으면 안 되는 Y재 양은 점차 증가된다. 이러한 경우의 기회비용을 체증기회비용(increasing opportunity cost)이라고 하며 이는 체증생산비를 의미한다. 체증생산비는 수확체감하에서 결정된다.

2. 무차별곡선이론

(1) 무차별곡선의 정의

무차별곡선이론에 있어서는 소비자의 효용을 기수적으로 측정할 수는 없지만 한 상품의 조합을 다른 상품의 조합과 비교하여 선호의 우열을 가려낼 수는 있다고 가정한다.

또한 무차별곡선이론에서는 소비자의 선호관계가 일관성 있게 유지된다는 전제하에 소비자의 선호관계에 관한 다음과 같은 몇 가지 가정을 필요

로 한다.

첫째, 두 조합의 상품묶음을 한 소비자에게 제시하였을 때 그 소비자는 두 조합간의 우열을 결정하든지 아니면 두 조합간의 무차별(indifference)을 인정해야 한다.

둘째, 만일 A라는 조합을 B라는 조합보다 선호했고 B를 C보다 선호했다면 A를 C보다 선호하여야 한다. 이를 선호관계의 이행성이라 한다.

셋째, 소비자는 상품을 많이 소비할수록 효용수준이 높아지며 포화상태는 존재하지 않는다.

넷째, 한 상품의 소비량이 많아질수록 그 상품의 중요성은 다른 상품에 비해 작아진다.

〈표 2-1〉 동일한 효용을 가져오는 X, Y재의 조합

조 합	X재	Y재
A	1	12
B	2	8
C	3	5
D	4	3
E	5	2
F	6	1.5

여기서 두 상품, 즉 X, Y에 관한 무수히 많은 조합 중 동일한 효용을 소비자에게 가져다주는 재화의 조합을 생각할 수 있다. <표 2-1>은 소비자에게 동일한 효용을 가져다주는 X, Y 두 상품의 조합을 예시하고 있다. 즉 A, B, C, D, E, F 등의 상품조합이 소비자에게 주는 효용의 크기가 동일하기 때문에 소비자는 이 중 어느 조합을 선택하든 그것에 대하여 무차별 또는 무관심할 것이다. 이러한 점들을 도표에 나타내 각각을 표시하면 <그림 2-5>의 각 점이 될 것이다. 물론 소비자에게 동일한 효용을 가져다주는 상품의 조합들은 이러한 점들 이외도 무수히 많이 있을 것이다. 이러한 점들을 모두 연결할 경우 그 궤적은 <그림 2-5>와 같이 A점부터 F점을 통과하는 부드러운 곡선이 될 것이다. 이것을 우리는 무차별곡선

(indifference curve)이라 한다. 즉 A부터 F까지 연결하는 선상에 있는 모든 점들은 같은 효용을 나타낸다고 볼 수 있다. 왜냐하면 그들은 모두 무차별이기 때문이다. 따라서 무차별곡선이란 소비자에게 동일한 효용을 가져다주는 X, Y 두 상품조합의 궤적이라고 규정할 수 있다. 무차별곡선보다 좌측에 있는 모든 점(가령 H점)들은 무차별 곡선상의 모든 점들보다 소비자에게 더 작은 효용을 가져다 줄 것이고 반대로 무차별곡선의 우측에 있는 점(가령 G점)들은 무차별곡선상의 점들보다 소비자에게 더 큰 효용을 가져다 줄 것이다.

〈그림 2-5〉 무차별곡선

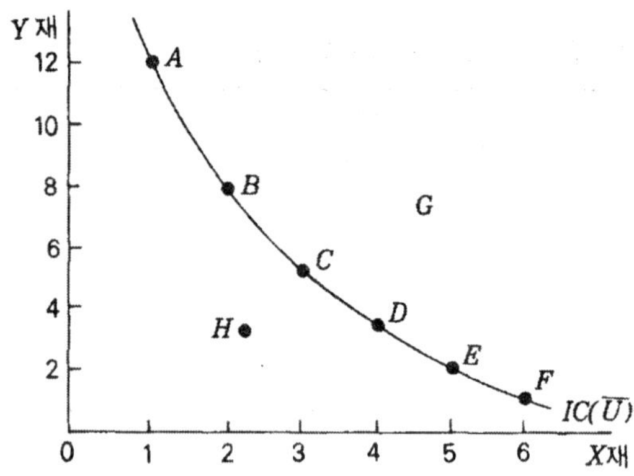

(2) 무차별곡선의 성질

이상에서 설명한 무차별곡선은 다음과 같은 성질을 가진다. 첫째, 무차별곡선은 우하향한다. 왜냐하면 각 재화가 정의 한계효용을 갖는 한, 가령 Y재의 수량을 불변으로 유지하면서 X재의 수량을 증가시키면 총효용이 늘어나기 때문에 전과 동일한 무차별곡선상에 머무르게 하기 위해서는 Y재 양을 감소시켜야 할 것이다. 이같이 소비자가 동일한 효용수준의 무차별곡선상에 계속 머물러 있기 위해서는 X재의 증가(감소)에 의한 효용 증가(감소)를 상승할 만큼 Y재 감소(증가)되어야 할 것이다.

〈그림 2-6〉무차별곡선의 성질

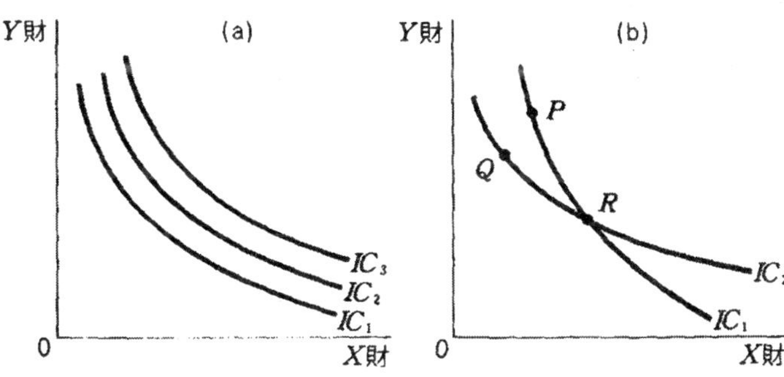

둘째, 원점에서 멀리 있는 무차별곡선이 더 큰 효용수준을 나타낸다. <그림 2-6>의 (a)에서 소비가 커질수록 무차별곡선은 위로 이동한다. 따라서 IC_3가 가장 높은 효용수준을 IC_1은 가장 낮은 효용수준을 나타낸다.

셋째, 무차별곡선은 서로 교차할 수가 없다. 이것은 서로 교차하는 두 개의 가상적인 무차별곡선(즉 IC_1, IC_2)을 나타내는 <그림 2-6>의 (b)로서 설명할 수 있다. <그림 2-6>의 (b)점에 의하면 점 P와 점 R은 동일한 무차별곡선 IC_1상에 있으므로 동일한 효용을 나타낸다. 이때 만약 R을 지나는 또 다른 무차별곡선 IC_2가 있다면, 점 Q와 점 R은 같은 효용수준을 나타내므로 점 Q와 점 P도 같은 효용수준을 나타내어야 할 것이다. 그러나 점 P에서는 점 Q에서보다 X재와 Y재의 소비를 모두 더 많이 하고 있다. 따라서 두 점의 효용수준은 같을 수 없는 것이다. 이러한 모순이 생기지 않기 위해서 두 무차별곡선은 교차해서는 안 된다.

넷째, 무차별곡선들은 원점에 대해 볼록(convex foward origin)하다는 것이다. 이것은 무차별곡선이 우하향할수록 기울기의 절대치, 즉 한계대체율(MRS_{XY})이 감소하는 것을 뜻한다. 그 이유는 X재의 소비가 증가됨에 따라 X재의 한계효용은 감소하는 대신, 상대적으로 소비가 감소되는 Y재의 한계효용은 증대되기 때문이다.[2)]

2) 김정수, 『국제무역론』, 박영사, 2005, pp.31~32.

3. 가격선

(1) 가격선의 정의

지금까지 고찰한 무차별곡선과 함께 가격선은 소비자의 행동원리를 분석하는 데 중요한 도구이다. 더구나 가격선은 소비자의 행동에 하나의 제약조건이며, 이에 대해 고찰하기로 한다.

소비자의 소득을 I, X재의 가격을 P_X, Y재의 가격을 P_Y라 하자(가정상 I, P_X, P_Y가 일정하다고 한다). 소비자들은 그의 소득을 X, Y 두 재의 구입에 모두 사용한다고 할 경우 다음과 같은 조건식이 성립될 것이다(여기서 X, Y는 각 재의 구입량이다).

$$I=P_XX+P_YY \quad \cdots\cdots (2.1)$$

앞에서의 가정상 I, P_X, P_Y는 일정하다고 하였으므로 하나의 상수로 볼 수 있다. 따라서 식(2.1)을 변형하면 다음과 같은 변수 Y에 관한 1차 방정식을 얻을 수 있다. 즉

$$Y=\frac{I}{P_Y}-\frac{P_X}{P_Y}X \quad \cdots\cdots (2.2)$$

식 (2.2)는 소비자가 X, Y재의 가격이 일정할 때 그의 주어진 소득으로 구입할 수 있는 X재 양과 Y재 양의 관계를 표시한다. 즉 만약 소득 I=100원, P_X=10원, P_Y=20원이라고 가정할 경우 식 (2.2)은 다음과 같게 된다.

$$Y=\frac{100}{20}-\frac{10}{20}X=5-\frac{1}{2}X \quad \cdots\cdots (2.3)$$

이 식 (2.3)은 X, Y재의 가격이 주어졌을 때 소비자가 그의 소득으로 구입할 수 있는 X재 양과 Y재 양과의 관계를 표시한다. 여기서 100원의 소득으로 구입할 수 있는 X재 양과 Y재 양의 조합을 구할 수 있는데 이를 예시한 것이 <표 2-2>이다. 그런데 <표 2-2>에서 예시하고 있는 조합

이외에도 무수히 많은 조합이 있을 것이다. 이렇게 무수히 많은 조합을 X, Y재의 직각좌표상에 표시하면 <그림 2-7>에서의 AB와 같아질 것이다. 이를 우리는 가격선(price line) 혹은 예산선(budget line)이라 부른다.[3)]

〈표 2-2〉 소득 및 가격(I=100, P_X=10, P_Y=20)이 주어졌을 때 구입할 수 있는 X 및 Y재 구입량의 조합

X재 양	Y재 양
0	5
2	4
4	3
6	2
8	1
10	0

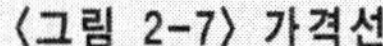
〈그림 2-7〉 가격선

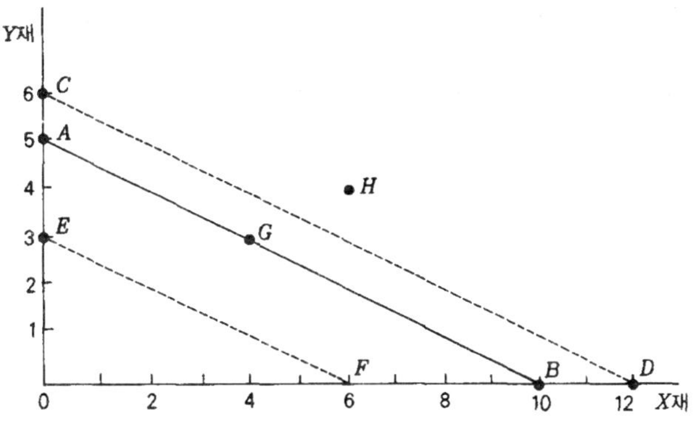

결국 소득 및 두 상품의 가격이 주어졌을 때 많은 조합들로 이루어진 하나의 직선을 가격선이라 한다. 그런데 <그림 2-7>에서 AB선 밖의 점, 즉 H의 경우는 현재의 소득으로 불가능한 조합을 나타내며 한편 AB선 안에 있는 모든 점들은 소비자가 그의 소득을 모두 지출하지 않는다는 것이

3) 김정수, 전게서, p.32.

다. 그런데 소비자는 그의 수량을 모두 지출한다고 가정하고 있기 때문에 소비자는 가격선 AB선상의 점들만 선택이 가능할 것이다. <그림 2-7>의 가격선 AB에서 OA는 종축의 절편으로서 소비자가 소득 모두를 Y재 구입에 사용하는 경우(X재 구입량은 0)를 표시하고(한편 이는 Y재로 표시한 소비자의 실질소득으로 볼 수 있다) 또한 OB는 횡축의 절편으로서 소비자가 Y재의 구입량이 0일 때 X재의 구입량을 표시하므로 이는 X재로 표시한 소비자의 실질소득을 나타낸다. 그런데 여기서 가격선의 기울기 $\frac{P_X}{P_Y}$, 즉 두 상품의 가격비가 의미하는 내용을 살펴보기로 한다. 우리의 예에서는 $P_X=10$, $P_Y=20$이므로 가격선의 기울기는 $\frac{1}{2}$이 된다. 그런데 이 가격선의 기울기는 상대가격 이상의 의미를 지니고 있다. 즉 Y재로 표시한 X재의 기회비용(opportunity cost of X in terms of Y)을 나타내기도 한다. 왜냐하면 <그림 2-7>에서 A의 조합, 즉 X재의 구입량이 0, Y재 구입량은 5인 상태에서 X재 1단위를 얻고자 한다면 지금까지 Y재 구입에만 사용하던 소득의 일부인 10원을 X재 구입에 지출하여야 한다. 이에 따라 $P_Y=20$원이므로 Y재 구입량은 $\frac{1}{2}$단위 감소될 것이다. 즉 $\frac{P_X}{P_Y}=\frac{1}{2}$에서 $P_X=\frac{1}{2}P_Y$가 된다. 따라서 이 소비자는 X재를 1단위 더 얻기 위해서는 반드시 Y재 $\frac{1}{2}$단위를 포기해야 할 것이다. 따라서 가격선의 기울기 $\frac{P_X}{P_Y}$는 Y재로 표시한 X재의 기회비용을 의미하며 이는 전반적인 경제 분석에 중요한 의미를 가지고 있다.

(2) 가격선의 이동

이상에서 가격선에 관하여 고찰하였다. 그러나 지금까지 가격선을 설명함에 있어서 소비자의 소득 및 X, Y재의 가격이 일정하다는 가정을 하바 있다. 그런데 만약 지금까지 일정하다고 했든 이러한 변수들이 변동하게 되면 가격선은 이동할 것이다. 이제 그러한 각각의 경우에 대하여 살펴보기로 한다.

첫째, 두 상품의 가격이 일정한데 소득만이 변동하는 경우를 가정하자.

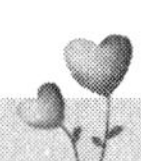

즉 소득의 변동은 가격선을 이동케 할 것이다. 가령 <그림 2-7>에서와 같이 소비자의 소득이 100원에서 120원으로 증가되었다고 하자. 그러면 이 120원으로 Y재만 구입한다면 그 양은 6단위가 되며 X재만 구입한다면 그 양은 12단위가 되어 취득 가능한 상품집합이 늘어나며 가격선은 CD가 될 것이다. 이와 반대로 소득이 100원에서 60원으로 감소되었다고 하자. 그러면 이 60원의 소득으로 X재만 구입한다면 6단위를 구입할 수 있으며 Y재만 구입한다면 그 양은 3단위가 될 것이다. 그러므로 소비자가 60원으로 살 수 있는 두 상품조합을 나타내는 가격선은 EF가 될 것이다. 따라서 상품의 가격이 변하지 않고 소득이 늘면 가격선이 평행하게 우측으로 이동하고 소득이 줄면 평행하게 좌측으로 이동하게 된다.

〈그림 2-8〉 가격선의 이동

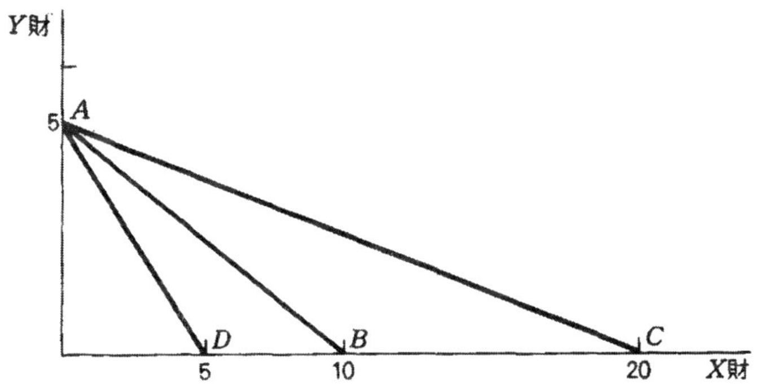

둘째, 소비자의 소득이 100원으로 그대로 있는데 두 상품 가격이 비례적으로 변화하는 경우에도 가격선이 이동할 것이다. 예를 들어 <그림 2-8>과 같이 X, Y의 상품가격이 모두 같은 비율로 인하되었다고 한다면 가격선은 우측으로 이동할 것이고, 반대로 X, Y의 상품가격이 모두 같은 비율로 상승하였다면 가격선은 좌측으로 이동할 것이다. 따라서 소비자의 소득과 두 상품의 가격이 동일한 비율로 동시에 증감하여도 가격선은 전혀 변동하지 않으리라는 사실을 알 수 있다.

셋째, 두 상품의 가격비, 즉 $\frac{P_X}{P_Y}$가 변화하는 경우는 어떻게 될까? 물론 상대가격($\frac{P_X}{P_Y}$)이 달라지면 가격선의 기울기가 달라질 것이다. 그런데 상대가격이 달라지는 경우는 두 상품가격이 상이한 비율로 변화하거나 혹은 어느 한 상품의 가격이 일정한데 다른 상품의 가격이 변화할 때에 나타난다. 여기서는 후자의 경우를 예로서 살펴본다.

<그림 2-8>에서 가격선 AB는 소득 100원, P_X=10원, P_Y=20원일 때의 가격선이다. 만약 다른 조건들이 일정한데 X재 가격만이 5원으로 하락한다면 가격선은 AB에서 AC로 이동할 것이다. 반대로 X가격이 20원으로 상승한다면 가격선은 AB에서 AD로 될 것이다.

03 국제무역이론의 전개

제1절 고전파 무역이론

1. 고전파 무역이론의 역사적 배경

한 국가가 무역을 하게 되는 동기는 무역으로부터 이익을 얻을 수 있기 때문이다. 그런데 그러한 무역으로부터의 이익은 왜 발생하는가와 그 이익이 교역국 사이에 어떻게 분배되느냐에 관하여도 명확한 해답이 주어져야 할 것이다. 또한 각국 사이에 어떠한 상품이 교역되며 특히 어떠한 상품이 수입되고 어떤 상품이 수출되는가의 문제, 즉 무역의 패턴에 관한 사항도 해명해야 할 기본적인 과제다. 우선 17세기와 18세기에 지배적이었던 중상주의적인 경제철학은 어느 한 국가가 부강해지기 위해서는 수입보다 수출을 더 많이 해야 한다는 논리(즉 한 국가는 다른 국가를 희생시킴으로써만 이익을 얻을 수 있다는 것)의 경제정책을 주장하였으나 무역이 발생하는 근본적인 이유를 체계적으로 설명하지는 못했다. 무역의 발생원인을 이론적으로 설명한 최초의 사람은 고전학파의 창시자인 스미스이다. 스미스에 의하면 가령 상호간에 자발적인 무역이 이루어지려면 두 국가 모두가 이익을 얻어야 한다는 명제에서 출발하고 있다.

스미스에 의하면 자유무역을 하게 되면 각 국가는 생산비에서 절대우위를 가지는 상품의 생산에 특화해 수출을 하고 절대열위에 있는 상품을 수입함으로써 세계 전체의 생산량은 증대되고 이 증대된 생산물을 교역당사국에 배분하게 되면 모든 나라가 동시에 이익을 얻을 수 있다는 주장을 하였는데, 이를 스미스의 국제무역에 관한 절대우위의 법칙(the law of absolute advantage) 또는 절대생산비설(theory of absolute cost)이라 한다.

그런데 스미스의 절대우위의 논리는 한 나라가 두 가지 재화의 생산에 있어서 모두 절대우위에 있다면 상호이익이 되는 무역이 발생할 수 없다는 문제를 안고 있다. 즉 한국이 일본보다 철강생산비도 싸고 직물생산비도 쌀 경우에도 과연 한국과 일본이 서로 철강과 직물을 교역하게 될까? 또는 교역을 할 경우 양국 모두 이익을 볼 수 있을까? 리카도에 의하면 이러한 경우에도 스미스의 절대우위론과는 달리 한국과 일본이 무역을 하게 되면 두 나라 모두에게 이익이 된다는 것이다. 이것이 이른바 비교우위의 법칙(the law of comparative advantage) 또는 비교생산비설(theory of comparative cost)이라 한다.[1]

2. 스미스의 절대우위론

(1) 절대우위론

아담 스미스[2]는 국가 사이의 무역은 절대우위(absolute advantage)로 인하여 발생한다고 보았다. 즉, 한 상품의 생산에 있어서는 타국보다 더 효율적이나 다른 상품의 생산에서는 덜 효율적일 경우 양국은 각각 자국이 절대우위에 있는 상품의 생산에 특화(specialize)하여 그 일부를 서로 교환함으로써 상호이익을 얻을 수 있다는 것이다. 이렇게 하여 자원은 가장 효율적인 방법으로 사용됨으로써 양 상품의 생산은 모두 증가하게 되며 이 양 상품의 생산량 증가가 바로 생산의 특화에 의해서 얻게 되는 양국의 이익을 나타내는데, 이 이익은 무역을 통하여 양국에 분배된다는 것이다.[3]

가령, 자연현상 때문에 캐나다는 밀의 재배가 효율적이나 바나나의 재

1) 최해범 외, 전게서, pp.50~76.
2) Adam Smith, *An Inquiry into the Nature and Causes of the Wealth of Nations*, The Morden Library, 1937, book Ⅰ, Ch. 3.
3) 서청석, 『신무역학원론』, 신영사, 2005, pp.29~30.

배는 덜 효율적이고, 반면 브라질은 바나나를 재배하는 데는 효율적이나 밀의 재배에는 덜 효율적이라고 하자. 이 경우 캐나다는 밀의 재배에는 브라질에 대해서 절대우위에 있지만 바나나의 재배에는 절대열위에 있다. 니카라과의 경우는 이와 반대이다.

이러한 상황에서 양국은 자국이 절대우위를 가지고 있는 상품의 생산에 특화(전문화)하여 타국과 무역을 통해 교환함으로써 양국이 모두 이익을 얻을 수 있다. 캐나다는 밀의 생산에 특화하여 이중의 일부를 브라질에서 재배한 바나나와 교환한다. 결과적으로 밀과 바나나는 모두 더 많이 재배되고 소비되며 캐나다와 니카라과는 모두 이익을 보게 된다.

이렇게 볼 때 한 국가의 행동은 개인의 행동과 다를 바 없다. 한 개인은 자기가 가장 효율적으로 생산할 수 있는 상품만을 생산하여 이중 일부를 자기가 필요로 하는 다른 상품과 교환한다. 이러한 방법으로 모든 개인의 총생산과 후생을 극대화하는 것이다.

따라서 중상주의자들은 한 국가는 다른 국가의 희생을 통하여만 이익을 얻을 수 있다고 생각하여 모든 경제활동 및 무역에 대한 정부의 강력한 통제를 주장하였으나 스미스(및 그를 계승한 기타의 고전학파 경제학자들)는 모든 국가가 무역을 통하여 상호이익을 볼 수 있다고 생각하여 자유방임정책(policy of laissez-faire)을 강력히 주장했다. 즉, 자유무역에 의해 세계자원은 가장 효율적으로 이용되고 세계후생은 극대화되리라고 본 것이다.[4] 이러한 자유방임정책과 자유무역을 주장하는 데는 극소수의 예외가 있었다. 그 중의 하나가 국방에 중요한 산업을 보호하자는 것이었다.

(2) 절대우위에 의한 무역이익과 문제점

그렇다면 스미스가 주장하는 절대우위에 관한 것을 간단한 수치적 예를 들어 설명해 보기로 한다. 가령 한국과 미국의 두 나라가 각각 직물과 밀을 생산하고 두 상품을 생산하는 데 사용되는 생산요소는 노동뿐이라고 한다. <표 3-1>에서처럼 한국에서는 직물 1단위를 생산하는 데 노동 100

4) M. Chacholiades, *Principles of International Economics*, McGraw-Hill Book Company, 1981.

단위를 필요로 하고 밀 1단위 생산하는 데 노동 120단위를 필요로 하며, 미국의 경우에는 직물 1단위 생산하는 데 노동 120단위를, 밀 1단위 생산하는데 노동 100단위를 각각 필요로 하는 것으로 되어 있다. 이 경우 한국은 직물에 절대우위가 있고 미국은 밀에 절대우위가 있다. 이것은 한국의 경우 직물의 생산비가 미국보다 싸고 밀에 있어서는 미국이 한국보다 싸다는 것이다. 따라서 양국이 무역을 하게 된다면 한국은 직물을 수출하고, 미국은 밀을 수출하는 교역형태가 이루어질 것이다. 우선 양국이 절대우위에 따라 한국은 직물의 생산에 특화할 경우 220단위의 노동으로 직물을 2.2단위 생산할 수 있게 된다. 미국도 220단위의 노동으로 밀생산에 특화하여 밀을 2.2단위 생산하게 된다. 이때 양국 사이에 무역이 성립하여 두 재화가 1:1로 교환된다고 하자. 분석의 편의상 교역에 드는 수송비 등은 무시하기로 한다. 이 경우 한국이 1단위의 직물을 수출하고 미국으로부터 밀 1단위를 수입한다면 무역의 결과로 한국은 교역 전보다 직물 0.2단위 이익을 가져오게 된다. 마찬가지로 미국의 경우에는 밀을 1단위 수출하고 직물을 1단위 수입함으로써 무역전에 비하여 0.2단위의 밀을 더 얻게 된다. 즉 전체적으로 무역이익이 직물 0.2단위, 밀 0.2단위씩 발생하게 되었다.

〈표 3-1〉 각국의 상품단위당 생산비(투입노동량)비교

	직물	밀
한국	100	120
미국	120	100

한편 생산요소의 절약으로 본다면 무역전에 비하여 양국은 모두 직물 1단위와 밀 1단위를 얻는 데 20단위의 노동을 각각 절약할 수도 있다. 이와 같이 양국은 절대적으로 유리한 상품을 분업적으로 특화 · 생산하여 서로 교역을 하게 되면 양국은 무역이익을 얻을 뿐만 아니라 전세계적으로도 이익이 발생한다는 것이다. 그러나 이러한 스미스의 절대우위론에

있어서 나타나는 문제점은 첫째, 양국간의 교역에 있어서 어느 한 나라가 두 상품의 생산에 모두 절대우위에 있다면 이 경우에는 절대우위론에 의하여는 무역이 성립되지 않게 된다는 것이다.

둘째, 무역에 있어서 이익을 설명하고 있긴 하지만 국제적인 이익의 분배문제, 즉 교역조건의 결정에 대해서는 설명이 부족하다.

셋째, 절대우위론은 선진국과 개발도상국 사이의 무역과 같은 세계무역의 일부분을 설명하고 있을 뿐이다.

그러나 스미스의 절대우위론은 무역의 기본원리와 그 이익을 설명하려는 고전적 무역이론의 기원을 이루었고, 그 뒤에 나타난 리카도의 비교우위론과 기타 신고전파 경제학자들에 의해 더욱 발전되었다.

3. 리카도의 비교우위론

(1) 리카도이론의 개요

리카도[5]는 1871년 『정치경제 및 과세의 원리』(principles of political economy and taxation)라는 저서에서 비교우위론을 제시하였다. 리카도는 스미스와는 달리 1국이 타국에 비해 두 상품 모두의 생산성이 절대열위에 있을지라도 그 열위의 정도에 상대적 격차만 있으면 그 중 한 상품을 특화·수출하고 다른 상품을 수입하는 것이 무역당사국 모두에게 이익이 된다는 것이다.

즉 비교우위론에 의하면, 비록 1국이 두 가지 상품의 생산에 있어 모두 다른 국가보다 덜 효율적이라 하더라도 상호이익을 볼 수 있는 무역은 역시 가능하다. 1국은 절대열위가 가장 작은 상품(이것이 비교우위상품임)의 생산에 특화하여 이를 수출하고 절대열위가 가장 큰 상품(이것이 비교열위상품임)을 수입하면 두 나라 모두 무역이익을 얻게 된다는 것이다.

따라서 리카도의 비교우위론은 국제분업의 이익 또는 무역의 이익을 설

---

5) David Ricardo, *The Principles of Political Economy and Taxation*, Homewood, IL:Irwin, 1963.

명하면서, 국제분업이 어떻게 이루어지고 있는가를 설명하는 이론이다. 또한 이 원리는 이론적으로 국제무역론의 기본원리를 제시하고 있을 뿐 아니라 정책적으로 자유무역주의의 근거가 되기도 한다.[6] 이 학설은 리카도의 『정치경제 및 과세의 원리』에서 최초로 확립되었고, 그 후 밀, 마샬, 타우식(F.W. Taussing), 바이너(J. Viner) 등에 의해 계승되었다.

(2) 비교우위론의 내용

앞에서 지적한 바와 같이 리카도에 의하면 스미스의 경우와는 달리 양국에 있어서 생산비의 상대적 차이가 존재하는 경우에도 무역이 발생한다는 것이다. 즉 한 국가가 생산비에 있어서 상대적인 우위가 있는 상품의 생산에 특화해서 교역을 할 경우에도 모두 다 이익을 보게 된다는 것이 비교우위에 관한 무역이론의 주장이다.

리카도의 비교우위론에 있어서도 앞에서와 같이 한국과 미국으로 구성된 양국이 오직 두 개의 생산품, 즉 직물과 밀만을 생산하고 있으면 노동이 유일한 생산요소라고 가정하자. 이러한 가정 하에서 한국과 미국에서 직물과 밀을 한 단위씩 생산하는 데 투입되는 노동의 투입량은 <표 3-2>와 같다. 즉, 한국에서는 직물 1단위와 밀 1단위의 생산비가 각각 노동 100, 120단위인데 비하여 미국에서는 직물 1단위의 생산비는 노동 90단위이고 밀 1단위의 생산비는 노동 80단위이다. 그러면 미국은 직물과 밀을 생산하는 데 있어서 한국에 비해 모두 절대우위를 갖는다. 따라서 절대우위론에 의하면 미국은 두 가지 상품의 생산에 있어서 모두 절대우위를 갖고 있으므로 두 상품의 일방적 수출국이 되고 한국은 언제나 두 상품을 수입해야 한다는 결론이 나온다. 이 경우 비교우위론에 의하면 생산비의 상대적인 차이가 존재하기만 해도 무역이 성립하게 되고 또한 상호이익을 보게 된다는 것이다. 비교우위는 두 나라 사이의 직물 생산비 비율과 밀 생산비 비율을 비교함으로써 알 수 있다. 즉 직물의 경우 한국과 미국의 생산비 비율은 100:90이고, 밀의 경우는 120:80이다.

---

6) 김정수, 『국제무역론』, 박영사, 2005, pp.81~82.

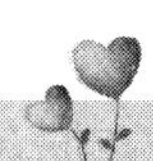

〈표 3-2〉 각국의 상품단위당 생산비(노동투입량)비교

	직물	밀
한국	100	120
미국	90	80

따라서 미국의 직물 생산비는 한국의 직물 생산비(90/100=0.9)의 90%인데 반해 밀 생산비는 한국의 밀 생산비(80/120=0.67)의 약 67%에 불과하다. 이때 미국은 한국에 비해 직물을 생산하는 것보다 밀을 생산하는 것이 상대적으로 더 유리하다는 것이다. 다시 말해 미국은 한국과 비교하여 직물과 밀의 생산에 있어서 모두 절대우위를 가지고 있지만 밀에서의 절대우위(80/120)가 직물에서의 절대우위(90/100)보다 크기 때문에 미국은 밀에 비교우위를 갖게 된다. 즉 미국은 직물보다 밀을 생산하는 데 있어 한국보다 비교적 더 효율적이다.

또한 한국의 입장에서 살펴보면 미국에 대한 한국의 생산비를 비교하면 직물은 100/90이지만, 밀은 120/80이다. 그러므로 한국에서는 미국에 비하여 직물 생산비는 111%, 밀 생산비는 150%나 되므로 이 경우 한국은 미국에 비해 밀을 생산하는 것보다 직물을 생산하는 것이 비교적 더 큰 효율성을 가진다고 말할 수 있다. 따라서 미국은 한국에 비하여 밀의 생산에 비교우위를 가지고 한국은 미국에 비하여 직물에 비교우위를 가지고 있다고 말할 수 있다.

먼저 특화 전의 자급자족 상태에서는 한국과 미국은 각각 주어진 노동투입량으로 직물과 밀을 각각 1단위씩 생산하고 있다. 그런데 양국이 각 상품의 생산에 특화를 하게 되면 한국은 직물 생산에 노동 220단위를 투입하여 2.2단위의 직물을 생산하게 된다. 그리고 미국은 밀 생산에 노동을 170단위 투입하여 2.125단위의 밀을 생산하게 된다. 만약 두 상품(직물과 밀)의 교환비율이 1:1인 경우를 가정하자. 그리하여 한국은 1.1단위의 직물을 미국에 수출하고 그 대가로 미국으로부터 1.1단위의 밀을 수입한다고 한다. 그러면 양국이 각각 비교우위가 있는 상품에 완전특화를 하여 교역을 하게 되면 한국은 직물과 밀의 소비를 각각 1.1단위씩 하게 되므로 각

상품의 소비량을 0.1단위씩 증대시킬 수 있다.

한편 미국은 직물 1.1단위와 밀 1.025단위의 소비가 가능하게 되어 각각 0.1, 0.025단위씩 소비의 증가를 가져오게 되는 것이다. 이를 달리 표현할 수도 있다. 즉, 한국에서 밀 1단위를 생산하는데 노동 120단위가 소요되므로 밀 1단위의 가격은 직물 1.2단위(=120/100)이며 반면 미국에 있어서는 밀 1단위 가격은 직물 0.89단위(=80/90)에 해당된다. 따라서 지금 양국이 무역을 행한다고 할 경우 만약 한국이 밀 1단위를 직물 1.2단위 이하의 가격으로 수입할 수만 있다면 한국으로서는 이익이 된다. 또 만약 미국이 밀을 1단위 수출함으로써 직물 0.89단위 이상을 수입할 수 있다면 이것은 또한 미국의 이익이 될 것이다.

따라서 리카도의 비교우위론에 의하면 한 국가가 타국가와 비교하여 두 가지 상품의 생산 모두에서 덜 효율적이라고 하더라도 상호이익이 되는 무역이 발생한 가능성이 있음을 알 수 있다. 또한 두 가지 상품 생산에 모두 절대우위가 있는 국가도 비교우위에 입각한 무역으로 이익을 얻게 된다는 것이다.

(3) 비교우위론의 현대적 설명

앞에서 리카도의 이론은 각국이 비교우위를 가지는 상품만을 분업적으

〈그림 3-1〉 리카도의 생산가능곡선

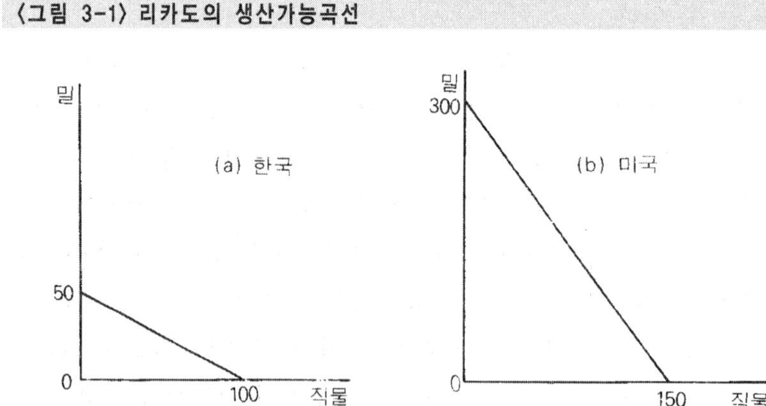

로 생산하여 서로 교역을 하면 모두 이익을 볼 수 있다는 것이었다. 이 같은 비교생산비설을 현대적 입장에서 생산가능곡선을 이용하여 설명해 보기로 한다.

〈표 3-3〉 각국의 최대생산가능량

	직물	밀
한국	100	50
미국	150	300

지금 한국과 미국이 모두 생산자원을 투입하여 직물과 밀을 생산하고 있다고 하자. 그런데 리카도는 노동을 사용하여 어떠한 상품을 생산할 경우 노동의 한계생산물이 항상 일정하다고 보았다. 이와 같은 가정 하에서 무역 이전에 한국과 미국이 주어진 자원으로 생산할 수 있는 최대 생산가능량은 <표 3-3>과 같다. 이것을 그림으로 표시하면 <그림 3-1>과 같이 직선의 생산가능곡선으로 표시된다.

<그림 3-1> (a)의 생산가능곡선에 의하면 무역 이전 한국은 직물 1단위를 더 생산하기 위하여 밀 0.5단위의 생산을 희생시켜야 하며, 밀 1단위를 생산하기 위해서 직물 2단위를 희생해야한다. 즉 직물 1단위의 기회비용은 밀 0.5단위이고 밀 1단위의 기회비용은 직물 2단위이다. 결국 한국에 있어서의 직물과 밀의 교환비율은 2:1이다. 그러나 미국에 있어서의 직물과 밀의 교환비율은 1:2가 된다. 그런데 여기서 직물과 밀의 기회비용은 각 상품의 생산량에 관계없이 일정불변하다. 이러한 생산조건하에서 무역 이전의 한국과 미국의 비교우위를 보면 한국에 있어서는 밀 1단위 대신에 직물 2단위 획득이 가능한데 비해 미국에서는 직물 0.5단위밖에 얻을 수 없으므로 한국은 직물생산에 있어서 미국보다 비교우위에 있다는 사실을 알 수 있다. 한편 미국에 있어서는 직물 1단위 대신에 밀 2단위 획득이 가능한데 비해 한국에서는 밀 0.5단위밖에 얻을 수 없으므로 미국은 한국보다 밀 생산에 있어서 비교우위가 있음을 알 수 있다. 결국 한국은 직물 생산에 특화하고 미국은 밀 생산에 특화하게 되고, 또한 비용불변의 가정

에 의해 각국은 직물과 밀의 생산에 완전특화하게 된다.

이제 한국과 미국이 교역을 하게 되고 밀과 직물에 대한 국제적 교환비율이 1:1이 되었다고 하자. 한국의 경우 무역을 하지 않을 때는 2단위의 직물을 희생하여 1단위의 밀을 얻을 수 있는데 무역을 하면 직물 1단위를 희생하여 밀 1단위를 얻을 수 있다. 즉 한국은 모든 생산시설을 직물생산에 투입하여 완전특화한 후 이를 미국에 수출하고 대신에 밀을 미국으로부터 수입하게 된다면 무역전보다 이익을 얻게 된다는 것이다. 가령 한국은 무역을 하기 전에 모든 생산요소를 투입하여 직물 50단위와 밀 25단위를 생산하여 소비하고 있었다고 하자. 이제 한국은 무역을 하게 되어 모든 생산요소를 직물생산에 투입하여 100단위의 직물을 생산하고 이중 50단위를 미국에 수출하여 50단위의 밀을 수입할 수 있게 된다. 즉 무역을 하기 전에는 50단위의 직물과 25단위의 밀을 소비할 수밖에 없었는데 무역을 하게 되면 50단위의 직물과 50단위의 밀을 소비할 수 있음으로써 사회전체의 효용이 증가한다. 마찬가지로 미국에 있어서는 비교우위성이 있는 밀의 생산에 완전특화하여 한국과 교역을 하게 된다면 사회전체의 효용이 증대하게 될 것이다. 이와 같이 무역을 하지 않을 때 한 국가의 생산가능곡선이 곧 이 국가의 소비가능곡선이나, 무역을 하게 되면 각국은 비교우위 상품의 생산에 특화하여 이 중 일부를 자국이 비교열위에 있는 다른 국가의 특화상품과 교환한다. 이렇게 함으로써 양국은 무역을 하기 전보다 두 상품을 그만큼 더 소비할 수 있음으로써 소비가능곡선이 확장되는 결과가 된다.

(4) 비교우위론에 대한 비판[7)]

리카도의 비교생산비의 원리는 19세기 자유무역주의의 이론적 근거로 제시되기도 하였으나, 노동만이 유일한 생산요소이며 또한 노동이 동질적

---

7) 비교우위론에 대한 검증은 맥도갈(D. MacDougall)을 비롯하여 스턴(R. Stern), 발라사(B. Balassa) 등에 의하여 시도되었다. D. A. MacDougall, "British and American Exports : A Study Suggested by the Theory of Comparative Costs", *Economic Journal* 61, 1951, pp.697~724.

(즉 노동이 한 가지 종류밖에 없다는 것)이라는 가정하에 출발하였기 때문에 많은 비판을 받곤 했다. 가령 대부분의 상품생산에 있어서 노동 이외의 자본과 기타 생산요소의 존재를 인정하지 않을 수 없으며, 또한 생산요소 사이의 대체가능성을 경시하고 있다. 한편 노동은 명백히 동질적이 아니며, 교육 정도라든지 생산성 및 임금에서의 차이가 심하게 나타나는 게 현실이다. 더구나 상품생산에 있어서 기회비용이 일정하다는 사실과 한 나라가 비교우위에 있는 상품생산에 완전특화하고 비교열위에 있는 상품은 전혀 생산하지 않는다는 점에서도 비현실성을 엿볼 수 있다.

4. 밀의 상호수요균등의 법칙

리카도는 비교생산비설을 통하여 무역의 발생원인과 무역의 이익을 밝힘으로써 무역이론의 발전에 크게 기여했다. 문제는 리카도의 이론은 무역의 공급측면만을 중시한 나머지 수요측면을 무시함으로써 무역이익이 교역당사국에 얼마만큼 배분되는가에 대하여 언급하지를 못했다. 밀은 리카도가 규명하지 못한 교역상품의 교역조건(국제교환비율)과 교역당사국에 대한 무역이익의 배분비율을 규명하였다. 이 이론이 상호수요균등의 법칙(law of equation of reciprocal demand) 또는 국제가치론(theory of international value)이다.

(1) 교역조건의 결정

밀은 상품의 국제교환비율, 즉 교역조건이 비교생산비의 상한과 하한내의 어느 점에서 결정되는가를 중시하고 그의 이론을 전개하고 있는데, 교역조건은 결국 자국상품에 대한 외국의 수요와 외국상품에 대한 자국수요가 상호 일치되는 점에서 결정된다고 주장했다. 나아가 밀은 이 교역조건에 의하여 교역당사국에 대한 무역이익의 배분비율이 결정된다고 주장했다. 이와 같이 밀은 상대국상품에 대한 양국 수요의 규모가 교역조건을 결정한다는 사실을 주장했고, 그 후에는 이외에도 수요의 탄력성이 교역조건을 결정한다고 주장했던 것이다. 예컨대, 그에 의하면 상대국 상품에 대한 자국의 수요탄력성이 크면 교역조건은 자국에 불리하고, 이와 반대의 경우 교역조건은 자국에 유리하다는 점을 밝혔다. 따라서 교역당사국의 상호수요의 규모와 수요의 탄력성에 의하여 교역조건이 결정된다는 것이다.

〈표 3-4〉 밀의 생산량 비교

	영국	독일
나사	10야드	10야드
아마포	15야드	20야드

교역당사국간에 교역조건이 어떻게 결정되며, 또 이들 국가에 대한 교역이익이 얼마만큼 배분되는가를 살펴보기 위하여 <표 3-4>를 이용한다. 이 표를 통하여 동일한 노동량으로 영국에서는 10야드의 나사와 15야드의 아마포(linen)를 생산할 수 있고, 또 독일에서는 10야드의 나사와 20야드의 아마포를 생산할 수 있다고 가정한다. 이 생산조건에서는 영국이나 독일은 모두 동일 노동량으로 나사보다 아마포를 더 유리하게 생산할 수 있다는 것을 알 수 있다.

그러나 1단위의 나사를 생산하는 데 필요한 양국의 노동량은 동일하지만, 1단위의 아마포를 생산하는 데 필요한 노동량은 독일이 영국보다 적게 든다. 따라서 영국은 나사 생산에 특화하고 독일은 아마포 생산에 특화하여 양생산물을 교환한다면 양국은 이익을 얻을 수 있다. 그러면, 이 두 가지 상품의 교환비율은 어떻게 결정될 것인가를 살펴보자.

이 경우 양국에서의 두 상품의 국제교환비율은 영국의 국내교환비율인 나사 10야드에 대한 아마포 15야드와, 독일의 국내교환비율인 나사 10야드에 대한 아마포 20야드 사이에서 결정된다. 무역이 성립됨에 따라 영국은 나사 10야드를 독일에 제공하는 대가로 아마포를 15야드 이상 받으려고 하고, 한편 독일은 영국으로부터 나사 10야드를 받는 대가로 아마포를 20야드 이상 제공하려고 하지 않을 것이다. 왜냐하면, 영국은 나사 10야드를 제공하고 아마포를 15야드 이상 받지 못할 바에야 아마포를 국내에서

생산하는 것이 한층 더 유리하며, 한편 독일은 나사 10야드를 받는 대가로 아마포를 20야드 이상 제공한다면 이는 국내에서 나사를 생산하는 것보다 불리하기 때문이다. 따라서 영국의 나사와 독일의 아마포 교환비율은 나사 10야드에 대하여 아마포 15야드 내지 20야드 범위 내에서 결정될 것이다.

이 범위는 양상품의 국제교환비율, 즉 교역조건의 한계가 된다. 그런데, 영국은 나사 10야드 대 아마포 15야드의 비율로는 무역을 하지 않으려고 할 것이다. 왜냐하면, 이 비율은 국내교환비율과 다를 바 없기 때문이다. 그러나 독일은 이 비율로 무역이익을 얻을 수 있으므로 무역을 하려고 원한다. 이와 반대로 나사 10야드 대 아마포 20야드의 교환비율로는 독일은 무역에 대하여 흥미를 갖지 않을지라도 영국은 무역이익을 얻을 수 있으므로 무역에 대하여 관심을 갖는다. 겉으로 보기에는, 양상품의 교역조건은 그 중간인 나사 10야드 대 아마포 17.5야드로 결정된다고 볼 수 있으나, 이는 임의로 결정된 교역조건인지 결코 합당한 교역조건은 아니다. 교역조건의 결정에 있어서는 자국상품에 대한 외국의 수요강도와 외국상품에 대한 자국의 수요강도를 고려해야 한다. 자국상품에 대한 외국의 수요강도는 외국이 제공하는 상품의 수량으로 표현될 수 있으며, 외국상품의 경우도 이와 마찬가지다. 따라서 자국상품에 대한 외국의 수요가 강하며, 이와 교환으로 제공되는 외국상품의 수량도 많고, 반대의 경우에는 그 수량이 적다. 이와 같이 교역조건은 자국상품에 대한 외국의 수요와 외국상품에 대한 자국의 수요가 상호 일치되는 점에서 결정된다고 밀은 주장했다.

(2) 무역이익의 배분

교역조건은 양국에 대하여 무역이익의 배분비율을 결정한다. 가령, 나사와 아마포의 교역조건을 10:17이라고 한다면, 영국은 무역전에 비하여 2야드의 아마포를 더 얻을 수 있으며, 한편 독일은 3야드의 아마포를 절약할 수 있다. 따라서 이러한 비율의 교역조건에 의하여 양국에서는 무역이익을 얻을 수 있다. 만약 아마포에 대한 영국의 수요가 증가된다면, 나사 10야드에 대한 아마포의 교역조건은 17야드 이하로 떨어진다. 따라서 영국의 교역조건은 불리하므로 영국의 이익은 감소되지만, 독일의 교역조건은 유리하므로 독일의 이익은 증대된다. 반대로 아마포에 대한 영국의 수요가 감소된다면, 나사 10야드에 대한 아마포의 교역조건은 17야드 이상으로 올라간다. 따라서 영국의 교역조건은 유리하므로 그의 이익은 증가되지만, 독일의 교역조건은 불리하므로 그의 이익은 감소된다. 같은 방법에 의하여 독일의 경우도 설명할 수 있다. 이와 같이 영국에서는 나사 10야드에 대한 아마포의 교역조건이 15야드에 접근할수록 불리하며 20야드에 접근할수록 유리하고, 반대로 독일은 나사 10야드에 대한 아마포의 교역조건이 15야드에 접근할수록 유리하며 20야드에 접근할수록 불리하다.

결국, 무역이익은 교역조건이 어떻게 결정되느냐에 달려 있으며, 이 교역조건은 양국의 생산비의 상한과 하한내의 어느 점에서 결정된다. 그리고 교역조건의 결정을 지배하는 요인은 교역상대국의 상품에 대한 양국의 수요의 크기이다.

(3) 상호수요균등법칙의 의의와 한계

밀은 상호수요균등의 법칙을 통하여 리카도가 비교생산비설에서 지나치게 국제무역의 공급부문만을 중시한 취약점을 극복하고 수요부문을 도입함으로써 상품의 교역조건을 규명하게 되었고, 이러한 관점에서 국제가치론 내지 국제균형론을 처음으로 밝혔다. 이는 무역이론에 있어서 밀의 공적이다. 그러나 밀의 학설도 리카도의 학설처럼 결함과 난점을 지니고 있다. 이 학설은 대체로 리카도의 비교생산비원리의 전제가 되는 여러 가지 가정 하에서 출발되었으며, 특히 수요면을 중시하고 공급면을 무시했다. 즉 밀의 상호수요균등의 법칙에서 생산비란 국제교환비율의 범위를 나타내는 데 불과하고 국제가치를 반영하는 국제교환비율의 결정은 생산비와는 직접적인 관계가 없이 상호수요에 의해 결정되고 있다. 따라서 이 학설은 소박한 이론에 지나지 않았기 때문에 마샬, 에지워스 등에 의하여 한층 더 보완되었다. 이들은 상호수요곡선 또는 오퍼곡선에 의하여 상호

수요의 법칙을 보완함으로써 수요면에서 국제균형론 내지 국제가치론을 발전시켰다.

제2절 근대무역이론

1. 근대무역이론의 배경

앞에서 고찰한 고전파 무역이론은 자유무역론의 근거가 되었다는 점에서 큰 의미를 갖는다. 즉 중상주의의 부국정책을 타파하고 국제분업과 이에 기초한 자유무역론을 위한 이론적인 도구로서 그 가치를 발휘하였던 것이다. 그런데 고전적 비교생산비설은 노동이라는 단일의 동질적인 생산요소와 수확일정이라고 하는 정태적인 경우를 가정하고 있었다. 뿐만 아니라 노동가치설에 따라 투입노동량만으로 재화의 가격이 결정된다고 보는 고전적 비교생산비설 만으로서는 현실적인 무역이론을 설명하는 데 무리가 뒤따르게 되었다.

한편, 고전적 비교생산비설을 비판하면서 발전된 국제가치론 또한 단순한 가정 하에서 상품수요에 따른 교환비만을 규명했을 뿐, 그 이면에 있는 생산력 차이나 생산구조를 반영해 주지 못하였다. 이러한 고전파 무역이론의 한계점을 극복하는 과정에 근대무역이론이 나타났다. 따라서 근대무역이론은 고전파 무역이론이 갖는 현실적인 문제점을 제거하였는데 이는 크게 두 가지 흐름으로 구분될 수 있다.

첫째는, 고전적인 비교생산비설에 근거를 그대로 두고 고전이론의 설명용구인 노동가치설을 다른 용구인 기회비용으로 바꾸어서 무역현상을 해명하고자 하는 하벌러(G. Haberler)의 기회비용설이다.

둘째는, 처음부터 고전적인 비교생산비설을 지양하고 가격현상과 국제적인 요소부존의 차이에 의거한 일반균형이론을 사용하여 무역현상을 해명하고자 하는 헥셔-오린정리이다.

2. 하벌러의 기회비용설

하벌러[8]는 기회비용(opportunity cost)과 생산가능곡선이라는 개념을 국제무역이론에 최초로 도입하여 비교우위이론을 체계화하였다.

하벌러의 기본적인 출발점은 여러 가지 상품의 상대가격이 비용의 차이에 따라 결정된다는 점이다. 여기에서 비용이라고 하는 것은 리카도가 주장한 노동가치설이 아니고 그 해당 상품의 생산으로 말미암아 희생되는 타상품의 생산량이라는 점이다. 다시 말하면, 일국의 총생산비용이 일정하다고 가정할 때 두 상품간의 가능한 결합관계, 즉 한 상품의 생산을 증가시키기 위해서는 다른 상품의 생산을 감소 혹은 희생시키지 않으면 안 된다는 대체관계에서 무역의 현상을 고찰하고자 한 것이다. 그러므로 기회비용은 하나의 생산물의 비용을 다른 하나의 희생된 생산물로 표시한 것에 불과하며, 이는 생산물간의 기술적 대체관계에 지나지 않는다. 따라서 기회비용은 두 가지 상품간에 존재하는 교환비율을 반영한다.

기회비용이란 개념이 국제무역이론에 이용된 것은 대체로 다음과 같은 이유 때문이다. 고전학파의 비용이론은 노동이 유일한 생산요소라고 하는 노동가치설에 입각하고 있기 때문에 노동 이외의 생산요소를 필요로 하는 현실적 상태를 충분히 설명할 수 없으며, 또 현실적으로 노동의 질적 차이가 뚜렷하게 있는데도 불구하고 모든 노동의 질이 동일하다고 가정한 점이다. 그리고 고전학파는 불변생산비를 전제로 무역이론을 전개했으나, 현실적으로 규모에 대한 수확이 체감되기도 하고 체증되기도 하므로 생산비는 체증되기도 하고 체감되기도 한다. 하벌러는 이러한 고전학파의 경제적 오류를 반성하고 새로운 관점에서 출발하여 노동가치적 비용개념과는 달리 기회비용과 생산가능곡선을 국제무역이론에 도입하여 비교우위의 이론을 전개했던 것이다. 따라서 하벌러의 기회비용설은 노동가치설 또는 실질비용설을 개선했다고 볼 수 있다. 이것은 단일한 생산요소라고 하는 가정에서 벗어나 보다 현실에 적합한 생산요소를 전제로 그의 무역이론을

---

8) G. Haberler, *The Theory of International Trade*, W. Hodge and Company, London, 1936, Chap. 12.

전개했다는 점과 제약조건이 적은 가정을 통하여 동일한 결과를 가져왔다는 점이다. 그리고 가변생산비 상태하에서도 비교우위의 결정을 일반화시켰다는 점이다.

불변생산비하의 생산가능곡선은 가격선과 비슷한 형태를 취하며, 이 조건하에서는 불완전특화 뿐 아니라 완전특화도 가능하다. 그러나 수확불변조건하의 불변생산비는 현실적으로 그 가능성이 어렵고 따라서 수확체감조건하의 체증생산비의 경우가 국제무역이론에서 많이 이용된다. 물론 불변생산비하의 무역도 무시될 수는 없다.

요컨대 기회비용설은 첫째, 리카도의 단일생산요소(노동)라는 극단적인 가정을 벗어나서 여러 가지 생산요소들을 가정해서 무역의 방향과 이익을 설명하고 있다는 점과 둘째, 엄격한 가정에서 벗어나면서도 노동가치설에 입각한 리카도의 비교생산비설과 같은 결론을 얻을 수 있다는 사실에 의의가 있다고 할 수 있다. 그러나 기회비용설이 근대무역이론의 정립에는 큰 기여를 하였으나 그 자체만 보면 무역이론으로서 많은 결함을 지니고 있다. 예를 들면 기회비용설에 있어서는 국가간 기회비용의 차이가 어떤 경로를 통하여 발생하고 있는지에 관한 설명이 없으며 더구나 무역의 방향과 국제교환비율의 결정에 있어서 수요부문의 영향을 고려하고 있지 않다는 사실이다. 이러한 문제들은 다음에 논의할 헥셔-오린정리에 의하여 해결된다. 결국 국제무역론의 완성적인 이론적 틀은 헥셔-오린정리에 의하여 갖추어지게 된다.

3. 헥셔-오린정리

(1) 헥셔-오린정리의 배경

비교생산비설은 무역에서 비교생산비의 구조를 여건으로 할 때 각국이 자국에 유리한 무역을 행하는 결과 어떠한 이익이 발생하는가를 명백히 하기는 했으나 비교생산비의 차이가 왜 생겨나느냐에 대한 원인을 분석하지는 못했다. 즉 노동의 생산성에 격차가 나타나는 이유를 기후의 차이에 의한 것과 같은 경우를 제외하고는 별다른 설명을 하지 못했다. 이리하여 비교생산비의 발생원인을 규명하려는 연구가 시도되었는데, 이는 스웨덴의 경제학자 헥셔(E.F. Heckscher)가 1919년에 발표한 "무역이 소득분배에 미치는 영향"이라는 논문에서 처음으로 이루어졌고, 그 후 그의 제자 오린(B. Ohilin)에 의해 더욱 체계화되었다.

두 학자의 이와 같은 비교생산비차의 발생원인에 관한 연구를 헥셔-오린정리(Heckscher-Ohlin theorem)[9]라고 부른다.

헥셔와 오린은 일국이 타국에 비하여 상대적으로 풍부하게 부존된 생산요소를 집약적으로 사용하여 생산하는 상품이 비교우위를 갖는 경향이 있다고 주장한다. 헥셔-오린의 이론은 가변기회비용 및 노동과 자본 등 두 가지 생산요소 그리고 불완전특화를 가정하고 있다는 점에서 리카도이론과 다르다.

한편 헥셔-오린이론은 사무엘슨(P.A. Samuelson) 등에 의해 더욱 정교화되었고, 레온티에프(W. Leontief)의 실증적 검증을 비롯하여 여러 학자들에 의해 현대적 무역이론으로 계승 · 발전되었다.

(2) 헥셔-오린의 요소부존이론

비교우위의 원리, 즉 비교생산비의 차이를 각국에 있어서 생산요소의 부존량의 차이에서 설명하려는 이론을 헥셔-오린정리라고 한다.

이 정리는 다음과 같은 몇 가지의 가정에 기초하고 있다. 가령 ① 두 나라(즉 A국과 B국), 두 상품(X재와 Y재) 그리고 두 생산요소(노동과 자본)가 존재하며, ② 양국은 생산에 있어서 동일한 기술을 사용하며, ③ 양국에서 X재는 노동집약적이고 Y재는 자본집약적이다. ④ 생산규모에 대한 수확불변 및 양국의 기호가 동일하고, ⑤ 양국의 상품시장과 요소시장은 완전경쟁, ⑥ 각국 내에서는 생산요소가 자유롭게 이동할 수 있지만 국가간에는 요소가 이동할 수 없고, ⑦ 운송비, 관세 및 기타 자유로운 국제무역에 대한 장애가 존재하지 않는 등의 전제하에서 각국의 비교우위의 근거를 요소부존도(factor endowment ratio)의 상대적 격차에서 구하고 있다.

---

9) E. F. Heckscher, "The Effect of Foreign Trade on the Distribution of Income" *Ekonomist Tidskrkft*, vol. 21, 1919, pp.1~32.

상대적으로 풍부한 생산요소의 가격은 희소한 생산요소의 가격에 비해서 싸다. 따라서 각 국가간의 생산요소의 부존비율의 차이에서 비교생산비의 국가간 차이가 나타난다는 것이다. 즉 각 나라는 자신이 상대적으로 풍부하게 보유하고 있는 생산요소를 집약적으로 사용하는 상품을 상대적으로 낮은 가격으로 생산할 수 있으므로 이 상품을 생산하는 데 비교우위를 가지게 되며 나아가 이를 수출한다고 보고, 반대로 상대적으로 희소한 생산요소를 생산과정에서 집약적으로 사용하는 상품의 생산에는 생산비가 많이 소모되므로 가격도 높아 이 상품의 생산에는 비교열위가 존재하며 결국 이 상품은 수입을 하게 된다는 것이다. 예를 들어 한국에 있어서는 노동이 상대적으로 풍부하고 미국에서는 자본이 상대적으로 풍부하다면 한국은 자본에 비하여 노동의 상대가격이 싸고, 미국은 노동에 비해 자본의 상대가격이 싸다. 따라서 한국에서는 노동집약적인 상품의 생산에 비교우위가 있어 이 상품의 생산에 특화하여 수출하게 되고 미국은 자본집약적인 상품의 생산에 비교우위가 있어 이 상품의 생산에 특화하여 이를 수출하는 것이 유리하다는 것이다.

(3) 헥셔-오린정리의 한계(레온티에프의 역설)

이 헥셔-오린의 정리가 타당하다면 노동보다도 자본이 상대적으로 풍부하게 존재한다고 생각되는 미국과 같은 나라에서는 자본집약적인 상품을 생산, 수출하고 노동집약적인 상품을 수입하게 될 것이다. 그러나 산업연관분석표의 창시자인 레온티에프가 독자적으로 실시한 통계적 조사에 의하면 미국의 경우 헥셔-오린정리에 의한 추론과는 반대되는 결과를 발견하였다. 미국은 도리어 자본집약적인 상품을 수입하고 노동집약적인 상품을 수출하고 있다는 결과가 나타난 것이다. 이것을 레온티에프의 역설(Leontief's paradox)[10]이라 한다.

레온티에프는 미국경제에 관한 1947년도 투입−산출표(Input-Output table)를 통해 미국의 대표적인 수출품과 수입대체품의 각 100만 달러치 속에 포함

10) W. W. Leontief, "Domestic Production and Foreign Trade : The American Capital Position Re-examined", *Economic International*, vol. 7(February), 1954, pp.3~32.

되고 있는 노동과 자본의 투입량을 계산하였다. 그런데 문제는 레온티에프가 수입재가 아닌 수입대체재의 노동과 자본의 비율을 계산하였다는 사실이다. 이는 레온티에프가 각 수입국별로 투입산출표를 구할 수 없었기 때문이다.

이러한 이유 때문에 미국에서 전혀 생산되지 않는 커피나 바나나와 같은 수입상품이나 서비스 등 국제무역의 대상에서 제외되는 품목은 조사대상에서도 제외되었다.

이상과 같은 방법을 통해 레온티에프는 <표 3-5>와 같이 100만달러치의 수출품과 수입대체품 생산에 필요한 미국내에 노동과 자본의 투입량을 구하게 되었다.

〈표 3-5〉 미국내 100만 달러치의 수출품과 수입대체품생산에 필요한 노동과 자본투입량

	수출상품	수입대체상품
자본(1947년 달러가격)	$2,555,780	$3,091,339
노동(연인원수)	181.31	170.00
1인당자본량(자본/노동)	$13,991	$18,184

헥셔-오린의 정리가 타당하다면 미국의 경우 원래 자본의 부존량이 풍부한 것으로 예견할 수 있으므로 수출상품이 수입대체상품에 비해서 더 자본집약적이어야만 하나 <표 3-5>에서와 같이 실제로는 수출상품에 있어서 노동자 1인당 자본량이 13,991달러임에 반하여 수입대체상품의 그것은 18,184달러로 나타나 수입대체상품이 수출상품보다 자본집약적(즉 수입상품은 수입대체상품에 비해서 더 노동집약적)이라는 사실을 발견하였다. 레온티에프의 역설이 발표된 이후 많은 경제학자들이 이에 대한 검증을 시도하면서 레온티에프의 연구결과를 확인하기 시작하였다. 더구나 레온티에프가 사용한 통계적 처리와 분석방법 등에 대하여 여러 가지 비판과 함께 헥셔-오린의 가정에 대한 검토가 본격적으로 이루어졌다. 특히 레온티에프의 역설을 해명하고자 하는 설명 중에서 중요한 것들만을 요약해서 설명하면 다음과 같다.

첫째, 레온티에프 자신은 다음과 같은 설명으로 자기의 검증결과와 헥셔-오린 정리와의 일치가능성을 주장하였다. 즉 미국의 노동력은 생산성(능률)면에서 타국의 노동보다 우수하므로 생산성을 고려한 노동단위를 택한다면 미국은 상대적으로 노동이 풍부한 국가라고 할 수도 있다고 보았다. 그러나 이와 같은 설명에는 문제점이 있다. 예컨대 노동의 생산성(능률)이 높다는 것은 바로 노동의 질이 우수하기 때문인데, 우수한 노동력이란 선천적인 자질이라기 보다는 오히려 후천적으로 형성되는 것이라 보아야 할 것이다. 다시 말하면 우수한 노동력은 개발에 의해서 이루어지며 노동력개발에는 투자가 요구된다. 가령 교육이나 직업훈련 등 노동생산성을 증대시키는 모든 지출은 노동력개발을 위한 인간에 대한 투자로서 인적 자본(human capital)을 구성하게 되는 것이다. 따라서 인적 자본을 자본의 개념에 포함시키게 되면 미국 노동의 생산성이 타국의 그것보다 크다는 사실은 바로 미국이 타국에 비하여 노동이 풍부한 국가가 아니고 오히려 자본이 풍부한 국가로 분류하여야 할 것이다.

한편 인적 자본에 관한 중요한 실증적 연구는 크라비스(Kravis), 키싱(D.D. Keesing), 케넨(P.B. Kennen), 볼드윈(R.E. Baldwin) 등에 의해 이루어졌다.

둘째, 헥셔-오린이론에서는 생산요소로서 노동과 자본만을 포함시키고 나머지 토지, 기후, 석유 등 중요한 생산요소인 천연자원은 제외시키고 있다. 미국의 경우 석유, 광물 등은 주로 수입에 의존하고 있는 실정인데 그러한 자원은 생산과정에서 자본집약적인 방법으로 생산되기 때문에 마치 자본집약적인 상품을 수입하는 것처럼 나타난다는 것이다. 바넥(J. Vanek)에 의하면 미국은 친연자원이 희소히며 따라서 천연자원집약적인 상품을 레온티에프의 검증에서 제외시킬 경우 헥셔-오린정리는 미국의 무역패턴에 합치하게 된다는 것이다.

셋째, 헥셔-오린정리에서는 양국에 있어서 비교우위를 결정하는 요소는 국가간의 공급조건이며 양국의 수요구조는 일치한다고 가정하였다. 만약 미국이 이 가정과 달리 수요가 자본집약인 상품에 편중되어 있다면 비록 자본이 풍부하더라도 자본집약적인 상품을 수입하지 않을 수 없는 문제가 발생하게 된다. 이를 수요의 편향이라 한다. 그러나 국가간에 수요의 차이가 수요의 편향을 초래할 만큼 크다는 것이 실제로는 증명이 되지 않고 있다.

넷째, 요소집약도의 역전가능성이다. 헥셔-오린정리에서는 요소집약도의 역전이 없다고 가정하고 있으나 이 가정이 부인된다면 레온티에프의 역설은 타당하게 된다. 즉 미국이 비록 상대적으로 자본이 풍부하다고 해도 자본집약인 재화에 대한 국내수요의 편향현상에 따라 자본에 대한 수요가 급증한다면 상대적으로 자본의 가격이 상승하게 될 것이다. 경우에 따라서는 자본집약적인 것보다는 노동집약적인 재화가 수출될 가능성이 있다고 볼 수 있다.

(4) 요소가격균등화와 소득분배

여기서 요소가격균등화정리를 살펴보고자 한다. 요소가격균등화정리는 헥셔-오린정리로부터 유도되고 헥셔-오린정리가 타당할 때만 적용이 가능하다. 이러한 요소가격균등화정리를 자세하게 실증한 사람은 사무엘슨이며 요소가격균등화정리를 경우에 따라서는 헥셔-오린-사무엘슨정리라고도 한다.

1) 요소가격균등화정리

헥셔-오린이론에서 전제하고 있는 가정을 그대로 적용할 경우 요소가격균등화정리(factor-price equalization theorem)는 다음과 같이 요약할 수 있다. 즉 국제무역이 이루어지는 경우 국가간에 생산요소의 이동이 불가능하다고 해도 동질적인 생산요소에 대한 가격은 상대적으로든지 절대적으로든지 균등화된다는 것이다. 따라서 무역은 국가간 생산요소의 이동을 대체하는 효과를 갖는다는 것이다. 이것은 국제무역이 이루어지면 동질적인 노동(즉 동일수준의 기술, 숙련도 및 생산성을 가진 노동)에 대한 보수(임금)가 모든 교역국들 사이에서 같아진다는 것을 의미하며, 마찬가지로 국제무역을 통한 모든 교역국 사이의 동질적인 자본(가령 생산성 등이 같은)에 대한 수익률, 즉 보수도 동일하게 된다. 따라서 국제무역이 이루어지면 교역국 사이의 임금(w)이 동일하게 될 것이며, 또한 자본의 수익률(r)

도 양국에서 동일하게 되므로 결국 요소의 상대가격이나 절대가격은 양국에서 모두 균등하게 된다는 것이다. 가령 노동집약적인 X재와 자본집약적인 Y재를 전제로 할 경우 한국은 노동의 상대가격 또는 임금률이 미국보다 더 낮기 때문에 상품 X의 상대가격은 미국보다 한국에서 더 낮다고 가정한다. 만약 한국에서 노동집약재인 X재의 생산에 특화한다면 자본집약재인 Y재의 생산은 감소할 것이고 노동에 대한 수요는 상대적으로 증가하여 임금률(w)이 상승하는 반면 그 동안 희소하던 자본에 대한 수요는 상대적으로 감소하여 자본의 가격(r)은 감소하게 된다. 미국의 경우는 이와 정반대의 현상이 발생한다. 즉 미국이 국제무역과 함께 자본집약적인 Y재의 생산에 특화한다면 노동집약적인 X재의 생산은 감소할 것이고 자본에 대한 수요는 상대적으로 증대하는 반면 노동에 대한 수요는 상대적으로 줄어들어 임금률(w)이 하락하는데 반해 자본가격(r)은 상승하게 된다. 결국 국제무역은 무역을 하기 이전의 양국의 w와 r의 차이를 감소시키는 경향을 갖게 된다는 사실을 알 수 있다.

따라서 헥셔-오린의 제가정이 성립할 경우 국제무역은 동질적인 요소에 있어서 요소의 상대가격 및 절대가격을 완전히 균등화시킨다. 왜냐하면 자유무역이 이루어질 경우 요소의 상대가격이 상이하면 재화의 상대가격도 차이가 날 것이므로 무역이 계속될 것이기 때문이다. 또한 무역이 확대됨에 따라 요소가격의 차이는 줄어들어 결국에는 양국의 요소의 상대가격이 균등해진다. 또한 자유무역이 이루어질 경우 동질적인 노동과 자본에 대한 임금과 자본보수율이 양국에서 절대적으로 균등해진다. 즉, 무역에 의하여 상대가격이 균등화되고 상품 및 요소시장에서 안전경쟁이 존재하며 국제무역에 대한 보수불변을 가정할 경우 국제무역은 동질적인 요소에 대한 절대적 보수를 역시 균등화시킨다. 따라서 국제무역은 생산요소의 국제적 이동을 대체하는 역할을 한다는 사실을 알 수 있다.

2) 국제무역이 소득분배에 미치는 효과

앞에서 우리는 국제무역에 의하여 양국의 임금과 자본수익률이 균등화된다는 점을 살펴보았다. 이제 국제무역이 각국내의 실질임금과 노동자의 실질소득에 미치는 효과를 노동자의 실질소득과 자본가의 실질소득과 관련하여 살펴봄으로써 국제무역이 소득분배에 미치는 효과를 살펴보자.

앞에서 국제무역으로 한 국가에서 풍부하고 값싼 요소의 가격은 상승하는 반면 미국의 임금은 하락하고, 동시에 한국의 자본수익률은 하락하는 반면 미국의 임금은 하락하고, 동시에 한국의 자본수익률은 하락하는 반면 미국의 자본수익률은 상승한다는 사실을 밝혔다. 무역의 개시 여부에 관계없이 노동과 자본의 완전고용을 가정한다면 노동자의 실질소득과 자본가의 실질소득은 요소가격의 변화 방향과 일치할 것이다. 즉 한국에 있어서는 노동자의 실질소득이 증가하는 반면에 자본가의 실질소득은 하락할 것이고, 미국의 경우는 노동자의 실질소득이 감소하는 대신 자본가의 실질소득은 증대할 것이다. 따라서 자본이 풍부한 선진제국에 있어서는 자본이 상대적으로 풍부하므로 국제무역으로 인하여 노동의 실질소득이 감소하는데, 노동조합 등에서는 자유무역보다 보호무역을 지지하는 경향이 있고 반대로 개발도상국이나 후진제국에 있어서는 마찬가지의 논리로 자유무역을 선호하는 추세이다. 그런데 미국과 같은 자본풍부국이나 노동희소국에서 과연 국제무역으로 실질임금과 노동자의 실질소득이 감소한다는 이유만으로 무역을 제한 내지 제재함이 타당할까? 이에 대한 해답은 무역으로 인한 자본가에 대해서는 세금을 부과하고 노동자에 대해서는 보조금정책 등 소득재분배정책을 실시함으로써 국제무역은 양요소의 소득을 모두 증가시키게 된다는 것이다. 그러나 후진국이나 개발도상국의 경우에는 오히려 무역을 규제하는 것이 산업보호차원에서 유리할 것으로 보인다.

제3절 국제무역의 신이론

이상의 1절과 2절에서 우리는 그 동안 정립된 무역이론에 대해 철저하게 살펴보았다. 특히 고전파의 비교생산비설에서는 비교우위의 지배원인

으로 노동생산성이 중요시되었다. 한편 헥셔-오린무역이론에서는 노동과 자본의 양적인 부존비율의 차이가 무역패턴의 결정에 중요한 영향을 미친다는 사실도 확인한 바 있다.

그러나 앞서 설명한 바의 주류를 이루는 이론 이외에도 비록 그 이론이 가지는 적용범위는 적을지라도 엄연히 무역현상을 설명해 주고 있는 기타 새로운 이론들이 있다. 모든 무역이론을 섭렵해 본다는 의미에서 이와 같은 이론을 들어서 차례로 설명하고자 한다.

1. 제품차별화이론

최근 모든 국가들이 생산하고 있는 대부분의 상품들은 품질면에서 동질적이라기보다는 비동질적이다. 오늘날 세계에서 생산되는 자동차의 경우를 보더라도 소나타 · 폭스바겐 · 토요다 · 세이블 · 시보레 등과 같이 제품이 동일하지 않다. 따라서 국제무역의 대부분은 같은 종류의 산업이나 혹은 광범위한 생산집단내에서 제품차별화(product differentiation)에 의해서 이루어지고 있다. 즉, 국제무역의 대부분은 상품의 산업간 무역이 아니라 동일한 산업내의 제품차별화에 의한 무역이다.

이러한 현상은 EU의 각 가맹국간처럼 무역장벽이 철폐될 때 분명히 일어날 수 있을 것이다. 발라사(B. Balassa)는 1967년 그의 연구에서, 무역량이 급격히 증가하고 있지만 그 증가의 대부분이 각 산업의 광의분류내에서 제품차별화에 의한 상호교환을 의미한다는 것을 밝혔다.

그루벨(H.G. Grubel)과 로이드(P.J. Lloyd)는 공업국가들간의 무역의 약 50%는 동일산업내의 제품차별화에 의해서 이루어졌다고 주장했다. 그들이 주장하는 바에 의하면 제품차별화에 의한 교역량의 비율은 생산의 이질화가 보편적으로 이루어지고 있지 않는 개발도상국, 즉 제품 차별화의 정도가 낮은 국가에서 더 낮게 나타났다.

2. 연구개발(R&D)요소이론

새로운 컴퓨터의 판매는 특히 신세대들의 구매의욕을 자극하게 될 것이다. 그런데 이러한 최신형 컴퓨터는 상당한 연구 · 개발비가 투자되어 기존 모델보다 여러 기능이 추가되면서 크기와 무게는 작아지고 기능은 다양화되어 이용하기에 더욱 편리해질 것이다. 이처럼 무역에서는 수출상품이 되기 위해서 위와 같은 조건도 필요할 수 있다. 즉, 일국에 있어서 연구 · 개발에 의한 기술진보는 국제무역 및 국제투자에 상당한 영향을 미칠 뿐만 아니라 무역패턴의 결정에도 중요한 역할을 될 것이다.

키싱(D.B Keesing)과 그루버(W. Gruber), 메타(D. Mehta), 버논(R. Vernon) 등은 연구·개발요소가 무역 및 국제투자에 상당한 영향을 중요시하여, 연구·개발요소(research and development factor)가 무역의 발생원인 및 무역패턴을 결정하는 중요한 요인인 R&D이론을 주장하였다.[11)]

키싱과 그루버가 미국의 수출실적과 연구·개발 노력과의 관계를 실증적으로 검토한 내용을 요약하면, 미국 제조업 중에서 비교우위가 있는 산업은 헥셔-오린 정리에서 말하는 노동집약적 산업과 자본집약적 산업도 아닌 연구 · 개발에 종사하고 있는 많은 과학자 또는 기술자가 있고 또한 많은 연구개발비를 지출하고 있는 R&D 집약적 산업이며, 연구·개발 노력이 큰 산업일수록 수출실적도 크다고 하였다.

또한 키싱에 의하면, 미국에서 연구·개발 종사자와 같이 질적으로 우수한 노동이 투입되는 산업일수록 국제경쟁력이 강하고, 또 그 산업의 생산제품의 수출점유비율이 높다는 것이 입증되었다.

키싱, 그루버, 메타, 버논 등의 연구는 연구·개발요소를 무역의 발생원인 및 무역패턴의 결정요인으로 간주하였으며, 이 요소를 많이 투입하는 기업이 해외직접투자를 행하는 경우가 많다는 것을 보여준 데도 특징이 있다. 따라서 R&D이론은 한 나라의 무역발생원인과 무역패턴을 설명하는 이론이라기보다는 한 나라의 기업이 수출기업이 될 수 있는 조건을 제시한 이론이라고도 볼 수 있다.[12)]

---

11) W. Gruber, Metha and R. Vernon, "The Factor in International Trade and International Investment of United States Industries", *Journal of Political Economy*, February 1967.
12) 김정수, 『국제무역론』, 박영사, 2005, pp.119~120.

3. 기술격차론

기술격차론(technological gap theory)은 국가간 생산기술상의 격차가 무역발생의 원인이 되고 무역패턴 결정에 중요한 역할을 한다는 이론이다. 이 이론에 의하면 어느 상품을 생산하는 데 기술적인 면에서 우위에 있는 나라는 그것이 열위에 있는 나라에 대하여 생산기술상의 격차를 이용하여 관련제품을 수출할 수 있다는 것이다.

즉, 기술진보가 발생된 국가는 일시적으로 그 기술진보 부문의 상품을 독점적으로 생산하여 수출할 수 있다. 그러나 기술진보가 뒤떨어진 타국은 무역에 의한 데몬스트레이션 효과(demonstration effect), 특허도입, 직접투자유치 등을 통하여 진보된 기술을 모방할 수 있으며, 이에 의하여 양국간의 기술격차가 해소됨에 따라 기술진보가 뒤떨어졌던 국가에서도 국내에서 그 상품을 생산하여 이를 기술이 최초로 진보된 국가로 역수출할 수 있다는 것이다. 이와 같이 모방에 의하여 기술이 이전되고 이에 따라 생산입지와 무역 패턴이 변동된다는 새로운 무역이론이 또한 기술격차론이다. 이 이론은 포스너(M.V. Posner), 허프바우어(G.C. Hufbauer)에 의하여 규명되었다. <그림 3-2>을 보면, O선을 중심으로 위쪽에는 기술이 진보된 국가, 즉 기술혁신국인 A국의 생산 및 수출량이 표시되어 있고, 아래쪽에는 기술이 뒤떨어진 국가, 즉 기술모방국인 B국의 생산 및 수출량이 표시되어 있다. t_0점에서는 혁신국에서 기술이 진보됨에 따라 신제품을 생산할 수 있으며, 시간이 경과될수록 더 많은 제품을 생산할 수 있다. t_1점에서는 이 제품에 대한 B국의 수입수요가 발생되어 A국은 B국으로 제품을 수출한다. 따라서 A국의 생산 및 수출량은 점점 증가된다. 그러나 t_2점에 이르러서는 기술모방에 의하여 B국의 생산이 시작되고 그 생산량이 증가됨에 따라 A국의 생산 및 수출량은 점점 감소된다. 결국, t_3점에 이르러서는 이 제품에 대한 A국의 수출과 B국의 수입은 영이 된다. t_3점부터 B국은 이 제품을 오히려 A국에 수출하게 된다. 이와 같이 A국의 생산이 시작되면서부터 B국이 수출할 때까지의 기간을 모방, 반응, 습득기간으로 구분한다면, 모방기간 중 반응기간은 B국 기업간의 의사결정에 따라 결정되고,

습득기간은 신기술습득능력에 따라 변동된다. 허프바우어[13]는 기술진보에 의하여 발생된 기술갭이 일정한 기간을 거친 후 무역을 발생시키며, 모방국이 모방기간을 지난 후, 가령 t_3점에서 저임금을 이용하여 수출한다는 사실을 지적했다.

〈그림 3-2〉 기술격차의 무역의 발생

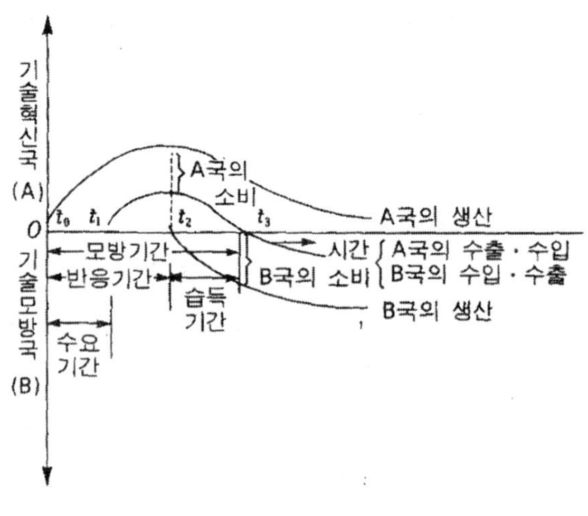

4. 대표적 수요이론

대표적 수요이론(theory of representative demand)은 한마디로 말하면, 어느 공산품이 잠재적으로 수출상품이 될 수 있는 조건은 대표적 수요(대량수요)가 존재해야 한다는 이론이다. 이 이론을 체계화한 린더(S.B. Linder)[14]는 1차산품과 공산품의 무역패턴을 구별하고 1차산품의 무역패턴은 천연자원의 부존상태에 의하여 설명될 수 있으나, 공산품의 무역패턴은 많은 실증적 연

13) G. C. Hufbauer, *Synthetic Materials and the Theory of International Trade*, Gerald Duckworth & Co. Ltd., London, 1996.

14) S. B. Linder, *An Essay on Trade and Transformation*, John Wiley and Sons, 1961.

구결과에서 나타난 것과 같이 생산요소의 부존상태에 의하여 설명될 수 없으므로 별도의 원리에 의하여 설명되어야 한다고 주장했다. 이 별도의 원리란 다름이 아니라 수요의 작용이라는 것이다. 그러므로 공산품의 무역패턴은 수요에 의하여 결정된다고 보아도 무방하다. 사실, 어느 상품에 대한 수요가 존재하지 않는다면 수입이 이루어질 수 없는 것이다. 물론, 수요는 수입에 의하여 모두 충당되지 않을지라도 1국의 수입가능재의 범위를 결정하는 것은 국내수요의 존재인 것만은 사실이다. 이러한 분석은 특별한 것은 아니지만, 린더가 수출과 국내수요와의 결부를 강조한 건은 분명히 새로운 이론이라고 볼 수 있다.

린더는 수출가능재 내지 수입가능재 중에서 실제로 수출되거나 또는 수입되는 상품은 국내거래를 발생시키는 요인과 마찬가지로 국제무역에 있어서도 생산물의 분화, 공급이 풍부한 원료를 가공하는 이점, 기술적 우월성, 경영기능 및 규모의 경제에 의하여 결정된다고 주장했던 것이다. 린더의 대표적 수요이론의 특징은 다음과 같다. 무역패턴은 수요구조에 의하여 결정되고 이 수요구조는 1인당 소득수준의 지배를 받기 때문에 1인당 소득수준이 변동된다면 수요구조도 변동되고, 이에 따라 무역패턴도 변동된다는 점이다. 이로써 무역당사국간의 1인당 소득수준이 비슷하면 비슷할수록 수요구조도 비슷하며, 이에 의하여 잠재적인 무역량이 크다는 것이다. 이상과 같이 수요 그 자체가 공급을 인도한다는 린더의 이론은 주목할 만한 가치가 있다. 그러나 수요의 측면을 너무 강조한 끝에 수출도 수입도 모두 수요에 의하여 결정된다는 것은 반성할 여지가 없지 않은 것이다.

5. 노동숙련설(인적자본설)

노동숙련설(theory of skilled labor)은 요소부존이론의 실증적 연구인 레온티에프 역설을 해결하려고 시도한 이론이다. 이 이론은 미국 노동자의 생산성이 외국 노동자의 생산성에 비하여 3배 정도가 높다는 레온티에프의 시사에서 출발한 것이다. 이 이론에 의하면, 숙련노동(전문직 · 기사 ·

지배인 등)과 미숙련노동(반숙련공 · 미숙련공 등)의 노동분류 중에서 어느 노동이 상대적으로 풍부하느냐에 따라 그 나라의 무역패턴이 결정된다는 것이다. 숙련노동이 자본을 체화하고 있으므로 미국이 단순한 노동집약재에 비교우위를 가지고 있다는 주장에 대하여 반증을 제시한 것이라고 보아도 좋다. 숙련노동의 훈련에 비용이 따르고 노동의 훈련에 필요한 비용은 경제적으로 일종의 투자에 해당된다. 따라서 숙련노동은 과거의 투자를 체화한 일종의 자본으로 생각할 수 있는 것이다. 이로써 생산요소를 자본과 노동의 2요소로 나누고 미국의 수출은 수입에 비하여 노동집약적이라고 주장한 것은 사실과 어느 정도 일치되지 않는다. 생산요소의 일종인 자본은 다만 그 자체로서 생산활동에 기여할 뿐 아니라 노동과 천연자원의 질을 개량시킴으로써 생산활동에 기여하는 것이다. 이 이론은 키싱에 의하여 주장되었다.

6. 기타 이론

(1) 입수가능성론

입수가능성론(availability theory)이란 무역패턴이 결정요인을 생산물의 입수가능성 여부 또는 공급의 가능성 차이에서 무역흐름을 설명하고 있는 이론이다. 즉 광물, 석유, 목재 등 천연자원의 지배를 받고 있는 상품은 그 천연자원의 풍부한 부존량에 의하여 수출공급이 결정되고, 또 기술진보에 수반되는 신제품은 신기술개발에 의하여 수출공급이 결정된다는 이론이다. 이러한 특수한 상품 중에서 어느 상품의 공급이 가능한가에 따라 그 나라 수출의 동향이 결정된다는 것이다. 다시 말하면, 천연자원, 기술진보에 의한 신제품개발, 제품차별화 등 공급가능성(availability)이 있는 것은 수출품이 되고 공급가능성이 없는 것은 수입품이 된다는 것이다. 이 이론은 크라비스[15)]에 의하여 전개되었다.

---

15) L. B. Kravis, "Availability and other Influences on the Commodity Composition of Trade", *Journal of Political Economy*, 1956, pp.150~155.

(2) 제품수명주기이론

제품수명주기이론(theory of product life cycle)이란 일반상품의 경우 도입→성장→성숙→쇠퇴라는 일련의 수명주기(life cycle)과정을 겪게 된다. 즉 일반적으로 연구개발 등에 의하여 시장에 등장하여 성장기 및 성숙기를 거쳐 쇠퇴해 버리는 제품수명주기과정을 겪게 되는데, 이러한 제품의 수명주기과정에서 발생하는 특성을 적용하여 무역패턴의 결정과정을 설명하려고 한 이론이다. 이 이론은 주로 버논, 웰스(L.T. Wells) 등에 의해 연구되었다. 버논에 의하면, 신기술을 개발한 기업이 외국에 자회사를 설립함에 따라 생산입지가 모기업의 국가에서 자기업의 국가로 이전된다는 것이다. 즉, 상품은 기술에 의하여 판매가 가능하며 도입기(신제품기), 성장기, 성숙기(표준화기), 쇠퇴기의 일련의 과정을 겪는 수명주기를 경험한다는 것이다. 따라서 개개의 제품수명주기에 있어서 기술수준, 자본집약성, 노동투입량, 산업구조, 소비구조의 특징이 나타난다는 것이다. 제품수명주기 중에 성숙기에 이르러 비로소 후발국이 선발국을 앞지를 수 있다고 한다.

한편, 웰스는 기술진보국인 미국을 중심으로 무역 사이클을 4단계로 분류하고 단계별 특성을 지적했다. ① 제1단계 : 미국은 기술진보에 의하여 제품을 개발한 후 이를 각국에 독점적으로 수출한다. ② 제2단계 : 신제품은 각국에 보급되고 시장이 확대된다. 한편, 미국 이외의 국가에서 이의 생산이 시작되어 제3시장에서 미국제품과 경쟁이 벌어진다. ③ 제3단계 : 외국에서 생산된 제품의 코스트가 인하되어 제3시장에서 미국제품이 제압당한다. 미국의 수출증가율은 저하된다. ④ 제4단계 : 외국제품의 대량생산화에 의하여 그 생산비는 미국제품보다 싸게 되고 미국의 수출은 현저히 감소된다.

(3) 규모의 경제론

규모의 경제론(theory of economics of scale)은 규모의 경제(economics of scale)에 의하여 비교생산비차가 발생되고 이에 의하여 무역규모가 확대된다는 이론이다. 각국간에 무역이 이루어지거나 또는 무역량이 증대된다면 상품이 시장은 확대되며 생산량은 증가된다. 이에 따라 생산상의 분업은 촉진되고 대규모생산의 이익이 나타남으로써 생산비는 현저히 절감된다. 가령, 자동차, 냉장고 및 TV생산부문에 양산체제가 도입된다면 이들 상품의 코스트는 현저히 감소된다. 이러한 규모의 경제는 큰 시장에서 실현된다. 만약, 비교생산비차가 존재하지 않는 경우에 무역이 이루어진다면 규모의 경제에서 비교생산비차가 발생되는 것이다.

(4) 환경격차론

환경격차론은 산업화 과정에서 등장하고 있는 각종 환경관리비용이 각국간의 비교우위구조와 무역패턴을 결정한다는 것이다. 즉 최근 환경파괴방지를 위한 각종 비용이 제품의 생산비를 상승시키고 나아가 국제경쟁력을 변동시티고 무역패턴의 형태를 좌우한다고 본다. 이 이론은 월트(I. Walter), 맘그렌(H.B. Malmgren) 등이 주장하였다.

04 오퍼곡선과 교역조건

앞에서 비교우위의 발생과 그에 기초한 양국가간의 무역은 상호이익을 가져온다는 사실을 밝혔다. 즉 양국의 재화 생산비의 차에 따라 결정되는 비교우위에 위해 무역을 행함으로써 이익을 자져 온다는 것이었다. 그런데 리카도이론을 논의함에 있어 전제가 되었던 것은 각국의 교역조건, 즉 두 상품의 상대가격이 두 국가의 기회비용 사이에서 결정된다는 것이었다. 그런데 여기서 우리는 과연 두 상품의 상대가격이 각국의 기회비용 사이에서 결정된다는 가정에 대해 의문을 제기 하지 않을 수 없다.

즉, 리카도의 비교생산비설은 무역패턴의 결정과 무역이익의 규명에는 큰 기여를 하였으나, 각 국 재화간의 교환비율이 어떻게 결정되는가를 밝히지는 못하였다. 두 상품이 각국간에 교환되는 비율을 일반적으로 교역조건(terms of trade)이라 부르는데, 이것은 밀에 의해 처음으로 규명되었는데, 밀은 두 국가가 서로 상대국 상품에 대해 수요의 크기, 즉 상호수요에 의존한다고 하는 상호수요설을 주장하였다. 밀의 이론은 에지워스(F.Y. Edgeworth)와 마샬(A. Marshall) 등에 의해 오퍼곡신의 개념이 도입됨으로써 더욱 정교한 것으로 발전하였다.

본장에서는 무역이 이루어질 경우 교환비율의 결정에 관하여 논의하고자, 우선 양국의 수출입 상품에 대한 수요 공급의 분석을 통해 오퍼곡선을 도출한 후 양국이 무역을 행할 경우 상품의 균형상대가격이 결정되는 과정을 고찰하기로 한다. 한편 교역조건의 의미와 그 내용에 관해서도 살펴보고자 한다.[1)]

제1절 오퍼곡선과 무역의 균형

1. 오퍼곡선의 개념

각국의 오퍼곡선은 각 나라가 수요하고자 하는 수입량에 대하여 얼마만큼의 수출량을 기꺼이 제공하려고 하느냐를 나타낸다. 즉 여러 가지의 상대가격에서 교역당사국 각자가 얼마만큼을 수입하고 얼마만큼을 수출하고자 하는가를 표시하여 주는 곡선으로서 상호수요곡선(reciprocal demand curve)이라고도 한다. 결국 일국의 오퍼곡선은 주어진 각각의 상품의 상대가격비율에 따라 일국이 바라는 수출과 수입의 배합을 표시하는 것으로서 수요와 공급을 동시에 결합시키고 있다.

일국의 오퍼곡선은 그 나라의 생산가능곡선과 무차별곡선 그리고 무역이 발생할 수 있는 여러 가지 가상적인 상품상대가격을 가지고서 공식적이라고는 할 수 없지만 비교적 쉽게 도출할 수 있다. 오퍼곡선의 공식적인 도출은 영국의 경제학자이며 노벨상 수상자인 미드(J.E. Meade)의 연구에 의해 이루어졌다.

2. 오퍼곡선의 유도

앞에서 밝힌 바와 같이 한 나라의 오퍼곡선은 1국의 생산가능곡선과 사회무차별곡선 그리고 여러 가지의 가상적인 상품의 상대가격으로부터 도출할 수 있다.[2] 여기서는 우선 1국의 오퍼곡선부터 도출하고 그 형태를 살펴보고자 한다.

<그림 4-1>의 (a)에서 TT는 생산가능곡선이고 I_1I_1, I_2I_2는 사회 무차별곡선을 나타내고 있다. 여기서 1국의 무역전, 즉 폐쇄경제하에서는 생산과 소비가 A점에서 이루어지고 있고, 이때 두 상품의 교환비가 $P_A=1/4$(여기서는 생략되었음)로 결정되었다고 하자. 그런데 만약 상대가격이 교역전의

1) 최해범 외, 전게서, pp.77~89.

2) M. Chacholiades, *International Trade Theory and Policy*, McGraw-Hill, Inc., 1978, pp.171~175.

〈그림 4-1〉 제2국의 오퍼곡선의 도출

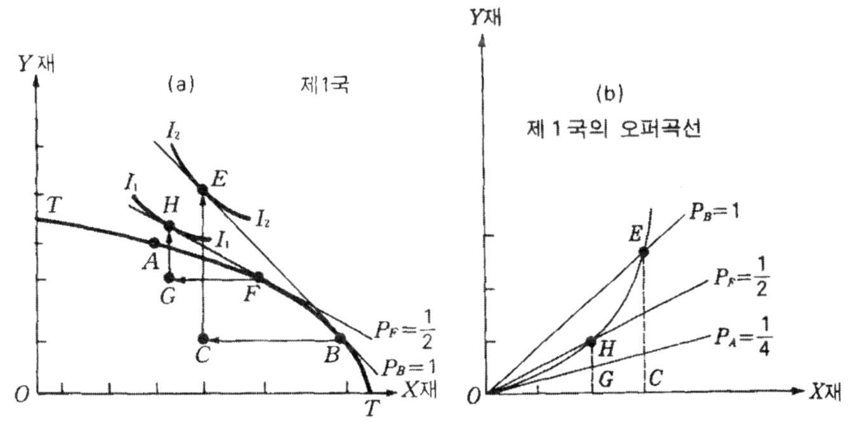

P_A=1/4에서 P_F=1/2로 상승한다고 하자. 그러면 1국은 무역을 개시하게 됨으로써 국내생산은 F에서 결정되며 소비점은 교역전의 A에서 H로 상향이동하게 되고 이에 따라 사회무차별곡선이 I_1I_1로 상승함으로써 후생 수준이 증가하게 된다. 물론 이때 생산과 소비의 차이 때문에 X재를 FG만큼 수출하고 GH의 Y재를 가령 2국으로부터 수입하게 된다. 이러한 교역을 도표에 나타내면 <그림 4-1>의 (b)의 H가 될 것이다.

같은 논리로 이제 상대가격이 <그림 4-1>의 (a)에서 P_B=1로 변했다면 1국의 생산점은 F에서 B로 이동하게 된다. 따라서 1국은 BC만큼의 X재를 수출하고 CE만큼의 Y재를 수입하는데 이러한 교역상태를 나타내면 <그림 4-1>의 (b)에서 E로 표시된다. 이와 같이 상대가격의 변화에 따라 1국이 무역을 하고자하는 모든 점들을 연결하면 OHE와 같은 곡선이 되는데 이것이 1국의 오퍼곡선이다. 즉, 1국의 생산가능곡선과 무차별곡선만 알면 다양한 상대가격하에서 1국이 수출하려는 X재와 수입하려는 Y재의 수량, 즉 오퍼곡선을 도출할 수 있을 것이다.

〈그림 4-2〉 제2국의 오퍼곡선의 도출

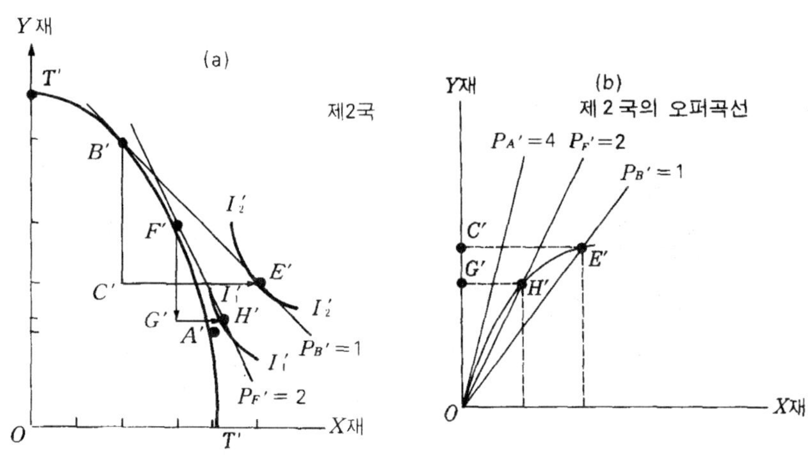

<그림 4-1>의 (a)에서 설명의 단순화를 위해 무역 전 상대가격 P_A=1/4 그리고 A점에서 P_A와 생산가능곡선이 접하고 있는 사회무차별곡선을 생략하였다. <그림 4-1>의 (a)에 표시된 P_A, P_F, P_B는 <그림 4-1>의 (b)에 표시된 P_A, P_F 그리고 P_B와 동일한 상대가격(P_X/P_Y)을 나타낸다. 그런데 오퍼곡선이 X축에 대하여 볼록한 형태로 나타나고 있는 것은 X재가 1국의 비교우위품목임을 나타내고 생산가능곡선과 사회무차별곡선이 각각 원점에 대하여 오목하고 볼록한데 기인한다. 즉 1국에서 X재를 점차 많이 생산하면 할수록 그에 따른 기회비용도 점차 증가한다. 한편 1국에서 Y재를 점차 더 많이 소비하면 할수록 Y재 소비증가에 따르는 한계효용이 체감하기 때문이다. 따라서 X재의 기회비용체증과 Y재의 한계효용체감은 일정한 X재 양은 더 많은 Y재 양과의 교환을 불가피하게 만든다.

한편, 무역상대국인 2국의 오퍼곡선도 동일한 원리로 도출된다. <그림 4-2>의 왼편 그림에서 점 A′는 제2국의 폐쇄경제하의 균형점을 나타낸다. P_B'=P_X/P_Y=1의 가격으로 무역이 이루어지면 제1국과 C′E′의 X를 B′C′의 Y와 교환함으로써 무차별곡선 $I_2'I_2'$ 상의 점 E′에 도달하게 된다. <그림

4-2>의 왼편 그림에서 무역삼각형 B′C′E′는 오른편 그림의 무역삼각형 OC′E′에 해당됨으로써 제2국의 오퍼곡선상의 점 E′를 얻게 된다. $P_F'=P_X/P_Y=2$일 경우 제2국의 생산점은 점 F′로 이동하게 되며 제1국과 F′G′의 Y로 G′H′의 X를 교환함으로써 무차별곡선상 $I_1'I_1'$의 점 H′에 도달하게 된다. 왼편 그림의 무역 삼각형 F′G′H′는 오른편 그림의 무역삼각형 OG′H′에 해당되므로 제2국의 오퍼곡선상의 점 H′를 얻게 된다. 이와 같은 방법으로 도출된 다른 여러 점들과 함께 점 H′, 점 E′ 그리고 원점을 연결함으로써 오른편 그림과 같은 제2국의 오퍼 곡선을 얻을 수 있다. 제2국의 오퍼곡선은 그 나라에서 수출하려는 상품 Y의 공급량과 수입하려는 상품 X의 수요량과의 여러 가지 배합을 나타낸다.

점 A′에서 무역 전 가격선 $P_{FA}'=4$와 그리고 점 A′에서 P_A'와 생산가능곡선에 접하고 있는 무차별곡선은 분석의 단순화를 위하여 생략되었다. 그리고 <그림 4-2>의 (a)에 표시된 P_A', P_B', P_F'는 (b)에 표시된 P_A', P_B' 그리고 P_F'와 동일한 상대가격(P_X/P_Y)을 나타낸다. 그런데 오퍼곡선이 Y축에 대하여 볼록한 형태로 나타나고 있는 것은 Y재가 2국의 비교우위품목임을 나타내고 생산가능곡선과 사회무차별곡선이 각각 원점에 대해 볼록하고 오목한데 기인한다. 즉, 이것은 제2국에서 Y재의 추가생산에 따르는 기회비용이 체증하고 X재의 추가소비에 따르는 한계효용이 체감하기 때문이다.

다시 말하면 제2국이 Y의 수출을 증가시키기 위해서는 Y의 상대가격의 상승을 필요로 하는데 그 이유는 다음과 같다. 즉, (1) 제2국이 수출을 하기 위해 상품 Y의 생산을 증가시키는 과정에서 기회비용이 증가하며, (2) 또한 제2국이 추가적으로 수입한 상품 X의 매 단위에서 얻는 여분 또는 한계효용이 낮아진 상태에서 상품 X를 소비하기 때문이다.

3. 균형교역조건의 결정

앞의 항목에서 1국과 2국의 오퍼곡선을 도출하였으므로 이제는 양국에 의한 무역의 균형과 균형교역조건을 분석한다. 즉, <그림 4-3>에서 표시한 제1국과 제2국의 오퍼곡선은 <그림 4-1>과 <그림 4-2>에서의 각국 오퍼곡선을 그대로 옮겨 그린 것이다. 두 오퍼곡선은 점 E에서 교차하여 균형상대 가격이 $P_X/P_Y=P_B=P_B'=1$임을 나타내고 있다. 가격선에서 제2국은 그 나라 오퍼곡선상의 점 E가 나타나는 대로 GE(혹은 OG′)의 Y에 대해 OG(혹은 G′E′)의 X를 수출하게 되고 또한 제2국은 그 나라 오퍼곡선상의 점 E′가 나타나는 대로 OG(혹은 G′E′)의 X에 대해 GE′(혹은 OG′)의 Y를 수출함으로써 PB에서 무역은 균형을 이루게 된다.

〈그림 4-3〉 교역조건의 결정

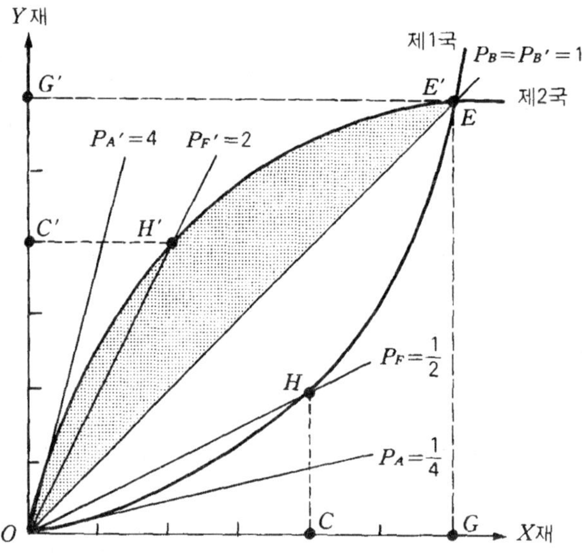

P_B를 제외한 다른 P_X/P_Y에서는 무역은 균형을 이루지 못한다. 예를 들어 $P_F=1/2$ 에서는 1국이 수출하고자 하는 X가 제2국의 X재 수입보다 적게 된다. <그림 4-3>에는 나타나 있지 않지만 P_F를 더 확장시키고 제2국의 오퍼곡선을 확장시켜 보면 이 두 선이 교차할 때 결정되는 X재의 수입수요량이 제1국의 수출량을 초과함을 알 수 있다. 이와 같이 $P_F=1/2$에서 제2

국의 X재에 대한 초과수입수요로 인해 P_X/P_Y는 상승하게 됨으로써 제1국의 X재 수출공급은 증가하고(즉, 제1국은 자국의 오퍼곡선을 따라 상향 이동함), 제2국은 X재의 수입수요를 감소시키게 된다(즉, 제2국은 자국의 오퍼곡선을 따라 하향 이동함). 이 결과 수요와 공급이 P_B에서 균형을 이루게 되며 Y재의 경우도 마찬가지로 P_F=P_B하에서는 P_F가 P_B로 향하여 수렴하게 된다. 결과적으로 오퍼곡선의 교점은 양국간에 무역이 이루어지는 균형상대가격을 나타내며 이 균형상대가격에서만 양국간의 무역이 균형을 이루게 된다.

제2절 무역오퍼곡선과 무역균형

앞에서 오퍼곡선을 이용하여 무역의 균형과 수출입의 양적인 교환비율이 결정되는 과정을 고찰하였다. 그러나 오퍼곡선에 의한 분석을 균형교역조건 결정에는 쉽게 답할 수 있으나, 그 이면에 있는 생산과 소비 및 무역의 상호관계를 구체화하기에는 무리였다. 따라서 본 절에서는 미드에 의한 무차별곡선을 도출하고 다시 이것을 사용하여 무역오퍼곡선을 도출함으로써 무역의 일반균형을 설명하기로 한다.

1. 무역무차별곡선

무역무차별곡선(trade indifference curve)은 1국의 국민에게 동일한 수준의 효용을 가져다주는 두 상품의 수출량과 수입량의 여러 가지 조합의 궤적을 나타내는 곡선을 말한다.

무역무차별곡선의 도출은 다음과 같다. <그림 4-4>의 2상한에 표시된 FF′는 생산 가능곡선이고 I는 사회무차별곡선이다. 여기서 생산가능곡선과 X축 및 Y축으로 둘러싸인 부채꼴 A′FF′는 생산블록(production bloc) 혹은 생산팬(production fan)이다. 무역전에는, 즉 봉쇄경제하에서 생산블록과 사회무차별곡선은 A점에서 접하며 생산과 소비의 균형을 이루고 있다.

무역무차별곡선은 무역이 행해지면서 다음과 같이 도출된다. 즉, 사회무차별곡선이 I와 A점에서 접하고 있는 생산블록 A′FF′를 밀면 F′A′를 수평으로 유지함과 동시에 사회무차별곡선과 외접시키면서 계속 이동해 가면 생산블록의 각점의 자취가 생긴다. 이 각점의 자취가 그리는 궤적TI가 사회무차별곡선 I에 대응하는 무역무차별곡선이다.

이 무역무차별곡선 TI는 사회무차별곡선 I가 갖는 동일한 후생수준하에서 행할 수 있는 여러 가지의 무역수준을 보여주고 있다. 예컨대, A점과 B점은 모두 동일한 사회무차별곡선 I상에 위치하고 있기 때문에 향유하는 후생수준은 동일하다. 그러나 교역 전의 A점은 MA′의 X재와 AM의 Y재를 생산 소비하고 있다. 그런데 B점에서는 NS의 X재와 RQ의 Y재를 생산하고 NA′의 X재와 RA′의 Y재를 소비하므로 부족한 QA′의 Y재를 수입한 대가로 A′S의 X재를 수출하고 있다. 결국 B점은 원점 A′에서 본다면 소비의 조합을 나타내고, 생산블록의 각점 B′에서 본다면 생산조합을 나타낸

〈그림 4-4〉 무역무차별곡선의 도출

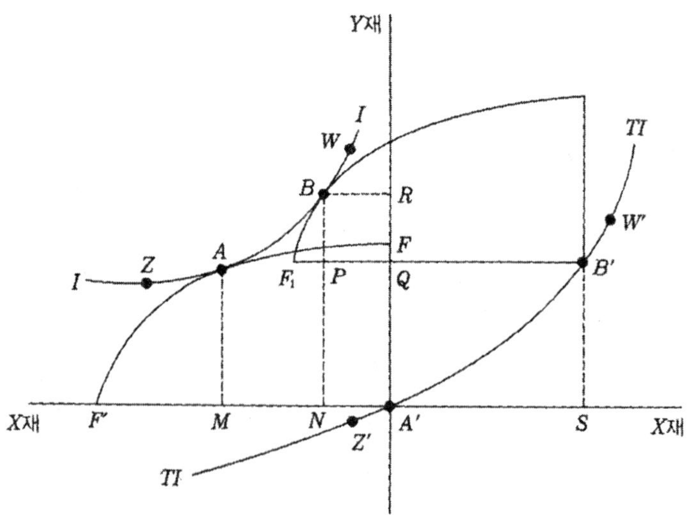

다. 또한 생산블록의 각점 B′는 원점 A′에서 볼 때 무역의 조합을 나타낸다.

그러나 무차별곡선은 하나만 존재하는 것이 아니다. 즉, 1국의 사회무차별곡선이 무수히 있는 것에 대응하여 무수한 무차별곡선이 존재한다. 따라서 궁극적으로는 1국의 무역무차별곡선군을 도출할 수 있다.

이상에서 도출한 무역무차별곡선의 주요 특성은 다음과 같이 정리된다.

첫째, 무역무차별곡선과 사회무차별곡선은 서로 1:1로 대응한다.

둘째, 무역무차별곡선의 한 점에서의 기울기는 그 점에 대응하는 사회무차별곡선의 기울기와 같다.

셋째, 무역무차별곡선의 효용수준은 대응하는 사회무차별곡선의 효용수준으로 측정된다.

넷째, 무역무차별곡선은 높이 위치할수록 효용수준도 높다.

2. 무역오퍼곡선

무역의 일반균형을 분석하기 위해서는 이제 무역무차별곡선을 이용하여 무역오퍼곡선을 도출하여야 한다. 무역오퍼곡선이란 교역되는 두 상품의 상대 가격이 바뀔 때 이 상대가격선과 여러 무역무차별곡선이 접하는 점들의 궤적으로, 상대가격이 변동함에 따라 생기는 최적무역점을 나타낸다.

<그림 4-5>를 통해 무역오퍼곡선을 도출해보자. 우선 TI_0, $TI_1 \cdots TI_4$는 모두 무역무차별곡선인데, TI_0에서 TI_4로 올라갈수록 더 큰 효용수준을 나타낸다. 그리고 P_A, P_{B0}, P_{B1}, P_{B2}, P_{B3}는 Y재에 대한 X재의 상대가격선이다. 기울기가 가파르게 될수록 X의 상대가격은 비싸게 된다. 이러한 상대가격선과 무역무차별곡선은 서로 접하고 있다(TI_0와 P_A는 원점 O에서 접하고 있다). 이러한 접점들은 모두 주어진 상대가격에서 효용수준을 최고로 높일 수 있는 최적무역점이다. 따라서 O, G_0, G_1, G_2, G_3의 점들을 연결한 궤적이 무역오퍼곡선이다.

<그림 4-5>에서 교역조건이 P_A=1/4에서 P_{B1}=1로 유리해짐에 따라 1국은 Y재와의 교환으로 X재를 더 많이 수출하고자 한다. 그리하여 G_1점에서 1

국의 X재 수출량은 OX_1'로 극대화된다. 그러나 G_1점을 지나면서 1국은 더 많은 Y재의 수입량과 교환으로 더 적은 X재의 수출량을 제공한다. 따라서 G_1점을 지나면서 무역오퍼곡선은 후방으로 굴절하게 된다.

〈그림 4-5〉 무역오퍼곡선의 도출

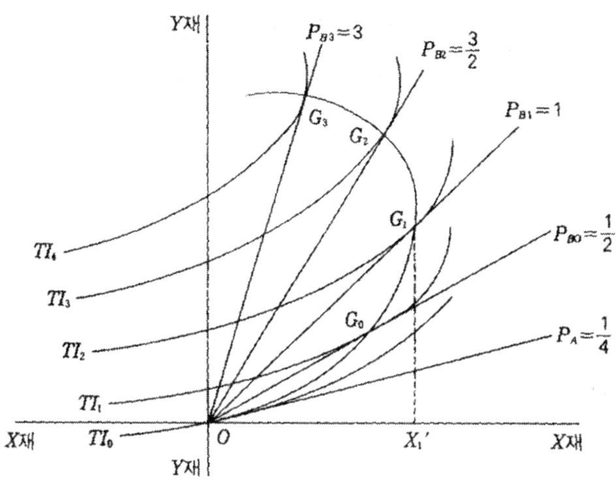

이상에서 1국의 무역 오퍼곡선의 도출과 그것이 갖는 의미를 고찰하였는데 상대국의 무역오퍼곡선도 같은 절차를 밟아 도출할 수 있다. 이렇게 해서 양국이 무역오퍼곡선이 얻어지면 이제 남은 과제는 무역의 균형과 균형교역조건이 어떻게 결정되는가의 문제이다. 또한 본 절에서는 이와 더불어 무역이라는 국제교환관계의 이면에 있는 생산과 소비의 균형도 함께 고찰해야 한다.[3)]

3) <그림 4-3>의 E점에서 1국과 2국의 무역수지가 균형을 이룬다. 즉 양국의 총수입액과 총수출액이 같다. 따라서 상품교역조건 OPB(=OPB′)는 수출품수량×수출상품가격=수입품수량×수입품가격이 성립한다. 따라서 OPB(=OPB′)=$\frac{\text{수입상품수량}}{\text{수출상품수량}}$ $=\frac{\text{수출상품가격}}{\text{수입상품가격}}$이 된다.

제3절 교역조건

1. 교역조건의 개념

한 나라의 교역조건은 그 나라 수입상품가격에 대한 수출상품가격의 비율로 정의된다. 두 나라 모델에서 어느 한 나라의 수출은 교역상대국의 수입이므로 교역상대국의 교역조건은 특정국 교역조건의 역수가 된다.

두 상품뿐만이 아닌 다수교역재 모델에서는 어느 특정국의 교역조건은 수입가격지수에 대한 수출가격지수의 비율로 정의된다. 흔히 이 교역조건은 퍼센트로 표시하기 위하여 100을 곱하여 사용하며 이를 여타의 교역조건과 구별하기 위하여 상품교역조건 혹은 순교역조건(commodity or net barter of trade)이라고 부른다.

시간이 경과함에 따라 수급조건이 변동하게 되면 오퍼곡선도 이동하게 되어 교역조건 및 교역량이 변동하게 된다. 특정국의 교역조건이 개선된다고 하는 것은 수출로부터 수취하게 되는 가격이 수입에 대해서 지불하는 가격에 비해 상승한다는 의미에서 그 나라에 이로운 것으로 통상 간주한다.

2. 교역조건의 종류

고전적 무역이론에서 주로 취급하고 있는 교역조건은 상품교역조건 혹은 순교역조건이다. 그러나 교역조건은 그 측정방법에 따라 그 외에도 총교역조건, 소득교역조건, 요소교역조건 등이 있다.[4]

(1) 상품교역조건

한 나라의 상품교역조건은 그 나라의 수입상품 가격에 대한 수출상품가격비율로 정의한다. 2국의 모델을 가정할 때 교역상대국의 교역조건은 특

4) G. M. Meier, *International Trade and Development*, Harper & Row, Publishers, 1963, pp.40~47.

정국 상품교역조건의 역수가 되며 순교역조건이라고도 한다. 다시 말해서 상품교역조건이란 대외무역거래에서 1국의 상품과 2국의 상품의 교환비율을 말한다. 국제적인 교환비율은 국제수요 및 공급균등의 법칙에 따라 수출입상품가격은 총체적인 국제수요와 국제공급이 균등한 곳에서 결정되며 이 수출상품가격과 수입상품가격을 알게 되면 상품교역조건은 쉽게 알 수 있다. 즉,

$$\text{상품교역조건} = \frac{\text{수출상품가격}}{\text{수입상품가격}} \times 100 \quad \cdots\cdots (4.1)$$

이다.

그런데 일국의 수출상품과 수입상품은 여러 가지가 있으므로 수출입상품가격을 여러 가지 상품에 대해서 종합적으로 산출된 수입품가격지수에 수출품가격지수의 비율로 상품교역조건을 표시할 수도 있다. 즉,

$$\text{상품교역조건} = \frac{\text{수출품가격지수}}{\text{수입품가격지수}} \times 100 \quad \cdots\cdots (4.2)$$

이것이 바로 우리가 일반적으로 말하는 상품교역조건이다. 가령 2005년을 기준년도라 하고 2012년 말에 한 국가의 수입품 가격지수가 10% 상승한 반면에 수출품 가격지수가 5% 하락했다면 이 국가의 상품교역조건은

$$\text{교역조건} = \frac{95}{110} \times 100 = 86.363$$

으로 하락한다. 이는 2005년에서 2012년 사이에 이 국가의 수출가격은 수입가격에 비하여 약 14%가 하락했음을 의미한다.

상품교역조건의 상승은 일정량의 수출로 더 많은 양의 수입을 할 수 있음을 의미하며 이 경우는 상품교역조건이 개선되었다고 한다. 상품교역조건은 무역의 역할에 있어서 지표가 되며 후생판단의 기준이 되기도 한다. 만약 상품교역조건의 악화 정도가 심한 경우의 경제성장은 실질국민소득

수준을 저하시키는 빈곤화 성장이 될 수 있다는 것이다. 즉 비록 성장이 한 나라의 후생수준을 일반적으로 증가시킨다고 볼 수 있으나 성장 전보다 성장 후에 교역조건이 크게 악화되면 경제성장이 오히려 후생수준을 감소시킬 수 있다는 것이다.

상품교역조건은 국제수지의 악화, 경기순환 등 제요인에 의해 변화하며 이것이 중요시되는 이유는 교역조건의 변동이 관련국가의 소득수준에 주는 효과가 크기 때문이다.

한편 상품교역조건의 개선을 위해서는 수입대체산업의 육성, 수입규제, 수출구조개선, 중화학공업에 의한 공업화촉진 등이 거론되고 있다.

(2) 총교역조건

총교역조건(gross barter terms of trade)은 한 나라 전체의 수출량에 대한 수입수량의 비율이다. 즉 다음과 같이 표시한다.

$$\text{총교역조건} = \frac{\text{수입수량지수}}{\text{수출수량지수}} \times 100 \quad \cdots\cdots (4.3)$$

다시 말하면, 총교역조건은 1국에 있어 총수출량의 변동과 총수입량의 변동비율로 나타내므로 총교역조건이 기준년도에 비해 상승하였다면 수출량 1단위와 교환되는 수입량이 증가된 것을 뜻한다. 즉 이 국가의 대외거래조건이 개선된 것으로 알 수 있다. 가령 2005년 기준연도로 하여 2012년에 수출수량지수가 137로 상승하고 수입수량지수가 181로 상승하였다면 총교역조건=(183/137)×100=132로서 총교역조건은 2005년에 비해 2012년에 32% 유리하게 변동했다고 할 수 있다. 그러나 총교역조건의 경우 수출입수량지수를 측정하는 데는 실제로 상당한 어려움이 있으므로 이 개념은 많이 사용되지 않는다. 이러한 이유 때문에 수출량의 국제교환비율은 가격면에서 고찰하는 상품교역조건이 일반적으로 활용된다.

(3) 소득교역조건

소득교역조건(income terms of trade)은 도란스(G.S. Dorrance)에 의해서 명명되었다. ECLA(Economic Commission for Lation America)에서는 이것을 수입능력과 같은 내용으로 보았으며, 수입능력지수라고도 부른다. 메리스(R.L. Marris)는 이를 수출구매력(purchasing power of exports)이라고 부르고 있으며 다음과 같이 표시된다.

소득교역조건=상품교역조건×수출수량지수 ································· (4.4)

즉, 수출수량지수의 증가는 그 나라의 수출량의 증대에 의해서 보다 많은 수입수량을 얻을 수 있음을 나타내는 것이다. 이 경우 그 나라의 수입능력은 증가되었다고 할 수 있다. 그러나 상품교역조건이 일정한 경우, 수출수량의 크기만으로 결정되는 수입능력은 수출 · 외자도입 · 무역외 수지 등의 규모에 의해서 결정되는 총수입과는 구별되어야 할 것이다.

여기서 유의해야 할 것은 수출가격과 수출수량 여하에 따라서는 소득교역조건과 상품교역조건은 서로 상반될 수도 있다는 것이다. 가령 수출가격이 하락하였을 때 다른 조건이 불변이라면 마땅히 상품교역조건은 악화할 것이지만, 수출가격의 하락률 이상으로 수출량이 증가하면 소득 교역조건은 유리해질 것이다. 소득교역조건은 상품교역조건에 특별한 관심을 두지 않고 수출수량 변화에 의한 수입능력의 변화에만 주목하여 작성된 것이다.

따라서 소득교역조건의 변화는 무역이익의 척도 또는 후생의 지표로서 사용될 수 없고, 다만 단순히 수출수량에 의해서 구입될 수 있는 수입수량의 활동을 판단하는 척도로서만 사용되어야 한다.

(4) 요소교역조건

요소교역조건은 한 나라 수출산업의 실질소득 변화를 통해서 소득 또는 후생수준의 변동을 판단하려는 것이다. 이 경우 한 나라 수출산업의 실질소득 변화를 보이는 교역조건을 단일요소 교역조건(single factoral terms of

trade)이라고 하는데 이는 다음과 같다.

단일요소 교역조건=상품교역조건×수출부문의 생산성지수 ······ (4.5)

가령, 어떤 비교년도에 수출부문의 생산성지수가 높아졌다는 것은 수출산업에서 생산하여 수출하는 상품에 투입되는 요소량이 기준년도에 비해서 상대적으로 또는 절대적으로 적어졌음을 뜻한다. 그런데 수출부문의 생산성지수는 수출산업에 투입되는 요소단위당 무역이익의 변화를 나타내기도 한다. 따라서 비록 일정한 기간내에 상품교역조건이 불리하게 되어 있더라도 같은 기간에 충분히 이를 커버할 수 있을 정도로 수출산업의 생산성이 상승되었다고 한다면 단일요소 교역조건은 유리하게 될 것이다.

복수요소 교역조건(double factoral terms of trade)은 한 나라의 수출산업의 변화뿐만 아니라, 상대국의 수출산업에 있어서 생산성의 변화도 함께 고려한 교역조건이며 다음과 같이 표시할 수 있다.

$$\text{복수요소 교역조건} = \text{상품교역조건} \times \frac{\text{해당국의 수출산업의 생산성지수}}{\text{외국의 수출산업의 생산성지수}} \cdots\cdots\cdots\cdots \quad (4.6)$$

이 경우에 외국의 수출산업에 비해 자국의 수출산업 생산성지수가 높다면, 생산성 향상으로 투입되는 요소량은 그만큼 절약된다. 따라서 해당국의 "수출산업의 생산성지수/외국의 수출산업의 생산성지수"는 한 나라의 수출산업의 생산요소 1단위가 다국의 생산요소 몇 단위와 교환될 것인가를 나타낸 것이라고도 풀이할 수 있다.

05 국제무역과 경제성장

지금까지 고찰한 무역이론은 요소부존량, 기술, 기호 등이 일정한 정태론적인 시각에서 전개되었다. 그러나 시간이 지남에 따라 요소의 부존량은 변하게 되며 기술, 기호 등도 또한 변화를 거듭한다. 결국 한 나라의 비교우위에 관한 상황도 시간이 흐름에 따라 변하게 된다.

본장에서는 이러한 여러 가지 변화요인을 고려한 무역모델을 대상으로 요소부존량, 기술 및 기호 등의 변화가 한 나라의 생산가능곡선, 오퍼곡선, 교역량 그리고 교역조건을 비롯한 무역이익 등에 어떠한 영향을 미치는가에 관하여 살펴보고자 한다.[1]

제1절 생산요소의 성장

시간이 경과함에 따라 한 나라의 노동력은 인구의 증가에 따라 보통 증가한다. 마찬가지로 한 나라는 노동력의 일부를 자본재생산에 이용함으로써 자본스톡(stock)도 또한 증대하게 된다.

자본이란 인간이 만든 모든 생산수단 즉 기계, 공장, 사무실, 빌딩, 수송수단, 교육 및 훈련 등을 총칭해서 일컫는데 이러한 모든 생산수단은 한 나라의 상품이나 서비스에 대한 생산능력을 높이게 된다.

노동이나 자본에는 여러 가지 이질적인 것들이 많지만 이론전개의 편의

1) 최해범 외, 전게서, pp.90~107.

를 위하여 앞에서 가정했던 노동이나 자본은 모두 동질적이라고 가정한다. 또는 현실세계에서는 많은 생산요소가 있으나 분석을 단순화하고자 노동과 자본, 두 가지 생산요소만을 상정하기로 한다.

한편 경제성장에 관련된 국가는 수익불변하에서 두 상품, 즉 노동집약적인 X재와 자본집약적인 Y재 두 가지 상품의 생산에만 전념한다고 가정한다.

1. 노동력의 증가와 자본축적

시간이 경과함에 따라 노동력이나 자본이 증가하면 생산가능곡선은 바깥쪽으로 이동하게 된다. 생산가능곡선의 이동형태와 정도는 노동력과 자본의 증가비율에 의해서 결정된다. 만약 한 나라의 노동과 자본의 성장률이 균등하다면 생산가능곡선은 생산요소의 증가비율만큼 균일하게 바깥쪽으로 이동할 것이다. 따라서 생산요소증가 전후의 생산가능곡선의 기울기는 원점에서 그은 직선상에 위치한 모든 점에서 같게 될 것이다. 이것을 균형성장(balanced growth)이라 한다.

그런데 가령 자본만이 증대되더라도 두 상품의 산출고는 동시에 증가한

〈그림 5-1〉 노동과 자본의 성장

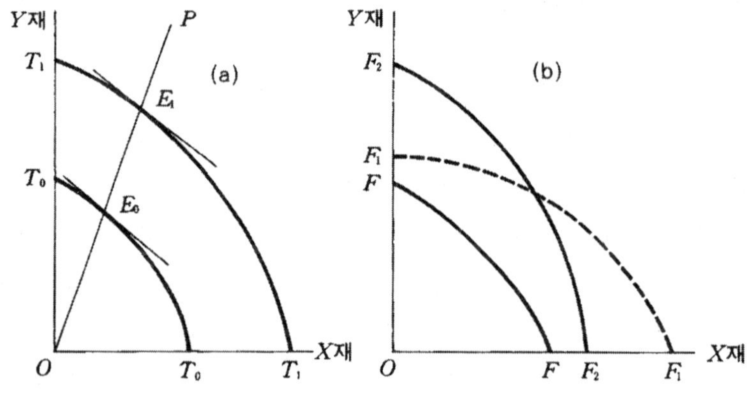

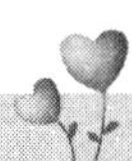

다. 왜냐하면 자본도 두 상품의 생산에 모두 사용되며 어느 정도 노동을 대체할 수 있기 때문이다. 그러나 자본집약적인 Y재의 산출량은 노동집약적인 X재의 산출량보다 많이 증가한다.

한편 노동만이 증가한다면 그 반대의 효과가 나타날 것이고 자본과 노동이 상이한 비율로 성장한다면 그 증가비율에 따라 생산가능곡선은 형태를 달리하면서 바깥쪽을 이동하게 될 것이다.

<그림 5-1>은 가상적인 국가에 대하여 생산요소의 여러 가지 성장형태에 따른 갖가지의 생산가능곡선을 나타내고 있다. <그림 5-1>의 (a)는 이 국가가 노동과 자본이 동일한 비율로 수확불변하에서 증대한다는 가정하에 균형성장을 예시하고 있다. 즉 생산요소공급에 있어서 증가 전후의 생산가능곡선형태는 동일하다. 따라서 신·구생산가능곡선상의 접선의 기울기 또는 Px/Py는 원점에서 그은 직선상에 위치한 점 E_0와 E_1에서 같아진다. <그림 5-1>의 (b)는 생산요소의 성장 전의 생산가능곡선(FF)에 따라 노동만이 증가한 경우와 자본만이 증가한 경우를 각각 표시하고 있다. 즉 노동만이 증대된 경우 생산가능곡선은 점선으로 표시되어 노동집약재를 표시하는 X재 축을 따라, 그리고 자본만이 증대되었다면 생산가능곡선은 실선을 표시되어 자본집약재를 나타내는 Y재 축을 따라 편중된 형태로 확장된다. 그런데 만약 노동만이 2배로 증가할 경우에는 X재의 산출량은 2배로 증가되지 못하고 또한 자본만이 2배로 증가되더라도 Y재의 산출량이 2배가 되지 못할 것이다. X재와 Y재를 두 배로 늘리기 위해서는 노동과 자본 모두 2배로 증가되어야 할 것이다.

2. 립진스키정리

정태적인 헥셔-오린의 기본모형에서 한 나라의 생산요소가 축적됨에 따라 그 나라의 무역패턴에 어떠한 영향을 미치는가를 처음으로 분석한 학자는 립진스키(T.N. Rybczynski)[2)]이다.

---

2) T. N. Rybczynski, “Factor Endowment and Relative Commodity Prices”, *Economica*, 1955, pp.336~341.

립진스키정리란 상품 및 생산요소의 상대가격이 고정되어 있을 때 어느 한 나라의 생산요소가 증가한 반면 다른 요소는 그대로 있다면 그 증가된 생산요소를 집약적으로 사용하는 상품의 생산량은 절대적으로 증가하고, 그렇지 않은 상품의 생산량은 절대적으로 감소된다는 것이다. 가령 어느 나라에서 노동만이 증가했을 경우 Px/Py가 일정할 때 노동집약적인 X재의 산출량은 증가하는 반면 자본집약적인 Y재의 산출량은 감소한다는 것이다.

<그림 5-2> 노동만이 증가된 립진스키정리

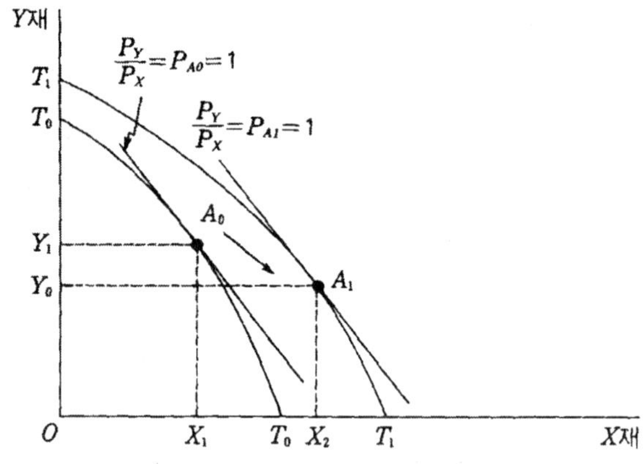

<그림 5-2>는 노동만이 증가했을 경우의 생산가능곡선의 변화를 표시하고 있다. 노동증가이전의 X재와 Y재의 상대가격비가 Px/Py=P_{A0}=1로서 A_0점에서 생산이 이루어진다(OX_1의 X재와 OY_1의 Y재).

이제 노동만이 증가하고 Y재에 대한 X재의 상대가격비가 P_{A1}=1로 유지된다면 이 나라는 새로 확장된 생산가능곡선상의 A_1점에서 OX_2의 X재와 OY_2의 Y재를 생산한다. 이와 같이 X재의 산출고는 OX_1에서 OX_2로 확대되는 반면에 Y재의 산출고는 OY_1에서 OY_2로 감소된다.

즉 이 나라는 노동만의 증가로 인하여 X재의 산출량은 증가하지만 Y재

의 산출량은 감소한 결과가 되었다.

립진스키정리에 대한 직관적인 증명은 다음과 같다. 즉 상품과 요소시장이 완전경쟁하에 있다는 것과 생산함수가 1차 동차라는 기본 가정하에서 한 가지 생산요소가 증가하더라도 상품의 상대가격(Px/Py)이 불변이라면 요소상대가격(w/r) 또한 불변일 것이다. 왜냐하면 요소집약도(K/L)와 노동 및 자본의 생산성이 두 상품의 생산에서 일정하다면 요소의 상대가격도 불변으로 유지되어야 하기 때문이다.

결국 증가된 모든 노동을 완전고용하고 두 상품의 생산에서 요소의 상대가격이 변동되지 않도록 하는 유일한 방법은 노동집약적인 X재의 생산에서 증가된 노동을 모두 흡수할 수 있도록 노동력과 결합할 자본이 방출되어야 하므로 자본집약재인 Y재의 산출량은 감소한다. 따라서 립진스키정리에 의하면 Px/Py가 일정하다면 X재의 산출량은 증가하나 Y재의 산출량은 감소할 수밖에 없다는 것이다.

제2절 기술진보와 국제무역

실증적 연구에 의하면 경제성장의 주요 원천으로 노동, 자본 등 생산요소의 축적과 함께 기술진보를 들고 있다.

대부분의 고전파 경제학자들은 인구증가나 자본 등의 경제성장에 대한 영향만을 주로 취급한 나머지 기술진보의 문제를 본격적으로 부각시키지를 못하였다. 그러나 슘페터 이후 기술혁신의 중요성이 인식되고 상품생산에 있어서 기술이 비중있는 요인으로 등장하면서 새로운 각도에서 기술진보에 관한 논의가 시작되었다.

기술진보란 일정한 수준의 생산요소투입으로 종전보다 많은 산출량을 얻게 한다든지 혹은 일정한 수준의 산출량을 생산하는 데 종전보다 더 적은 요소 투입이 가능하게 되었을 경우를 말한다. 그러면 이와 같은 기술진보에는 어떠한 유형이 있으며, 각 유형에 따라 그 기술진보가 국제무역에 어떠한 영향을 미치는가를 살펴보도록 한다. 여기서는 힉스의 기술진보정의에 맞추어 설명하고자 한다.

1. 기술진보의 유형과 국제무역

첫째, 중립적 기술진보는 요소상대가격이 일정할 때 기술진보 전후에 노동과 자본의 생산성이 동일한 비율로 증가함으로써 K/L을 일정하게 유지하는 기술진보를 의미한다. 즉, 중립적 기술진보는 주어진 산출량을 생산하는데 기술진보 전보다 노동과 자본을 덜 사용한다. 그런데 가령 중립적 기술진보가 한 나라의 수출산업에서 일어난다면 생산량의 증대로 인하여 교역조건을 악화시킬 소지가 있다. 반면 수입경쟁산업에 중립적 기술진보가 나타난다면 교역조건을 개선시킬 가능성이 많을 것이다. 단지 그 효과의 크기는 수입수요의 탄력성이나 자국과 교역상대국의 공급탄력성에 따라 달라질 것이다.

〈그림 5-3〉 중립적 기술진보

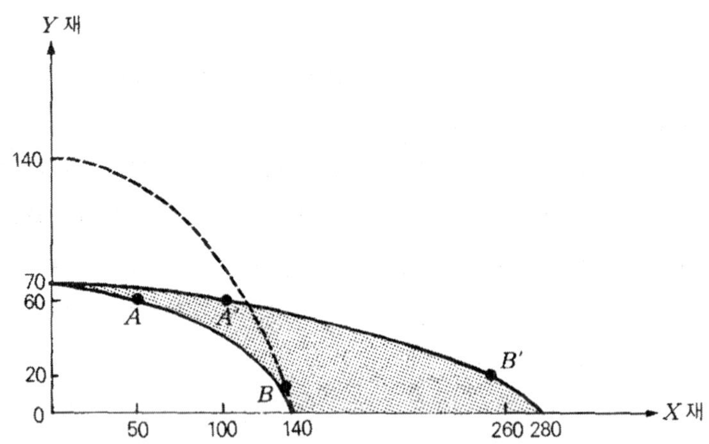

둘째, 노동절약적 기술진보는 노동의 생산성보다 자본의 생산성이 더욱 상승하는 유형의 기술진보이다. 즉 상품의 생산에 따라 노동 대신 자본으로 생산요소가 대체되며 w/r가 일정할 때 K/L는 증가한다. 결국 자본이 노동보다 더 사용되며 이를 자본사용적 기술진보라고 하기도 한다. 따라서 주어진 산출량을 생산하는 데 있어서 보다 적은 노동과 자본을 사용하고 K/L는 기술진보전보다 상승한다. 만약 이러한 기술진보가 수출산업에서 일어났다면 무역편향적인 효과가 있을 것이고, 반면 수입산업에서 일어났다면 역무역편향적인 경향을 나타낼 것이다.

셋째, 자본절약적 기술진보는 자본의 생산성보다 노동의 생산성을 더욱 증대시키는 유형의 기술진보다. 즉 상품의 생산에 따라 자본 대신 노동을 대체되며 w/r이 불변으로 유지된 경우 K/L이 감소한다. 따라서 노동이 자본보다 더 사용되며 노동사용적 기술진보라고도 한다. 그런데 이러한 기술진보에 의한 효과는 그것에 의해 수입재와 수출재가 증가하는 비율에 따라 그 나라의 국제무역 패턴이 달라질 것이다.

2. 기술진보와 생산가능곡선

생산요소가 증가하는 경우와 마찬가지로 기술진보도 한 나라의 생산가능곡선을 바깥쪽으로 이동시킨다. 생산가능곡선의 형태와 이동의 정도는 두 상품의 생산에서 발생하는 기술진보의 형태와 기술진보율에 의존한다. 여기서는 중립적인 기술진보만을 살펴보자.

두 상품의 생산에 있어서 중립적 기술진보율이 똑같다고 하면, 생산가능곡선은 기술진보가 발생한 율만큼 고르게 사방으로 이동한다. 이것은 생산요소가 균형적으로 증가했을 경우와 동일한 효과를 생산가능곡선에 미친다. 그래서 기술진보 전의 생산가능곡선과 기술진보 후의 생산가능곡선의 기울기는 원점에서 그은 직선상에 위치한 어느 점에서나 동일하다.

예를 들면, 제1국의 X재와 Y재의 생산에서 노동과 자본의 생산성이 두 배로 증가했다고 하고 두 상품의 생산에는 규모에 대한 수익이 일정하다고 가정하자. 이와 같은 유형의 기술진보는 <그림 5-1>의 왼편 그림과 동일하므로 여기서는 나타내지 않는다.

<그림 5-3>은 기술진보 이전의 생산가능곡선과 기술진보가 이루어진 후 X재만의 혹은 Y재만의 생산에서 노동과 자본의 생산성이 두 배로 증가할 경우의 생산가능곡선을 나타내고 있다.

노동과 자본의 생산성이 X재만의 생산에서 두 배로 증가할 때 X재의 산출량은 Y재의 각 산출량수준에 대해서 두 배로 증가한다. 예를 들어 Y재가 60Y에서 변하지 않을 때 X재의 산출량은 기술진보 이전에는 50X에서 기술진보 이후에는 100X(그림에서 점 A로부터 A′로)로 증가한다. 마찬가지로 Y재가 20Y에서 불변이면 X재의 산출량은 130X에서 260X(점 B로부터 B′)로 증가한다. 제1국의 모든 자원이 X재의 생산에 이용되면 X재의 산출량은 두 배(140X에서 280X로)로 증가한다. 만약 모든 생산자원이 Y재의 생산에 사용된다 할지라도 기술진보가 X재의 생산에서 발생한다면 Y재의 산출량은 70Y에서 변하지 않는다.

Y재의 생산(그림에서 점선으로 된 생산가능곡선)에서만 노동과 자본의 생산성이 증가할 때도 X재와 비슷한 방법으로 생산가능곡선이 Y재쪽으로 이동함을 알 수 있다.

끝으로 무역이 이루어지지 않을 경우 모든 유형의 기술진보는 한 나라의 후생수준을 향상시키게 됨을 알아야 한다. 왜냐하면 생산가능곡선이 높은 수준에 있고, 노동량과 인구가 일정하다면 각 개인의 후생은 적절한 소득재분배정책을 통하여 기술진보 이전보다 이후에 더욱 향상될 수 있기 때문이다.

제3절 경제성장과 무역구조

1. 경제성장과 생산효과

경제성장은 무역과 연관을 갖는 생산패턴을 변동시키게 되며 동시에 경제적 자급자족의 정도에도 어떤 효과를 가져올 것이다. 성장의 결과로 발

생되는 수출재의 생산증가율과 수입대체재의 생산증가율을 비교하면 여러 가지의 성장형태를 알 수 있다. 또한 이러한 성장의 형태에 따라서 일국의 자급자족도는 영향을 받게 된다.

산업간에 성장속도가 고르게 진행되었다고 한다면 이 경우에 경제성장은 이루어졌으나 산업구조에는 변동이 없을 것이다.

〈그림 5-4〉 경제성장과 생산효과

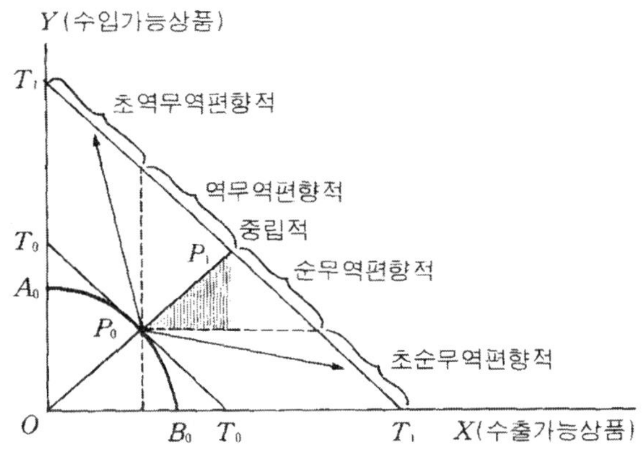

만약 수출산업이 다른 산업에 비해 성장속도가 빠르면 수출상품의 급속한 생산확대로 인하여 국민총생산에서 차지하는 수출가능재생산의 비중은 커지고, 반면에 수입경쟁산업의 비중은 줄어들어 일국의 자급자족도는 낮아지게 된다. 이상과 같이 성장과정에서 볼 수 있는 산업간의 성장속도의 차이는 다음과 같이 다섯 가지 성장형태로 구분된다. 또한 이 성장의 형태에 따라서 일국의 자급자족도가 영향을 받게 된다.

첫째, 수출산업과 수입경쟁산업의 성장률이 같은 경우

둘째, 수입경쟁산업의 성장률이 수출산업보다 큰 경우

셋째, 수출산업의 성장률이 수입경쟁산업보다 큰 경우

넷째, 수입경쟁산업만이 증대하며 수출산업의 생산이 감소한 경우

다섯째, 수출산업의 생산만이 증대하며 수입경쟁산업의 생산이 감소한 경우

이 다섯 가지 유형의 생산패턴은 각각 어떠한 무역구조의 변화를 가져오느냐 하는 것은 다음과 같다.

지금 X재를 수출가능상품이라고 한다면. 이것은 수출산업에서 생산 · 공급되며, 그 공급량은 수출산업에 특화하는 정도에 따라 결정될 것이다. 한편, Y재를 수입가능상품이라고 한다면, 이것은 수입경쟁산업에서 생산 · 공급되며, 그 공급량은 수입대체산업 또는 자급자족의 정도에 따라 결정될 것이다.

경제성장은 그 나라의 생산가능곡선을 바깥쪽으로 이동시킬 것이다. 지금 두 가지 상품, 즉 X재(수출가능상품)와 Y재(수입가능상품)만이 생산가능하다고 가정하자. 앞의 성장유형에 따라 나타나는 생산효과에는 다음 다섯 가지로 나타난다.

첫째는 중립적 효과
둘째는 역무역편향적 효과
셋째는 순무역편향적 효과
넷째는 초역무역편향적 효과
다섯째는 초순무역편향적 효과

이와 같은 다섯 효과를 도표로 표시한 것이 <그림 5-4>이다.

가령 <그림 5-4>에서 성장 전의 생산가능곡선 A_0B_0과 교역조건 T_0T_0은 경제가 성장하기 전의 생산가능곡선과 교역조건선이고 이때의 생산균형점은 P_0이다. 성장 후의 교역조건 T_1T_1은 경제가 성장하더라도 불변이라고 가정하고 있기 때문에 T_0T_0과 평행이다. 성장 후의 생산균형점도 생산가능곡선과 교역조건선과의 접점에서 결정된다. 따라서 경제성장의 생산효과는 성장 후의 생산가능곡선(여기서는 생략되었음)과 교역조건선 T_1T_1과의 접점 P_1의 위치에 따라 결정된다.

또한 <그림 5-4>에서 생산의 새로운 균형점 P_1이 OP_0의 연장선상에 위치하고 있으므로, 생산특화와 자급자족의 정도는 성장 전과 같다(중립적 효과).

경제가 성장하고 난 후의 생산균형점은 P_0에서 밖으로 이동한 여러 가지 점을 생각할 수 있으나, 그 방향은 다섯 가지 유형으로 구분된다. P_0에서 X, Y양축에 평행으로 각각 보조선을 그어두면, 성장 후의 생산균형점은 이 다섯 가지 중의 하나로 이동되며, 이 이동으로 말미암아 초래되는 생산효과를 존슨(H.G. Johnson)은 각각 순무역편향적(pro-trade biased), 초순무역편향적(ultra pro-trade biased), 중립적(neutral), 역무역편향적(anti-trade biased), 초역무역편향적(ultra anti-trade biased)효과로 불렀다.

2. 경제성장의 소비효과

경제가 성장하고 국민소득이 증가하면 소비패턴과 무역패턴도 변동하게 된다. 즉 그 나라의 산업구조가 변화되지 않을 경우라도 소비패턴이 변화되면 무역패턴도 변화하게 마련이다. 왜냐하면, 무역의 발생가능성은 국내생산의 변화뿐만 아니라 국내수요의 변화에 의해서도 영향을 받기 때문이다.

예컨대 <그림 5-5>에서 보는 바와 같이 교역조건이 경제가 성장하고 난 뒤에도 불변인 경우를 가정하고 있다. 이때, 소비의 균형점은 가능한 한 최대의 만족을 주게 되는 사회적 무차별곡선과 접하는 점에서 결정된다. 만약 경제 성장 후에도 소비수요가 성장 전과 같은 비율로 증가된다면 <그림 5-5>에서 보는 바와 같이 수입가능상품(Y)에 대한 수요의 탄력성이 1과 같으면, 수입가능상품의 수요는 국민소득의 증가에 따라 같은 비율로 증가될 것이다. 따라서 이 경우 경제성장의 소비효과는 중립적(neutral)이다.

경제성장 후의 소비의 새로운 균형점은 C_1뿐만 아니라, 교역조건선 T_1T_1 상의 여러 점이 있을 수 있다. 만약 수입가능상품에 대한 수요의 소득탄력성이 1보다 크다면, 소비의 새로운 균형은 C_0C_1의 왼쪽으로 이동될 것이다. 이 경우, 소득증가는 수입가능상품에 대한 수요를 증가시킨다. 이때 수입가능상품(Y)에 대한 수요는 성장 전에 비하여 증가하지만, 수출가능상품(X)에 대한 수요가 상대적으로 감소되는 경우(절대량은 증가되지만 성장률 이하로 증가한 경우)와 절대적으로 감소되는 경우로 수요의 성장을 구분할 수 있다. 전자의 소비효과를 순무역편향적(pro-trade biased)이라 하며 후자를 초역무역편향적(ultra anti-trade biased)이라 한다. 이때 후자의 경우 수출가능상품은 하급재(inferior goods)로 간주되는 것이다.

〈그림 5-5〉 경제성장의 소비효과

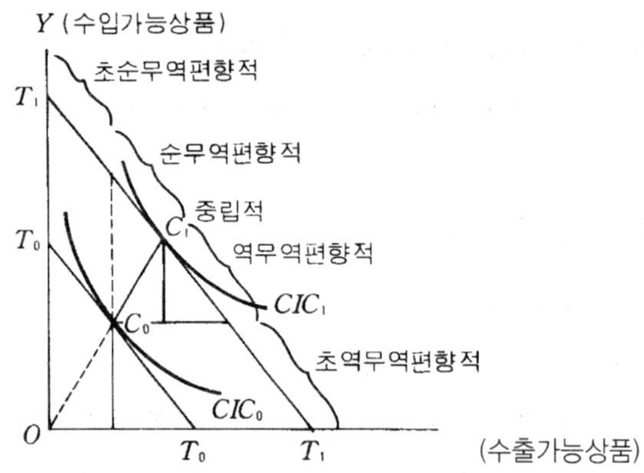

3. 궁핍화성장과 무역

일국이 경제성장으로 부의 효과를 통해 그 자체만으로 후생의 증대가 가능할지라도 이러한 성장효과를 능가할 정도로 교역조건이 악화된다면 일국의 후생수준은 성장에 의해 오히려 하락될 수도 있다. 이러한 경우를 바그와티(J. Bhagwati)[3]는 궁핍화성장이라 칭하였다.

<그림 5-6>은 어느 나라에서 기술진보 전후의 생산가능곡선을 표시하고 있는데 기술진보 후에 X재생산에만 노동과 자본의 생산성이 증대된 경우를 나타내고 있다. 부의 효과 자체만으로는 이 나라의 산출량은 증가하고 노동량과 인구가 일정하다면 만약 상품의 상대가격이 일정할 경우 전체적인 후생수준이 증가할 것이다. 그런데 이러한 기술진보의 영향으로 교역

3) J. N. Bhagwati, "Immiserizing Growth: A Geometric Note", *Review of Economic Studies 25*, 1958, pp.201~205. & J. N. Bhagwati, "Distortions and Immiserizing Growth : A Generalization", *Review of Economic Studies 35*, 1968, pp.481~485.

량의 증대를 가져오는 것은 사실이나 만약 교역조건을 크게 악화시킬 정도로 생산량이 늘어났다면 후생수준이 오히려 악화될 수가 있다는 것이다. 즉 <그림 5-6>에서 교역조건이 $P_A=1$에서 $P_B=1/3$로 악화된다면 소비점은 E_0에서 E_1로 이동함으로써 더 낮은 사회무차별곡선과 접하게 된다.

그러나 이러한 궁핍화성장은 이론적으로는 가능하나 현실적으로 거의 일어나지 않으며, 일어난다 하더라도 다음과 같은 제한된 경우에어 주로 발생한다.

① 경제성장에 따라 수출재 공급량의 급격한 증가로 수출의 상당한 증대가 필요할 때,

② 한 나라가 국제시장에서 차지하는 비중이 커서 그 나라의 교역량 증대가 교역조건의 악화를 초래할 경우,

③ 한 나라의 수출재에 대한 교역상대국의 수입수요탄력성이 낮아 그 나라의 교역조건이 불리하게 될 경우,

④ 한 나라의 무역의존도가 높아 교역조건이 크게 악화되고 따라서 일국의 후생이 악화되는 경우 등이다.

〈그림 5-6〉 궁핍화성장

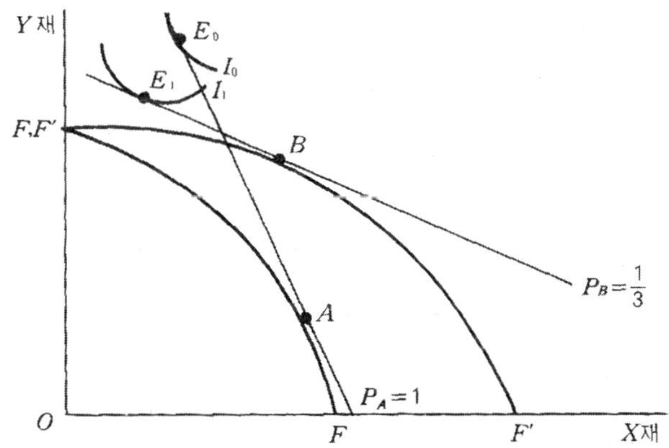

궁핍화성장은 선진국보다는 수출주도형 경제성장을 추구하는 개도국 등에서 주로 발생할 가능성이 높다. 특히 수출품목이 제한되어 있는 경우라든지 수입수요탄력성이 비교적 낮은 농산물을 비롯한 1차상품을 수출하는 경우에 궁핍화성장 현상이 나타날 여지가 많다고 볼 수 있다(프레비쉬(R. Prebisch)[4], 싱거(H. Singer)[5], 뮈르달(G. Myrdal)[6] 등은 현실적으로 발생할 가능성이 매우 적음에도 불구하고 1차산업의 비중이 압도적으로 높은 개도국에서 궁핍화성장이 발생할 수 있다고 주장).

제4절 국제무역과 국민소득

1. 국민소득수준의 결정

(1) 국민소득의 개념과 순환

낮과 밤이 순환하고 사계가 교체하듯이 우리의 국민소득도 여러 가지 의미에서 순환적 성격을 지닌다. 경제주체들은 한편에서는 생산에 참여하여 소득을 얻고 다른 한편에서는 벌어들인 소득으로 자신이나 다른 사람들이 만든 생산물을 소비한다. 이와 같이 국민경제 전체적으로 생산가 소비의 활동이 끊임없이 이뤄지고 있는 것이다.

자본주의경제의 총체적 순환과정은 자본주의 경제의 근간을 이루고 있는 각 시장과 경제주체들이 어떤 상호연관하에서 경제활동을 영위해 가는지를 이해하는 것이다.

국민소득의 순환은 생산, 분배, 지출의 세 측면에서 고찰할 수 있는데 생산국민소득은 연간 한 나라의 총생산에서 생산재 사용액을 공제하여 합

---

4) R. Prebisch, "Commercial Policy in the Underdeveloped Countries", *American Economic Review*, Papers and Proceedings 49, No.2, 1959, pp.251~273.

5) H. W. Singer, "The Distribution of Gains between Investing and Borrowing Countries", *American Economic Review*, Papers and Proceedings 40, No.2, 1950, pp.473~485.

6) G. Myrdal, *An International Economy*, Harper and Row, 1956.

계한 것이며, 분배국민소득은 근로소득과 생산소득을 합산한 것이 지출국민소득은 소비와 저축을 합한 것이다.

일반적으로 국민소득의 개념에서는 일정기간 동안 내국인에 의하여 생산된 최종 생산물의 시장가치의 총액을 국민총생산(gross national product : GNP)이라고 부르며 GNP는 생산의 측면에서 본 국민소득을 말한다.

GNP는 여러 가지 생산물에 대한 지출에 의해서 결정되는데, 지출의 종류로서는 소비지출(C), 투자지출(I), 정부지출(G)로 나눌 수 있다. 국민소득(Y)은 Y=C+I+G가 되며, C를 국내소비(C)와 해외소비(X)로 나누어 보면 Y=C+I+G+X가 된다. 이를 소득창출 방정식이라 부른다. Y의 처분 과정에서 보면 C 가운데 일부는 저축(S)으로 정부와 해외 부문을 고려하면 소득 가운데 일부는 조세(T)로 정부에 귀속되고 다른 일부는 수입품에 대한 지불(M)에 사용된다. 소득처분의 관점에서는 Y=C+S+T+M이 되며 이를 소득처분방정식이라고 부른다. 마지막으로 최종생산물의 처분이라는 관점에서 보면,

Y=C+I+G+(X-M)　　　I=투자(저축의 투자)　　　X-M=수출-수입

가 된다. 이 방정식은 현재 한국은행이나 외국의 국민소득의 계산에서도 사용하고 있다.

개방경제하에서는 수출이 증가하면 국민소득은 그만큼 증가하게 되고, 수입이 증가하면 국민소득은 그만큼 감소하게 될 것이다. 국민소득 가운데 수출입이 차지하는 비율을 무역의존도라고 부른다. 따라서 수출이 차지하는 비율은 수출의존도, 즉 수출성향($\frac{X}{Y}$)이라고 부르며, 수입이 차지하는 비율($\frac{M}{Y}$)은 수입의존도 또는 수입성향이라고 부른다.

또한 국민소득의 변화분(ΔY)에 대한 수입액의 변화분(ΔM)의 비율은 한계수입성향(marginal propensity to import)이라고 부르며, dM/dY로 표시된다. 한계수출성향도 이와 같다. 국민소득에 대한 지표로서 이용되는 종류는 생산의 측면에서 ① 국민총생산(GNP), ② 국내총생산(GDP), ③ 국민

〈그림 5-7〉 국민소득의 순환모델

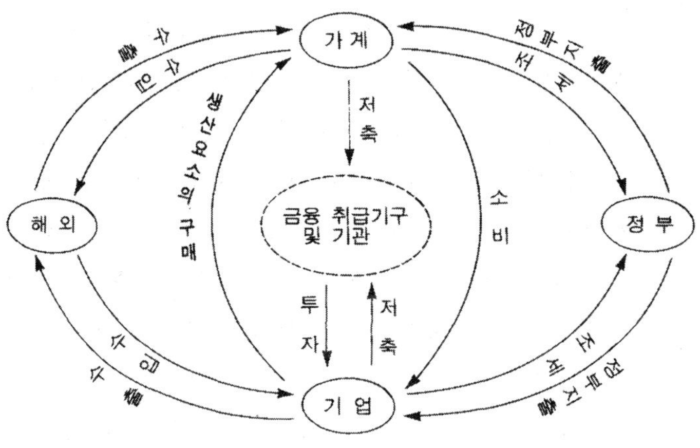

순생산(NNP), 소득을 중심하여 ① 국민소득(NI), ② 개인소득(PI), ③ 가처분소득(DI)으로 구분하고 있다.

(2) 봉쇄체제하의 국민소득수준의 결정

봉쇄경제체제하에서의 Y는 C와 I에 의해 창출되며, Y는 C와 S로 처분된다. 여기서 C는 Y와 함수관계 〔C=f(Y)〕 에 있기 때문에 Y의 종속변수이지만 I가 신투자(자발적 투자)일 때는 Y에 대한 독립변수의 관계를 갖고 있다. 그러나 I 중에서도 유발투자는 Y에 대한 종속변수로 작용한다. 따라서 문제를 단순화하기 위해 유발투자를 제외하면 I는 독립변수가 될 것이다.

생산과 지출면에서 볼 때 Y에서 지출되는 C는 그대로 유효수요로 나타나서 Y를 다시 창출하지만, S는 그대로 I에 연결되지 않는다. 즉, S=f(Y)지만 I는 Y와는 독립변수이기 때문에 S=I가 되지 않으면 Y는 변동하게 된다. 이때 S>1면 유효수요는 그 차액만큼 소득수준을 떨어뜨릴 것이며 S<1일 때는 소득수준은 올라가게 된다. 이 같은 현상은 S=I일 때 비로소 균형국민소득수준이 결정됨을 의미한다. <그림 5-8>에서 I는 Y의 독립변

수이므로 수평이 되며, S는 Y의 함수이므로 사선으로 표시되는 동시에 Y_0의 이하에서는 (−)저축의 현상이 나타난다. 여기서 S=I가 되는 교점 M점에서 OY_1이라는 균형소득 수준이 결정되며, 투자가 I′-I=ΔI가 되면 S도 유발적으로 증대되어 Y는 $\Delta S = \Delta I$가 되는 교점 M′에서 ΔY 만큼 증가하여 OY_2로 될 것이다.

〈그림 5-8〉 봉쇄체제하의 균형소득수준

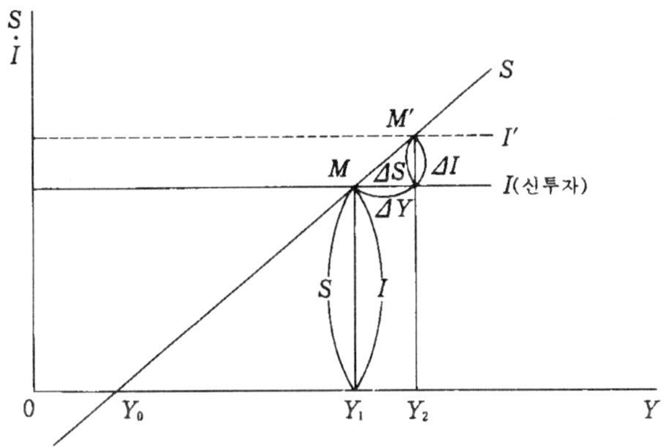

(3) 개방체제하에서 국민소득 수준의 결정

한 나라가 외국과 수출입을 개시한다면 무역에 의한 유효수요의 창출도 고려해야 한다. 이때는 생산면에서 C, I와 함께 수출(X)이 추가되어야 하며, 지출면에서 C, S와 함께 수입(M)이 추가되어야 한다. 그런데 X는 외국의 Y에 의존하므로 독립적이며, M는 국내 Y에 의존하므로 함수관계에 있다. 따라서 등식은 Y=C+I+X, Y=C+S+M에서 I+X=S+M 또는 S-1=X-M가 되어야만 개방체제하에서 균형국민수득 수준이 결정된다. 만약 여기에 지출면에서 조세(T)와 생산면에서 정부지출(G)을 추가한다면 G는 Y에 독립적인데 비해 T는 Y에 함수관계를 갖게 된다.

<그림 5-8>에서 보면 균형국민소득 수준 OY_1은 S+T+M과 I+G+X선의

교점에서 이루어진다.

2. 무역승수이론

(1) 수입함수

봉쇄경제하에서 소비자들은 그 소득을 지출하거나 또는 저축하게 된다. 따라서 총소비는 국민 소득의 함수로 볼 수 있으며 이러한 함수관계를 다음과 같이 나타낼 수 있다.

$$C=C(Y) \quad \cdots\cdots (5\text{-}1)$$

저축과 소비는 모두 국민소득의 증가함수이다. 개방경제하에서 소비자들은 해외로부터 수입재도 소비하게 되는데 이러한 수입수요도 국민소득의 함수로 나타낼 수 있는데 다음과 같다.

$$M=M(Y) \quad \cdots\cdots (5\text{-}2)$$

수입 또한 소득의 증가함수이며, 수입함수를 그림으로 나타낸 것이 <그림 5-9>이다. 그림에서 국민소득 수준이 영(0)일지라도 기존 자본 '스톡'의 일부로 수입하거나 해외차입에 의해 얼마간의 수입이 있게 되며, 국민소득이 증가함에 따라 수입도 증가함을 보여주고 있다. 일국의 평균수입성향은 수입을 총국민소득으로 나눈 값 M/Y로 정의한다. 평균수입성향의 크기는 나라간에 큰 차이가 있다.

한계수입성향이라 함은 국민소득의 증가분 중 얼마만큼이 수입재에 지출되는가를 나타내며 $\Delta M/\Delta Y$으로 정의된다. 국민소득이 100증가했을 때 수입이 20만큼 증가한다면 한계수입성향으로 나눔으로써 수입수요의 소득탄력성을 도출할 수 있는데, 이를 나타내면 $(\Delta M/\Delta Y)/(M/Y)$가 된다. 수입의 소득탄력성은 가격불변을 가정하는 등 소득 이외의 모든 여건이 일정불변인 것으로 가정하고 정의된 개념이다. 소득이 10% 증가했을 때 수입수요가 5% 증가한다면 수입의 소득탄력성은 0.5이다. 1국의 평균수입

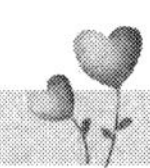

〈그림 5-9〉 개방체제하의 균형소득 수준

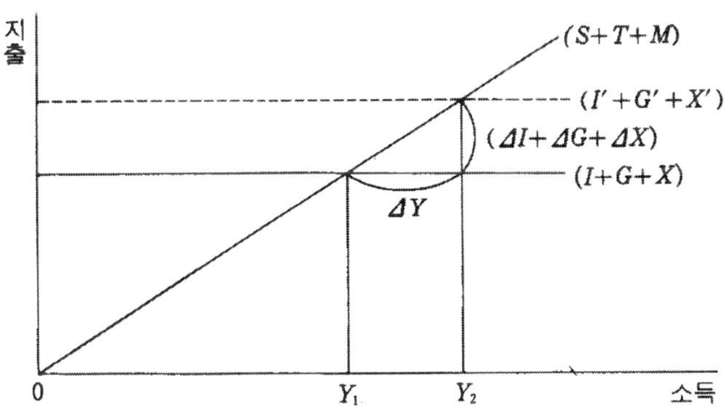

성향과 한계수입성향이 일치한다면 그 나라 수입수요의 소득탄력성은 1이 된다. 수입의 소득탄력성이 1이라 함은 국민소득이 늘어남에 따라 증가된 소득의 일정부분이 수입재에 지출되고, 국민총생산 중 교역되는 부분이 일정함을 의미한다. 한계수입성향이 평균수입성향보다 크다면 그 나라의 무역의존도는 점차 증가하는 경향이 있게 되고, 반대의 경우는 무역의 비중이 작아지게 될 것이다.

(2) 무역승수

봉쇄경제에서와는 달리 개방경제하에서는 수출과 수입, 즉 무역이 이루어질 가능성이 있다. 개방경제하에서 국민소득 균형식은 다음과 같이 나타낼 수 있다.

$$Y+M=C+I+X \quad \cdots\cdots (5\text{-}3)$$

위 식의 왼쪽 항은 총국내공급(Y)과 수입(M)의 합, 즉 총공급을 나타내며, 오른쪽 항은 총산출이 소비(C), 투자(I) 및 수출(X)로 사용된 것을 보여준다.

봉쇄경제하에서는 저축과 투자가 일치하면 균형이 이루어진다. 그러나 개방경제하에서는 순자본유입이나 유출의 가능성을 고려해야 하므로 개방경제에서의 균형조건은 다음과 같다.

$$S=I+X-M \quad \cdots\cdots (5\text{-}4)$$

또는

$$S+M=I+X \quad \cdots\cdots (5\text{-}5)$$

위 네 개의 변수 중 어느 하나라도 변화할 경우, 새로운 균형에 도달하기 위한 조건은 (5-5)의 왼쪽과 오른쪽 항의 변화의 크기가 일치하여야 된다는 것이다. 이것을 식으로 표시하면 다음과 같다.

$$\Delta S+\Delta M=\Delta I+\Delta X \quad \cdots\cdots (5\text{-}6)$$

이때 한계저축성향 s와 한계수입성향 m의 개념을 도입하게 되면 $\Delta S=s\Delta Y, \Delta M=m\Delta Y$로 고쳐 쓸 수 있다. 이를 (5-6)에 대입하면,

$$(s+m)\Delta Y=\Delta I+\Delta X \quad \cdots\cdots (5\text{-}7)$$

와 같다. 이를 이항하여 정리하면 (5-8)이 된다.

$$\Delta Y=\frac{1}{s+m}(\Delta I+\Delta X) \quad \cdots\cdots (5\text{-}8)$$

여기에서 투자와 수출을 독립변수로 보고, 수출의 변화가 국민소득에 미치는 효과를 관찰할 수 있게 된다. 식(5-8)에서 수출의 변화가 국민소득에 미치는 효과의 크기는 수출의 변화분에 1/(s+m)을 곱한 값과 같게 된다. 이때 1/(s+m)을 무역승수(foreign trade multiplier)라고 하고 이를 k로 표시하기로 한다.

우선 투자는 불변이라고 가정하고 수출증대가 어떤 효과를 가지게 되는가를 살펴보자. 한계소비성향이 양(+)의 값을 가진다고 하면 한계저축성향과 한계수입성향의 합이 1보다 작은 양의 값을 가진다고 하면 한계저축성향과 한계수입성향의 합이 1보다 작은 양의 값을 가지게 되므로 k가 1보다 크게 된다. 즉, 수출증대가 직접적으로 국민소득을 그만큼 늘리게 될 뿐 아니라 2차적인 소득증대까지 유발하게 되므로, 최종적으로 늘어난 국민소득은 당초 수출증가분보다 더 크게 된다.

〈그림 5-10〉 수입함수

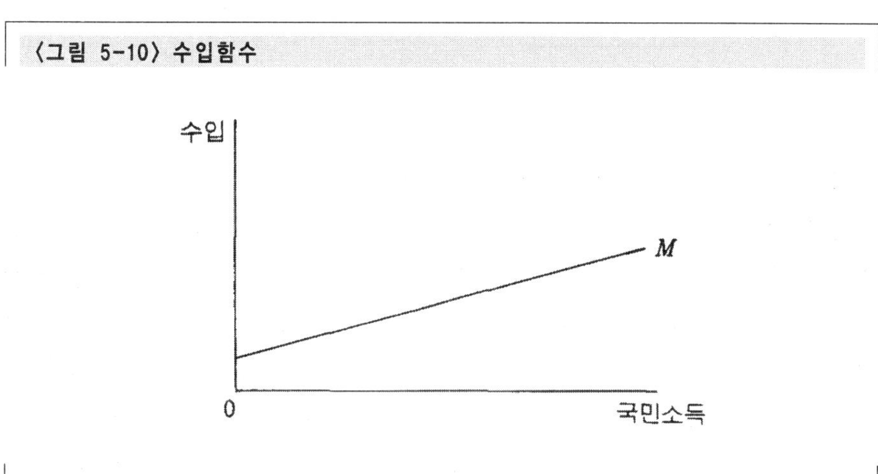

가끔 수출승수(export multiplier)라고 불리기도 하는 무역승수는 통상의 투자승수와 똑같이 작용한다. 수출이 증대하면 수출업자와 수출산업에 종사하는 사람들의 소득이 늘어나게 되고 또한 이들은 증가된 소득으로 지출을 늘리게 된다. 이때 증가된 소득으로 저축과 수입재에 대한 지출을 각각 얼마씩 늘리느냐에 따라 국내재에 대한 지출을 얼마나 늘리게 되는지가 결정된다.

<그림 5-11>은 수출승수를 나타내고 있다. 도표에서 S+M선은 국민소득의 수준이 변화함에 따라 소비자들이 저축하거나 수입하고자 하는 금액이 어떻게 변화하는가를 보여주는 이른바 저축-수입선을 나타내며, 이는 저축선에 수입선을 합침으로써 얻어지는 것이다. 그리고 논의의 전개를 간

〈그림 5-11〉 수출함수

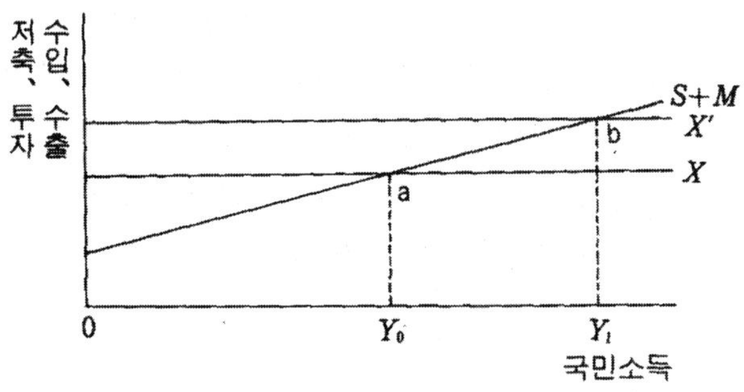

단히 하기 위하여 순투자가 없다고 가정함으로써 수출만이 유일한 독립변수라고 하자. 저축과 수입의 합이 수출과 일치하는 점 a에서 초기 평균국민소득 Y_0가 결정된다. 이때 수출증가로 인해 수출선이 X에서 X′로 상향 이동하게 되면 새로운 수출선 X′가 저축-수입선과 교차하게 되는 b점에서 새로운 균형국민소득 Y_1이 결정된다. 이때 일정한 수출증가로 국민소득이 얼마나 늘어날 것인가 하는 것은 저축-수입선의 기울기에 달려 있으며, 또한 이 기울기는 한계저축성향과 한계수입성향의 크기에 따라 달라지게 된다. 요컨대 한계저축성향과 한계수입성향의 합이 작을수록 저축-수입선의 기울기 값이 작아져서 완만할 것이고, 따라서 수출증대 따른 국민소득의 증대효과는 커질 것이다. 수출증대가 국민소득의 증가를 가져오는 것과 동일한 파급경로를 거쳐 수입증가는 소득감소효과를 초래하게 된다.

제3부 무역정책과 국제경제질서

06 무역정책의 역사적 변천

제1절 무역정책의 의의와 목적

1. 무역정책의 의의와 특성

WTO의 출범과 더불어 국제무역환경이 급변하면서 개별기업들간의 경쟁이 치열해짐에 따라 전 세계의 개별기업들은 생존을 위한 적극적인 세계화전략을 추진하고 있다. 이에 맞물려 각국의 무역정책은 국내외기업들의 경쟁양상에 많은 영향을 미친다. 각국의 무역정책은 이와 같은 추세를 반영하여 과거보다는 훨씬 더 보편성을 중시하게 되었다. 즉 국제무역정책은 국제무역질서나 오늘날의 국제무역 환경하에서 어떤 선택이 바람직한가에 대한 가치판단의 문제를 다루는 분야이다. 각국의 국제무역정책은 그것이 비록 해당 국가의 이익을 최우선 순위에 둔다고 할지라도 실행에 있어 이론과 실제, 실무적인 판단 등은 바람직한 가치판단과 도덕관에 그 바탕을 두어야 한다.[1)]

무역정책이란 경제정책의 일부로서 국민경제의 균형적 발전을 달성하기 위하여 주로 대외경제 거래에서 발생하는 무역불균형을 시정하기 위한 정책수단을 의미한다. 무역정책을 실시하고 수행하는 주체는 물론 정부 또는 공공기관이다. 따라서 기업, 경제단체, 국회, 학계 및 언론 등은 무역정책의 흐름을 자신들이 바라는 방향으로 영향력을 가할 수는 있으나 정책

1) 최해범 외, 전게서, pp.111~126.

을 담당하는 주체가 될 수는 없다.

지금까지는 정태적인 고전파 무역이론에 입각하여 자유무역이 세계 모든 나라에 이익을 가져다준다는 것이었다. 그러나 실제에 있어서는 거의 모든 국가들이 정도의 차이는 있으되 자유무역에 상당한 제한을 하고 있는 게 사실이다. 이와 같이 국가간에 이루어지는 교역 내지 통상에 관련되는 여러 가지 제한수단이나 규제조치 문제를 취급하고자 하는 것이 바로 무역정책이다.

대부분의 국가에서는 국민 경제의 균형적 발전을 기하고자 주로 대외경제거래에서 발생하는 무역의 불균형을 시정하기 위하여, 그리고 자국의 유치 및 사양산업을 보호하고자 무역정책을 실시하는 경우가 많다. 무역정책은 그 성격에 따라 수입제한적인 정책과 수출촉진적인 정책 등으로 구분할 수 있고, 또한 정책수단의 측면에서 보면 관세정책과 비관세정책으로 나눌 수 있다.

그런데 무역정책은 대외적으로 경제거래를 조절하기 위하여 동원되는 수단인데 국내경제정책과는 다음과 같은 다른 특성을 갖고 있다.

첫째, 무역정책의 실시에 따른 그 효과는 대내경제뿐만 아니라 대외경제에까지 파급된다. 예를 들어, 일국이 자국의 국제수지를 개선하고 나아가 국내산업을 보호하고자 관세 혹은 비관세정책 등 무역정책수단을 적용한다면 자국의 입장에서는 경제여건이 호전될지 모르나 교역상대국은 상당히 불리한 상황에 처할 수도 있다. 왜냐하면 무역정책을 통하여 대내적으로는 자국의 국내산업보호를 통하여 생산량의 증대를 가져오거나 수입을 감소시켜 국제수지를 개선시키고 나아가 국민 소득을 증가시키겠지만, 반대로 교역상대국으로서는 수출이 줄어들고 국민소득이 감소될 가능성이 높기 때문이다.

둘째, 무역정책은 국내고용의 증대, 경기의 진작 및 경제발전 등의 국내경제정책을 포괄하는 종합적인 성격을 띠고 있어 국내경제정책과 밀접한 관계가 있다. 즉 무역정책의 효과는 국내산업구조는 물론이고, 고용수준, 나아가 경기부양 등에 이르기까지 영향을 미친다. 특히 무역의존도가 높은 국가일수록 무역정책이 경제정책에서 차지하는 비중이 높으며 여타 국

내경제정책과 상호 관련성이 크다고 할 수 있다.

2. 무역정책의 목적과 수단

무역정책의 목적은 국내산업의 보호, 국제수지의 개선, 자원의 효율적 배분, 완전고용, 물가안정, 경제성장 및 사회적 후생의 증대 등으로 크게 구분할 수 있는데 좀 더 상세히 설명하면 다음과 같다.2)

(1) 무역정책의 목적

1) 국내산업의 보호

선진국을 포함한 대부분의 국가들은 자국(自國)의 유치산업 혹은 정체 및 사양산업을 보호하기 위하여 강력한 무역정책과 관련된 조치를 취하고 있다. 이러한 조치들은 전 세계전체의 후생수준이 저하되기 때문에 WTO가 중심이 되어 관세 및 비관세장벽을 완화 또는 철폐하기 위하여 노력하고 있다. 그러나 각국의 경제적 이익의 상충으로 인하여 완전한 무역의 자유화는 요원한 실정이다.

2) 국제수지의 개선

무역을 통하여 각국들은 자국(自國)의 비교우위상품을 수출하고 비교열위상품을 수입하게 되며, 수출액이 증가하고 수입액이 감소할수록 금 및 외환보유고의 증가와 함께 국제수지는 개선된다. 국제수지의 개선은 환율의 안정뿐만 아니라 국민경제의 균형적 성장을 달성시켜 준다.

3) 자원의 효율적 배분

자원의 유한성 문제는 어느 국가이든지 간에 미래의 불안요소이다. 따라서 자기 나라에 풍족한 상품을 중심으로 특화를 하고 수출한다면 생산량은 증가하고 생산요소가 절약되어 자원의 효율적 배분이 실현된다. 그러나 이러한 문제는 자유무역의 조건 하에서만 가능하다. 자원의 효율적

2) 김시경, 『최신무역학개론』, 삼영사, 2007, pp.158~160.

배분정책은 단기적 관점에서 볼 때 국내유치산업의 어려움과 산업구조의 편중성 내지 취약성을 수반할 수도 있다.

4) 완전고용

완전고용은 실업률이 3~5% 수준에 있을 때를 말하며 모든 국가들이 추구하고 있는 가장 중요한 정책목표이다. 오늘날 대부분의 국가는 무역정책을 통해서 수출을 증대시키고 수입을 억제하며 고용창출을 통하여 국내에서의 생산량증대를 도모한다.

5) 물가안정

물가수준의 상승은 결국 수출가격에 전가되어 그 국가의 수출품의 가격경쟁력이 상실된다. 국내물가와 환율은 깊은 관련을 가지고 있기 때문에 국제수지의 개선과 환율의 안정을 통하여 국내물가를 안정시켜야 한다.

6) 경제성장

슘페터는 경제성장과 경제발전을 구분하고 있는데, 경제성장(economic growth)은 경제외적, 양적(인구, 부) 증가이며 경제발전(economic development)은 국민경제의 내재력(內在力)에 의한 질적 진보로 규정하였다.

선진국에서는 경제성장의 목표를 완전고용에 두고 있으며, 개발도상국의 경우 빈곤의 악순환을 타파하고 자립경제를 확립하기 위한데 두고 있다. 따라서 경제성장을 지속하기 위하여서는 수출 및 수입정책, 국제수지정책 등 대외무역정책의 역할이 중요시된다.

7) 사회적 후생의 증대

무역정책은 광의의 경제정책 목적과 같이 고도의 경제발전을 통한 복지사회건설과 국민의 생활수준 향상을 이상으로 하고 있다. 그러나 1960년대와 70년대의 우리나라처럼 고도의 경제성장률, 즉 양적인 성장에만 치우친 나머지 빈익빈 부익부현상이 나타날 수 있다. 따라서 무역정책은 성장과 후생 간의 적절한 배합이 필요하다.

(2) 무역정책의 수단

무역정책의 수단은 크게 두 가지로 분류할 수 있는데 관세적 수단과 비관세적 수단이 있다.

관세적 수단은 관세를 매개체로 하여 이루어지며, 비관세적 수단은 수입할당, 수출자율규제, 수입과징금, 수입예치금, 수입금지, 차별적 정부구매, 생산 및 수출보조금, 수출신용 및 수출신용보험 그리고 외환관리 등과 같은 다양하고 복잡한 제도를 통하여 달성된다.

비관세적 수단을 수출증진과 수입억제로 나누어 보면 수출증진을 위한 수단에는 생산 및 수출보조금제도, 수출신용 및 수출신용보험제도 등이 있으며, 수입억제 수단에는 관세 및 수입할당제도, 수출자율규제, 수입과징금 및 예치금제도 그리고 차별적 정부구매 등이 있다.

3. 무역정책의 흐름

무역정책은 각국이 처한 경제상황에 따라 그 기조가 달리 형성되었다는 의미에서 역사성을 지닌다. 가령 무역정책은 통상적으로 자유무역주의와 보호무역주의에 입각하여 실시되었는데, 이러한 무역정책의 흐름은 시대와 그 국가의 경제발전단계에 따라 달리 나타나고 있다. 그러나 역사적으로 볼 때 무역정책의 흐름은 대체로 다음과 같은 경향을 보여 왔다.

첫째, 자유무역주의는 상대적으로 자유와 효율과 같은 가치들이 상대적으로 강조되는 선진국에서 선호되었고 보호무역주의는 경제발전이 중시되고 나아가 번영이라는 가치를 추구하는 후진국에서 지지를 받았다. 가령 스미스나 리카도 등은 18세기에 선진국이던 영국의 경제를 배경으로 자유무역을 주장한 반면, 해밀턴이나 리스트 등은 당시 후진국이던 미국이나 독일의 경제를 배경으로 보호무역을 주장하였다.

둘째, 각국의 산업구조에 따라 무역정책의 기조가 달랐다. 예컨대, 제2차 세계대전 후 GATT와 IMF 체제하에서 국가간의 산업구조가 이질적이었을 때는 자유무역이 지배하였고, 오늘날과 같이 산업구조가 비교적 동질적인 배경하에서는 협정적 보호무역주의가 부각되고 있다.

셋째, 세계의 경제여건이 상승국면을 탈 때에는 자유무역이, 하강국면에 접어들 때에는 보호무역이 각각 우선적으로 채택되었다.

제2절 보호무역주의

1. 중상주의 무역정책

(1) 중상주의의 역사적 배경

무역정책의 역사적 근원은 도시국가시대부터 출발한다고 볼 수 있으나 정책에 본격적으로 운용된 것은 근대적 의미에서 민족국가가 형성되기 시작한 중상주의시대에서 비롯되었다.

중상주의(mercantilism, commercial or mercantile system)란 16세기에서 18세기 동안 근대국가의 건설과 근대적 산업체제의 확립을 위하여 유럽 제국에서 채택된 국가본위의 간섭정책 내지 이를 기초로 한 이론에 대하여 총체적으로 붙인 이름이다. 중상주의는 중상주의 경제정책 내지 중상주의 경제적 현실과 그 경제적 현실을 기반으로 해서 생긴 중상주의 경제사상 내지 중상주의 경제이론의 이 두 가지 면을 총칭해서 불린 것이다. 이와 같이 중상주의란 일반적으로 자본주의 경제 발전의 초기에 있어서 유럽제국이 주로 국가의 발전과 경제적 부를 증강시키기 위하여 채택한 사상 또는 경제정책을 의미한다고 볼 수 있다.

국가에 따라 그리고 시기적으로 다소 차이가 있기는 하나 중상주의 정책의 지배적인 경향은 무역수지 흑자에 그 중점이 두어졌다는 것이다. 따라서 금은 등 귀금속의 유입을 실현함으로써 무역흑자를 이루는 것이 기본 목표였다. 아울러 당시는 이러한 정책만이 국부의 축적에 도움을 준다고 인식되었다.

오늘날 자국의 경제적 이익의 실현에 급급하여 보호주의를 채택하고 있는 국가를 '중상주의적'이라고 비난하는 이유도 여기에서 연유된다.

(2) 중상주의의 특성

그런데 중상주의시대에 있어서 금은을 획득하기 위한 정책은 시대와 국가에 따라 달랐다. 중상주의정책의 기본적 특성을 살펴보면, 대개 중금주의정책, 무역차액정책, 산업보호정책으로 구분된다.3)

1) 중금주의정책

중금주의란 중상주의시대에 있어서 금은과 부를 동일시한 후, 금은의 획득은 국가의 이익이고 금은의 상실은 국가의 손실이라고 생각하여 직접적으로 금은의 수출을 금지하는 동시에 그 수입을 장려함으로써 귀금속의 축적을 증가시켜야 한다는 주장이다. 즉 중금주의는 부의 기준을 금은 등 귀금속의 국내 축적량에 두었다. 중상주의 초기에 있어서 금은의 채굴과 그 수입이 장려되고 금은의 수출이 금지된 것은 이러한 중금주의에 입각한 것이다.

2) 무역차액정책

중상주의 초기에는 직접적으로 금은의 수출을 금지하고 그 수입을 장려함으로써 귀금속의 국내 축적을 증가시키려고 노력했으나, 시대가 변천됨에 따라 상품의 수출에 의하여 금은이 획득되고, 또 상품의 수입에 의하여 금은이 상실된다는 점이 인식되었다. 따라서 당시 몇몇 나라에서는 직접적으로 금은을 획득하는 것보다 무역을 통하여 간접적으로 이를 획득하려고 노력했다. 특히 영국에서는 금은을 획득하기 위하여 수출을 장려하고 수입을 억제하는 등 모든 대외거래를 간섭했으며, 이러한 간섭에 의하여 영국의 무역은 저해되었다. 이에 따라 1국과의 무역에 의하여 수입초과가 발생되었다고 하더라도 전체의 무역차액이 수출초과라면 무역을 통하여 금은을 획득할 수 있다는 사상이 대두하게 된 것이다. 이와 같이 수입을 억제하고 수출을 증진시켜 획득한 무역차액을 통하여 국부를 증대시키려는 주장이 무역차액설이다. 이 무역차액설은 당시 영국의 동인도 회사의 중역이었던 만(Thomas Mun, 1571-1641)에 의하여 그의 저서인 『영국

---

3) 전창원 · 신현종, 『무역학연습』, 법문사, 1993, pp.173~175.

의 동인도무역에 관한 일론』과 『외국무역에 의한 영국의 재보』에서 구체화되었다. 즉, 많은 자국상품을 보다 많이 수출하기 위해서는 어느 정도의 수입이 필요하다고 주장하였다. 예컨대 원료를 수입하여 고가의 제조품을 수출함으로써 무역차액을 유리하게 하여 금은을 유입시킬 수 있으므로 그러한 수입은 오히려 확대시켜야 한다고 주장하였다.

3) 산업보호정책

영국에서 소위 부르주아혁명 이후, 영국의 중상주의체제가 '절대주의적 중상주의'에서 '의회주의적 중상주의'로 전환됨에 따라 그 정책방향은 산업보호정책으로 기울어졌다. 산업보호주의 단계하의 중상주의체제에서는 그 정책이 다만 대외무역과 밀접한 관련을 맺고 있었다. 정책의 목표가 산업 및 노동에 집중된 것은 국내 산업을 보호함으로써 고용을 증대시키고 동시에 수출을 증가시킬 수 있다는 점이다. 그리고 이는 유리한 무역차액의 기초가 된다는 점이다. 후기 중상주의시대에 있어서 산업보호정책의 중요한 수단이 관세였으며, 관세를 통하여 외국상품의 수입과 소비를 억제하는 동시에 국내 산업을 보호하려고 했다.

(3) 중상주의의 실천과 그 비판

1) 중상주의의 실천

중상주의체제는 중금주의정책에서 무역차액주의정책으로 전개되었고, 이는 다시 산업보호주의 정책으로 발전되었다. 그러나 중상주의체제는 어느 발전 단계에서도 민족국가의 통일을 달성하고 식민제국을 수립하는 데 하나의 중대한 계기가 되었다. 그리고 중상주의의 패권은 처음 16세기 스페인 및 포르투갈에서 네덜란드 및 프랑스를 거쳐서 드디어 영국에서 그 전성기를 맞이하게 되었다. 역사적으로 영국은 1600년에 동인도회사를 설립하고 1651년에는 항해조례를 선포하여 영국인과 영국선박에 의하여 모든 영국의 무역이 행해지도록 함과 동시에 공업원료와 식량을 조달하고 자국상품을 수출하기 위해 세계 각처에 식민지를 확보하면서 수탈행위를 지향하였다. 이러한 중상주의정책의 대표적 실천가는 크롬웰(O. Cronwell)

이었다.

한편, 프랑스와 네덜란드도 이와 유사한 중상주의정책을 실시하였는데, 특히 프랑스에서는 콜베르주의라는 강력한 정책을 콜베르(L.D. Collbert)가 주역이 되어 실시하였다.

2) 중상주의에 대한 비판

중금주의설과 무역차액설은 중상주의 정책의 이론적 기초를 형성하고 있으나, 극히 단편적이고 체계성이 없다고 지적되고 있다. 특히 스미스는 금은 등 귀금속을 국부와 동일시하는 중상주의의 오류를 지적한 후, 국부란 화폐 그 자체가 아니고 화폐에 의하여 구입되는 상품이라고 강조했다. 따라서 스미스는 국제 분업론을 수립하여 중상주의의 주장을 타파했다. 한편, 영국의 경제학자 흄[4](David Hume, 1711-76)은 가격－정화유출입기구(price-specie flow mechanism)를 통하여 국가적 통제를 배척하고 중상주의의 무역차액설을 전복시켰던 것이다. 즉, 그의 가격－정화유출입기구에 의하면 1국의 무역에서 무역수지 흑자가 발생되면 금이 유입되고 통화량이 팽창되어 국내물가가 등귀되며, 이에 따라 수출이 감소되고 수입이 증가됨으로써 무역수지의 흑자가 시정된다는 것이다. 그러므로 이러한 일련의 과정을 거쳐 국제 균형은 회복된다는 것이다. 흄은 이 기구를 통하여 대외무역에 위한 무한의 무역수지 흑자는 금을 대량으로 국내로 유입시킨다고 생각했던 중상주의의 이론을 전복시켰던 것이다. 따라서 중상주의이론은 스미스에 의하여 타파되기 전에, 그 중요한 이론부분이 이미 흄에 의하여 부정되었던 것이다. 그러나 중상주의시대에 있어서 중시되었던 무역차액문제는 오늘날 국제경제에 있어서도 중요시되고 있다.

---

4) D. Hume, *Of the Balance of Trade*, reprinted in Barry Eichengreen, ed., *The Gold Standard in Theory and History*, Methuen, 1985, pp.39~48.

2. 보호무역정책

(1) 보호무역론의 역사적 배경

산업혁명을 18세기 중엽에 완성한 영국으로 보아서는 자유무역론의 타당성이 인정되었으나, 이보다 늦게 산업혁명을 겪은 독일이나 미국에서는 국내산업에 대한 보호의 필요성 때문에 보호무역론이 대두되기 시작하였다. 당시 미국의 해밀턴(A. Hamilton)은 농업국이 공업국보다 불리하다는 점을 지적하고 공업보호론을 주장했으며, 리스트(F. List)는 유치산업보호를 위한 보호무역론을 주장했다.

그 후 마노이레스쿠(M. Manoilescu)는 생산력설을 통하여 후진국에 있어서 노동의 이동이 곤란하고 이에 따라 산업간에 생산성의 심한 격차가 존재할 경우에, 생산성이 높은 공업을 보호 육성하는 것이 유리하다고 주장했다. 그리고 해겐(E.E. Hagen)은 임금격차가 존재할 경우에 보호무역론을 입증하려고 했다. 이 두 학자는 무역반대론, 혹은 관세옹호론을 주장했던 것이다.

(2) 보호무역론의 논거

19세기 당시 산업화를 완성하여 선진국의 입장으로 자유무역을 강조하였던 영국과는 달리 독일이나 프랑스 등 후진국으로서는 국내공업이 유치상태에 있었으며 국내시장에는 영국제품이 범람하여 유치산업의 존립 자체가 위태로운 지경에 빠져 이를 육성하여 공업화를 달성하려면 관세수단 등에 의한 보호무역이 필요하다고 주장하였다. 이에 논리적 근거를 제공한 것이 리스트의 유치산업보호론이다.

한편 1870년대 이후 각국의 제국주의 정책으로 자유무역은 쇠퇴하기 시작하였고 최근인 1980 및 1990년대에 들어 세계적 불황과 국제수지의 적자개선을 목적으로 선후진국을 막론하고 다시 보호주의적 무역정책이 대두되고 있다. 보호무역주의의 근거는 첫째, 보호무역은 교역조건을 유리하게 한다. 즉, 수입수량할당이나 관세부과로 외국상품의 수입수요가 줄어들게 된다면 다른 조건이 불변일 경우 그 가격은 하락한다. 그러므로 무역

제한국이 상대방 국가의 보복을 받지 않고 수출을 계속할 수 있다면 교역조건이 유리하게 되며, 둘째, 자유무역에 의하면 비교열위에 있는 산업은 쇠퇴하게 되는데 그렇게 된다면 노동의 이동이 원활하지 못한 후진국에 있어서는 구조적 실업이 발생하게 되고, 셋째, 지금은 비교열위에 있지만 생산성이 크게 향상될 잠재력을 가지고 있어서 가까운 장래에 비교우위를 가질 것으로 기대되는 산업, 즉 유치산업을 보호하기 위하여 필요하다는 것이다. 넷째, 외부효과를 확보하기 위하여 산업보호를 생각할 수 있다. 일반적으로 공업부문은 농업부문보다도 외부효과가 크므로 공업이 비교우위에 있는 나라는 외부효과를 확보하기 위해서도 공업부문을 확보할 필요가 있다는 것이다.

(3) 보호무역정책에 대한 비판

보호무역정책은 관세 등의 정책수단을 통하여 유치산업을 보호, 육성하고, 나아가 수출은 증진하고 수입을 감소시켜 무역 및 국제수지를 개선할 뿐 아니라 고용과 국민소득을 단기적으로 증대시키는 등 여러 가지 경제적 이익을 가져오는 경향이 있으므로 각국에서 20세기로부터 지금까지 약 100년 가까이 시행되어 왔었다. 그러나 그러한 보호무역정책의 긍정적 효과 이면에는 다음과 같은 부정적인 문제도 제기되고 있는 게 사실이다.

첫째, 무엇보다도 보호무역정책은 국내산업간의 자유경쟁을 제한함으로써 자국산업의 대외경쟁력을 약화시키며, 둘째, 보호무역정책에 의해 생산자원이 효율적으로 배분되지 못하고 산업의 생산능률이 감소하여 국민 전체의 후생이 감소된다. 셋째, 관세의 부과에 의해 보호무역정책이 실시된다면 좀 더 가격이 싸고 품질이 좋은 외국상품의 수입이 줄어들게 되어 전반적으로 소비자의 효용수준을 단기적으로 감소시키는 경향이 있다. 넷째, 보호무역정책은 근린궁핍화정책의 경향을 띠게 됨으로써 교역상대국의 보복을 초래할 수가 있다. 즉, 과도한 보호조치는 외국의 보복을 초래하여 결국은 양국 모두의 경제적 이익을 감소시키는 나아가 세계전체의 이익 또한 감소시켜 국제무역질서를 교란시키게 될지도 모른다.

3. 해밀턴의 공업보호론

해밀턴의 공업보호론(산업분화론, 보호무역주의)은 해밀턴이 미국의 독립 직후 재무장관으로 있을 때인 1791년 그가 의회에 제출한 「제조공업보고서」에서 명백하게 드러났다. 이 제조공업보고서에는 미국의 공업화를 주장한 원리적 부분, 공업보호의 방법 그리고 피보호공업의 선정 및 실태 등이 포함되어 있다.

해밀턴은 미국의 공업이 유럽 제국에 비하여 유치한 상태에 놓여 있으므로 공업에 대한 보호정책을 실시하지 않는다면 그 성장 가능성이 박탈당한다고 지적하면서, 미국의 공업을 보호 육성하기 위하여 제조업에 대한 국가의 보호조치가 반드시 필요하다고 주장했다. 또 그는 자유무역의 질서가 제대로 확립되지 않을 경우, 농업에 의존하고 있는 미국은 경제적 부를 가지고 있는데도 불구하고, 이것이 실현되지 않으며 오히려 궁핍화의 상태에 빠질 뿐 아니라 교역조건도 악화된다고 주장했다. 또한 해밀턴은 공업보호의 방법으로 관세, 수출입금지, 보조금, 장려금, 관세면제, 발명장려, 상품검사, 송금편익 등의 정책적 수단을 제시했는데, 이 중에서 관세가 가장 효과적이라고 주장했다. 따라서 해밀턴은 미국의 공업을 보호-육성하기 위하여 자유무역제도를 철폐하고 유럽으로부터의 수입품에 대하여 관세를 부과해야 한다고 주장했다.

한편 해밀턴은 공업보호를 무조건 주장한 것이 아니고 피보호공업의 선정기준에 대하여도 언급했다. 그는 보호에 의한 현재의 손실이 장래 그 공업이 발전됨에 따라 발생되는 이익에 의하여 보상될 수 있는 공업을 보호해야 된다고 주장했다. 그가 밝힌 피보호공업의 선정기준은 다음과 같다. ① 원료의 자급자족, ② 작업의 기계대체가능성, ③ 보호정책상의 편익, ④ 제품용도의 범위, ⑤ 그 외의 이익, 특히 국방에 대한 기여도 등이다. 해밀턴은 이 선정기준에 비추어 철강업을 비롯한 16개 공업에 대하여 구체적 조건을 검토한 후, 선정기준에 대한 이들 공업의 적합여부, 보호여부, 보호정도를 구체적으로 상세히 명시했다. 따라서 해밀턴의 공업보호론은 일반이론에서 흔히 범하고 있는 추상론에서 벗어나 실천 가능성을 제

시했다는 점이 특징이다.

4. 리스트의 유치산업보호론

(1) 유치산업보호론의 내용

자유무역주의의 이론과 그 정책의 타당성을 배척하고 경제정책에 대한 국가의 역할을 중시하면서 유치산업을 보호해야 된다는 주장을 가장 먼저 한 사람은 리스트이다. 리스트는 『정치경제학의 국민적 체계』라는 저서를 통하여 경제발전단계설을 제창하고 이에 맞는 정책의 선택을 강조한 동시에 생산력을 중시하는 실천적 이론체계를 수립한 후, 이를 기초로 유치산업보호론(infant industry argument for protection)을 주장하였다. 유치산업보호론이란 일반적으로 말하면, 1국내에 있어서 장래 성장가능성이 있는 유치한 산업을 보호하고 그 산업의 성장을 촉진시키려는 주장이다. 리스트의 유치산업보호론에는 다음 네 가지 내용이 포함되어 있다. ① 당시 영국 산업이 지배한 세계시장의 독점에 대하여 대항력을 가져야 한다. ② 경제성장을 달성하기 위해서는 농업과 공업의 균형적 발전이 반드시 필요하다. ③ 농업생산에만 의존한다면 외국으로부터 상당한 영향을 받게 된다. ④ 국민소득은 국내산업의 보호에 의하여 일시적으로 감소되지만, 그 산업이 장래 성장되면 국민소득을 증가된다. 이 중에서 마지막 내용이 전형적인 유치산업보호론이다.

(2) 유치산업보호론의 특징

리스트의 유치산업보호론의 이론적 특징은 보호에 의하여 발생된 현재의 손실이 피보호산업의 발전에 따른 장래의 이익에 의하여 보상되고, 더구나 보호 당시에 발생되는 손실을 최대한으로 줄이기 위하여 장래 발전가능성과 확실성이 있는 유치산업을 선택하여 보호할 필요가 있다고 주장한 점이다. 이것은 제한적 보호론이다. 이러한 점으로 미루어 보아 리스트의 유치산업보호론은 자유무역과 타협할 수 있는 여지가 있고 이론적으로도 용납될 수 있는 성질을 지니고 있다. 자유무역론을 주장한 밀 등도 유치산업의 보호는 이론적 타당성을 지니고 있다고 인정하면서 이를 자유무역론의 예외로 취급했던 것이다.

(3) 유치산업보호론의 선정기준

유치산업의 선정기준에 관하여는 많은 견해가 있는바, 대표적인 것은 밀, 바스테이블(C.F. Bastable)[5], 켐프(M.C. Kemp)[6] 그리고 케넨(P.B. Kennen)[7] 등의 견해이다.

첫째, 밀의 선정기준에 의하면 어느 산업을 보호할 경우, 그 산업은 일정한 기간이 경과된 후, 성장되어 더 이상 보호를 받을 필요가 없어야 된다는 점이 보장되어야 한다는 것이다. 그 동안 보호를 받은 산업의 성장수준은 전통있는 나라의 수준에 달하면 만족할 것으로 보인다. 대부분의 산업이 유치산업보호의 미명하에 영구적인 보호를 요구하고 있는 것을 보면 이 기준은 중요한 의의를 가지고 있다.

둘째, 바스테이블은 피보호산업의 대상은 일정한 기간이 경과된 후, 보호를 받지 않고 자립해야 하고, 더욱 보호기간 중에 발생된 손실이 그 산업의 발전에 의하여 획득된 장래의 이익에 의하여 보상될 여지가 있는 산업이어야 한다는 것이다. 바스테이블의 기준은 리스트의 의도를 가장 충실히 표현한 것인데, 보호에 의하여 성장가능성이 있는 산업에 대해서는 국가가 반드시 보호해야 하지만, 그렇지 못한 산업에 대해서는 보호할 필요가 없다는 사실을 의미한다. 따라서 바스테이블의 기준은 밀의 기준보다 한층 더 엄격하다.

셋째, 켐프는 바스테이블의 기준이 충족되더라도 생산비체감의 법칙의 지배를 받는 산업은 장래의 이익이 확실시되므로 그대로 두더라도 투자를 유도하기 때문에 정부는 이 산업에 대하여 보호할 필요가 없지만, 생산비

---

5) C. F. Bastable, *The Theory of International Trade*, 4th ed. Macmillan & Co., Ltd., 1903, p.140.

6) M. C. Kemp, The Mill-Bastable Infant Industry Dogma, *Journal of Political Economy*, vol. 68, 1960.

7) P. B. Kenen, *International Economics*, Prentice-Hall Inc., Englewood Cliffs, New Jersey, 1964, pp.28~30.

체증의 법칙에 의해 지배를 받는 산업은 보호가 중단되면 이윤을 얻지 못하기 때문에 이런 산업을 보호하여야 한다는 것이다. 이를 켐프의 기준이라고 하며, 이는 '밀의 기준' 및 '바스테이블의 기준'보다 한층 더 엄격하다.

넷째, 케넨은 산업보호의 필요가 있다고 주장하며, 대규모생산의 이익, 즉 내부경제효과를 산업보호의 기준으로 삼고 있다. 케넨은 내부경제야말로 유치산업의 기술 및 경험의 습득과정에 필요불가결의 요소로 보고 있으며 대규모생산의 이익을 낳을 수 있는 산업을 보호하기 위해서는 관세를 부과해야 한다는 것이다.

이상에서 논의된 유치산업보호기준에 대해서는 지금까지 완벽한 기준이 정립되지 못하고 있지만 일반적인 유치산업의 선정기준, 보호대상, 보호기간에 대해서는 다음과 같이 정리할 수 있다.

첫째, 공업은 보호대상으로 적당하지만 농업은 부적당하다. 왜냐하면, 공업은 일반적으로 인위적 조건의 지배를 받기 때문에 보호에 의하여 발전이 가능하지만, 농업은 자연적 조건의 지배를 받기 때문에 보호에 의하여 개량되기 어렵다.

둘째, 과도한 보호가 필요한 산업은 보호대상으로서 부적당하다. 리스트도 과도한 보호를 배척하고 국내 유치산업을 보호하는 데 필요한 수입관세율을 20~30%로 보았다. 리스트는 과도한 보호가 필요한 산업은 일반적으로 공업의 기초적 조건이 부족하다고 지적했다. 그러나 과도한 보호를 할 때는 신중을 기해야 한다.

셋째, 보호는 일시적이어야 한다. 유치산업에 대한 보호기간은 산업에 따라 각각 다르므로 일률적으로 결정할 수 없다. 보호에 의하여 피보호산업이 발전된다면 보호기간은 일시적인 것이 가장 이상적이다.

(4) 유치산업보호론의 문제점

개발도상국들이 유치산업을 보호하고 육성시켜 나가는 과정에서 나타나는 문제는 다음과 같은 몇 가지로 요약된다.

첫째, 유치산업보호는 한번 시행되면 반영구화되는 경향이 있다. 유치산업에 대한 보호정책은 그 산업이 성숙하여 대외경쟁력을 갖추게 될 때까지의 시한부 정책이나 일단 취해진 보호조치가 중단되면 항상 기업의 강력한 반발이 따른다. 피보호산업을 정확히 가려내었을 경우에는 그 산업은 어느 기간을 거친 후 발전된다. 그러나 산업이 보호를 받으면 항상 유리하기 때문에 당시 기대했던 수준으로 발전되더라도 보호기간을 연장시키기 위한 운동이 전개된다. 따라서 일시적으로 보호는 영구화되는 경향이 생기므로 낭비가 따른다.

둘째, 유치산업의 판정기준이 밀, 바스테이블, 켐프, 켐넨 등에 의해 계시되고 있으나 유치산업을 정확히 가려내기가 어렵다.

셋째, 유치산업보호를 위한 관세옹호론이 흔히 남용되는 경향이 있다. 관세의 보호를 받지 않더라도 수출산업으로 성장이 가능한 산업까지도 유치산업보호라는 미명하에 계속 보호를 받고 있는 경우가 수없이 많다. 따라서 유치산업을 보호하기 위하여 필요한 관세는 일종의 타성과, 혹은 덤핑(dumping)에 대한 방어물로서 가끔 존속되고 있는 경향이 있다. 만약, 유치산업의 보호라는 미명하에서 타성에 의하면 관세가 그대로 존속되고 일부 산업이 불필요한 관세장벽의 그늘 밑에서 보호를 받는다면, 그 나라는 물론 전세계에 있어서 최적배분이 저해되고 국제무역질서가 교란된다. 나아가 국제무역은 보호와 방향으로 치닫게 됨으로써 국제 경제의 균형적 성장이 파괴될 가능성이 있는 것이다.

제3절 자유무역주의

1. 자유무역론의 역사적 배경

스미스에 의해 시작된 자유무역이론은 리카도의 비교생산비설에 의해 그 타당성이 이론적으로 더욱 분명해졌다. 비교생산비설은 생산비에 있어서 비교우위를 가진 상품생산에 특화하여 교역하면 교역당사국 모두가 이익을 볼 수 있다는 것이다. 따라서 무역을 통제한다는 것은 자원의 최적

배분을 왜곡한다는 것을 뜻한다는 것이다.

1860년 영국과 프랑스 사이에 관세인하를 협정하는 코브덴 슈바리에조약(Cobden-Schvalier treaty)으로 자유무역은 그 절정에 달해 유럽 제국간에 체결된 통상조약은 조약체결국이 제3국에 부여하는 무역상의 양허를 체결 상대국에 대해서도 적용할 것을 규정하는 최혜국조항(The most- favored nation clause)을 포함시켜 관세인하를 통하여 자유무역을 가속화시켰다.

한편, 리카도의 비교생산비원리는 정태적 자원배분론으로서 무역에 관한 순수이론의 핵이면 오늘날 무역이론의 대부분은 리카도이론을 근대적으로 변형시키고 정밀화 한 것에 불과하다. 이 이론은 경제이론과 경제정책이 분화되지 않았던 고전파 경제학시대에는 자유무역정책을 뒷받침하는 이론으로 설명되었으나 그 뒤의 유치산업보호론을 비롯한 여러 보호무역론의 도전을 받으면서, 그리고 경제이론과 경제정책을 준비시키는 근대경제학이 성립되면서부터 국제무역의 순수이론으로 남게 되었고 1국이 자유무역정책을 선택할 것인가, 보호무역정책을 선택할 것인가에 대하여 중립적인 인식을 갖게 되었다.

이러한 자유무역을 가장 강하게 주장하는 것은 선진공업국들이다. 역사적으로는 산업혁명을 가장 먼저 완수한 영국이 자유무역의 주도권을 행사하여 왔으며 1860년까지 보호관세라든가 무역제한을 철폐하여 순전한 자유무역국이 되었고 1932년까지 지속되었다.

그러나 국제무역에 있어서 그 나라의 정책을 어떤 방향으로 결정하는가 하는 것은 언제나 자기나라의 경제발전단계에 따라 결정될 문제다. 즉 보호를 필요로 하는 발전단계에 머물러 있는 국민 경제가 굳이 자유무역정책을 추구할 필요는 없다. 19세기 중엽 영국 이외의 구주 여러 나라에서도 영국의 자유무역정책을 지지한 일이 있었으나 공업화단계에 들어선 자기 나라의 산업을 보호하기 위하여 자유무역정책을 포기하였고 자유무역정책을 끝까지 고수했던 영국도 1932년에 포기하고 말았다. 사실은 경제발전단계를 달리함에 따라 한 나라 안에서도 무역정책은 변동하지 않을 수 없다는 것을 말해 준다.

2. 자유무역론의 논거

자유무역론은 산업혁명 이후 타국의 추종을 불허한 영국공업의 논리와 발전을 배경으로 하여 전개되었다. 공업의 발전은 식량 및 원료의 수입을, 그리고 공업제품의 수출 시장을 필요로 했다. 당시 이른바 세계의 공장으로 불렸던 영국으로서는 공업제품의 시장확대를 위해서도 자유무역이 선행되어야 했다. 자유무역을 주장하는 논거는[8)]

첫째, 자유무역이 행해지면 비교 생산비원리에 따라 각국이 비교우위에 의해서 국제분업을 하게 되고 그렇게 함으로써 생산요소의 효율적 이용이 가능해지는데, 생산량의 증대를 가져온다는 것이다.

둘째, 게다가 자유무역을 행함으로써 자유경쟁에 따르는 기술진보와 생산가능곡선을 밖으로 이동시키고 시장의 확대로 대규모생산의 경제를 가져올 수 있다는 것이다. 그러나 이러한 주장에도 불구하고 선진국에 있어서도 보호무역의 필요성은 있는 것이며 완전한 자유무역정책을 채택하고 있는 나라는 전무하다는 것이 현실이다.

3. 자유무역정책에 대한 비판

자유무역론은 영국이라는 산업선진국의 경제를 배경으로 하여 주장되었으나 다음과 같은 비판이 제기되었다.

첫째, 자유무역론의 기초가 되는 비교생산비원리에 따른 많은 전제조건의 충족이 어렵다. 즉, 비교생산비의 원리는 많은 전제 위에 놓여 있다. 이 많은 전제 가운데 가장 중요한 전체가 국내에 있어서 생산요소가 자유롭게 이동되며, 산업간에 생산요소의 전환이 용이하다는 점이다. 가령, 이러한 전제조건이 충족된다면, 자원의 최적배분이 실현되고 생산과 소비의 최적상태가 실현될 것이다. 그러나 국내 상품시장과 요소시장에 있어서 왜곡이 존재한다면, 국내에 있어서 생산요소의 자유로운 이동은 반드시 실현되지 않는다. 특히, 선진국에 있어서는 노동의 이동이 여러 가지 조건

---

8) Adam Smith, *An Inquiry into the Nature and Causes of the Wealth of Nations*, The Modern Library, 1937, Book Ⅰ, Ch. 3; Book Ⅳ, Chs.1-3, 6-8.

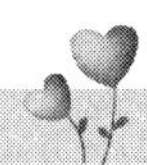

으로 말미암아 제약을 받고 있기 때문에 산업간에 생산성 및 임금의 격차가 존재한다. 이 경우에는 자원의 최적배분이 실현되지 않으며, 생산과 소비의 최적상태가 실현되지 않는다.

둘째, 자유경쟁의 경우 약자에게 항상 불리하다. 경쟁은 본래 발전 정도가 비슷한 경우에 가능하나 경제 발전이 뒤떨어진 후진국의 입장에서는 경쟁을 피하거나 완화시킬 수 있는 보호정책이 오히려 유리하다.

셋째, 산업구조 및 무역패턴의 고정화를 들 수 있다. 즉, 자유무역이 이루어지면 각국의 경제적 여건에 따라 특화가 형성되고, 이 특화에 의하여 각국의 산업구조와 무역패턴이 결정되는 경향이 있다. 예를 들면 선진공업국에서는 자본이 부족하고 기술이 발달되어 있기 때문에 공업부문에 특화하는 것이 유리하고, 후진농업국에서는 자본이 부족하고 기술이 발달되어 있지 않고, 특히 농업자원을 풍부하게 가지고 있으므로 농업부문에 특화하는 것이 유리할 것이다. 이러한 특화에 의하여 선진국에서는 후진국에 대하여 공업품을 수출하며 후진국은 선진국에 대하여 농산품을 수출할 것이다.

이 결과로 말미암아 선진공업국은 공업부문에 집중적인 특화를 이룩하고 고도의 공업화를 달성함으로써 무역의 동태적 효과를 극대화했으나, 후진농업국은 농업부문의 집중적인 특화에 의하여 선진국과 후진국간에 경제적 격차가 점점 확대되고 있으며, 드디어 양측간에 부의 격차를 해소하기 위한 남북문제를 야기시켰던 것이다.

넷째, 후진국 무역이익의 손실을 들 수 있다. 가령 자유무역에 의하여 선진공업국의 교역조건을 개선되고 후진농업국의 교역조건은 악화됨에 따라 무역이익은 후진국에서 선진국으로 환류된다. 선진국은 공산품 생산에 특화하고 후진국은 농산품 생산에 각각 특화하여 자유무역을 한다면, 공산품의 교역조건은 유리하게 되고 농산품의 교역조건은 불리하게 됨에 따라 선진국은 유리하고 후진국은 불리하다.

제4절 제2차 세계대전 이후의 무역정책

1. 다자주의와 지역주의

제2차 세계대전 이후의 세계무역경향은 1944년 브레턴우즈(Bretton woods) 체제하에서 GATT가 탄생하였고 IMF(국제통화기금)와 IBRD(국제부흥개발은행)가 설립됨으로써 새로운 무역자유화 추세가 시작하였다. 즉 제2차 세계대전 중에 감소했던 세계교역량이 관세인하와 무역제한조치의 완화로 증가하기 시작하였고, 자유와 호혜평등에 근거한 무차별적인 국제통상체제가 정착됨으로써 새로운 국제경제질서가 형성되기 시작하였다.

그러나 제2차 대전 후의 무역자유화는 종전의 고전적인 무역자유화와는 몇 가지 점에서 차이점을 발견할 수 있다. 첫째, 종전의 고전적인 무역자유화는 자국의 국민경제적 입장에서 상대국의 이익을 고려하지 않는 일반적인 것인 데 비해, 전후의 무역자유화는 여러 국제경제기구를 바탕으로 타국의 경제적 발전까지 감안하는 개방적인 경제체제의 경향을 띠었다. 둘째, 무역자유화의 일반적인 흐름은 국제분업의 이익이라는 측면보다는 자국의 대량생산품을 해외에 판매하기 위한 시장개척 내지 화보라는 점에서 중시되는 양상이었다.

그러나 전후 GATT 등 국제기구의 노력에 의한 무역자유화정책은 다음과 같은 문제점을 내포하고 있었다. 첫째, GATT중심의 무역자유화는 지나칠 정도로 선진국의 입장만을 고려하고 있으며 개발도상국 및 후진국의 경제여건을 무시하고 있다. 가령 관세인하의 대상이 선진국의 이익을 중심으로 한 공산품을 위주로 하고 있는바, 이는 농산품을 주로 수출하는 후진국에 매우 불리하다. 둘째, 자본주의 발전단계에서 볼 때 자유화의 폭과 범위가 일정한 테두리에 국한될 수밖에 없고, 따라서 완전한 무역자유화는 기대하기 어려웠다.

2. 신보호무역주의의 등장

전술한 바와 같이 1960년대까지는 GATT체제이 주요 기조인 자유무역주의 경향에 크게 힘입어 세계경제는 순조로운 성장을 거듭하였다. 더구나 이러한 고도성장과 더불어 무역은 더욱 크게 증가하고 따라서 성장의 원동력을 담당함으로써 전반적으로 세계경제는 상승국면을 지속하게 되었다.

그러나 1970년에 들어서 세계무역환경은 급변하였다. 우선 1960년대 후반으로 접어들면서 미국이 먼저 국제수지 방어정책을 취함으로써 자유화의 추세가 동요하기 시작하였다. 특히 미국의 국제수지 적자 누적으로 달러를 기축으로 하는 IMF 체제는 달러 신인도 저하로 그 모순이 초래됨으로써 흔들리기 시작하였다. 더구나 앞서 밝힌 바와 같이 전후 우수한 경제력을 배경으로 국제경제에서 절대우위의 지위를 구가하던 미국이 EC(지금의 EU)의 발전과 일본의 급속한 경제성장으로 인하여 그 지위가 동요되기 시작하였고 세계경제는 다극화의 경향을 수행하게 되었으며, 두 차례의 석유파동을 거치면서 세계경제는 높은 실업률과 인플레이션이라는 스태그플레이션을 경험하게 되었다.

이러한 세계무역환경의 변화와 더불어 각국간의 이해가 첨예하게 대립되어 1960년대까지 자유무역을 추진하였던 지배적 경향이 사라지게 되었고 새로운 보호무역 경향이 대두되었던바 이것이 신보호무역주의이다.

1970년대에 들어서서 나타나기 시작한 신보호주의는 수입제한을 중요취지로 하고 있기는 하나 다음과 같은 몇 가지 점에서 종전의 보호무역정책과는 차이가 있었다.

첫째로, 고전적 보호주의는 후진국들에 의해 주도되었으나 1970년 이후의 신보호주의는 선진국들에 의해 주도되었다. 즉 당시 선진국들이 실시하고 있던 신보호주의는 이미 비교우위를 잃고 있는 산업을 보호하자는 취지를 갖고 있다는 점에서 근본적인 차이가 있다.

둘째, 고전적 보호주의가 특정산업에 대한 보호 및 지원과 같은 미시적 견지에서 출발한 것과는 달리 신보호주의는 고용증대나 국제수지개선과 같은 보다 거시적인 목표를 추구하는 수단으로 사용되고 있다. 특히 신보

호주의의 주요한 원인 중의 하나가 1970년대 높은 실업률을 가져온 스태그플레이션이라는 현상 그리고 미국의 국제수지적자의 누적에 기인하고 있다는 점에서 그 추구하는 목표는 과거의 고전적 보호주의와 다를 수밖에 없다.

셋째로, 신보호무역정책은 관세가 아닌 비관세장벽을 주요 정책수단으로 사용한다. 왜냐하면 관세부과는 GATT의 정신에 배치되는 정책이었기 때문이다.

넷째로, 신보호주의는 다변주의가 아닌 쌍무적 상호주의에 입각하고 있다. 앞에서 신보호주의는 주로 미국을 비롯한 선진국에 의해서 주도된다고 언급하였는데 최근 GATT의 원칙에 기초한 상호주의가 아닌 일방적 자의에 입각한 상호주의가 널리 강조되고 있다. 미국의 예를 든다면 상대국의 상품, 서비스 및 투자 등에 대해 취하고 있는 대우와 동등하게 상대국도 미국에 대해 대우해 주어야 하며, 그렇지 않을 경우 해당 외국상품에 대해 보복조치를 취할 것을 위협하는 경우가 많다. 이러한 상호주의는 차별적, 보복적인 색채가 짙어 GATT에 의한 상호주의와는 달리 무역제한적인 성향을 띤다. 한국이 1980년대 이후 미국으로부터 받는 개방압력은 바로 이러한 신보호주의와 한 형태라고 할 수 있다.

또 수출국에 대한 시장개방압력은 고전적 보호주의하의 개방압력과는 그 내용에 있어서도 차이가 있다. 즉 과거 보호주의 하에서의 개방압력은 주로 상품시장에 국한되었으나 신보호주의 하에서는 보험, 저작권, 물질특허 등의 서비스산업에까지 확대되고 이다. 이와 같이 서비스산업에 대한 개방압력이 가해지고 있는 근본적인 이유는 다른 어떤 산업보다도 이 부문에 있어서 미국을 비롯한 선진국이 비교우위를 갖고 있으며 또 국민경제에서 차지하고 있는 비중이 급속히 증가하고 있기 때문이다.

07 관세와 비관세

국제무역에서 다루는 범위가 확대되어 감에 따라 국제무역정책의 목표를 달성하기 위한 수단도 매우 다양화되어 간다고 할 수 있다. 그러나 무역정책의 수단은 일반적으로 무역거래를 지원하기 위한 방법과 규제하기 위한 방법으로 크게 대별되고 있으며, 이에 대한 대표적인 것으로써 관세와 비관세조치를 들 수 있다.

제1절 관세정책

1. 관세의 의의 및 종류

(1) 관세의 의의

관세(tariff 또는 customs duties)는 한 나라의 국경선 또는 관세영역을 통과하는 상품에 대해 부과하는 세금으로서 소비세 중 간접세에 속한다. 여기서 관세는 단순히 국경을 관세선으로 하여 이를 출입하고 통과하는 상품에 부과하는 것이 아니다. 즉 관세선과 국경이 반드시 일치할 필요가 없다는 의미로, 정치적으로 관세선이 자국의 국경선과 동일한 경우도 있으나 자유항 또는 관세동맹 등의 경우처럼 관세영역이 정치적인 국경선과 다른 경우도 존재하기 때문이다.

관세는 중세 이전까지는 도로, 교량, 항만 등의 사용료나 수수료 등과 같은 성격을 가지고 있었으나 중세에서는 통과세, 시장세 등 내국세로 변질되었으며, 그 후 중상주의 시대에 국민국가가 형성되어 국경선이 확립됨에 따라 재정수입의 확보와 국내산업의 보호육성 목적을 지닌 관세로 발전하였다. 이것이 수입품에 대해 부과되면 수입세(import duties)가 되고 수출품에 대해 부과된다면 수출세(export duties)가 된다. 수출관세보다 수입관세가 보다 더 중요하므로 관세라고 하면 주로 수입세를 의미한다. 또한 수출세에 관해서는 대부분의 선진제국에서 부과금지조치를 규정하고 있는 예가 많으며 우리나라 관세법상에도 수출세의 부과가 규정되어 있지 않다. 다만 일부 개발도상국들이 보다 유리한 가격과 재정수입 증대를 목적으로 그들의 전통적인 수출품에 대해 수출세를 부과하는 경우가 있을 뿐이다.

이와 같이 관세의 기능은 자본주의 경제의 핵심인 가격기구를 통하여 국제거래상의 대내외 가격차를 조정하기 위한 정책수단으로서 일국의 무역정책의 수단이 된다. 그리고 국제관세제도의 기초는 1944년 브레턴우즈 협정에 따라 설립된 GATT라고 할 수 있는데, GATT는 제2차 세계대전 이후에 나타난 관세와 관련된 최초의 다자간조약이다.[1)]

지금까지 설명한 것처럼 관세는 수입에 대한 간접적인 통제수단으로서 자유무역의 확대에 장애요소로 작용하고 있기 때문에 과거의 GATT는 관세를 인정하면서도 관세율인하를 위하여 노력하였다. 케네디라운드 및 다자간무역협상의 타결이 대표적인 예이며 이의 결과 관세율은 상당한 폭으로 인하되었다. 한편 관세가 부과되는 수입물품은 국제적으로 통용되고 있는 신국제통일상품분류(Harmonized Commodity Description & Coding System : HS)가 적용되고 있다.

(2) 관세의 종류

관세는 과세목적, 상품의 이동방향, 관세율결정방법, 관세율 수 및 세율결정의 근거 등에 따라서 다음과 같이 분류된다.[2)]

1) 최해범 외, 전게서, pp.127~140.
2) 김시경, 『최신무역학개론』, 삼영사, 2007, pp.175~177.

1) 관세목적에 따른 분류

① **재정관세(revenue duties)** : 주로 국가의 수입원천(收入源泉)을 제공하는 의도로서 설정되었으며, 관세 및 세율의 결정에 있어서 재정적 고려가 표준이 된다. 재정관세는 순전히 재정상의 수단일 뿐 무역정책과는 관계가 없으므로 경쟁상의 견지에서 볼 때 국가적 보호가 필요 없다. 일반적으로 재정관세는 저율의 관세이다.

② **보호관세(protective duties)** : 국내유치산업의 보호육성 및 기존산업의 유지 등을 목적으로 부과하는 관세로서 국내산업의 보호 · 육성이 그 목적이기 때문에 일반적으로 고율이다. 결과적으로 수입은 줄어들고 재정수입도 감소하게 된다.

2) 상품의 이동방향에 따른 분류

① **수출세(export duties)** : 일반적으로 재정수입의 목적을 위하여 부과하는 것이나 이것은 스리랑카의 차(tea), 브라질의 커피, 스페인의 코르크 등과 같이 해외에 절대적 독점시장이 존재하고 있는 경우에만 가능하다. 즉, 수출세의 부과목적은 재정수입의 증대 이외에 전략물자 및 자국공업생산에 필요한 원료확보와 특정상품의 대외유출로 인한 국내물가상승 등을 방지하기 위한 것이다.

② **수입세(import duties)** : 우리가 흔히 말하는 관세란 수입세를 의미하며 경제적 가치가 있는 모든 상품 수입시에 부과하는 것으로 국회를 통과한 관세율표(tariff schedule)에 의하여 부과된다.

수입세 부과의 목적은 국내산업 및 고용의 보호, 교역조건과 국제수지의 개선 그리고 재정수입증대 등에 있다.

③ **통과세(transit duties)** : 한 나라의 관세영역을 통과하여 다른 나라로 수송되는 상품에 대하여 부과하는 관세로 중상주의시대에 여러 나라가 재정수입의 목적으로 활용하였다. 또한 인접국가에 있어서의 자기나라 상품의 판로확보목적 하에 외국상품이 자국내를 통과하는 것을 저지하는 목적으로 부과되기도 하였다. 1921년 바르셀로나협정에서 통과세를 부과하지 못하게 하였으며, 또한 과거의 GATT협정에는 통

과물품에 대하여 관세 및 통과세를 면제하여야 한다고 규정되었다.

3) 관세율 결정방법에 따른 분류

① **종가세(ad valorem duties)** : 종가세(從價稅)는 수입상품의 가격을 과세 표준으로 하여 세율을 정하는 방법인데 장점으로는 과세의 공평을 기할 수가 있으며 물가의 변동에 적응한다. 단점으로는 수입가격결정 상의 문제로서 수입가격을 정확하게 파악하고 결정하기가 매우 어렵다.

② **종량세(specific duties)** : 종량세(從量稅)란 수량을 기준으로 하여 관세율을 정하는 방법으로 상품의 개수 · 무게 · 길이 · 용적과 면적 등을 고려하여 당해 관세율을 수입세율표에서 찾아내면 된다. 문제점은 물가변동에 따른 세율의 적용이 불가능하고, 상품의 무게계산 및 계량단위의 통일에 어려움이 있으며, 과세의 공평성 상실이 결점이다.

③ **혼합관세(mixed duties)** : 종가세와 종량세를 동시에 병용하여 부과하는 것으로 복합관세(compound tariff)라고도 하며 국내산업을 특별히 보호하려고 할 때 이용된다. 우리나라에서는 1973년 2월 관세율 조정시에 혼합관세를 폐지하였다.

④ **선택관세(alternative duties)** : 한 가지 수입품에 대한 과세율을 종가세와 종량세의 두 가지 세율로 책정해 놓고 그 수입상품의 수입상태, 가격변동 및 재정상태 등을 감안하여 그 중 한 가지 세율을 선택적으로 적용하는 관세이다. 과세대상품목의 가격이 하락했을 때는 종량세(從量稅)를, 상승하는 경우에는 종가세(從價稅)를 부과하는 것이 더 효과적이다.

4) 관세율 수에 따른 분류

① **단일세(single tariff)** : 동일상품에 대해서는 국가의 차별 없이 일정한 법정세율을 적용하는 방법으로 고정관세라고도 한다.

② **다수세(multi-linear tariff)** : 동일한 상품에 대하여 두 가지 이상의 세율을 정하는 경우로서 자기 나라 상품이 유리한 취급이나 불리한 취

급을 받는 경우에 대비하여 설정한다.

5) 세율결정의 근거에 따른 분류

① **국정관세(national tariff)** : 한 나라의 법률에 의하여 자주적으로 세율을 정하는 관세를 말한다. 국정관세는 외국으로부터 어떠한 간섭도 받지 않고 오직 자기 나라의 재정 및 경제형편에 따라 부과하는 관세이다.

② **협정관세(conventional tariff)** : 한 나라가 다른 나라와 조약에 의하여 특정상품의 세율을 정하는 관세로서 조약의 유효기간 중에는 세율변경이 불가능하며 세율을 수정하는 경우 조약의 개정이 있어야 한다.

6) 기타의 관세

① **상계관세(countervailing duties)** : 차별관세의 하나로서 상품의 제조, 생산 또는 수출에 대해서 직접 · 간접으로 공여되는 장려금 또는 보조금을 상쇄하는 목적으로 수입국이 부과하는 특별한 관세를 말한다.

② **긴급관세(emergency tariff)** : 특정물품의 급격한 수입증가로 인하여 자국산업에 중대한 피해를 주거나 줄 수 있는 긴급사태에 대처할 목적으로 입법사항(立法事項)인 관세율의 변경을 행정부에 위임하고 관세에 의하여 신속하게 그 사태에 대처하려고 하는 것이다. 즉, 비상사태에 있어서 국내산업을 보호하는데 근본목적이 있다.

③ **편익관세(beneficial duties)** : 협정세율의 적용을 받지 못한 특정국 생산물에 대해서 기존의 조약에 의하여 다른 나라에 공여하고 있는 편익의 범위 내에서 세율 및 통관절차 등 관세에 관한 편익을 주는 것이다.

④ **특혜관세(preferential duties)** : 특정국가나 특정지역으로부터 수입되는 상품에 대하여 통상관계개선을 목적으로 특별할인율이 적용되는 관세를 의미한다.

2. 관세의 경제적 효과

일국이 외국으로부터 수입하는 물품에 관세를 부과하면 일반적으로 보호효과, 고용효과, 소득재분배효과, 소비효과, 국제수지 개선효과, 세입효과, 교역조건효과 등 여러 가지 종류의 경제적 효과가 발생한다.

〈그림 7-1〉 관세의 경제적 효과

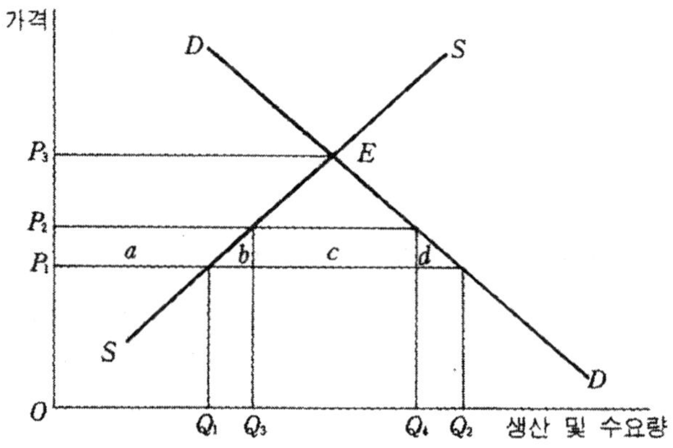

<그림 7-1>에서 관세가 부과되는 상품의 수입곡선을 DD, 국내공급곡선을 SS라 표시 하고 있고, P_1은 국제가격, P_2는 관세부과 후의 국내가격이다. 자유무역이 이루어지는 경우 국내가격은 국제가격과 같아져 P_1이 된다. P_1의 가격하에서 국내수요량은 OQ_2이며, 국내생산량은 OQ_1이다. 따라서 그 차 $Q_1Q_2(OQ_2-OQ_1)$는 외국으로부터 수입된다. 지금 관세가 부과되면 국내가격은 P_2로 상승한다. 가격의 상승으로 수요량은 OQ_4로 줄어드는 대신에 국내생산량은 OQ_3로 증가한다.

결국 외국으로부터의 수입량은 자유무역이 이루어질 때보다 감소하며 Q_3Q_4가 된다. 만약 관세율을 더욱 더 올려서 국내가격이 P_3 높이까지 된다면 E점에서 국내수요곡선과 국내공급곡선이 교차하여 모든 국내수요를

국내생산으로 충당할 수 있게 되며 외국으로부터의 수입은 없어질 것이다. 일국이 관세를 부과하는 경우 킨덜버거(C.P. Kindleberger)[3]의 분석에 의하면 다음과 같은 여러 가지 경제적 효과가 발생하다.

(1) 보호효과

어떤 상품의 수입에 대해서 관세를 부과하게 되면 그 수입상품과 경쟁관계에 있는 수입경쟁상품의 국내생산 및 공급이 증대됨으로써 국내산업이 보호를 받게 된다. 이러한 관세의 보호효과는 <그림 7-1>에서 국내 생산이 OQ_1에서 OQ_3로 증대한 差 Q_1Q_3로 표시된다. 일정한 관세에 대한 보호효과의 크기는 국내공급곡선의 기울기에 의존한다. 국내공급곡선의 기울기가 작을수록 관세부과로 인한 보호효과는 커지게 된다.

(2) 고용효과

관세의 고용효과는 보호효과의 결과로 나타나는 것이다. 즉, 보호효과에 의하여 국내생산을 증대시키기 위해서는 생산요소가 추가적으로 사용되어야 한다. 그러므로 실업이 있는 경우에는 실업을 감소시킬 것이다.

(3) 소득재분배효과

완전고용상태에 있으면 관세부과에 의하여 생산에 필요한 희소한 생산요소의 상대가격을 높여 생산요소간에 소득 재분배효과가 나타난다.

관세와 소득재분배의 효과분석은 스톨퍼(W.F. Stolper)와 사무엘슨(P.A. Samuelson)[4]에 의하여 이루이졌다. 그들은 고임금국 노동자의 임금수준이 저임금과의 경쟁으로 인하여 인하된다는 것을 헥션-오린정리를 이용하여 증명하였다. 이것을 스톨퍼-사무엘슨정리라고 부른다.

지금 1국은 자본풍부국이고 2국은 노동풍부국이며 철강은 자본집약적 상품, 면포는 노동집약적 상품이라 하자. 비교우위원리에 입각하여 국제무

---

3) C. P. Kindleberger, *International Economics*, Richard D. Irwin, Inc., 1982, p.114.

4) W. F. Stolper and P. A. Samuelson, "Protection and Real Wages", *Review of Economic Studies*, 1941, pp.58~73.

역이 이루어진다면 1국은 철강생산에, 2국은 면포산업에 특화하게 된다. 그 결과 1국은 면포에서 철강으로 생산 전환이 이루어져 노동의 희소성은 다소 완화되고 임금률이 떨어진다. 이와 반대로 2국은 철강에서 면포로 생산 전환이 이루어져 자본의 희소성이 완화되며 이자율은 떨어지다.

따라서 스톨퍼-사무엘슨정리는 수입관세의 부과는 각국의 희소한 요소를 보유하고 있는 계층(가령 1국은 노동, 2국은 자본)에게 유리한 소득재분배효과가 있다는 것을 밝히고 있다.

더구나 과거 영국의 공업화과정에서 지주계층이 언제나 곡물수입에 대해 관세부과를 옹호했던 것은 이미 잘 알려진 사실이다.

한편 관세의 부과는 소비자잉여가 감소하고 생산자잉여가 증가함으로써 생산에 참여한 노동자, 자본가 사이에 소득재분배가 일어난다. 즉 관세의 부과는 상품요소간에 소득을 재분배하게 된다. 즉 관세를 부과하면 풍부한 생산요소의 가격은 하락되고 희소한 생산요소의 가격은 상승한다. 따라서 관세가 부과되는 상품의 생산에 종사하는 생산자는 이전보다 높은 가격과 이윤은 얻게 된다. 또한 관세부과 후 수입품의 가격상승으로 수입국의 국내생산은 증대되고 국내소비가 감소함으로써 소비자 잉여가 감소하는 반면 생산자 잉여는 <그림 7-1>의 사다리꼴 면적인 a만큼 늘어나다.

(4) 소비효과

관세의 소비효과는 관세부과로 인하여 총수요가 감소할 경우를 말한다. <그림 7-1>에서 관세부과로 인한 수요의 감소분 Q_2Q_4가 소비효과이다.

(5) 국제수지 개선효과

관세가 무역량을 변화시켜 국제수지에 영향을 준다. 이 효과가 국제수지 개선효과이다. <그림 7-1>에서 보호효과와 소비효과에 수입효과에 수입가격 OP_1을 곱한 수입감소액$[OP_1 \times (Q_1Q_3+Q_4Q_2)]$이 해당된다.

(6) 세입효과

세입효과는 관세부과로 인하여 정부재정수입이 증가하는 효과를 말한다. <그림 7-1>에서 세입효과는 직사각형 c로 표시된다. 정부는 관세부과 후의 수입량(Q_3Q_4)에 관세(P_1P_2)를 곱한 수입, 즉 관세수입을 얻을 수 있다.

(7) 교역조건효과

수입품에 관세가 부과되어 그 상당부분을 수출국이 부담한다면 수입국에서는 그만큼 유리한 거래가 되며 교역조건이 개선될 수 있을 것이다. 이와 같이 관세를 부과함으로써 교역조건을 변화시키는 효과를 관세의 교역조건효과라고 한다. 가령 한국이 부과한 관세로 인하여 한국의 소맥수입량이 감소하므로 미국내에서 종전의 가격수준에서는 소맥의 초과공급이 발생한다. 따라서 미국내의 소맥가격이 하락하게 되는데 이것을 한국의 입장에서 보면 수입상품의 가격하락을 의미하므로 교역조건이 개선되는 결과를 가져오게 된다.

<그림 7-2>는 A국과 B국의 오퍼곡선 OA, OB를 나타내고 있다. 양곡선이 P점에서 교차하고 이 점에 의해서 두 상품(즉 X재와 Y재)의 가격비율 OP를 나타낼 수 있다. B국이 A국에서 수입하는 X재에 50%의 관세가 부과되고 이 관세가 B국에 의하여 Y재로 환산된다면 새로운 오퍼곡선은 OB′와 같이 우하향으로 이동할 것이다. 그로 인해 B국의 수입업자들은 이제 50%의 관세를 지불해야 하기 때문에 B국 수입업자들은 OC만큼의 X재 수입대가로 OW‴만큼의 Y재밖에 지불할 수 없게 된다. CS의 50%에 해당하는 PS만큼의 Y재는 관세부과 전에는 A국 수출업자에게 수입대가의 일부로 지불되었으나 이제는 관세수입의 형태로 B국 정부에 귀속된다. 그리하여 50%의 관세부과로 자유무역 오퍼곡선상의 모든 점에 상응하는 관세부과 오퍼곡선상의 점은 횡축에 1/3만큼씩 가깝게 위치할 것이다. 그리하여 관세부과 후의 새로운 균형점이 성립되는데 P′가 바로 그러한 균형점이다. 관세부과로 교역량은 감소하였으나 B국의 교역조건은 개선되었다. 이러한 사실은 새로운 교역조건을 표시하는 선 OP′가 자유무역시 교역조건을 표시하는 선 OP의 우측에 위치하는 데서 알 수 있다. 이때 관세율(t)

〈그림 7-2〉 교역조건효과

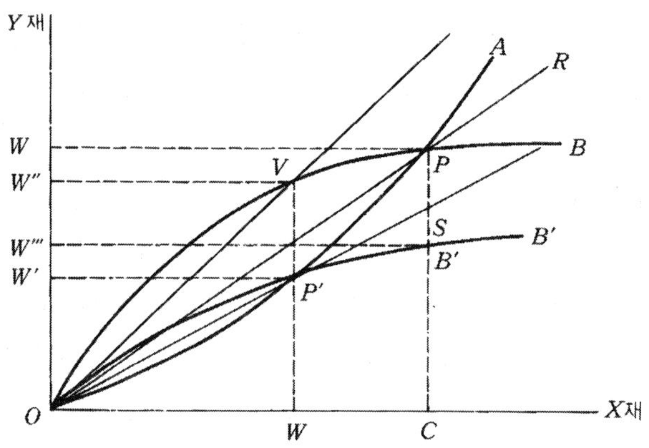

은 $\frac{P'V}{P'W}$로 표시된다.

한편 OB에서 OB′로의 오퍼곡선의 이동은 교역조건을 OP에서 OP′로 변화시킴으로써 대외적으로는 교역조건이 B국에 유리하게 되었다고 할 수 있다. 그러나 B국의 국내소비자와 기업의 관점에서 보면 교역조건은 관세 때문에 악화되었다. 즉 OV의 기울기는 관세를 포함한 B국의 X재와 Y재의 국내상대가격수준이며 관세부과 이전과 비교한다면 X재의 상대가격이 등귀하였음을 의미한다.

3. 관세관련 정책

지금까지 관세의 경제적 효과에 대해 알아보았다. 그러나 실제로 현실경제에 있어서 이러한 관세의 경제적 효과를 이용하여 관세관련 정책을 실시하는 경우에 다음과 같은 문제가 제기될 수 있다. 첫째, 관세를 부과할 경우에 어떤 수준의 관세가 일국의 경제적 후생을 극대로 하는가 하는 문제를 취급하는 최적관세, 둘째, 관세를 부과할 경우에 발생하는 국내산업의 보호정도를 어떻게 측정할 것이며, 이 기준에 따를 경우 어떻게 관

세를 부과하는 것이 보호효과를 극대화 할 수 있는지에 대한 문제인 실효보호율, 셋째, 상대국이 일국의 수출상품이나 선박 등에 대해 차별관세나 차별대우를 할 경우에 이에 대응하는 관세인 보복관세 등의 문제가 제기될 수 있다.

(1) 최적관세

국제무역의 이익을 크게 하려면 교역조건을 개선하여 유리한 교역조건 하에서 무역을 증대시켜야 한다. 그러나 관세부과는 관세부과국의 교역조건을 유리하게 하는 경향이 있는 반면에 관세부과로 인하여 수입량을 축소시켜 경제적 후생을 감소시키기도 한다. 그러므로 관세부과로 인하여 교역조건 개선효과의 이익이 무역축소효과로 인한 불이익을 상쇄하고서도 관세부과국의 무역이익을 최대로 하는 관세가 있을 것이다. 이때 일국의 후생수준을 극대화시키는 관세를 최적관세라 한다.

〈그림 7-3〉 최적관세

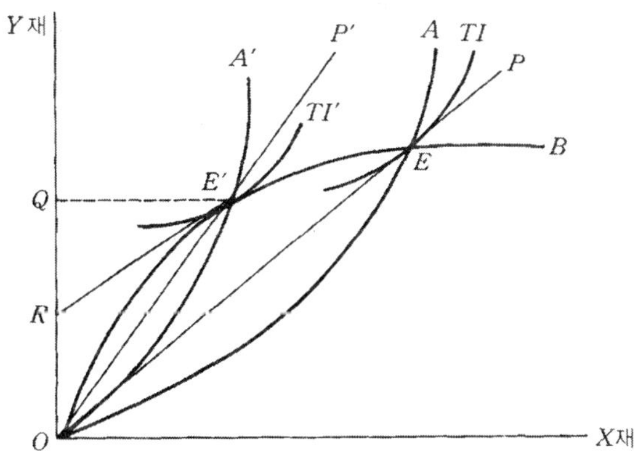

<그림 7-3>에서 A국이 B국으로부터 수입하는 Y재에 관세를 부과하면 A국의 오퍼곡선은 OA에서 OA′로 이동되며 무역균형점은 E에서 E′로 이

동된다. <그림 7-3>에서 A국은 Y재 OQ와의 교환으로 E′Q의 X재를 수출하려고 한다. 그러기 위해서는 A국의 국내가격비율이 A국의 무역무차별곡선 TI′에 접선의 기울기와 같아야 한다. 즉 E′R의 직선은 A국이 관세를 부과하고 난 후의 국내가격비율이며 OP′는 관세부과 후의 교역조건을 나타낸다. 따라서 A국의 교역조건과 A국의 국내가격 비율간에는 Y재에 대해 부과된 관세율만큼의 차이가 있다.

<그림 7-3>에서 교역조건은 E′R/OQ, 국내가격비율은 E′R/RQ이다. 따라서 최적관세율을 t라고 하면

$$\frac{E'R}{OQ}(1+t) = \frac{E'Q}{RQ} \quad \cdots\cdots (7.1)$$

와 같은 관계식이 성립한다. 식 (7.1)에서

$$1+t=OQ/RQ=\frac{OR+RQ}{RQ}=\frac{OR}{RQ}+1$$

그러므로 최적관세율은 t=OR/RQ이 된다. 그런데 E′점에서 B국의 수입수요탄력성 $\varepsilon_b = OQ/OR$이므로 최적관세율이다.

$$t=\frac{OR}{RQ}=\frac{OR}{OQ-OR}=\frac{1}{\frac{OQ}{OR}-1}=\frac{1}{\epsilon_b-1} \quad \cdots\cdots (7.2)$$

이 식(7.2)가 최적관세율의 공식인데, 이 공식에 의한 최적관세율의 정책적 의의는, 첫째 만약 ϵ_b가 무한대, 즉 교역상대국의 수입수요 탄력성이 무한대라면 최적관세율은 거의 0에 접근한다. 즉 이 경우에는 관세의 부과가 오히려 부과국의 후생수준을 악화시킨다. 둘째 만약 ϵ_b가 1이라면 최적관세율은 거의 무한대에 가까운 관세를 부과할 수 있다. 왜냐하면 관세부과국이 아무리 높은 관세를 부과하더라도 교역상대국은 수입액을 조금도 감소시키려고 하지 않기 때문에 고율의 관세를 부과할 수 있다. 셋째

만약 ϵ_b가 1보다 적을 경우 최적관세율은 마이너스(−)가 될 것이다. 오히려 이때에는 수입보조금을 지급하는 것이 유리하다.

(2) 실효보호관세율

국내의 수입대체산업이 그 원료를 수입에 의존할 경우 최종재에 부과되는 명목수입관세율은 국내생산자가 실제로 받는 보호의 정도를 정확히 표시하는 수단이라고 볼 수 없다. 왜냐하면 최종재를 생산하는데 투입되는 중간재에도 관세를 부과하고 있으며, 이러한 경우 문제가 되는 것은 실제 그 산업에 대한 보호의 정도가 얼마만큼 되느냐는 것이다. 따라서 정확한 보호의 정도를 계측하는 데는 관세의 부과에 의해 발생하는 국내생산의 부가가치의 상승률을 측정해 주는 실효보호율(rate of effective protection)이 이용된다.[5] 한편 국내 부가가치는 최종재의 가격에서 당해 재생산에 투입되는 수입원자재비용을 공제한 것이다.

가령 TV 1대의 국제 가격이 100달러라 하고 이 상품은 국내에서도 생산한다고 하자. 이때 만약 TV 1대를 생산하는 경우 80달러의 수입원자재가 투입된다면 TV 1대에 대한 국내자본과 노동의 부가가치는 20달러가 된다. 투입재 수입에는 관세를 부과하지 않고 TV에만 10%의 명목관세가 부과될 경우 국내시장 가격은 110달러가 됨으로써 국내부가가치는 30달러가 된다. 따라서 국내부가가치상승률을 나타내는 실효보호율 V_P는 다음과 같이 측정된다.

$$V_P = \frac{30\text{달러} - 20\text{달러}}{20\text{달러}} = 0.5 \text{ 혹은 } 50\%$$

만약 투입재에도 10%의 수입관세가 부과된다면 TV 생산에 투입되는 수입원자재의 비용은 80달러에서 88달러로 상승하며 이 경우의 부가가치는 22달러가 된다. 따라서 실효보호율은 다음과 같이 측정, 표시된다. 즉

5) W. M. Corden, *The Theory of Protection*, Oxford University Press, 1971, pp.36~39.

$$V_P=\frac{22\text{달러}-20\text{달러}}{20\text{달러}}=0.1 \text{ 혹은 } 10\%$$

이다.

이와 같이 관세부과로 인한 국내산업의 보호 정도를 측정하기 위해서는 최종재 자체에 대한 명목관세율뿐만 아니라 최종재생산에 필요한 투입물들에 대한 관세율을 고려하여야 한다.

예컨대 만일 자동차부품의 수입에는 극히 낮은 관세밖에 부과되지 않는데 자동차에 대한 관세율은 크다고 할 때 자동차산업의 실효보호관세율은 매우 높아질 것이다. 반대로 부품수입에는 높은 관세율이 부과되고 자동차 자체에는 낮은 관세율이 부과될 때에는 자동차산업은 매우 낮은 실효보호관세율을 가지며, 그 실효보호관세율은 마니너스(−)일 가능성도 있다.

실효보호관세율에 관한 이론은 1905년의 쉴러(R. Schuller), 1936년 하벌러(W. Haberler), 1955년 바버(C.L. Baber) 등에 의해서 이루어져 1960년대 후반부터는 정책에 본격적으로 원용되기 시작하였다. 더구나 실효보호관세율 개념의 이론적 전개와 병행해서 관세의 실효보호관세율측정이 제국 이른바 EC(지금의 EU), 미국, 캐나다, 오스트리아, 일본 등을 비롯하여 브라질, 칠레. 한국, 필리핀 등 여러 개발도상국에서 이루어지고 있고, 특히 관세 이외에 비관세장벽(수량제한)에 대해서도 실효보호관세율측정이 행해지고 있으며 나아가 실효보호관세율측정의 단계에서 그 효과를 관세정책에 반영하는 것뿐만 아니라 스웨덴, 오스트레일리아 등에서는 실효보호율에 기초를 둔 관세개혁까지 제안되기에 이르렀다. 그러나 실효보호율에 의한 국내 산업보호의 효과 분석에는 많은 문제점이 존재하는 것도 사실이다.

첫째, 실효보호관세율산정에 필요한 구성요소인 최종재와 중간투입재에 대한 명목관세율과 투입계수인데 명목관세율을 구하기도 어렵거니와(예: 병합문제) 투입계수의 정밀성 등에 관한 반론이 많다.

둘째, 실효보호관세율은 그 보호율의 절대수준이 중요한 것이 아니라 국내산업에 대한 보호율의 상대적 구조에 의미가 있을 뿐이므로 국가간에 특정산업의 보호효과를 비교할 때에는 별 의미가 없다.

셋째, 실효보호관세율측정에 있어서는 부분균형모델을 가정하고 있기 때문에 보호를 받는 산업과 그렇지 못한 산업간의 자원배분상태를 명확하게 판정하기 어렵다. 특히 투입계수가 일정하고 요소간 대체가 되지 않는 것으로 되어 있으나 실제로 생산함수의 투입계수는 일정하지 않고 변동될 수 있으며 생산요소간에도 대체가 가능하다.

넷째, 실효보호관세율을 측정하는 데 비교역재 또는 순국내재가 존재하지 않는다는 전제에도 문제점이 있다.

(3) 보복관세

최적관세에 관한 논의는 A국이 최적관세를 부과할 때 B국이 관세보복조치를 취하지 않는다는 전제하에서만 가능하다. 그런데 1국이 관세를 부과하면 필연적으로 상대국의 보복을 초래하고 결국 상대국이 보복하면 관세율은 점점 높아져서 무역량을 더욱 더 축소시키게 되므로 쌍방이 모두 자유무역의 상태보다 후생수준이 더욱 낮아진다. 즉, 보복관세로 인한 관세전쟁은 양국간의 무역량을 감소시키고 모두의 후생수준은 저하시키게 된다. 보복관세는 대개 교역상대국이 자국의 상품수출에 대한 부당한 차별관세나 차별대우가 취해질 때 자국의 이익을 보호하고자 교역상대국으로부터 수입되는 상품에 대하여 관세를 부과하는 경우 흔히 나타나다.

제2절 비관세장벽

1. 비관세장벽의 정의와 특성

국제무역을 규제 또는 제한하는 무역정책수단 중에는 가장 중요한 형태라고 할 수 있는 관세이외에도 수량할당(quota), 자율적 수출규제 그리고 기술적, 행정적 및 기타의 규제를 포함하는 또 다른 형태의 무역장벽(trade barriers)이 존재한다. 관세 이외의 일반적인 무역제한수단을 총칭해서 비관세장벽(non-tariff barriers : NTB)이라고 하는데, 최근 들어와서 관세수준이 인하되면서 이러한 비관세장벽의 중요성은 상대적으로 증가되고 있다. 더구나 1980년대 및 1990년대에 들어오면서부터 무역장벽으로서의 관세의 비중이 떨어지자 세계적으로 이러한 무역정책수단이 널리 사용되고 있다.

사실 지금까지 IMF와 GATT에서도 비관세 장벽을 원칙적으로 허용하고 있지 않으나 세계의 모든 나라들이 어떤 형태로든 자국의 경제적 이익을 위하여 비관세장벽을 활용하고 있는 실정이다.

이와 같은 비관세장벽이 보호무역정책의 새로운 수단으로 호응 받는 것은 여타의 관세장벽과는 다음과 같은 상이한 특성을 지니고 있기 때문이다.6)

① 비관세장벽은 복잡성을 띠고 있다. 즉, 비관세장벽의 정의대로 그 내용이 매우 다양하고 복잡하기 때문이다. 때문에 그 목적을 달성하기 위한 운영의 방법도 매우 다양하고 상대국으로부터의 직접적 보복조치도 피할 수 있다.

② 불확실성과 효과측정의 난이성을 가진다. 비관세장벽은 복잡성과 다양성 때문에 그것이 갖는 무역제한적 효과를 종합적으로나 또는 개별품목별로 측정하는 것이 매우 어렵다는 것이다. 또한 비관세장벽의 설치와 철폐는 아무런 통고 없이 변경될 수 있으므로 고도의 융통성과 불확실성을 가진다.

③ 비관세장벽은 완화 및 철폐하는 데 협상의 어려움이 따른다. 왜냐하면, 비관세장벽의 경우 그것의 복잡성 · 불확실성 · 효과측정의 곤란성 때문에 상호간의 정도를 비교하여 이를 균일화할 어떤 지표를 설정하기가 불가능하며 또한 비록 정부간에 어떤 협상이 성립되었다 하더라도 그것이 바로 비관세장벽의 완화 및 철폐를 보장해 줄 수가 없다.

2. 비관세장벽의 종류와 효과

앞에서 밝힌 바와 같이 비관세장벽의 복잡성과 불확실성 및 융통성 때문에 그 분류가 실제로 어렵다. 그러나 통상적으로는 수입제한적 비관세

---

6) Ingo Walter, "Non-tariff Barriers and the Export Performance of Developing Countries", *The American Economic Review*, 1971, p.341.

장벽과 수출장려적 비관세장벽으로 구분한다. 수입제한적 비관세장벽에는 수입과징금, 수입할당제, 수입예치금제, 수입금지제 등이 있고, 수출장려적 비관세장벽에는 수출보조금, 수출신용제도, 수출신용보험제도, 덤핑정책 등이 있고 그 외에도 행정적 · 기술적 지원 및 규제 등이 있다. 비관세장벽도 관세와 마찬가지로 일종의 보호무역정책의 수단이므로 그 효과에 있어서는 관세와 유사하다.[7)]

여기서는 이중에서 가장 흔히 사용되는 수입할당제(import quota)와 최근 많이 대두되고 있는 수출자율규제 그리고 기술적 · 행정적 규제 및 기타의 비관세장벽을 살펴보기로 한다.

(1) 수입수량할당제와 그 효과

수입수량할당은 가장 중요한 비관세장벽이다. 이것은 국내산업보호를 위해서 또는 국제수지균형상의 문제로 주로 활용된다. 특히 이는 제2차 세계대전 직후 서구에서 널리 채택되었던 무역정책수단이었다. 오늘날에는 선진공업국들이 자국의 농업을 보호하고자 그리고 개도국들이 공업제품의 수입대체를 촉진하면서 만성적인 국제수지적자를 해결하고자 이를 사용하고 있다.

<그림 7-4>는 수입수량할당은 부분균형효과를 설명하고 있다. 그림에서 DD와 SS는 각각이 나라의 X재의 수요곡선과 공급곡선을 나타낸다.

한편 자유무역하의 세계시장가격이 P_1일 때 이 나라는 OQ_4만큼의 X재를 소비하는데 이중 EF(OQ_1)는 국내생산으로, 나머지 FM(Q_1Q_4)은 수입으로 충당된다. 만약 이 나라가 BC(Q_2Q_3)만큼의 수입수량할당을 하게 되면 이는 (P_1P_2)라는 크기의 관세를 부과하는 것과 동일한 효과를 가져 온다. 다만 수입량을 FM(Q_1Q_4)에서 BC(Q_2Q_3)로 감소시키기 위한 관세율의 크기인 (P_1P_2)를 사전에 정확하게 알기는 어려울 것이다.

수입량이 BC(Q_2Q_3)로 줄어듦으로써 국내가격은 (P_2)로 상승할 것이고 따라서 이만큼의 수입수량할당은 관세(즉, P_1P_2)를 부과할 때와 마찬가지

7) P. H. Lindert and C. P. Kindleberger, *International Economics*, Richard D. Irwin, Inc., 1982, pp.153~154.

〈그림 7-4〉 수입수량할당의 부분균형효과

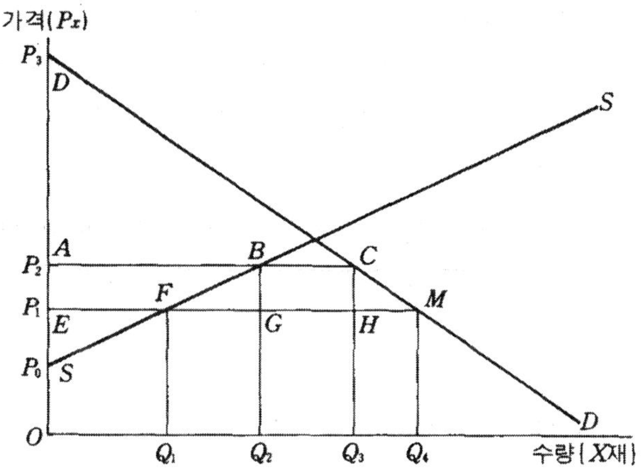

로 소비가 FM(Q_1Q_4)에서 BC(Q_2Q_3)로 감소하여 대외지불 또한 그만큼 감소할 것이다.

여기서 가령 X재의 수입수량할당을 점차 줄여나가 할당량을 영으로 한다면 이는 금지적관세를 부과하는 것과 동일한 효과를 가진다. 그리고 교역조건에 있어서는 두 나라의 시장형태와 수량할당방식 등에 따라 달라질 것이다. 한편 수입수량할당제와 관세와의 차이점은 다음과 같다.

첫째, 수입할당량이 일정할 때 수요가 증가하면 국내가격을 상승시키며 또한 국내생산을 증가시키지만 국내소비는 감소한다. 반면 수입관세가 일정할 때 국내수요의 증가는 국내가격과 국내생산은 변함이 없으나 국내소비와 수입을 증가시키게 될 것이다.

둘째, 수입수량할당제는 관세와 달리 수입허가를 어떻게 배분하는가의 문제가 발생한다. 즉 정부는 특정상품에 대한 수입업자 사이에 면허를 배분해야 하고 간혹 효율성을 고려하기보다는 정부관리의 자의적 판단에 의하여 기준이 설정될 가능성도 있으며 나아가 수입면허에 대한 독점이윤의 발생으로 잠재적 수입업자는 정부관리에 대한 부정의 요소를 제공해 주는

계기가 되기도 한다.

셋째, 수입관세의 보호효과는 불확실한 반면, 수입수량할당으로는 수입을 일정수준으로 제한하기 때문에 보호의 효과가 확실하다. 그 이유는 관세의 경우 수요 및 공급곡선의 모양이나 탄력성을 알 수 없기 때문에 바람직한 수준의 관세율측정이 어렵기 때문이다.

(2) 기타의 비관세장벽

여기서는 관세나 수입할당 이외의 다른 무역제한수단에 대하여 고찰한다. 예를 들면 자율적인 수출규제와 기술적 규제 그리고 행정적 규제, 국제카르텔, 덤핑 등을 들 수 있다.

첫째, 자율적 수출규제는 다른 국가로부터의 수입증가로 인하여 모든 산업이 위협을 받거나 수입을 제한할 필요가 있을 때 전반적인 무역장벽 강화를 예고하면서 타국들로 하여금 자국의 수출을 자율적으로 감소시키도록 하는 경우를 말한다. 자율적 수출규제는 1950년대부터 미국정부에 의해서 일본의 섬유수출을 줄이고자 논의되어 왔다. 자율적 수출규제는 선진국으로 하여금 최소한 자유무역의 원칙을 계속 견지하는 모양을 갖게 했다.

수입수량할당과 자율적 수출규제는 다음과 같은 차이점을 지적할 수 있다. ① 수입수량할당은 국제시장에서 특정상품에 대한 수요를 제한하는데 비해 자율적 수출규제는 그 상품의 공급 자체를 규제한다. ② 수입수량할당은 모든 수출국에 적용되지만 자율적 수출규제는 다양한 협상과정을 거쳐 대표적인 수출국에 대하여 강요된다.

둘째, 기술적 및 행정적 규제를 포함한 기타의 규제조치도 비관세장벽의 하나이다. 이들은 주로 안전조건, 보건조건, 식료품이나 기타 음료수 포장 등에 대한 보건규제 그리고 특정상품 등에 대해 그 원산지와 내용을 표기하도록 하는 표시규제 등이 그것이다. 그런데 이러한 규제들 중 그 나름대로의 목적을 정당하게 수행하고 있는 것들도 있지만 대부분은 수입을 규제하는 내용을 중점적인 목표로 한다.

셋째, 국제카르텔에 의해 상품의 생산과 수출을 규제하기도 한다. 즉 오늘날의 대표적 국제카르텔은 OPEC인데, 이것은 석유의 생산과 수출을 규제하고자 1973년에서 1974년 사이에 석유가를 몇 배나 인상시켜 세계적인 석유파동을 야기시켰다. 또한 국제항공운송기구 등도 국제항공요금과 정책결정에 있어서 카르텔형태를 취하고 있다.

넷째, 무역규제는 덤핑에 의해서도 발생한다. 즉 하나의 상품을 비용 이하로 또는 국내에서보다 낮은 가격으로 해외에서 판매함으로써 국내산업이 침해를 받고 있을 때 이를 보호하고자 무역규제가 실시된다. 이러한 무역규제는 대개 가격차를 상쇄시키기 위한 반덤핑관세나 상계관세의 형태를 취할 수도 있고 또는 관세를 부과하겠다고 위협하는 형태를 취할 수도 있다.

08 국제경제질서와 경제통합

제1절 국제경제질서

1. GATT와 무역자유화

(1) GATT의 설립배경

관세 및 무역에 관한 일반협정(General Agreement on Tariffs and Trade : GATT)은 다자간 무역협상을 통하여 자유무역을 촉진시키기 위하여 1947년 스위스의 제네바에 본부를 두고 창설된 국제협약이다.

제2차 세계대전 이후 국제무역의 새로운 질서를 형성하기 위하여 미국과 영국 등 선진제국을 중심으로 국제무역기구를 구상하게 되었다. 1944년 IMF와 IBRD의 탄생을 가져왔던 브레턴우즈 체제에서 세계의 경제적 번영과 안정을 추구하기 위해서는 IMF나 IBRD만으로는 어렵다는 생각을 하게 되었다. 따라서 세계무역의 장애를 제거하고 국제적인 상업거래의 상호이익을 증진시키는 방법과 수단에 합의하는 다국간 협력체제가 요청된다는 결론을 내렸다.[1)]

이에 따라 미국에 의하여 국제무역기구(International Trade Organization : ITO)의 최종초안이 1948년 56개국의 조인에 의하여 채택되었다. 이를 ITO 헌장이라고 부르며, 하바나에서 채택되었기 때문에 하바나헌장이라고 부른다. 그런데 ITO는 하바나 협정에 참가한 56개국에 의하여 UN의 특별기

---

1) 이상옥, 『무역학개론』, 두남, 2008, p.151.

구로서 그 설립을 보게 되었으나, 1950년에 미국행정부가 ITO헌장을 의회에 제출하지 않겠다는 발표와 동시에 ITO의 탄생은 사라지고 말았다. ITO에 대한 미국의 이러한 태도에는 정치적 · 경제적 이유가 있었다. 정치적인 이유로서 ITO에서는 공산국가의 참가를 배제하지 않고 있다는 점이며, 경제적인 이유로는 미국의 잉여농산물정책과 직접적인 이해관계를 가지게 되는 농산물의 교역을 규제하는 상품협정(Commodity Agreement)에 관한 사항이 그대로 유지되었다는 점이다. 여하튼 국제무역기구로서의 ITO가 유산됨에 따라 ITO의 준비위원회 참가국들은 이 헌장이 조인되기 전에 미국의 제안에 의하여 자유무역을 촉진하고자 관세 및 기타의 무역장벽을 완화하기 위한 잠정적 협정의 체결에 합의하였고, 그 결과 제네바에서 미국 · 영국 등 23개국이 참가한 가운데 1947년 10월에 관세인하 교섭을 실시하였다. 이 교섭에 따라, 각국간에 상호 인하를 약속한 관세율과 그 인하효과를 보증하는데 필요한 국제무역의 규정을 하나의 국제조약으로 채택한 것이 '관세 및 무역에 관한 일반협정(General Agreement on Tariffs and Trad : GATT)'이다.[2)]

GATT는 ITO헌장의 발표와 이의 설치기간 동안 무역협정실시의 공백을 메우기 위하여 잠정적으로 채택된 조약이었으나, ITO헌장이 유산됨에 따라 GATT는 그 헌장의 임무를 계승하였다. 이에 따라 GATT는 오늘날에 이르러 국제무역질서를 확립하는 데 필요한 기구가 되었다. GATT는 당시 관세교섭에 참가한 23개국을 중심으로 1947년에 발족되었으며, 그 후 참가국의 수도 점점 증가되었다. 우리나라는 1967년 3월 15일에 GATT에 정식으로 가입했다.

(2) GATT의 기본원칙

GATT의 기본원칙은 이념은 세계무역의 자유화와 무차별적인 국제무역체제를 확립함으로써 국제경제의 건전한 발전을 추구하는 데 있는데 다음과 같이 요약할 수 있다.

---

2) 최해범 외, 전게서, pp.143~163.

1) 무차별(최혜국대우)원칙

GATT는 무역자유화를 촉진하는 데 있어서 관세인하와 수입제한의 철폐라는 두 가지의 목적을 위하여 무차별(최혜국 대우)원칙에 입각하여 그 활동을 추진하여 왔다.

GATT가맹국은 '최혜국조항(제1조)'에 의거하여, 가맹국의 어떤 국가에 대해서 타국가보다 특혜를 베풀지 않는다는 무차별원칙을 기본원칙으로 하고 있다. 다시 말해서 GATT는 양국간의 특혜조치는 인정하지 않으며, 다국간의 협정을 그 기본원칙으로 하고 있다는 점이다.

2) 관세의 인하

자유무역의 추진을 위한 주요수단으로서 관세인하와 수량제한의 철폐가 추구되었다. 관세의 인하방식은 양국간 내지 다국간 교섭에 의해서 이루어졌으며, 양국간 교섭의 경우 가맹국 중의 어느 양국이 개별적으로 관세인하교섭을 하고 그 결과 인하된 관세율을 전가맹국에 적용하는 것이다.

이러한 양국간 관세교섭은 호혜주의에 의하여 이루어졌다. 양국간교섭에 의해 가맹국이 상대가맹국에 부여한 관세양허(tariff concession)는 표로 작성되며, 이 세율을 양허세율 또는 GATT세율이라 하여 무차별원칙에 입각하여 다른 모든 가맹국에 대해서도 똑같이 적용된다. 이에 따른 다자간 협상이 진행되어 1979년 4월에 종결된 동경라운드는 평균 30%의 관세를 인하하는 성과를 거두었다.

3) 수량제한의 철폐

GATT는 국내산업의 보호수단으로 관세만을 인정하고 있으며, 수입 및 수출에 대한 수량제한에 대하여는 전적으로 철폐할 것을 일반원칙으로 규정하고 있는데, 그 이유는 수량제한이 직접적인 무역의 장애요소로서 관세보다 더 차별적으로 적용될 가능성이 많기 때문이다.

GATT는 국방과 공중도덕, 생명, 건강의 보호를 위해서는 수출입의 수량제한을 인정하고 있다. 더구나 수입상품의 덤핑으로 현재 산업에 실질적 손해를 주는 경우에 덤핑방지관세 및 상계관세를 부과할 수 있도록 하고 있다. 또한 수출보조금은 원칙적으로 폐지되어야 하되 1차산품에 있어서는 예외로 인정하고 있다. 이와 함께 GATT는 원칙적으로 국가무역은 폐지되어야 하되 불가피한 경우에는 일반 민간무역과 차별이 없어야 하며 상업적 기준에 의하여 운영되어야 한다고 규정하고 있다.

4) 협의원칙

GATT의 권리 · 의무에 관련하여 당사국간에 문제가 발생한 경우 그 해결을 위해 협의를 행할 필요가 있기 때문에 GATT는 제2조, 제3조의 2개 조항을 설정하여 1차로 당사국간에 협의를 실시하고 만족한 해결을 얻을 수 없는 경우에는 GATT체약국이 참가하는 다각적인 면에서 해결에 노력을 기울일 것을 규정하고 있다.[3)]

(3) GATT의 예외규정

GATT의 예외규정을 기본원칙과 비교해서 살펴보면 다음과 같다.

첫째, 무차별원칙의 적용에 예외되는 경우로서 기존의 특별관세는 새로운 특혜관세를 인정하지 않는다는 조건하에 인정하며, 또한 일정한 요건을 구비한다면 각국은 자유무역지역이나 공동시장과 같은 지역동맹을 맺을 수 있으며, GATT에 새로이 가맹하는 나라들에 대해 기존의 가맹국들은 차별할 수 있다는 것을 인정하고 있다.

둘째, 수량제한에 관해서도 다음과 같은 점을 예외로 인정하고 있다.

국제수지상의 이유에 의한 제한이나, 어떤 나라가 국내에서 국내농수산물의 생산 혹은 판매수량을 제한하고 있는 경우 및 국내농산물의 과잉재고를 처리하기 위해 무상처분 혹은 저가판매를 하는 경우에는 수입제한이 인정된다.

또한 저개발국이 자국민의 생활수준향상을 위해 특정산업을 보호하려는 경우나, 국내생산업자의 중대한 손실이 있거나 있을 가능성이 있는 경우에 일시적인 긴급제한조치로서 수입제한을 인정한다. 후자를 면책조항(escape clause)이라고 한다.

---

3) 김시경, 『최신무역학개론』, 삼영사, 2007, p.230.

이와 같은 예외조항은 GATT의 일반원칙의 실현성에 문제점을 던져 주고 있으며, 일반원칙이 단지 가맹국들의 협의사항에 불과하다고 볼 수 있다.

(4) GATT 활동의 전개

GATT가 탄생하여 이룩한 주요 업적은 거의 일반적으로 국제무역협상을 통하여 이루어졌다. <표 8-1>에서 보는 바와 같이 8차에 걸쳐 무역협상이 개최되어 종결된 바 있고 제8차 협상은 1986년 9월 이래 진행되다가 1993년 12월에 종결되었다.

<표 8-1>은 무역협상 중 관세인하만을 중심으로 종합정리하고 있는데 제5차 무역협상인 '딜론라운드(Dillon Round)'까지만 해도 실제로는 관세인하 협상이었으며 제6차 협상에 이르러 비관세장벽이 대상으로 포함되었다.

〈표 8-1〉 GATT의 관세인하 협상성과(1947~93)[4)]

	협상기간	양허 품목수	평균 인하율	참가 국수	개최지	비 고
제1차	1947.4~10	45,000	불명	23	제네바	제네바라운드
제2차	1949.8~10	5,000	〃	29	프랑스 안시	안시라운드
제3차	1950.9~1951.4	8,800	〃	32	영국 토케이	토케이라운드
제4차	1956.1~5	3,000	〃	33	제네바	제네바라운드
제5차	1960.5~1961.7	4,400	7%	39	제네바	딜론라운드
제6차	1964.5~1961.7	30,300	35%	74	제네바	케네디라운드
제7차	1973.9~1979.4	27,000	33%	99	동경	동경라운드
제8차	1986~1993.12	263,735	33%	125	우루과이	우루과이라운드

제1차 협상은 GATT를 탄생시킨 회의였으며, 제5차인 '딜론라운드'에서 평균관세인하율은 7%였고 GATT의 운영에 있어서 가장 획기적인 관세인

4) UNCTAD, *Protectionism and Structural Adjustment*, 1982. 일반통산성, 통상백서, 1997.

하조치는 '케네디라운드'에 의해서 이루어졌고, 이때에 관세의 평균인하율은 35%였다.

1) 케네디라운드(1964~1967)

케네디라운드의 배경은 GATT방식에 의한 관세교섭의 한계, EEC의 발족, 통상확대법의 제정 등을 배경을 하고 있으며 특히 관세교섭이 종래에는 국별, 품목별 방식에 의해 이루어졌던 것과는 달리, 케네디라운드에서는 일괄인하방식을 채택하였다.

케네디라운드는 단순한 관세교섭의 영역을 벗어나, 관세뿐만 아니라 비관세장벽에 대하여도 교섭에 포함시켰으며, 관세교섭에서는 모든 품목에 일률적으로 적용하는 관세의 인하를 다수국간에 교섭하는 방식이 채택되었다. 또한 저개발국의 수출장애에 대한 경감을 위하여 저개발국에 대해서는 호혜주의를 기대하지 않았다.

케네디라운드에서는 비록 무역자유화를 위한 많은 성과가 이루어졌으나, 여러 가지 문제점도 지적되었다. 즉, 영국의 EEC가입을 전제로 했던 조항이 무효가 되었고, 광공업제품의 관세인하율이 평균 35% 수준에서 결정되었으며, 농산물무역의 확대, 관세평가제도, 수입과징금, 차별적인 수입제한에 관해서는 통일된 결론을 얻지 못했으며, 후진국의 무역거래에는 새로운 영향을 미치지 못했다. 전후 자유무역화가 선진공업국의 이해를 위주로 이루어짐에 따라 후진국들은 선진국 중심의 국제무역질서에 반대의견을 제시하기에 이르렀고, 이것은 프레비시(R. Prebisch)의 보고서를 기축으로 하여 UN무역개발회의(UNCTAD)의 설립동기가 되었다.

2) 동경라운드(1973~1979)

1973년 동경선언으로 시작된 제7차 무역협상으로 비관세장벽을 포함한 새로운 무역장벽을 극복하고 무역자유화의 실현을 위한 다자간무역협상(Multilateral Trade Negotiation : MTN)을 동경라운드라고 한다.

동경라운드 무역협상은 1970년대 들어서서 심화되고 있는 각국의 보호무역주의의 확산을 방지하고 전반적인 경기침체로 위축된 세계무역을 활

성화하려는 노력에서 시작되었다. 특히 종전의 무역협상의 대상이 되지 못하였던 비관세장벽에 대한 협정들이 타결된 것과 선진국과 개발도상국 간의 상호의존성이 확인된 것이 큰 성과라고 할 수 있다.[5)]

3) 우루과이라운드(1986~1993)

우루과이라운드가 시작된 배경은 무엇보다도 GATT를 중심으로 한 현 국제무역체제가 특히 1970년대 중반 이후 나타난 국제무역문제에 대한 적절한 처방을 제공하지 못하고 있다는 데서 찾아볼 수 있다. 즉 GATT체제가 탄생할 당시 예견할 수 없었던 국제거래의 발전에 능동적으로 기여할 수 없는 한계점의 보완과 미국을 비롯한 일부 선진제국이 자국의 경제적 이익이 반영될 수 있도록 국제무역의 흐름을 개편하기 위하여 동 협상을 제안하였다고 볼 수 있다.[6)]

더구나 1970년대 말 이후 국제분업의 전개는 종전과는 다른 모습을 보이기 시작하였다. 가령 선진공업국이 종전의 비교우위영역이 감소함으로써 저성장 및 실업의 확대에 직면하자 새로운 보호무역주의 경향을 선택하게 되었다. 더구나 다국적기업의 활동이 강화됨으로써 기술이전이나 자본 및 노동의 원활한 이동과 상품무역과 함께 서비스무역 형태 등으로 국제거래의 형태가 크게 달라졌다.

이렇게 볼 때 우루과이라운드가 추진되게 된 배경으로서 1970년대 이후 국제무역질서 및 분업체제의 변모를 들 수 있으며 이에 따라 선진제국의 관심이 옮겨지고 있음을 볼 수 있다. 우루과이라운드의 개최는 1983년 5월 윌리엄스버그 경제정상회담에서 최초로 논의되기 시작하였으며 동년 미일 수뇌회담에서 합의가 이루어짐으로써 박차가 가해졌다. 그 후 1985년 11월 41차 GATT정기총회에서 최종 결정되었으며 86년 1월 준비위원회가 구성되었고 동년 5월 서울세계무역장관회의를 거쳐 9월 GATT각료회의에서 우루과이라운드가 공식적으로 개시되어 1993년 12월에 타결되었다.

---

5) 김시경, 전게서, p.231.
6) Robert E. Baldwin, *Multilateral Liberalization, The Uruguay Round : A Handbook for the Multilateral Trade Negotiation*, The World Bank, 1987, p.43.

우루과이라운드의 특징을 보면 90년대 이후의 새로운 세계경제전망 등을 고려해서 과거와는 달리 광범위하게 의제를 채택한 결과 15개 분야에 걸쳐서 협상을 전개하여 타결되었다. 그 주요내용을 요약하면 선진국들의 경쟁우위분야인 지적소유권, 서비스 등 새로운 분야를 추가하였고, 또한 개발도상국들의 수출확대를 제약하는 선진국의 섬유쿼터(섬유분야), 기타의 각종 수입규제(비관세장벽) 등이 포함되었다. 특히 그동안 GATT가 예외적으로 규제를 허락해 왔던 농산물분야가 추가됨으로써 개발도상국들로서는 또 다른 국내문제를 안게 되었다. 전세계 125개국의 대표들이 참가한 우루과이라운드 각료회의에서는 그동안 국제교역의 규범이 되어왔던 GATT체제의 한계를 극복하고 향후의 새로운 국제무역질서를 효율적으로 규율하기 위하여 1995년 1월부터 세계무역기구(World Trade Organization : WTO)를 신설하기로 합의 하였다.

2. WTO체제의 출범

(1) WTO체제의 출범배경

1994년 4월에 모로코의 마라케시(Marrakesh)에서 개최된 UR각료회의를 끝으로 1986년 9월 우루과이의 푼타델에스트(Punta Del Este)에서 협상을 개시하여 7년 반 동안 지속되어온 UR협상이 공식적으로 마무리 되었다.

전세계 125개국(GATT가입국 123개국 포함)의 대표들이 참여한 UR각료회의는 기존의 GATT체제의 한계를 극복하고 향후의 새로운 국제무역질서를 더욱 효과적으로 규율하기 위하여 세계무역기구(World Trade Organization : WTO)를 출범시키기로 합의함에 따라 1947년 10월에 제정되어 약 50년 동안 세계무역을 관장해온 GATT체제는 막을 내리고 신GATT체제라고 할 수 있는 WTO시대가 1995년 1월부터 출범하게 된 것이다.

당시까지만 해도 GATT는 협정으로 국가간의 무역분쟁에 대해 실질적인 구속력을 발휘하지 못하는 한계를 가지고 있었으나 이제는 WTO가 단순한 협정이 아닌 명실상부한 국제기구로 탄생하게 된 것이다. WTO는 무

엇보다도 자유무역의 확대에 근본 목적을 두고 있다. 즉 WTO는 GATT의 정신을 계승하면서 냉전종식 이후 자유무역체제를 더욱 더 확고히 구축하자는 취지에서 탄생하게 된 것이다.

제네바에 본부를 두고 있는 WTO체제는 기존의 GATT기능을 더욱 강화하여 서비스, 지적재산권 등 새로운 교역과제를 포괄하고, 회원국의 통상관련법, 각종 제도와 관행 등의 명료성을 제고시킴으로써 세계 교역을 증진하려는 데 그 목적이 있다.

(2) WTO협정의 주요내용

WTO는 WTO설립협정에 의하여 WTO를 설립하고(WTO 협정 제1조), 법인격을 가진 기구로 설립됨에 따라 기능수행에 필요한 법적능력을 부여하고 있다(WTO 제8조 1항). 여기서 법인격을 가지고 있다는 것은 WTO가 국제법상 권리 및 의무이행의 주체가 되고 법적 구속력을 갖는 행위를 할 수 있다는 것을 의미한다. 그리고 WTO당사국들은 다음과 같은 목적을 달성하기 위하여 설립되었다.

WTO협정은 WTO설립협정과 함께 GATT 1994, 농산물 및 섬유협정, 동경 MTN협정, 새로운 다자간협정, 서비스 협정들, 지적재산권 협정, 분쟁해결관련 양설, 무역정책 검토제도, 수자간무역협정들로 구성되어 있다.

WTO협정을 구체적으로 살펴보면 동협정은 회원국간의 무역관련 활동에 대한 공통의 제도적 틀을 제공하는 본문인 WTO설립협정과 분야별 제도적 틀을 제공하는 부속서들인 다자간무역협정(MTA)과 수자간무역협정(PTA)들로 구성되어 있다(제2조 1항).

MTA(Multilateral Trade Agreement, 다자간무역협정)들은 WTO협정의 일부로서 모든 회원국에 적용되며(제2조 2항), WTO설립협정의 부속서1, 부속서2 및 부속서3을 총칭한다. 부속서 1은 부속서 1A(GATT 1994+농산물+동경라운드 MTN Code 일부+여타 분야별[7]협정), 부속서 1B(서비스 협정), 부속서 1C(지적재산권 협정)로 구성되어있고, 부속서 2는 분쟁해결규

---

7) McGovern, *International Trade Regulation*, Globefield Press, 1995.

칙 및 절차에 관한 양해(Dispute Settlement Understanding : DSU)이며 부속서 3은 무역정책검토제도(Trade Policy Review Mechanism : TPRM)에 관한 것이다.[8)]

한편 PTA(Plurilateral Trade Agreement, 수자간무역협정)는 WTO협정의 일부이기는 하나 이 협정들을 수락한 회원국에게만 적용된다(제2조 3항). PTA들은 WTO설립협정의 부속서 4로 구분되어 민간항공기 교역협정, 정부조달협정, 국제낙농협정, 국제쇠고기협정의 네 가지 협정으로 구성되어 있으며, 실질적으로 WTO협정과는 별도로 독립적으로 운영되나 편의상 이들 협정을 WTO가 관리하는 형태를 취하고 있다.

〈그림 8-1〉 WTO 협정문의 구성

8) J. K. Jackson, W. J. Davey & A. O. Sykes, Jr., *Legal Problems of International Economic Relations*, West Publishing Co., 1995, p.303.

그리고 WTO설립협정에 포괄되어 있는 GATT협정문은 속칭 "GATT 1994"로 불리는 것으로 1947년 10월 채택되어 이후 지금까지 개정되어 온 GATT협정문인 "GATT 1947"과는 차이가 있다(제2조 4항).9)

(3) WTO의 기능과 구조

WTO는 전문 및 16개 조항으로 구성된 WTO설립협정과 부속되는 17개의 MTA들이 회원국 내에 잘 이행되고 운용되도록 바탕을 제공하고, 회원국간의 분쟁을 해결 조정하며 무역정책검토제도를 시행하고(제3조), 세계경제정책 결정에 있어 더욱 높은 일관성을 추구하기 위하여 필요에 따라

〈그림 8-2〉 WTO 조직의 구조

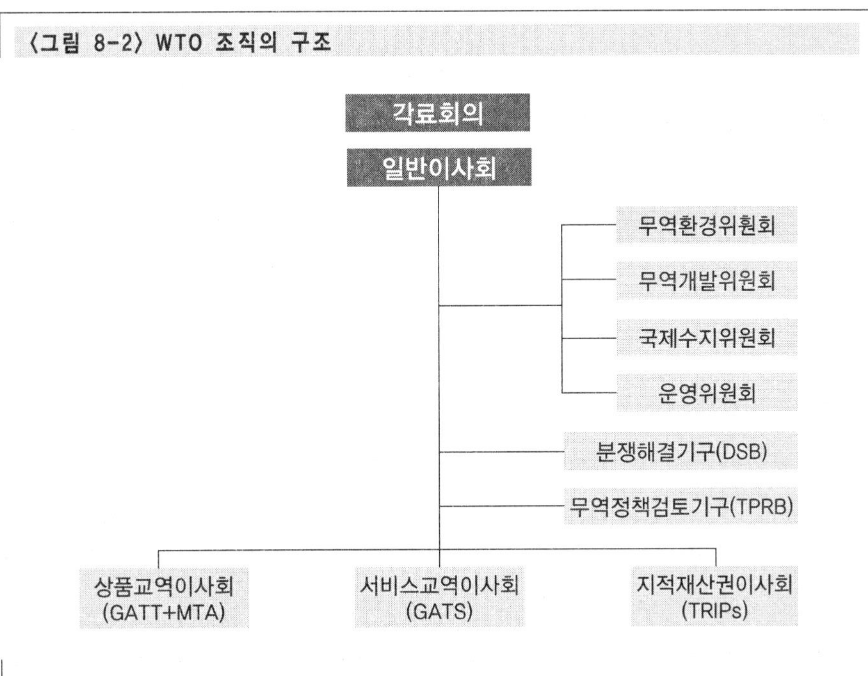

9) GATT 1994의 내용은
① WTO발효 이전까지의 개정을 포함한 GATT 1947 협정내용
② GATT 1947과 관련된 관세양허 및 가입관련 의정서, 의무면제 및 기타의 여타 결정들
③ UR협상결과로 확정된 6개 GATT조문에 대한 양해들
④ GATT 1994에 관한 마라케시 의정서들을 포함(GATT 1994협정문)하고 있다.

IMF(국제통화기금) 및 World Bank(세계은행)와 같은 브레턴우즈 기구들과의 협력을 강화함과 동시에 WTO 관할사항과 관련하여 WTO일반이사회는 정부간 기구 및 비정부기구와의 협의 및 협정체결도 할 수 있는 가능을 갖고 있다(제5조).

한편 WTO는 회원국간의 대표로 구성된 최고의 의결기구로 최소 2년에 한번 개최토록 하고 있는 각료회의를 정점으로 WTO협정하의 모든 문제에 대한 의결권을 가진다. 또한 일반 이사회는 각료회의가 휴회중인 때에 필요에 따라 열리게 되어 있어 실질적으로 각료회의의 결정을 수행하는 상설기구의 역할을 담당하고 있고 필요에 따라 분쟁해결기구(Dispute Settlement Body : DSB)로 개최되어 회원국간의 무역분쟁을 해결하거나 모든 회원국의 무역관련 정책 및 관행을 평가하도록 하고 있다.

그리고 일반이사회 산하에 상품교역이사회, 서비스교역이사회, 지적재산권이사회가 설치되어 있어 GATT 1994 및 MTA 및 서비스 교역에 관한 일반협정, 무역관련 지적재산권협정을 관장한다.

이외에도 각료회의의 요구와 일반이사회의 필요에 적절히 응하기 위하여 무역개발위원회, 국제수지위원회, 운영(예산, 재정, 행정)위원회를 설치하여, 각 위원회는 주어진 전략에 따라 업무를 수행하고 있다.

(4) WTO체제의 특징

WTO체제는 기존의 GATT체제에서는 찾아볼 수 없던 세계 각국의 시장개방 확대조치, 공정하고 명료한 무역규범 마련, 규범이탈자에 대한 제재를 강화할 수 있는 효과적인 분쟁해결절차 등을 마련하고 있는 데, WTO체제의 특징을 구체적으로 살펴보면 다음과 같다.

첫째, UR협정의 이행기구로서 WTO를 찾아볼 수 있다. UR협상의 배경이나 포괄범위, 협상결과 등 UR과 관련된 모든 주요 사항이 그대로 WTO의 기초가 됨으로써 WTO가 UR협정을 이행하는 기구라고 할 수 있다.

둘째, 국제무역규범의 제정과 강화이다. 공정하고 명료한 무역규범을 마련하기 위해 WTO에 무역정책검토기구(TPRB)를 설치하였으며, 각 회원국의 무역정책과 관련제도 및 관행을 정기적으로 평가하기 위한 무역정

책 검토제도(Trade Policy Review Mechanism : TPRM)도 실시하도록 하고 있다.

셋째, 국제무역분야에 있어서 UN과도 같은 성격을 지닌다. WTO가 국제무역분야에 관한 UN으로 불리는 것은 WTO가 과거의 GATT와는 달리 법인격을 부여받음으로써 회원국간의 분쟁을 효율적으로 해결 · 조정할 수 있으며 또한 일부 회원국의 협정위반에 대해 강력한 제재를 가할 수 있기 때문이다.10)

넷째, 협정위반자에 대한 제재조치의 강화이다. WTO체제하에서는 모든 분쟁은 분쟁해결기구(DSB)를 통하여 해결하도록 규정하고 있다. 이는 구 GATT체제에서 상설분쟁해결기구가 없음으로 인해 국가간 분쟁이 발생하더라도 권고조치만으로 끝나던 것을 실질적으로 분쟁을 해결하기 위한 상설기구인 DSB를 설치하여 해결하도록 하고 있다. 특히 분쟁기구의 결정사항이 용이하게 집행될 수 있도록 하기 위해 교차보복을 인정하고 있다. 이상과 같은 분쟁해결관련 규정으로 인해 미국의 통상법 슈퍼 301조와 같은 한 국가의 일방적 조치는 크게 억제될 것이다.

3. WTO체제하의 새로운 의제

UR의 타결과 WTO의 출범은 UR이후의 새로운 의제로서 무역과 환경, 기술, 경쟁, 노동문제 등을 연계한 New Round의 기틀을 마련하게 되었다. 즉, BR(블루라운드 : 노동), GR(그린라운드 : 환경), TR(테크노라운드 : 기술), CR(경쟁라운드 : 경쟁정책), DR(디자인라운드) 그리고 다자간투자협정 등은 우루과이라운드 타결 이후 선진제국에 의하여 자유로운 공정무역의 구현이라는 새로운 의제로 대두되기 시작하였다. 이에 따라 UR이 관세 및 비관세장벽의 축소 및 제거를 통하여 국제무역의 자유화를 도모한 반면 New Round는 환경, 기술, 경쟁, 노동정책 등이 미비한 국가에 대한 국제무역상의 보복에 관한 명분을 제공하고 있다.

---

10) 고준성, WTO체제의 법적구조, 『국제통상과 WTO법』, 아시아사회과학연구원, 1996, pp.20~21.

(1) 블루라운드(Blue Round : BR)

일명 노동라운드라고 하는 BR은 임금이나 근로조건, 근로시간 등 노동환경을 무역규제와 연계시켜 저임금이나 아동근로, 죄수 등 국제사회가 규제하는 근로조건을 충족시키지 못하는 국가가 생산하는 상품에 대하여 무역규제조치를 취할 수 있도록 하자는 다자간협상으로 인간의 기본적 인권문제를 강화한 것이다.

즉, BR의 주요내용은 노동조건의 표준화, 아동노동 및 강제노동금지, 복수노조의 허용, 공무원의 단결권 허용, 결사의 자유와 단결권 보호 등과 같은 국제노동기구(ILO)에 의해 규정된 기준들을 WTO 체제내로 들여와, 근로자의 권리를 국제기준에 맞춰 보장하지 않고 낮은 임금 및 열악한 노동환경 속에서 값싼 제품을 만들어 내는 국가에 대하여 제재를 가해야 한다는 것이다. 예를 들어 죄수, 미성년자의 노동을 이유로 한 중국, 루마니아 등에 대한 무역규제가 그것이다.

노동기준문제는 종전에는 순전히 국내문제로 다루었으나 경제의 개방화와 더불어 노동라운드가 본격화될 경우에는 임금상승의 압박으로 노동집약적인 업종(임금상승시 비용상승 효과가 큰 건설업이나 서비스업종과 중소기업 등)의 국가들은 선진국 수출에 막대한 타격이 예상된다.[11]

(2) 그린라운드(Green Round : GR)

GR은 지구환경보전을 명분으로 우루과이 각료회담에서 무역과 환경에 관한 결정문이 채택됨에 따라 공식 출범한 새로운 의제로서, 국가마다 상이한 환경기준에서 오는 경제력 차이를 상쇄하기 위하여 환경을 무역과 연계시키는 운동을 말한다. 그린라운드와 관련하여 스톡홀름 UN 환경선언 이후 몬트리얼 의정서(1992), 기후변화협약(1993), 바젤협약, 생물다양성협약(1994 상반기)등 많은 협약이 생겨나기 시작했다. 이와 같은 환경규제는 우리나라를 비롯하여 많은 개도국들의 입장에서는 원료조달 및 생산, 판매 등 각 단계에서 비용부담을 증가시켜 수출경쟁력을 악화시키는 부정

---

11) 김수현, 『무역학』, 대진, 2007, p.167.

적 측면도 있으나, 새로운 시장 및 투자기회의 확대와 국내산업구조의 개편 등과 같은 긍정적인 요인도 있다.[12)]

(3) 테크노라운드(Technology Round : TR)

TR, 일명 기술 라운드는 기술개발정책과 무역에 관한 다자간 논의를 총칭한 것이다. 1980년대 들어와서 기업의 범세계화가 진전되고 정보통신기술의 발달과 기술 및 연구개발이 활발해지면서 기술의 국가간 이동이 다양화 · 고속화 됨에 따라 한 국가의 기술개발이 다른 국가의 경제활동에 매우 큰 영향을 미치게 되었다. 이에 따라 기술수준이 발달한 경제협력개발기구(OECD)국가를 중심으로 개별국가의 기술지원을 시장왜곡요인의 중요요소로 인식하여 이를 규제해야 한다는 취지에서 논의되기 시작하였다.

향후 OECD에서 자체 내의 의견조정을 거쳐 기술에 관한 국제규범안을 구체화할 경우 TR은 국제무역질서를 규율하는 또 하나의 규범이 될 것이다. 우리나라의 경우 선진과학기술 습득에 실패하면 선진국에 대한 기술의존도가 심화되어 기술식민지 국가로 전락하게 될 것이다.

(4) 경쟁라운드(Competition Round : CR)

CR은 국가간의 경쟁정책의 표준화를 목적으로 1992년 EU 부집행위원장과 1994년 1월 미국 클린턴 대통령에 의해 공식적으로 제기되어 UR 이후 주요 통상의제로 거론된 것으로 시장구조와 기업관행을 규범화하는 것이다. TR이 국제기구에서 논의된 배경은 자유무역을 실현하기 위해서는 대외경쟁원칙 뿐만 아니라 대내경쟁원칙도 표준화되어야 한다는 데 근거를 둔 것으로, 향후 TR과 함께 본격적으로 논의되고 있다. 경쟁정책의 목표는 기본적으로 경쟁조건의 유지 및 보존이나 경제를 위축시키는 관행을 금지하는 데 있다.

12) 김정수, 전게서, pp.430~432.

(5) 디자인라운드(Design Round : DR)

DR은 디자인을 지적 소유권으로 인정하여 타인의 사용을 규제하자는 협상이다. 즉, 명품산업 디자인을 모방한 상품의 무역거래를 제재하자는 국제협상이다. 1967년 세계지적재산권기구(WIPO)가 출범한 이후 산업 디자인은 중요한 지적 소유권 중의 하나로 중요시되었고 1990년 대 후반에 들어서 다자간 무역협상의 하나로 떠올랐다. 구체적 보호방식은 디자인을 발명 특허처럼 취급하여 의장권으로 등록한 자에게만 배타적인 독점권을 주는 방식과 디자인을 하나의 저작권으로 인정하여 등록하지 않더라도 타인의 모방을 금지시키는 방식이 있다. 특허권식 보호방식은 절차가 까다롭고 기간도 오래 걸린다는 문제점이 있는 반면, 저작권적 보호방식의 경우는 보호 장치가 미흡하다는 특징을 지닌다.13)

(6) 다자간투자협정(Multilateral Agreement on Investment : MAI)

1980년대 이후 해외직접투자의 중요성이 요구되고 있지만 기존의 투자규범으로는 투자활동의 복잡성과 다양성을 수용하기에는 미흡한 것으로 평가되고 있다. 예를 들어 WTO의 TRIMs는 다자성, 구속성은 인정되나 포괄성면에서 한계가 있으며 북미자유무역협정(NAFTA)은 다자성, 구속성은 인정되나 지역적 성격이 강하다. 또한 경제협력개발기구의 쌍무자유화 규약과 다국적기업에 대한 선언은 포괄성은 인정되나 구속성 및 다자성에 한계가 있다. 이러한 제약조건으로 인하여 해외투자의 자유화에 따른 국제투자 활성화와 무역증대에 장애가 되고 있어 이의 해결을 위한 논의가 1990년대부터 WTO, OECD, NAFTA 등에서 회원국간 다자간투자협정에 대하여 협상을 진행하고 있다.

물론 WTO협정문에 무역관련 투자조치나 서비스교역이사회에서 투자관련 규정이 포함되어 있으나 그 내용이 극히 제한적이어서 포괄적인 투자규범의 필요성이 요구되고 있는 실정이다.14) 향후 WTO가 MAI에 대하여

---

13) 강한균 외, 『국제통상학원론』, 삼영사, 2008.8., pp.114~115.

14) TRIMs협정은 무역을 제한하고 왜곡하는 투자조치에 대한 규율로서 그 적용대상을 상품교역에 한정하고 있다. 그리고 GATS는 적용대상을 상업적 주제분야만을

논의할 사항은 무역과 투자의 상호보완성, 무역에 영향을 미치는 투자조치, 경제성장에 영향을 미치는 투자의 역할, 투자패턴, 투자국들의 투자장벽 및 정책적 대응, 기업의 해외투자결정 요소 등 광범위하게 논의 될 것이다.

이와 더불어 우리나라의 외국인 투자자유화도 WTO의 다자간투자협정에 따라 외국인 투자와 관련된 법규, 즉 외자도입법, 외환거래법, 대외무역법, 관세법 등의 규제를 완화 또는 폐지함과 아울러, 외국인의 투자가 경제성장, 고용증대, 기술이전, 국제수지개선 등에 긍정적인 효과가 나타날 수 있도록 외국인투자 환경과 제도를 개선해야 할 것으로 사료된다.

4. UNCTAD

전후 식민지상태에서 정치적 독립을 쟁취한 저개발국들은 경제발전에서 부진한 상태를 면하지 못하였다. 그리고 선진국과의 경제적 격차는 더욱 심화되는 경향을 보여주었는데, 1960년대에 들어서면서 경제적 격차의 확대가 중요한 문제로 인식되게 되었다. 이것을 남북문제(the north-south problem)라고 하는데, 여기서 남북이라 하는 것은 주로 남반구에는 저개발국이 북반구에는 선진국이 많이 있으므로 저개발국 대 선진국간의 경제적 문제를 통칭하여 남북문제라고 한다.

남북문제가 표면화되고 이를 해결하려는 움직임이 저개발국과 선진국간에 일어나고 있을 때, 1961년 제16차 UN총회에서는 1960년대의 10년을 UN개발 10년(United Nations Development Decade)이라 부르기도 하고, 이 기간에 저개발국 GNP의 연평균 성장률 5% 달성을 목표로 삼았으며, 저개발국의 무역과 개발문제에 관한 국제회의의 개최를 결의하였다. 이어 1962년에는 저개발국 대표들에 의해서 저개발국의 무역문제 개선을 위하여 UN주최 국제회의 소집요구가 있었다. 이에 따라 UN에서는 선진국들의 동의를 얻어 UN무역개발회의(UNCTAD)를 개최하기로 결의했다.

포함하고 있는데 그 내용은 투명성, 내국민대우, 최혜국대우, 설립권, 송금 등 투자자유화 및 투자보호규정, 협정발표 후 5년 이내 후속협상 등을 포함하고 있다.

제1차 UNCTAD회의에 앞서서 발표된 프레비시보고서[15]는 다음의 내용으로 요약될 수 있다. 즉, 프레비시보고서는 당시 국제경제가 직면하고 있던 광범위한 문제를 취급하여 이에 대한 가능한 해결책을 제시했는데, ① 개발도상국의 1차산품의 수출확대를 위하여 선진국의 관세 및 비관세장벽을 완화 내지 철폐할 것, ② 선진국은 개발도상국의 교역조건의 악화에 의한 손실을 보상하기 위하여 보상융자를 공여할 것, ③ 개발도상국의 1차산품의 가격안정과 수출확대에 필요한 국제상품협정을 채택할 것, ④ 선진국은 개발도상국의 경제개발과 수출확대를 위하여 개발도상국의 제품 및 반제품에 대하여 특혜관세를 공여할 것, ⑤ 개발도상국의 분열을 조성하는 기존 특혜관세제도를 점진적으로 해소하고, 개발도상국 상호간의 지역적 특혜 그룹의 형성을 장려할 것, ⑥ 개발도상국의 대외채무를 조정하고 그 변제기간을 연장할 것, ⑦ 선진국 중심의 GATT체제를 개편하여 새로운 국제무역질서를 확립하는 데 필요한 국제경제기구를 설치할 것, ⑧ 사회주의제국과 특히 개발도상국간의 무역확대를 검토할 것 등이다.

프레비시 보고서의 제안에 의해, 제1차 UNCTAD회의는 저개발국의 경제발전을 위해서 '원조보다는 무역'이라는 방법을 선택했다. 저개발국에서 부족한 자본을 충당하기 위해서는 외국으로부터의 원조도 필요하겠지만 더욱 바람직한 것은 1차산품 수출가격의 안정과 반제품 및 완제품의 공산품수출에 대한 선진국의 특혜관세에 의한 저개발국의 수출증대와 그에 따른 외화획득이라는 문제가 다루어졌다.

이와 같은 목적의식에 따라 UNCTAD는 선진국에 대해 일반특혜관세제도(Generalized System of Preference : GSP)를 채택할 것을 추진하였다. 즉, UNCTAD가맹국인 선진국은 개발도상국으로부터 농수산품 · 광공업품을 수입하는 경우 다른 나라로부터 수입하는 상품에 적용하는 관세율보다 낮은 관세율을 적용하도록 하였다. GSP는 1971년 EC와 일본이 채택하고 1976년에 와서 미국이 이를 채택함으로써 본격적으로 시행하게 되었으나, 최근에 와서 미국을 중심으로 한 신보호무역주의의 하나로 GSP혜택의 폭

15) R. Prebisch, *Toward a new trade Policy for development*, Geneva, UN, 1964.

을 축소시켜 가고 있고 우리나라는 1990년대에 GSP에서 졸업을 한 상태이다.

5. 신국제경제질서(NIEO)

신국제경제질서란 IMF, GATT, OECD체제로 대표되는 기존의 국제경제질서에 대응하는 개념으로 기존질서의 개선에서부터 개혁에 이르기까지를 포함한다고 할 수 있다. 즉 기존의 국제경제질서는 미국을 비롯한 선진국 위주로 운영되어 개발도상국의 경제적 이익을 대변하기 위한 UNCTAD설립을 통하여 남북문제의 해결노력이 있었음에도 불구하고 개발도상국의 이익은 배제되고 오히려 선진국에게 유리하게 적용하는 국제경제질서가 형성되자 제3세계 국가들이 기존의 국제경제질서에 대응하기 위하여 채택한 선언문에서 유래된 것이다.[16]

지난 1950년대부터 선진국과의 거래에 따른 착취현상, 후진국의 교역조건의 악화문제가 신국제경제질서와 관련하여 꾸준히 제기되어 왔는데 이는 제3세계의 자원민족주의에 대한 주장이 전개된 것에서 찾을 수 있다.

NIEO가 주목을 받기 시작한 것은 선진국 중심의 국제경제질서에 반하여 1962년에는 개발도상국이 중심이 되어 제17차 UN총회에서 천연자원의 부와 자원에 대한 항구주권을 결의하였고, 드디어 1974년 5월에 개최된 UN자원특별총회에서 '신국제경제질서 수립에 관한 선언'을 채택하기에 이르렀다. 또한 동년 12월 제29차 UN총회에서는 선진국의 반대에도 불구하고 개도국의 강행으로 '제국가의 경제적 권리와 의무에 관한 헌장' 즉 UN경제헌장이 채택되어 후진국과 관련된 다양한 내용들이 구체적인 대안으로 제시되었다.

한편 1974년 UN자원특별총회에서 NIEO선언이 있은 이후 선진국들은 NIEO가 현실을 무시한 일방적 요구를 하는 것이라고 주장하여 남북문제의 대립이 격화되었다. 그러나 1975년 이후 세계적인 불황이 계속되고 제3세계 국가들의 자원민족주의가 일기 시작하자 선후진국 간의 세계경제회복

16) 김세원, 『국제경제질서』, 무역경영사, 1985, pp.61~62.

을 위한 협조분위기가 다시 일기 시작하였다. 이러한 협조분위기는 NIEO가 원하는 방향으로 전개된 것이 아니라 선진국 정상회의를 통하여 IMF와 GATT체제를 수정하여 NIEO를 기존 경제질서 속에 점진적 · 기술적으로 포함시키려는 방향으로 전개됨으로써 NIEO의 이념이 퇴색하는 방향으로 전개되었다.

특히 개발도상국들은 선발개발도상국과 후발개발도상국으로 분화되고, 산유국과 비산유국 또는 자원보유국과 비보유국 등으로 나누어지면서 개발도상국들의 결속이 급속히 약화되어 갔다. 이후 NIEO의 이념은 1976년 제4차 UNCTAD총회를 계기로 후퇴하였고 개발도상국들은 개별접촉을 통하여 현안문제를 해결하려는 경향이 뚜렷하게 나타났다.

이상에서 살펴본 것처럼 개도국들의 요구에 대한 선진국들의 소극적인 반응으로 인하여 NIEO의 이념이 퇴색해감에도 불구하고 UN이나 각종 국제기구들 사이에서는 남북문제를 해결하기 위하여 국제무역을 규제할 여러 가지 국제협정이 체결되어 상당한 성과를 거둔 것으로 평가할 수 있다. 따라서 개발도상국은 비록 개발도상국 우대조치가 선진국측의 비협조로 그 실현 가능성이 줄어들었다고는 하지만 계속 이의 실현을 위하여 노력해 나가고 있다.

6. WTO 시대 한국의 경쟁력 제고방안

(1) 차세대 성장 동력의 학보

환경과 경쟁 그리고 새로운 기술과 디자인에 대한 표준화 선점은 WTO의 주요의제이고 이러한 문제를 다루는 새로운 국제질서 하에서는 기술개발에 대한 경쟁이 선진국과 후진국사이에서 치열해지고 있다. 이에 새로운 기술을 획득하는 것이 WTO시대의 우선 과제라 할 수 있다. 이를 위해서는 기술, 상업화 지원 및 추진 인프라의 정비와 구축이 이루어져야하며, 제도적 뒷받침 및 정부지원자금 등 기술혁신의 기반을 조성해야 한다. 그리고 범부처적인 협조 하에 국가차원에서 기술 개발의 집중화를 통한 기반구축이 필요하다. 따라서 ① 국가 차원의 바이오 인프라 구축, ② 중점

추진 분야에 대한 기술 개발 자원 집중, 지능형인프라 개발과 미래에너지 확보 등과 같은 차세대 성장동력들을 지금 세대에서 확보하는 것은 무엇보다 시급하다 할 수 있겠다.

(2) 서비스 산업의 고도화

서비스 산업은 글로벌 경쟁 환경에서 중요한 문제로 다루어지고 있다. 다자간 무역협상인 우루과이라운드 완전 타결 이후 사회문화적, 지역적, 제도적 특성 및 제약들로 인해 글로벌화하기 힘들어 보이던 서비스 산업은 변화의 중심이 되고 있다. 서비스산업은 글로벌네트워킹의 과정 속에서 핵심적 역할을 하고 있다. 기술의 급속한 발달과 함께 발달한 통신네트워크의 변화는 하드웨어와 소프트웨어의 도움으로 금융업에 있어 자동화와 국제적 서비스를 가능 하도록 만들었다.

WTO의 통계에 의하면 서비스산업의 부가가치 비중이 세계 경제에서 60% 정도를 차지하고 있으며, 무역의 확대로 꾸준히 증가하고 있는 실정이다. 선진국에서 서비스산업이 총고용의 70% 정도를 차지하고 있는 것으로 서비스산업의 고용창출효과는 다른 여타의 산업보다도 훨씬 높다고 할 수 있다. 즉, 선진국 경제는 성장과 고용이라는 두 가지 축을 서비스 산업을 통해서 풀어가고 있는 것이다. 우리나라의 경우 최근 서비스 비중 증대에도 불구하고 주요 선진국에 비해서는 아직은 낮은 수준에 머물고 있다.

이러한 서비스산업의 환경변화는 국내 서비스 관련 기업들에게 위험인 동시에 기회라고 할 수 있다. 서비스산업의 개방화와 그에 따른 글로벌 경쟁상황은 생산성 및 대외 경쟁력이 취약한 국내 서비스산업에 큰 위험이 될 수 있다. 반면 서비스의 글로벌 경쟁 환경은 국내 서비스 관련 기업들에게 하나의 기회요인으로 작용할 수도 있다. 국내의 컴퓨터 서비스, 웹 디자인, 인터넷 기반 서비스 등의 분야에 강점을 가지고 있는 국내 서비스 기업들에게 새로운 기회가 생겨날 것이다. 결국 서비스 산업의 글로벌화 흐름을 단기적으로는 국내서비스기업들에게는 위험으로 다가오겠지만, 중장기적으로는 국내 서비스 기업들이 글로벌 서비스 기업들과의 경

쟁과 협력을 통한 새로운 비즈니스 모델 창출 등으로 국제적 경쟁력을 확보해 나가는 새로운 가능성을 높일 수 있다.

이에 정책적 차원에서는 국내 서비스산업의 체질을 강화하기 위한 경쟁 촉진 및 규제 완화 등의 법제도 정비와 서비스 기업들의 자체적인 혁신노력을 유도하고, 강화할 수 있는 금융, 교육 등의 지원책이 있어야 한다. 특히, 서비스 산업은 규모의 경제 확보를 위한 대형화 및 동일 산업내 개별 기업간 제휴와 협력을 통한 공동의 시장 개척 등을 유도하는 정책들은 한국의 서비스산업의 경쟁력 제고와 함께 고부가가치화를 실현하는 효과적인 대응책의 하나가 될 것 이다.

따라서 국내 서비스산업도 급변하는 글로벌 경쟁 패러다임에 대응하여 서비스산업의 변화를 읽어내고 대외개발을 통한 경쟁력 제고와, IT산업 등을 통한 혁신적 경영프로세스의 변화를 통해 글로벌 비교우위를 확보할 수 있도록 하여 산업구조의 고도화와 함께 일자리 창출을 기대할 수 있도록 해야 할 것이다.

(3) 중소기업 혁신역량 및 글로벌 경쟁력 제고

지금의 세계는 규모의 경제가 주축이 되는 급격한 시대의 전환에 서있

〈표 8-2〉 세제지원 현황

구 분	지 원 내 용
법인세(소득세) 감면	수도권과밀억제권역 외의 지역에서 창업한 중소기업 등에 대하여 창업 후 소득발생연도부터 4년간 매년 납부할 법인세(소득세)의 50% 감면
등록세 면제	• 창업 후 2년 내 취득한 사업용 재산에 대한 등록세 면제 • 창업중소기업의 법인설립동기에 대한 등록세 면제(창업 중에 벤처기업으로 확인받은 경우 6월 내 행하는 법인설립등기 포함)
취득세 면제	• 창업 후 2년 내 취득한 사업용 자산에 대한 취득세 면제
인지세 면제	• 창업 후 2년간 금융기관의 융자관련문서에 대하여 인지세 면제
재산세	• 창업 후 5년간 재산세 50% 감면
창업기업투자에 대한 소득공제 등	중소기업창업투자조합 및 벤처사업 등에 출자한 금액의 15% 소득공제 · 벤처기업에 출자한 주식을 5년 이상 보유 후 양도하는 경우 양도세 비과세 등이 있다.

자료출처 : 중소기업청 관보자료

다. 중소기업으로 지금의 시대에서 국제적 경쟁력을 갖추는 것은 다양한 소비패턴에 빠르게 적응해야하는 절박한 기로에 직면하고 있다.

그러나 빠른 변화가 중소기업의 장점이라면 중소기업의 문제는 기술 개발에 대한 투자의 취약성과 글로벌 기업과의 경쟁에서 경쟁력이 약하다는 것이다. 이러한 문제를 극복하기 위해서는 중소기업의 글로벌 경쟁력 강화가 중요한 과제라고 할 수 있다. 이러한 문제를 해결하기 위해서는 정부의 중소기업에 대한 규제완화와 같은 간접적인 정책보다 정부의 적극적인 정책자금 지원이나 세제지원과 같은 직접적인 정책이 필요로 할 것이다.

(4) 외국인 직접투자(FDI)에 대한 인식 전환

WTO 이후 보다 강하게 글로벌화하고 있는 세계경제에서 외국의 우리나라에 대한 직접투자에 대한 인식을 보다 긍정적으로 전환할 필요가 있다. 외국의 총투자자본이 우리나라에서 가장 효율적일 수 있는 수준으로까지 제고되어야 한다.

그러나 외국인 직접투자 유입은 2005년 이후 감소하다가 2007년 이후 2009년을 제외하고는 증가추세에 있다. 2010년 전년 동기 대비 13.8% 증가하며 130억달러를 기록했던 대한국 FDI는 2009년 마이너스 성장을 제외하곤 플러스 성장을 기록 중이다.

〈표 8-3〉 FDI 유입 규모 추이[17]

(단위 : 백만달러, %)

	2007	2008	2009	2010	2011	2012
신고액 (증감률)	10,514 (6.5)	11,712 (11.4)	11,484 (−1.9)	13,071 (13.8)	13,673 (4.6)	11,199 (−47.7)
도착액 (증감률)	7,718 (15.1)	8,388 (6.7)	6,751 (−19.5)	5,414 (−19.8)	6,573 (21.4)	6,763 (2.9)
도착률	73.4	71.6	58.8	41.4	48.1	60.4

* 2012년도는 3/4분기까지의 집계

17) 자료출처 : 지식경제부, 2012년 3/4분기 외국인직접투자 동향, 2012.

최근 FDI 유입 규모의 증가는 FTA 효과로 전반적인 투자매력도가 향상된 가운데 일본의 부품 소재 투자가 꾸준히 증가하고, 중화권의 지역개발 분야 투자가 대폭 확대된 데 기인한다. 1998년 외자유치 정책이 본격 도입된 이후 1999년 유입규모가 155억 달러를 상회하는 등 높은 성과를 거두었다. 이는 외환위기 직후 FDI 확대는 원화 가치의 급락과 구조조정 과정에서 급매물 양산에 의한 것이었지만 이후 구조조정 매물이 일단락되고 환율이 안정화되면서 한국의 FDI 유입은 점진적으로 감소되었다가 2008년 이후 다소 증가하고 있다.[18] FTA 효과 등 투자환경 개선으로 글로벌 시장 진출형 대규모 제조업 및 서비스 분야 투자가 대폭 증가하였고, 국가신용등급 상향조정으로 자산투자 매력도가 제고되어 M&A형 투자가 활성화되었고, 일본의 부품소재분야 투자가 꾸준히 늘고 있는 가운데 중화권으로부터의 지역개발분야 투자가 대폭 증가가 원인이 되었다.[19]

세계경제의 성장둔화 자원민족주의 등 대외 경제 환경의 변화로 인해 앞으로 투자여건은 더욱 더 불리해질 전망이다. 이에 외국인 직접투자에 대한 전반적인 인식전환을 통해 외국인 직접투자유치의 장애요인 제거에 주력하는 한편 외국 기업에 대한 부정적 시각을 바로 잡아야 할 것이다.

제2절 경제통합

1. 성립배경과 결성동기

(1) 성립배경

지역 경제통합 또는 경제통합(economic integration)의 개념에 대한 견해는 일정하지 않고 학자들간에 다양하다.[20] 틴버겐(J. Tinbergen)[21]에 의하면 '경

18) 강한균 외, 전게서, pp.138~150.

19) 지식경제부 2012년 10월 5일 보도자료(외국인 직접투자동향)

20) 김수현, 『무역학』, 대진, 2007, p.169.

21) J. Tinbergen, *International Economic Integration Amsterdam*, North Holland, 1965, p.57.

제통합이란 경제가 최적상태로 운용되는 것을 저해하는 인위적 장벽을 제거하여 조정과 통일에 필요한 요소들을 의식적으로 도입하여 바람직한 경제구조를 형성하는 것'이라고 규정하였다. 그러므로 틴버겐은 경제통합을 최적 경제정책의 일부로 파악하였다. 이에 반해 뮈르달(G. Myrdal)[22]은 경제통합을 기회균등의 서구적 이상을 실현하는 것으로 파악하였다. 그리고 발라사(B. Balassa)는 경제통합을 과정인 동시에 상태로 파악하였다.

이를 종합하여 보면 '경제통합이란 어느 지역의 다수국이 경제에 관한 협정을 체결한 후 각각 자국시장을 개방하여 하나의 광역경제권을 결성한 후, 역내에 있는 상품 및 생산요소의 국제적 이동을 보장하고 또한 산업구조를 조정하며 통화, 금융, 재정, 산업면에서 상호 보조조치를 취하면서 이를 정책적으로 조정하는 경제적 조직체'를 의미한다. 그 대표적 예는 유럽연합(EU)이다. 경제통합은 일국의 자주적 경제정책의 한계를 국가간의 협의 · 협조에 의하여 극복할 수 있으며, 각국간의 경제적 차별조치를 제거할 수 있을 뿐 아니라 공동시장의 결성과 가맹국 상호간의 경제정책의 점진적 접근방법에 의하여 통합집단의 경제활동의 조화적 발전, 지속적 또는 균형적 확대, 안정 강화, 생활수준의 개선, 가맹국간의 긴밀화를 촉진시킬 수 있다.

제2차 세계대전 직후 마샬원조를 수용하는 가운데 나타난 유럽제국의 결속과 상호협조는 경제통합의 움직임으로 연결되었다. 1952년 베네룩스 3국과 프랑스, (구)서독, 이탈리아 등은 구주석탄철강공동체(ECSC)를 성립시켰다. 즉 석탄과 철강에 대하여 6개국이 단일시장을 실현함과 동시에 양산업에 있어서의 자본, 노동의 역내자유이동을 위한 초국가적인 부분별 통합이었다. 이것의 발전으로 구주공동체(EEC)를 형성하게 되었는데, 1957년 3월 원자력공동체(EURATOM)와 함께 로마에서 조인되었고 1958년 정식으로 설립되어 성공적인 발전을 이룩했다.

EEC가 탄생하자 영국은 EEC에 가입하지 않은 스웨덴, 노르웨이, 오스트리아, 스위스, 포르투갈과 함께 1960년 구주자유무역연합(EFTA)을 결성

---

22) G. Myrdal, *An International Economy*, Harper & Row, 1964, p.11.

했으나 큰 성과를 거두지 못했다.

한편 공산권에서는 1950년 경제상호원조회의(COMECON), 중남미에서는 1961년 라틴아메리카자유무역연합(LAFTA), 1962년 중남미공동시장(CACM), 1964년 아랍공동시장(ACM), 1966년 중앙아프리카 경제·관세공동(CAE-CU)과 카리브자유무역협정(CFTA) 등이 체결되었다. 더구나 오세아니아 주에서는 오스트레일리아와 뉴질랜드 중심으로 1965년 자유무역협정이 체결된 바 있다. 그 후 북미지역을 중심으로 한 1992년의 북미자유무역연합(NAFTA)이 결성되었다.

(2) 경제통합의 결성동기

일반적으로 논의되고 있는 경제통합의 결성동기는 다음과 같은 몇 가지를 들 수 있다.

첫째, 역내국가간의 경제협력 강화이다. IMF 및 GATT 등 국제경제기구의 등장으로 전후의 각국간 경제협력이 한층 더 요청되었고 일국만이 고립해서 경제적 발전을 추구할 수 없게 되었다. 따라서 일부 국가는 협의·협조의 정신 하에서 경제발전수준과 경제구조가 유사하고 동질적인 회원국 상호간 공동의 경제발전을 추구하기 위하여 경제통합의 결성이 필요하게 되었다.

둘째, 식민지국들의 독립이다. 제2차 세계대전 후 개발도상국들이 독립을 달성함에 따라 선진국과 저개발국으로 결성된 경제블럭(economic bloc)은 해체되었다. 이에 따라 선진국의 일부 수출시장은 그만큼 줄어들지 않을 수 없었기 때문에 경제발전단계와 경제구조가 유사하고 동질적인 국가간에 수평적 경제통합의 결성이 필요했던 것이다.

셋째, 기술혁신의 가속화이다. 원자력산업·전자공업·석유화학공업 등에서의 혁신적인 기술진보는 필연적으로 생산력과 생산규모를 거대화시켰기 때문에 생산의 국제적 연관성은 한층 더 긴밀화되었으며, 종래 1국의 협소한 시장 만으로서는 기술혁신에 의하여 생산된 상품을 도저히 소화시킬 수 없게 되었다. 따라서 대시장을 통한 규모의 경제이익을 얻기 위하여 경제통합의 결성이 요청되었다.

넷째, 사회주의경제권의 형성이다. 제2차 세계대전 후 세계경제가 자본주의 경제권과 사회주의 경제권으로 양분되고 사회주의 경제권에서는 COMECON이 결성됨에 따라 단일 세계시장은 자본주의경제권 시장과 사회주의 경제권의 시장으로 양분되었다. 이에 의하여 자본주의제국의 수출시장은 그만큼 축소되었을 뿐 아니라 그 내부에서는 수출경쟁이 치열했기 때문에 일부 국가에서는 무역장벽을 제거하고 각각 자국시장을 개방하여 광역시장의 결성 등 경제통합을 시도하려고 했다.

2. 경제통합의 유형

경제통합은 경제적 차별이 어느 정도 제거 또는 철폐되느냐에 따라 여러 가지 유형으로 분류된다. 발라사(B. Balassa)는 경제통합을 과정인 동시에 하나의 상태로 파악하고 경제통합은 각 경제단위간 차별을 제거하기 위한 조치이자 또한 각 경제간 여러 가지 차별이 존재하지 않는 상태로 정의하고 역내외간 차별의 정도에 따라 다음과 같이 5개의 단계로 분류하고 있다.[23)]

(1) 자유무역지역(free trade area)

자유무역지역은 가입국간에는 관세 등 모든 무역장벽이 철폐되어 지역내의 무역이 자유롭지만, 생산요소의 이동은 제한되는 형태이다. 지역외의 무역 및 경제정책에서는 가입국의 독자성이 보장되어 가장 낮은 지역의 관세를 가진 국가를 통해 비가입국의 상품이 역내에 수입된 후 자유롭게 가입국으로 이동하므로 시장을 교란하는 것을 막을 수 없다. 이의 대표적 예는 1960년 영국, 오스트리아, 덴마크, 노르웨이, 포르투갈 및 스위스에 의하여 형성되고 핀란드를 준회원국으로 하는 유럽자유무역연합(EFTA), 북미자유무역연합(NAFTA), 라틴아메리카자유무역연합(LAFTA) 그리고 오스트레일리아 및 뉴질랜드 자유무역협정(1965) 등이다.

23) B. Balassa, *The Theory of Economic Integration*, George Allen & Unwin, Londen, 1969, pp.2~3.

(2) 관세동맹(customs union)

관세동맹은 자유무역지역과는 달리 가맹국 사이의 무역에 대해서는 관세 및 기타의 장벽을 부과할 수 없고 비가입국에 대해서 단일의 공동관세를 설정하고 있다. 생산요소의 이동은 여전히 제한된다.

(3) 공동시장(common market)

공동시장은 관세동맹에서 더 발전된 것으로 가맹국간 생산요소의 자유로운 이동도 허용하는 형태이다.

(4) 경제동맹(economic union)

경제동맹이란 가맹국간에 경제정책의 협조까지도 이루어지는 형태이다. 경제동맹의 대표적인 예로 유럽연합(EU) 등을 들 수 있다.

(5) 완전경제통합(complete economic integration)

완전경제통합이란 경제동맹이 지향하는 경제정책의 조정에만 한정하지 않고, 초국가적 기구의 설립에 의해 통화 · 금융 · 재정 · 사회 · 경기정책 등을 통일함으로써 사실상 새로운 국가를 형성하는 형태이다. 이는 경제적 통합뿐만 아니라 정치적 통합이 수반되는 형태로서 가장 고도로 발전된 경제통합의 형태이다.

이상의 각 발전단계별 형태는 현실적으로 상호 중복되는 경우도 있으나 어떠한 형태도 가맹국간에 무역을 자유화하고 비가맹국에 대해서는 각종 무역을 제한하는 조치를 취함으로써 차별하고 있다는 면에서 공통점이 있다.[24)]

---

24) 서청석, 『신무역학원론』, 신영사, 2005, p.212.

3. 경제통합의 조건과 과제

경제통합을 성공적으로 결성하기 위해서는 몇 개의 기본적 조건이 필요하나 일반적으로 이 조건은 학자에 따라 달리 표현되고 있다. 경제통합을 경성하기 위해서는 정치적 · 경제적 · 사회적 · 문화적 제조건이 구비되어야 하며, 지리적 조건도 갖추어져야만 한다. 더구나 그러한 조건들이 충족된다고 하더라도 경제통합에는 몇 가지 문제점이 제기된다.

(1) 경제통합의 조건

경제통합의 조건에 대한 드니요(J.F. Deniau), 산활드(R.F. Sannwald) 및 스톨리어(J. Stohler) 등 학자들의 견해를 종합해 보면 다음과 같은 경제통합의 일반적 조건을 제시할 수 있다.

경제통합의 전제조건은 EU를 비롯한 경제동맹에서 찾아볼 수 있는 것과 같이 첫째, 정치적, 경제적인 공통목표하에서 지리적인 인접관계, 둘째, 생활태도와 생활수준의 유사, 셋째, 경제발전수준의 동일성 등이 구비되어야 한다. 여기에 문화수준의 유사성과 문화적 유대관계의 강화, 대내외정책의 공통성, 유사한 혈통 등의 조건이 갖추어진다면 통합의 가능성은 현실적으로 크다. 이중에서도 특히 동질 경제구조하에서 잠재적인 보완성이 갖추어진다면 다수간의 통합은 한층 더 용이할 것이다.[25)]

(2) 경제통합의 과제

경제통합체내에서 가격메커니즘이 효율적으로 작용하지 못하고, 이것이 오히려 생산과 소비의 합리적 배분을 저해하거나, 더욱이 대시장의 형성에 의하여 성립된 대기업이 독점가격의 형성 등 독과점체제를 강화한다면, 통합체 내부에 있어서 경제의 안정적 성장은 경제통합 전보다 저해될 것이다. 그러므로 완전고용정책 등을 비롯하여 공정경쟁을 위한 독점규제, 재정 · 금융 · 사회정책 등의 통일과 조정 등 제도적 또는 정책적 조치가 선행되어야 할 것이다. 경제통합은 필연적으로 역내우선주의, 역외차별주

---

25) 손병해, 『경제통합의 이해』, 법문사, 2003, p.32.

의에 입각하여 경제활동을 하지 않을 수 없다고 하더라도 각국이 한결같이 이익을 추구하려고 노력한다거나 또는 역외제국에 대하여 배타적 차별조치를 강화한다면, 세계경제는 수개의 경제권으로 분할되고, 이에 의하여 국제경제의 균형적 성장은 파괴될 것이다. 그러므로 국제무역의 확대를 통한 세계경제의 균형적 성장을 촉진하기 위하여 일국의 입장, 통합체 전체의 입장, 세계적인 입장 등 3자간의 입장이 원활하게 조화되지 않으면 안 된다. 따라서 가맹국들이 어떻게 여러 입장을 동시에 살릴 수 있도록 경제정책을 조정할 것인가의 문제가 대두된다.

4. 경제통합의 효과

경제통합의 효과를 처음으로 제시한 논리가 바로 관세동맹이론이다. 관세동맹에 의하여 역내제국간의 관세가 철폐되고 역외제국에 대하여 차별적 공통관세가 부과되면 여러 가지 경제적 효과가 발생된다. 관세동맹의 효과에는 정태적 효과와 동태적 효과가 있다. 더구나 관세동맹 등 경제통합의 의하여 역외제국은 상당한 영향을 받는다.

(1) 관세동맹의 정태적 효과

경제통합의 주요한 효과는 우선 관세동맹의 정태적 효과로서 일정한 시점에 있어서 생산능률, 교역조건, 소비의 변화 등을 들 수 있다. 특히, 관세동맹이 무역에 미치는 효과, 즉 정태적 효과로서 무역창출효과와 무역전환효과를 들 수 있다. 관세동맹의 결성에 의하여 생산이 고코스트 공급원에서 저코스트 공급원으로 이동된다면 동맹국내에서 무역이 창출되고, 이와 반대의 경우에는 무역이 전환된다. 이 효과를 무역창출효과와 무역전환효과라고 한다.

1) 무역창출효과

경제통합으로 인하여 관세철폐가 초래한 무역증가를 무역창출효과(trade creating effect)라고 한다. 즉, 관세동맹을 형성하기 이전이나 이후에 모든

경제자원이 완전고용 되었다고 가정하면 관세동맹의 결과 비교우위에 의한 생산에서의 특화가 더욱 진전되므로 관세동맹은 가맹국의 후생을 증가시킨다. 무역을 창출하는 관세동맹(trade creating customs union)은 비가맹국의 후생도 증가시키는데 이는 가맹국 실질소득증가의 일부가 비관세동맹국으로부터의 수입을 유발하기 때문이다.

무역을 창출하는 관세동맹의 효과가 <그림 8-3>에 설명되어 있다. <그림 8-3>에서 Dx와 Sx는 X재에 대한 2국의 수요 · 공급곡선을 각각 나타내고 있다. 자유무역을 전제로 하여 X재의 가격이 1국에서는 P_1이고 제2국에서는 P_2라고 가정하고, 2국은 소규모 국가이므로 이 가격에 영향을 미칠 수 없다고 가정한다. 여기서 2국이 1국으로부터의 X재 수입에 대해 100% 관세를 부과한다면(여기서 $2P_1=P_2$라 한다) 2국은 1국으로부터 X재를 P_2로 수입하게 될 것이다. P_2의 가격으로 2국은 OQ_4(DC)만큼 소비하는데 이중 OQ_2(DG)는 국내에서 생산하고 Q_2Q_4(CG)는 1국으로부터 수입한다. 또한 2국은 HGCI만큼의 관세수입을 징수한다.

S_1은 자유무역하의 2국으로 수출하는 X재에 대한 1국의 완전탄력적 공급곡선이며 S_1+t는 관세를 포함한 공급곡선이다. 한편 3국으로부터 수입하

〈그림 8-3〉 무역을 창출하는 관세동맹

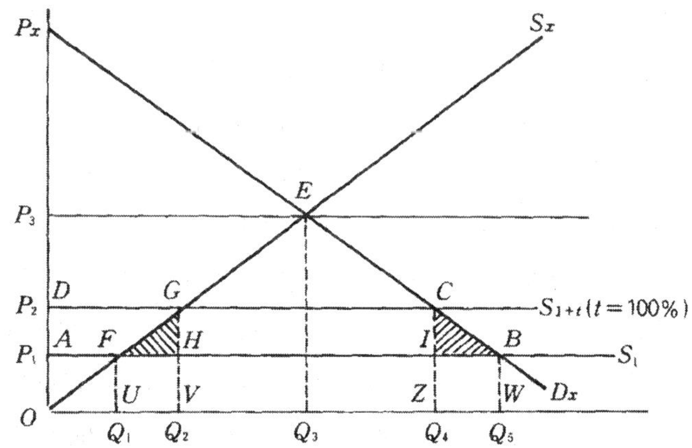

는 X재에 대해 100%의 관세를 포함한 가격이 $P_3(=2P_2)$가 된다면 2국은 3국으로부터는 수입하지 않을 것이다. 이제 2국이 1국과 관세동맹을 형성한다면 2국의 X재 가격은 P_1이 되고 이 가격에서 2국은 X재를 OQ_5 (AB)만큼 소비하는데 이중 OQ_1(AF)은 국내에서 생산하고 Q_1Q_5(FB)는 1국으로부터 수입한다. 이 경우 2국의 관세수입은 없어진다. 관세동맹 결과 2국소비자의 이익은 ADCB이나 이중 2국 전체의 순이익은 빗금 친 두 개의 삼각형 FGH와 ICB가 된다. 왜냐하면 ADCB 중 ADGF는 생산자잉여의 감소로 HGCI는 관세수입의 상실을 나타내기 때문이다. 1국의 생산비 FQ_1Q_2H는 2국의 생산비 FQ_1Q_2G보다 적음으로 결국 생산은 2국에서 1국으로 전환되어, 생산상의 무역창출효과가 나타나며 따라서 생산측 부문의 후생증가는 삼각형 FGH가 된다.

한편, ICB는 $IB(=Q_4Q_5)$만큼의 소비증가로 얻어지는 이익으로 ZWBI의 지출로 ZWBC만큼의 이익을 얻는데, 이것이 소비상의 무역창출로 얻어지는 후생효과이다. 1980년 이후 관세동맹이론에 관한 연구를 시동한 학자로는 바이너(J. Viner), 미드, 존슨 등을 들 수 있다.

2) 무역전환효과

무역전환(trade diversion)은 관세동맹의 결과 가입국상호간에 관세가 철폐되고 비가맹국에 대해서는 차별적인 관세가 부과될 경우 1국은 비가맹국으로부터 싸게 수입하던 상품을 가맹국으로부터 비싸게 수입하게 될 때 발생한다. 따라서 무역전환 그 자체는 후생을 감소시키는데, 그 이유는 관세동맹 외부의 보다 효율적인 생산자로부터 관세동맹내부의 덜 효율적인 생산자에게로 수입선이 전환되기 때문이다. 다시 말해 세계에서 가장 효율적으로 생산하는 국가로부터가 아니라 역내에서 가장 효율적으로 생산하는 국가로부터 수입하는 것이므로 후생은 감소한다. 무역을 전환하는 관세동맹의 효과가 <그림 8-4>에 설명되어 있다. 이 그림에서 Dx와 Sx는 X재에 대한 2국의 수요, 공급곡선이며 S_1과 S_3는 자유무역하의 1국과 3국의 완전탄력적인 공급곡선을 나타내며 X재 수입에 대해 100% 관세를 부과하면 2국은 S_1+t곡선에 따라 $P_2(=2P_1)$의 가격으로 X재를 1국으로부터 수입

한다. P_2 가격하에서 2국은 OQ_4(DC)만큼을 소비하는데 이중 OQ_3(DG)는 국내생산으로 Q_3Q_4(GC)는 수입으로 충당된다. 또한 HGCI만큼의 관세수입을 징수하게 된다.

〈그림 8-4〉 무역을 전환하는 관세동맹

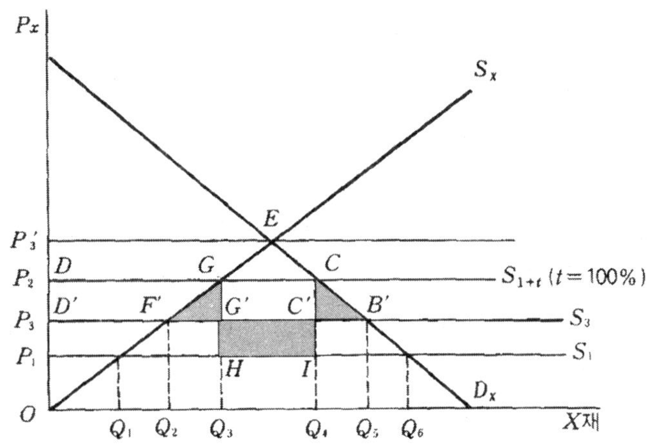

이제 2국이 3국과 관세동맹을 체결한다면 2국은 3국으로부터 X재를 P_3의 가격으로 더 싸게 수입할 수 있게 된다. P_3의 가격으로 2국은 D′B′(OQ_5)만큼의 X재를 소비할 수 있다. 이중 OQ_2(D′F′)는 국내생산에 의해서 Q_2Q_5(F′B′)는 3국으로부터의 수입에 의한다. 물론 2국은 이제 관세수입을 징수하지 못한다. 여기서 X재에 대한 2국의 수입은 보다 효율적인 1국으로부터 덜 효율적인 2국으로 수입의 전환이 이루어졌는데 이는 1국으로부터의 수입에 대하여 차별적인 관세를 부과하기 때문이다. 다만 X재의 수입이 관세동맹 이전에는 GC(Q_3Q_4)였으나 관세동맹 이후에는 F′B′(Q_2Q_5)가 됨으로써 무역을 전환하는 관세동맹의 결과로 어느 정도의 무역창출이 발생하기도 한다. 3국과의 관세동맹으로 인한 2국의 정태적 후생효과는 <그림 8-4>의 삼각형 F′GG′와 C′CB′로 측정된다. 빗금 친 사각형 HG′C′I의 면적은 비용이 낮은 1국으로부터 당초 GC(Q_3Q_4)만큼 수입하던 것을 비용이 높은 3국으로 수입을 전환함으로써 나타난 후생상의 감소 부분이다. 관세동맹의 결과 D′DCB′만큼의 소비자 잉여증가분 중에서 D′DGF′는 생산자잉여의 감소를 나타내고 G′GC′C는 관세수입의 감소분을 나타낸다.

한편 빗금 친 사각형 HG′C′I도 관세수입의 손실을 나타내므로 결국 삼각형 F′GG′와 C′CB만이 2국의 순이익이 된다.

무역전환으로 인한 후생이 손실을 나타내는 사각형 HG′C′I의 크기는 무역창출로 인한 후생상의 증가를 표시하는 삼각형 F′GG′와 C′CB′의 합보다 훨씬 크므로 무역전환으로 2국은 순후생의 손실을 가져온다는 것이다. 따라서 경제통합의 총효과는 통합에 의한 이익과 손실을 비교함으로써 판정될 수 있다. 가령 무역전환량이 무역창출량을 초과한다 해도 무역창출을 가져오는 상품에 대하여 가맹국간의 생산비의 차이가 충분히 크다면 후생은 증대할 것이다. 그리고 세계 전체에서 볼 때 경제통합이 후생을 감소시킨다고 하나 그 감소분은 다수의 비가맹국에 분산되지만 증가분은 역내의 소수국에 집중되므로 통합으로 인한 순후생의 증가 가능성이 크다는 사실을 알 수 있다.

(2) 관세동맹의 동태적 효과

관세동맹의 동태적 이익으로서는 장기간에 걸쳐 나타나는 경제성장률의 변화를 들 수 있으며, 이 동태적 효과에는 시장의 확대에 따른 기술혁신, 투자율, 경쟁의 유효성 증대 등을 들 수 있다. 관세동맹에 의하여 광역경제권이나 대시장이 형성되고 무역장벽이 완화되는 경우에는 내부경제, 외부경제, 경쟁격화, 기술혁신이 발생되며 이로써 생산능률이 개선됨으로써 경제성장이 촉진되고 경제적 후생이 증가된다. 즉, 시장규모가 확대되고 동시에 기업규모가 확대됨에 따라 대규모생산의 이익이 발생될 뿐 아니라, 연구개발투자의 증대로 인하여 기술혁신의 가속화가 이루어진다. 더구나 관세동맹의 형성은 경제적 지원을 더 효율적으로 이용하도록 한다. 왜냐하면 관세동맹의 형성은 시장규모의 확대와 함께 노동과 자본의 자유로

운 이동을 가능하게 하기 때문이다. 한편, 대시장의 결성에 의하여 역외제국에 대한 취약성의 감소, 교섭력 및 경쟁력의 증대, 교역조건의 개선, 역외자본의 유입 등 유리한 효과가 발생된다.

시토프스키(T. Scitovsky)는 '대시장화 → 경쟁의 격화 → 대량생산방식에의 전환 → 코스트의 인하 → 가격의 인하 → 대중소비의 증가(시장의 확대) → 경쟁의 격화'라는 경제순환의 확대적 과정을 통하여 경제통합의 효과를 설명했으며, 한편 드니요(I. F. Deniau)는 대시장은 대량생산, 즉 부단한 작업에 의하여 대량의 규격화된 상품생산을 가능하게 함으로써 기계 및 설비의 완전 이용이 확보된다고 주장했다.

5. 한국의 FTA

지금까지 경제통합의 여러 가지 효과와 경제통합의 원인들을 살펴보았다. 여기에서는 한국 경제통합의 현 상황과 한국의 경제통합에 대한 방향들을 특히 FTA를 중심으로 살펴보고자 한다.

오늘날 세계경제는 정보통신기술의 비약적인 발전, 구사회주의 경제권의 시장경제에의 통합, WTO 다자협상에 의한 국제적 규범의 확산, 국제금융시장의 통합 그리고 지역주의의 확산 등을 통하여 빠르게 개방화, 글로벌화 되고 있다. 이와 같은 대외환경의 변화에 적극적으로 대처하기 위한 하나의 수단으로서 세계 각국은 지역별 경제통합과 동시에 원거리 국가 간의 FTA를 활발히 진행하고 있다. 경제이론에 따르면 FTA는 무역 및 투자의 촉진, 자원배분의 효율적 향상, 경제성장의 촉진 등의 다양한 효과를 지닌다. 우리나라와 같이 수출의존도가 높은 국가는 FTA체결로 상당한 규모의 경제적 이익을 기대할 수 있다.

전 세계적으로 확산되고 있는 FTA의 추진동기에는 여러 가지가 있을 수 있으나, 크게 보아 1990년대 이전에는 시장접근에 의한 교역확대가 FTA의 주된 체결목적이었던 반면, 1990년대 후반 이후에는 직접투자유치, 경제구조조정 등 보다 적극적인 목표하에서 FTA가 추진되기 시작하였다[26].

우리나라의 국가별 FTA 추진현황을 구체적으로 살펴보면, 2004년 한-칠레 FTA가 발효되었고, 한-싱가포르 FTA는 2006년 3월 발효되었다. 또한, 한-EFTA는 2006년 9월에, 한-아세안 FTA은 2007년 6월에 한-인도 FTA는 2010년 1월에, 한-EU FTA는 2011년 1월에, 한-페루 FTA는 2011년 8월에, 한-미 FTA는 2012년 3월에 발효되었다.

한-터키는 2012년 3월에 협상 타결을 선언하고, 협정문에 가서명함으로 양국간 자유무역협정 협상이 2년 만에 타결되었고, 한-콜롬비아는 2012년 6월에 중남미 3위 시장인 콜롬비아와 FTA 협상이 2년 6개월만에 타결되었는데, 터키와 콜롬비아는 2013년에 발효될 예정이다.

그리고 ASEAN(서비스 · 투자), 캐나다, 멕시코, GCC, 뉴질랜드, 베트남, 인도네시아, 호주, 중국 등과 협상을 추진 중이고, 일본, 한-중-일, 메르코수르(MERCOSUR), SACU, 말레이시아, 몽골, 이스라엘, 러시아 등과 협상 준비 내지 검토 중에 있다.[27)]

---

26) 강한균 외, 『국제통상학원론』, 삼영사, 2008.8., pp.129~130.
27) 한국무역협회 자료를 바탕으로 정리함.

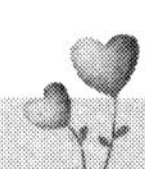

〈표 8-4〉 한국의 FTA 추진상황

구 분	내 용	사 례
체 결	한 · 칠레	2004.4.1 발효
	한 · 싱가포르	2006.3.2 발효
	한 · EFTA	2006.9.1 발효
	한 · 아세안	2007.6.1 발효(상품부문)
	한 · 인도	2010.1.1 발효(한-인도 포괄적 경제동반자 협정)
	한 · EU	2011.1.1 발효
	한 · 페루	2011.8.1 발효
	한 · 미	2012.3.15 발효
서명/ 타결된 FTA	한 · 터키	비준안 통과, 2013년 발효 예정
	한 · 콜롬비아	2012.8.31 가서명
협상 추진중	한 · 아세안	서비스 · 투자 부문 협상추진 중
	한 · 캐나다	제13차 한-캐나다 협상 개최('08.3.25) 한-캐나다 FTA 원산지 분야 회의('09.1.8)
	한 · 멕시코	제2차 한 · 멕시코 협상 개최('08.6.98)
	한 · GCC	제3차 한 · GCC 협상 개최('09.7.8) 한 · GCC 원산지/서비스 회의('09.11.17)
	한 · 뉴질랜드	제4차 협상 개최('10.5.12) 한 · 뉴질랜드 통상장관 회담 개최('11.2.1)
	한 · 베트남	제1차 한 · 베트남 협상('12.9.3)
	한 · 인도네시아	제2차 한 · 인도네시아 CEPA 협상 개최('12.12.10)
	한 · 호주	제5차 한 · 호주 협상 개최('10.5.24)
	한 · 중	제4차 협상 개최('12.10.30)
협상준비/ 검토중	한 · 일	2004년 11월 6차 협상(잠정중단) 한-일 FTA 협상재개 검토 및 환경조성을 위한 제4차 실무협의('09.12.21) 제2차 한-일 국장급 협의 개최('11.5.9)
	한 · 중 · 일	한 · 중 · 일 3국 정상회의(''12.5.13) 한 · 중 · 일 협상 개시 선언('12.11.20)
	한 · 메르코수르 (남미공동시장)	한-MERCOSUR 추진 협의 MOU 체결: 무역협정 추진을 위한 공동협의체 회의 개최 추진 중
	한 · SACU	민간공동연구 개시 합의('08.12)
	한 · 말레이시아	한-말레이시아 FTA 타당성 연구 개시('10.5.1)
	한 · 몽골	민간공동연구 개시 합의('08.10)
	한 · 이스라엘	한-이스라엘 민간공동연구 제3차 회의개최('10.4.15)
	한 · 러시아	제2차 한-러 양국간 경제동반자 협정 공동연구 그룹 개최('08.7.9)

자료 : 한국무역협회(www.kita.net)

제4부 국제금융론

09 국제금융시장

제1절 국제금융시장의 개요

1. 국제금융시장의 의의

국제금융시장(international financial market)이란 국제적인 금융거래가 형성되는 시장을 통틀어 일컫는 말이다. 따라서 이러한 국제금융시장은 외환시장, 국제은행시장, 파생금융상품시장, 국제단기금융시장, 국제채권시장, 국제주식시장 등이 있다.[1] 이러한 국제금융시장을 규정하는 기준은 금융 거래 당사자의 거주 지역을 기준으로 한다. 금융거래 당사자 중 어느 일방이나 또는 쌍방이 비거주자인 경우의 금융을 말한다. 따라서 금융거래 당사자가 모두 거주자인 국내금융시장(domestic financial market)과는 구별된다. 국제금융은 3가지 형태로 분류된다. 즉 자금 공급자가 비거주자(거주자)이고 자금의 수요자(차입자)가 거주자(비거주자)인 경우 그리고 자금공급자와 수요자가 모두 비거주자인 경우이다. 특히 자금수요자와 공급자가 모두 비거주자인 경우, 즉 비거주자 상호간의 금융거래를 역외금융거래(offshore financial transactions)라 부른다. 따라서 국제금융의 최소한의 필요조건은 거래당사자중 어느 한쪽은 반드시 비거주자이어야 한다는 것이다.[2]

---

1) 김창봉 외, 『무역학원론』, 박영사, 2007, p.361.
2) 최해범, 『국제재무관리』, 대명, 2007, p.69.

국제금융거래 역시 국내금융과 마찬가지로 직접금융과 간접금융, 단기금융과 장기금융 등으로 나누어지며 거래 당사자에 비거주자를 포함한다는 것을 제외하면 근본적으로 국내금융과 다를 바가 없다. 국제금융시장은 원래 영국 런던을 중심으로 발달하였으나 오늘날에는 뉴욕, 파리, 프랑크푸르트, 취리히, 동경, 싱가포르, 홍콩, 바레인, 케니만군도 등을 포함하여 범세계적으로 확산 발전하고 있다.

2. 국제금융시장의 기능

국내금융시장이 국내에서의 흑자부문과 적자부문의 자금의 흐름을 원활하게 하여 자금배분의 효율성을 제고하는 것이라 할 수 있다. 마찬가지로 국제금융시장도 국가간의 흑자부문과 적자부문을 연결하여 국제적 자금배분의 효율성을 제고하는 것이다.

그 주요 기능은 국제대차 결제, 국제무역금융지원, 국제대차 및 국제유통성 과부족 조정, 국제자금관리수단 제공 등으로 나누어 볼 수 있다.[3)]

첫째, 국제적인 대차의 결제이다. 국제적인 무역 등의 경상거래와 자본거래에 따른 국제적 채권 · 채무의 결제를 원활하게 해준다.

둘째, 국제무역금융을 통한 국제무역의 촉진이다. 국제금융시장을 통해 국제적 무역거래에 수반되는 무역금융을 원활하게 함으로써 국제무역을 촉진한다. 그것은 전후 GATT를 중심으로 한 자유무역주의하에서 무역의 급속한 성장에 중요한 역할을 하였다.

셋째, 국제유동성 편재의 시정이다. 국가간의 국제수지 불균형이 심화됨에 따라 국제유동성의 편재현상이 나타나게 되는데 국제금융시장에서의 수급균형 조절기능을 통해 그와 같은 국제유동성의 편재현상을 시정하는 역할을 한다. 즉 적자국의 원활한 국제수지적자 보전을 가능케 하고 흑자국에게는 효과적인 국제유동성의 활용처를 제공해 주는 것이다. 특히 지난 70년대초 석유파동 때 산유국에 과도하게 편중되었던 국제유동성을 재환류하는데 국제금융시장의 기여가 컸던 것은 이를 잘 말해준다.

---

3) 김경림, 『국제금융 및 자금관리론』, 법문사, 1983, p.26.

넷째, 효율적인 국제자금관리를 가능하게 한다. 다국적기업의 활동 증대, 각국의 경제개방화 및 국제화의 촉진 등으로 환위험, 컨트리 리스크 등 다양한 국제투자의 위험에 직면하게 되는데 국제금융시장이 발달함에 따라 다양한 국제자금 관리기법이 개발되고 이를 이용하여 효율적인 국제자금관리를 할 수 있다. 최근 금융선물, 스왑, 옵션 등 새로운 금융기법의 발달은 국제적 자금관리의 효율성을 제고하는 데 중요한 역할을 하고 있다. 특히 1990년대 후반 이후 그 같은 기능의 중요성이 점증되고 있다.[4)]

3. 생성 · 발전요건

최근의 경제 환경은 급변, 복잡 · 다양한 구조라 할 수 있다. 글로벌 경영이라는 말에서 살펴볼 수 있듯이 실제 전 세계는 국가라는 벽이 허물어진지 오래다. 이러한 경제 환경을 뒷받침하듯 국제 금융시장은 날로 발전해 가고 있는 것이 현실이다. 이러한 국제금융시장의 생성 · 발전요건을 살펴보면 다음과 같다.

(1) 국제경제거래의 중심지

국제금융거래의 중심지가 되기 위해서는 국제적 자본력과 경제력의 뒷받침이 있어야 한다. 하지만 최근 크게 늘어나고 있는 역외금융시장의 경우는 경제규모가 반드시 대규모일 필요는 없다. 왜냐하면 역외금융시장의 경우 국내금융과 국제금융이 엄격히 구분 · 차단되어 있으며, 경제력이나 자본력의 뒷받침 없이도 정치적 안정, 금융시장에 대한 각종 특혜의 부여 등 다른 조건만 구비하면 시장의 형성이 가능하기 때문이다. 그러나 이러한 역외금융을 제외하면 경제력과 자본력에 대한 국제적 신뢰가 중요하기 때문에 국제거래의 중심지가 되는 것은 국제금융시장을 형성 · 발전시키는 데 중요한 요건이 된다.

4) 최해범, 전게서, p.70.

(2) 통화의 교환성 보장

당해국가가 국제금융의 중심지가 되려면 그 나라 통화의 교환성이 보장되어 국제결제에 사용될 수 있어야 한다. 그렇지 않으면 당해 국가의 통화를 국제결제에 사용할 수가 없어서 국제금융거래에 큰 불편이 따를 것이기 때문이다.

(3) 정치 · 사회적 안정

국제금융거래는 최소한 거래의 일방이 비거주자이기 때문에 정치 · 사회적 위험이 중요한 변수로 작용하게 된다. 따라서 정치 · 사회적 안정으로 그러한 위험을 줄이는 것이 국제금융시장의 형성에 중요한 역할을 하게 된다.

(4) 외환관리 · 금융 등의 규제 철폐 또는 완화

외환관리 · 자본거래 등에 대한 규제를 철폐 또는 완화하여 외환 및 자본자유화를 실시해야 국제금융거래가 원활하게 이루어질 수 있다. 또 당해 지역에서의 국제금융거래에 대해서는 지불준비금제도 또는 예금보험제도 등의 적용을 면제하여 금융활동을 촉진해 주어야 한다. 뿐만 아니라 세제 등에 있어서 우대조치를 취하여 외국금융기관의 진출을 적극적으로 촉진해야 한다. 역외금융시장의 경우 그러한 우대조치는 특히 중요하다.

(5) 통신시설의 완비

국제금융거래의 신속하고 원활한 수행을 위해서는 전화, 텔렉스 등 통신시설을 완비하여 국제금리, 금융환경의 변화 등에 관한 정확한 정보를 시시각각 입수할 수 있어야 한다.

(6) 영업시간대의 중복

영업시간대가 여타 국제금융시장과 겹치도록 지리적 여건 혹은 전자통신망이 충족되어야 한다. 그것은 같은 영업시간 내에 외환 및 자금의 포지션을 조정하여 자금관리의 효율성을 제고할 수 있어야 하기 때문이다.[5)]

제2절 국제금융시장

1. 뉴욕 국제금융시장

미국은 제1, 2차 세계대전을 통하여 세계 최강의 경제대국으로 등장하였다. 그 같은 미국의 강대한 경제력을 배경으로 하여 뉴욕은 미국의 금융중심지로부터 세계 최대의 규모를 갖는 국제금융시장으로 발전하게 되었다.

현재 뉴욕이 국제금융시장으로서의 요건을 거의 완전히 갖추고 단기간내에 국제금융의 중심시장으로 등장하게 된 이유는 달러가 국제통화로서 가장 중요한 위치를 차지하고 있고, 또 미국이 외환관리를 시종일관 채택하지 않은 유일한 국가인데 연유한다. 미국의 금융기관은 거주자예금과 비거주자예금과의 사이에 어떠한 차별도 두고 있지 않으며, 따라서 외국인은 미국인과 동일한 조건으로 뉴욕의 상업은행에 당좌예금을 개설하고 이를 통하여 미국 또는 제3국과의 거래의 결제수단으로 사용하고 있다.

더구나 미국의 경제적 지위향상과 더불어 영국의 경제력 약화는 파운드화의 불안을 가져와 런던금융시장의 권위를 약화시켰으며, 특히 미국이 1913년에 연방준비제도이사회(the Board of Federal Reserve System)를 창설함으로써 대규모의 은행인수어음시장이 발달하였기 때문이다.

뉴욕 국제금융시장 구조를 보면 뉴욕은 런던에 비해 국제금융의 중심지로서 그 역사가 짧을 뿐 아니라 런던과 같은 국제적인 상품거래소나 해운및 보험시장 또는 자유금시장도 가지고 있지 않은 단순한 금융시장이다. 그러나 뉴욕의 맨해튼 지구에 있는 월가(Wall street)는 런던의 시티(the City)와 마찬가지로 다수의 은행, 주식거래소, 투자금융업자, 증권브로커, 증권딜러 등의 사무소가 밀집하여 거대한 미국경제뿐만 아니라 국제무역과 국제투자에 대한 장·단기 금융의 세계적 중심지가 되고 있다.

뉴욕의 가장 중요한 금융기관은 뉴욕연방준비은행(Federal Reserve Bank of New York)이다. 이 은행은 외국의 중앙은행과 코레스계약을 체결하고 이

5) 최해범, 전게서, pp.70~72.

들의 예금을 예수하고 또 이들의 주문에 따라 미국 재무성 증권과 은행인수어음의 매매를 대행하고 있다. 또 이 은행은 다른 모든 연방준비은행 및 재무성의 대리인으로서 외국의 중앙은행과 스왑조작을 행하면서 현물과 선물의 외국환시장에 개입하고 있다.

다음으로 뉴욕 자본시장에서 가장 중요한 금융기관은 투자은행(investment bank)인데, 이들은 투자회사(investment house) 또는 증권인수업자(under writing house)라고도 불리며, 내외증권의 발행, 인수, 판매 그리고 중개 등의 업무를 행한다.

이밖에 뉴욕의 금융시장은 상업어음(Commercial Paper : C/P)[6] 시장, 은행인수어음(Banker's Acceptance)[7]시장, 연방기금(Federal Fund)시장, 재무성증권[8](Treasury Bill)시장 그리고 자본시장 등으로 구성되어 있다.

2012년 말 현재 뉴욕 국제금융시장의 1일평균 외환거래량은 대략 7,000억 달러에 이르고 있다.

미국 내의 금융센터로는 뉴욕 외에 시카고, 로스앤젤레스, 샌프란시스코, 보스턴, 휴스턴 등이 있으나 뉴욕시장이 절대적인 비중을 차지하고 있어 미국의 금융시장을 대표하고 있다. 뉴욕금융시장도 여타 금융시장과

---

6) 일반 기업들이 발행하는 만기 270일 이하의 단기 무담보 약속어음을 말한다. 상업어음은 만기 이전에 양도가 가능하고 할인식으로 발행된다. 이러한 상업어음은 무담보 어음이므로 주로 신용상태가 양호한 대기업과 국제금융기구의 주도하에 시장이 발전되어 왔으며, 비교적 단기물이 선호됨에 따라 만기가 30일물이 가장 많이 발행되고 있다.

7) 무역금융의 일환으로 널리 활용되는 단기금융상품의 일종으로서 수출업자가 수입업자의 신용장 개설은행을 지급인으로 발행한 환어음을 동 은행이 인수하여 지급을 보증하는 기한부 환어음을 은행인수어음이라고 한다. 은행인수어음은 지급인과 발행인이 지급의무를 질 뿐 아니라 인수은행에 의해서도 보증이 되기 때문에 상업어음과 같은 여타 증권들에 비하여 채무불이행 위험이 낮고 수익률이 상대적으로 낮은 것이 특징이다. 만기는 보통 30~270일 정도이나 30일 만기 어음이 가장 일반적이며 거래단위는 대개 1~5백만 달러이다.

8) 미 연방 재무부가 재정자금조달을 목적으로 발행하는 장 · 단기 증권을 재정증권이라고 하며 만기에 따라 단기재정증권(재무성증권, Treasury Bill : T-bill), 중기재정증권(Treasury Note), 장기재정증권(Treasury Bond)으로 구분된다. 이 중에서 재무성증권(Treasury Bill : T-bill)은 만기 1년 미만의 단기성 어음으로서 상업어음과 같이 할인식으로 발행되며, 미국 내에서는 대표적인 단기금리지표로 이용되고 있다.

같이 단기자금시장과 중장기자본시장으로 나누어 볼 수 있는데, 국제금융시장으로서는 단기자금시장이 절대적인 중요성을 가지게 된다.[9)]

2. 런던 국제금융시장

런던 금융시장이 오늘날 최고의 전통과 함께 최고도로 전문화된 국제금융의 중심지로서의 지위를 확립하기까지는 할인상사, 인수상사 등의 성장과 함께 발전하여 온 약 150년의 역사를 지니고 있다.[10)]

금본위제도가 채택되었던 19세기 후반부터 제1차 대전전까지만 하더라도 런던은 세계 유일의 국제금융시장이었으며 파운드는 유일한 국제통화였다. 그리하여 런던의 은행에 예금되어 있는 외국인 보유의 파운드 자금, 즉 파운드 잔고가 국제결제의 가장 중요한 수단으로 사용되었다. 즉 런던에 세계의 단기자금이 집중되어 이곳에서 모든 국제간의 다각적인 결제가 이루어졌다. 그리고 런던은 세계의 금, 상품, 해운, 보험의 중심시장이었고, 또 당시 영국은 막대한 해외투자를 행하고 있었기 때문에 런던은 세계의 자본시장이기도 하였다.

그러나 제1차 대전 이후에 채권국에서 채무국가로 전락한 영국에서 파운드화의 화폐가치가 하락하고 런던이 국제금융시장으로서의 그 지위가 약화됨에 따라 국제금융시장은 뉴욕과 런던으로 양분하게 되었다. 그러나 1950년대 말부터 유로달러시장이 형성됨으로써 다시 활기를 되찾게 되었다.

오늘날 런던의 금융시장은 외국환거래에 대한 기술적인 경험과 시차상의 유리한 점을 충분히 활용하여 뉴욕과 유럽대륙과의 외국환거래를 연결함에 있어 중추적인 역할을 담당하고 있다.

이러한 런던의 금융시장은 다음과 같은 다섯 시장이 일체가 되어 조직을 구성하고 있다.

첫째, 런던의 은행조직은 영국의 중앙은행인 영란은행(bank of England), 예금은행(deposit bank), 머천트뱅크(merchant bank), 할인상사(discount house) 그리고 외국은행 지점 등으로 구성되어 있다.

---

9) 이남구 외, 『국제무역개론』, 삼영사, 2008, p.277.
10) 이남구 외, 상게서, p.275.

둘째, 영국의 전통적인 단기금융시장인 할인시장에서는 외환어음과 상업어음의 할인이 행해지고 또 대장성증권의 입찰이 행해진다.

셋째, 런던의 자유금시장이다. 이 시장은 1939년 9월에 폐쇄된 후 1954년 3월에 재개된 세계 최대의 자유금시장이며 여기서 결정된 금의 가격은 전세계의 공정 금가격으로 활용된다.

넷째, 런던의 장기금융시장은 기채시장과 런던 주식거래소로 이루어져 있는데, 전자는 증권의 발행시장이고 후자는 그 유통시장이다. 기채는 인수보증발행의 방법에 의해 행해진다.

다섯째, 국제상품, 보험, 해운시장이 있다. 런던은 유럽의 상거래 중심지로서 각종 상품거래소뿐만 아니라 세계최대의 해운시장을 보유하고 있다.

특히 런던 국제금융시장의 경우 최근에 들어서도 계속적인 성장을 거듭하고 있다. 게다가 런던은 다수의 금융기관이 집결되어 다양한 형태의 금융거래를 취급하고 있음에 따라 시장 유동성이 풍부하고, 거래비용이 저렴한 특성을 지니고 있다.

시간대면에서도 오전에는 동경과 오후에는 뉴욕과 영업시간대가 겹침에 따라 전세계 금융시장과 당일에 거래할 수 있는 지리적 장점도 갖고 있다.

3. 동경 국제금융시장

1980년대 후반 이후 자국통화 강세를 배경으로 동경시장의 국제금융센터로서 역할이 한층 높아지고 있으나 아직까지는 뉴욕이나 런던에 미치지 못하고 있다. 그 이유는 동경시장의 대두가 일본의 거액의 무역흑자를 배경으로 한 현상으로 국제금융시장의 기본이 충분히 발전된 상태라고 하기는 어렵기 때문이다.

일본은 국제자본거래에 전통적 주도권을 갖추지 못하고 있으며 여전히 국내시장에 대한 규제가 상존해 있다. 뿐만 아니라 뉴욕, 런던에 비하여 국제금융기법의 경험축적이 미약하다. 그리고 엔화 또한 아직까지는 무역거래 결제 등에 있어서는 기축통화로서의 충분한 신뢰를 확보하지 못하고

있다. 뉴욕과 런던에 비해 금융수단의 이용가능성이나 국제금융의 경험축적, 외환 및 자본거래의 자유화면에서는 아직까지 두 시장에 미치지 못하고 있는 실정이다.

그러나 1987년 역외금융시장인 JOM(Japan Offshore Market)을 창설하여 활발한 활동을 하고 있으며, 외국채와 유로채시장이 급속히 성장해가는 추세이다. 특히 동경시장은 한국기업이 외국채(Samurai Bond)를 발행하고자 할 때 가장 유리한 시장이다.

아울러 국제금융시장의 발전, 성숙요인인 정치적 안정성이나 국내 장단기금융시장규모 및 통신거래시설의 확충 정도로 미루어 향후 주요 국제금융시장으로 성장하리라 전망된다.[11)]

4. 유로 금융시장

유로 금융시장이란 Euro Currency Market 또는 Euro Market을 가리킨다. 유로커런시(euro-currency)라 함은 어떤 나라의 국민통화가 자국영역을 벗어나 외국 소재 금융기관에 예치되어 있는 자금을 말한다. 즉, 미국이외 지역의 금융기관에 예치되어 있는 미달러 자금을 유로달러라고 하며, 독일 이외 지역의 금융기관에 예치되어 있는 DM자금을 Euro DM이라한다.[12)] 따라서 유로커런시(euro-currency)시장이란 그 통화의 발행국 이외의 지역에 예치되어 있는 통화시장을 말한다. 예컨대, 미국인이 영국의 상업은행에 예금을 한 것을 유로달러라 부르고 동시에 영국인이 미국 상업은행에 예금한 것은 유로스터링이라고 부른다.

이러한 형태로 예금된 은행잔고는 그들 각국들이 추가적인 외국통화자금을 투자하거나 또는 취득할 필요가 있을 때 주요 국제은행이나 다국적기업에 의해서 통상적으로 조달 운영되게 된다. 처음에는 달러만이 이러한 형태로 이용되었고 이러한 금융시장을 유로달러시장이라고 불렀다. 그러나 그 후에 다른 주요국통화, 즉 영국의 파운드스터링, 독일의 마르크,

11) 최해범, 전게서, pp.74~75.
12) 이남구 외, 전게서, pp.277~278.

일본의 엔, 프랑스 및 스위스의 프랑 등도 이러한 방법으로 이용되기 시작하였고 이러한 금융시장을 통칭하여 유로커런시시장이라 부른다.

유로커런시시장의 원조는 유로달러시장이므로 유로달러시장의 생성 · 발전을 먼저 파악하게 되면 기타 통화의 유로커런시시장 생성 · 발전도 자연히 이해할 수 있게 된다. 왜냐하면 유로달러시장과 기타 통화, 예를 들어 유로파운드시장은 그 생성 · 발전 배경 또는 성장 촉진 요인이 매우 유사하기 때문이다. 따라서 유로달러시장의 생성 · 발전 과정을 살펴보면 다음과 같다.

첫째, 전후 미 · 소간의 냉전에 따라 주로 동유럽 여러 나라 은행들은 미국이 그들의 보유달러 예금에 대한 동결 또는 규제조치를 취할 것을 우려하여 미달러예금을 대량으로 런던 등 서유럽 여러 나라로 이체하게 되었는데 이것이 유로달러예금을 창출하는 기원이 되었다.

둘째, 1957년 영국은 당시 파운드화 위기대책의 일환으로 비거주자에 대한 파운드 리파이낸스의 금지, 제3국 무역에 있어서 파운드유전스 사용 금지 등 국제금융거래에 있어서 파운드의 사용을 대폭 제한하였는데 이로 인하여 그동안 국제금융거래에서 중요한 비중을 차지해 왔던 파운드가 자금원으로서의 기능을 크게 상실하게 되었다. 그것은 결국 미달러표시 국제금융거래의 증대를 가져오고 그에 따라 유로달러에 대한 수요가 증대하게 되었다.

셋째, 서유럽 여러 나라의 경제부흥과 통화의 교환성 회복을 들 수 있다. 즉 전후 독일, 프랑스 등은 미국의 막대한 지원 등에 힘입어 급속한 경제회복을 이룩하였으며 그에 따라 1958년에는 이들 나라의 통화가 교환성을 회복하기에 이르렀다. 그 결과 이들 나라의 외환관리가 크게 완화되고 국제자본이동은 급속히 증가하게 되었다. 그것은 유로달러시장을 통한 국제금융거래의 대폭적인 증대를 촉진하는 계기가 되었다.

넷째, 미국의 금리규제이다. 미국은 예금기관의 과당경쟁을 막기 위해 이른바 '연방은행규정 Q(regulation Q)'에 의거, 예금금리의 상한제를 실시해 왔다(1986년 폐지). 이는 미국 국내금리와 유로시장금리간의 격차를 초래하여 미국으로부터 유로시장으로의 자금유출을 촉진하여 유로달러의 공

급을 증대시키는 요인의 하나가 되었다.

다섯째, 유로시장에 대한 규제의 완화 또는 철폐이다. 서유럽 여러 나라는 경제성장에 따른 자금수요를 충족시키기 위하여 금융시장의 발전을 촉진하게 되었으며 그에 따라 외환자유화, 자본자유화 등을 실시하여 유로시장에 대한 각종 규제를 철폐하였다. 특히 유로예금의 경우 지준율 적용의 면제, 예금보험의 면제 등으로 유로은행의 자금운용 코스트가 국내금융에 비해 더 저렴하게 되었는데 이는 유로은행의 활발한 영업활동을 보장하는 중요한 역할을 하였다.

여섯째, 미국의 자본이동 규제이다. 1960년대 중반 미국은 만성적인 국제수지적자와 그에 따른 달러가치의 하락 및 국제통화불안의 가중으로 자본유출을 억제하는 일련의 규제조치를 취하였다. 이는 미국 국내에서의 외국인 차입을 억제하게 하였으며, 이에 따라 차입수요자들이 유로시장으로 눈길을 돌리는 계기가 되었다. 예를 들면 이자평형세(1964), 해외금융 및 국제투기에 관한 자율규제(1965) 등이 그것이다.

달러를 제외한 기타 통화, 즉 파운드, 마르크, 엔 등의 유로통화시장의 발달 역시 유로달러와 같은 맥락에서 찾을 수 있다. 앞에서와 같이 유럽 여러 나라의 경제부흥과 통화의 교환성 회복, 외환 및 자본자유화 등이 그 성장의 주요 요인이 되었다. 1996년에 들어 독일 마르크, 일본 엔, 스위스 프랑 등 이른바 강세통화들이 달러화의 약세에 따른 국제통화불안을 틈타 유로통화로서의 기능을 강화하였으며, 특히 1998년에 와서는 아시아 지역의 금융위기, 예컨대 태국, 한국, 인도네시아 등의 금융불안 그리고 일본엔화의 가치하락 등이 이어지면서 유로 금융시장에도 변화가 발생하고 있고, 그에 따른 국제통화체제의 개편 등을 예고하는 소리들이 돌고 있다.

한편, 유로자금시장(euro-money market)은 유로통화시장 중에서 만기 1년 미만의 단기자금시장이며 유로통화예금의 창출과 함께 형성되는 시장이다. 유로예금은 유로통화의 발행국 은행에 예치된 자금을 발행국 이외의 지역에 소재하는 은행으로 단순히 이체시킴으로써 창출된다. 유로달러 예금을 예로 들어보면 다음과 같다.

미국소재 뉴욕은행에 예금을 가진 A가 백만달러를 인출하여 런던소재 유로은행인 런던은행에 정기예금으로 이체한다고 하자. 이때 A가 인출한 백만달러는 수표나 다른 방법으로 뉴욕은행에서 빠져나와 런던은행으로 이체된다. 런던은행은 뉴욕은행의 코레스(corres)계정을 통해 뉴욕은행 구좌에서 백만달러를 인출하여 A의 명의로 정기예금 백만달러를 개설함으로써 유로달러예금이 창출된다. 즉 미국내에 있던 달러표시예금 백만달러가 그 통화의 발행지가 아닌 런던에 있는 은행에 예치된 것이다.

이러한 유로자금시장의 특징을 살펴보면 아래와 같다.

첫째, 유로자금시장은 유로달러가 주도하는 시장이다. 유로달러가 전체 시장의 60%이상을 차지하여 압도적인 비중을 보였으나 최근 달러화의 약세를 반영하여 유로달러의 비중은 점차 줄어들고 있다.

둘째, 유로자금시장은 범세계적으로 확산되고 있다. 전통적으로 유로자금시장은 유럽지역에 집중되어 있었으나 최근 그 비중이 점차 줄어들고 대신 미국, 역외금융센터 등의 비중이 늘어나고 있다. 따라서 유로자금시장은 전세계적으로 확산되는 추세를 보이고 있다.

셋째, 유로자금시장은 은행간 거래시장이다. 유로자금시장은 대고객시장과 은행간시장으로 나누어지는데 은행간시장이 큰 비중을 차지하고 있다. 즉 유로예금의 총규모 중에서 은행간 예금이 거의 50%이상을 차지하여 동 시장이 은행간 예금에 의해 주도되고 있음을 알 수 있다. 그것은 유로은행들이 비록 좁은 폭의 비드-애스크 스프레드(bid-ask spread)라도 이윤포착의 기회가 있으면 즉시 수취한 예금을 재예치하는 과정을 연속적으로 행하기 때문이다.

넷째, 유로자금시장은 통화당국으로부터 규제를 받지 않고 유로은행들이 자율적인 거래를 할 수 있는 시장일 뿐만 아니라 신용을 바탕으로 한 무담보거래시장이다. 금융규제를 받지 않고 있다는 것이 유로은행들로 하여금 국내금융에 비해 아주 좁은 폭의 예대금리마진으로도 금융거래를 할 수 있는 중요한 요인이 된다.

지금까지 살펴본 것처럼 유로시장이 국제금융시장의 중심으로서 각국의 금융국제화, 새로운 금융기법의 개발촉진, 오일달러의 원활한 재환류, 국

제유동성 편재의 시정 등 국제금융시장의 효율성을 재고하는 데 큰 기여를 한 것은 사실이지만 국제통화불안, 국제인플레이션, 유로은행의 신용불안 등을 야기시켜 국내의 통화신용정책에 혼선을 초래하는 등 여러 가지 문제점도 제기되어 왔으며 그에 따라 동시장에 대한 규제논의도 활발하게 전개되고 있는 상황이다.

첫째, 유로시장은 국제유동성의 공급으로 국제적인 인플레이션을 유발시킬 우려가 있다. 유로시장은 미국, 영국 등 주요 선진국들의 규제 또는 감독대상에서 제외되어 있기 때문에 신용팽창의 가능성이 국제금융시장에 비해 더 크고 따라서 국제유동성의 팽창은 결국 신용의 증대를 초래하여 인플레를 유발할 수 있는 추가적인 요인이 될 수 있다는 것이다. 물론 유로시장에서의 신용확대는 유로예금이 지급수단이 아니기 때문에 신용창조의 기능이 없다고 본다면 위의 논의는 설득력이 약해지지만 유로시장이 국내금융시장과는 달리 규제나 감독을 받지 않는 자유로운 시장이라는 점에서 보면 국제유동성의 증발에 따른 인플레이션 조장의 여지가 없지 않다고 할 수 있다.

둘째, 유로시장은 국제통화불안을 가속화시킬 우려가 있다. 즉 동 시장의 자금이자율이 기타 시장여건의 변화에 아주 민감하게 움직이기 때문에 외환시장이 불안정하여 국제통화불안이 일어나게 되면 환투기가 증폭되어 국제통화불안을 더욱더 가속화시킬 소지가 많다. 특히 유로시장의 자금은 핫머니(hot money)라는 점에서 보면 그러한 국제통화불안을 가속화시킬 가능성은 더 크다.

셋째, 유로은행의 안전성 문제를 지적할 수 있다. 누차 지적한 대로 유로시장은 규제나 감독이 없기 때문에 자유로운 금융활동을 하여 국제금융의 효율성은 높지만 그 반면에 그것이 유로은행의 안전성을 저해하는 요인으로 작용할 수가 있다. 유로은행의 안전성에 대한 위험에는 그 은행의 유동성 위험, 금리리스크, 환리스크, 컨트리리스크 등 여러 가지가 관련되며 국내은행과는 달리 자금의 최종대여자가 존재하지 않는 것도 큰 위험요인이 된다. 예를 들어 어떤 신용불안이 발생하여 유로은행 가운데 한 은행이 파산을 하게 되면 그에 따라 연쇄적인 유로예금의 인출사태가 발생할 것이고 그것은 유로 금융시장 전체를 뒤흔드는 신용위기를 초래할지도 모른다. 국내은행의 경우에는 중앙은행이 자금의 최종대여기능을 하게 되어 그러한 연쇄적인 신용위기의 파급은 방지할 수가 있지만 유로은행의 경우에는 그것이 사실상 불가능하다.

제3절 역외금융시장

1. 역외금융시장의 의의 및 생성요건

(1) 의의

역외금융시장(offshore financial market)이란 비거주자를 상대로 한 국제금융시장을 의미한다. 역외(offshore)란 원래 연안으로부터 떨어져 있는 해역이란 의미에서 시사하는 바와 같이 이 시장은 그 소재지국의 규제대상에서 대부분 제외된다는 점에서 유로시장의 한 부분을 형성한다고 할 수 있다. 그러나 역외금융시장은 반드시 거래대상이 비거주자이어야 한다는 점에서 거주자와의 거래도 포함하는 유로시장에 비해서는 그 범위가 좁다고 할 수 있다. 또 여기서 역외금융시장에서의 국제금융업무는 예금 및 대출의 은행업무만을 취급하는 경우도 있고 은행업무뿐만 아니라 채권의 발행 · 매매 등 증권업무까지 포함하는 경우도 있다. 특히 은행업무만을 포함하는 경우는 옵쇼어뱅킹센터(offshore banking center)라 부르고 있다. 역외금융시장이 은행업무만 포함하느냐 아니면 증권업무까지 포함하느냐 하는 것은 그 나라의 금융관행에 달려 있다. 즉 미국과 같이 은행의 겸업주의를 금지하는 경우는 역외금융시장이 전적으로 은행업무에 국한되고 있으며 런던 또는 룩셈부르크의 경우와 같이 은행의 겸업주의를 허용한 경우는 증권업무까지 병행해서 하고 있다.

역외금융시장은 조세피난지(tax haven)와는 구별된다. 조세피난지란 통상 조세상의 우대조치(법인세, 소득세, 영업세, 이자 · 배당에 대한 원천세 등에 대한 경감 또는 면제)를 취해 줄 뿐만 아니라 은행 및 기업의 비밀을

보장해 줌으로써 외국의 금융기관 또는 기업을 유치하여 그 나라의 고용과 소득을 제고시키고자 하는 국가, 도시 또는 지역을 의미하나 조세피난지 그 자체가 역외금융시장이 되는 것은 아니다. 물론 많은 역외금융시장이 조세피난지의 성격을 띠고 있으나 조세피난지가 역외금융시장이 되기 위해서는 자금거래 · 외환거래 등이 자유로워야 하고 지준율, 예금보험, 예금금리 등에 대한 규제가 없어야 한다.

(2) 생성요건

역외금융시장은 다른 국제금융시장과는 달리 국가경제의 발전에 수반된 자연발생적 시장이 아니고 정부의 시장육성 노력에 따라 인위적으로 개발된 성격이 강하다. 따라서 다음과 같은 구비요건을 그 발전의 필요요건으로 한다.

〈그림 9-1〉 역외금융시장의 구조

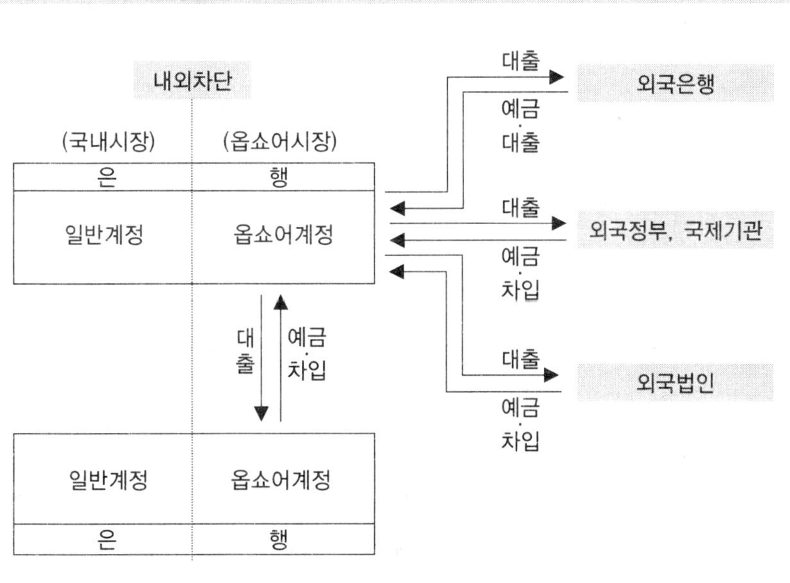

자료 : 한국금융연수원, 『국제금융 2』, 2001, p.37.

첫째, 금융의 자율화가 이루어져야 한다. 여기에는 외국은행의 설립, 자본의 유출입, 외환거래, 은행경영 등에 대한 자유화를 포함한다.

둘째, 자금거래의 코스트가 낮아야 한다. 이를 위해서는 지준율 의무의 감면, 예금보험의무의 철폐, 조세상의 우대조치, 이자소득세에 대한 감면 등을 실시해야 한다. 실제로 역외금융시장의 거래는 전문적인 금융기관 상호간의 거래가 대조를 이루기 때문에 예금자를 보호하기 위한 예금보험이나 금융정책의 일환으로 사용되는 지준율제도는 필요가 없으며 오히려 이러한 제도를 철폐하여 자금거래의 코스트를 줄임으로써 자금의 최종수요자의 부담을 경감시키는 것이 더 효과적이라 하겠다.

셋째, 정치적 · 경제적 안정을 유지해야 한다. 돌연한 정치, 경제적 변동 또는 개혁으로 민족주의가 대두하여 외국자산에 대한 특권의 폐지, 조세우대조치의 철폐, 해외송금 금지, 외국인 자산의 몰수 또는 국유화가 일어날 위험이 있으면 역외금융시장은 형성될 수가 없다.

넷째, 주요 국제금융시장과 밀접한 관계를 맺고 있어야 한다. 예를 들면 뉴욕, 런던 등의 국제금융시장과 지리적으로 인접해 있거나 긴밀한 관계를 가지고 있어야 이들 시장으로부터 최신정보를 수집할 수 있다. 그것은 많은 경우의 역외금융시장이 자금의 피난지적인 성격을 지니고 있기 때문에 국제금융시장으로부터 각종 정보를 신속히 수집하고 또 이들 시장에서 그 자금을 잘 활용할 수 있기 위해서는 주요 국제금융시장과 깊은 연대를 가지고 있어야 할 것이기 때문이다.

(3) 역할

첫째, 국제적인 자금공급의 원활화를 기할 수 있다. 즉 역외금융시장은 시장규제의 완화 또는 철폐 등에 힘입어 거액의 자금을 낮은 비용으로 능동적으로 공급할 수 있다.

둘째, 국내에 역외금융시장을 설립함으로써 단순히 국내금융시장에 머물지 않고 세계시장으로 도약함으로써 국제금융시장으로서의 기능을 확대하고 신인도를 높이며 나아가 금융시장의 폭을 넓혀 그 층을 더욱 두텁게 할 수 있다.

셋째, 금융서비스무역을 통하여 국제수지를 개선할 수 있다.

넷째, 국내통화의 국제거래를 활성화하여 이른바 금융의 국제화를 촉진할 수 있다.

다섯째, 외환 및 자본거래의 자유화로 다국적기업의 영업기지로 기능할 수 있다.

여섯째, 조세상의 우대조치로 개인, 기업 또는 금융기관의 자금도피처로 활용될 수 있다.

2. 주요 역외금융시장

역외금융시장은 런던, 룩셈부르크, 스위스의 리히텐슈타인, 영국근해의 아일오브맨(Isle of Man) 등으로부터 미국의 IBF, 카리브해 연안의 바하마, 버뮤다, 케이만군도, 파나마, 네덜란드령 안틸레스(Antilles)제도, 아시아지역의 동경IBF, 싱가포르, 홍콩, 중동의 바레인에 이르기까지 전세계적으로 광범위하게 확산되어 있다. 여기서는 런던, 룩셈부르크, 리히텐슈타인 등과 같이 유로시장과 함께 자연발생적으로 생성 · 발전한 것을 제외하고 조세피난지와 같은 유인조치에 따라 인위적으로 조성된 시장을 몇 개 골라서 소개하기로 한다.

(1) 미국의 IBF

미국의 IBF(International Banking Facilities)란 미국내의 비거주자를 대상으로 한 역외금융시장으로서 연방준비이사회가 1981년 12월부터 은행기관에 대해 그 설립을 허용한 것이다. 미국의 은행은 증권업무 등 다른 업무를 겸업할 수 없기 때문에 미국의 IBF는 반드시 예금의 수취 및 대출에 관련된 은행업무에 국한되고 있다. 여기서 한 가지 유의할 것은 IBF가 별개의 독립된 기관이 아니라는 점이다. 즉 IBF는 예금취급기관에 소속되어 있는 별도의 자산과 부채계정을 지칭하는 것이다.

미국이 IBF를 설립하게 된 것은 미국의 만성적인 국제수지적자와 그에 따른 자본유출, 유로시장의 발전, 미국 금융기관에 대한 규제 등과 깊은

관련이 있다. 즉 미국은 제2차 세계대전 이후 지속적으로 국제수지적자를 시현해왔으며 한편으로는 유로시장의 발달과 이자율상한제, 지준율부과 및 예금보험제 등에 따른 금융기관규제로 말미암아 자본유출이 심화되고 그 결과 미국 국내금융기관들이 이러한 규제가 없이 자유로운 금융활동을 할 수 있는 기타 시장에 비해 상대적으로 불리한 여건에 직면해 왔던 것이다. 물론 미국의 자본유출현상을 억제하기 위한 조치의 일환으로 이자평형세나 대외여신 자율규제 등을 실시하였으나 이러한 조치 역시 결국에는 폐지되어 버렸고 미국내 금융기관의 국제경쟁력이 상대적으로 약화되었던 것이다. 따라서 미국은 해외에 유출된 달러자금의 미국 내 유입을 촉진하고 미국내의 금융기관의 국제금융활동과 대등한 기반 위에서 영업할 수 있도록 여건을 조성해 주며 미국 금융시장의 국제적인 지위를 높이는 한편, 미국내 금융기관의 고용을 창출하고 수익을 제고하며 세수를 증대시키고자 하는 목적에서 IBF의 설립을 시도하게 된 것이다.

IBF의 예금 및 대출고객은 반드시 비거주자, 다른 IBF 및 IBF를 설립한 다른 기관에 한정되어 있다. 따라서 이들 기관을 제외한 어떤 다른 거주자에 대한 대출이나 이들로 부터의 예금수취는 금지되어 있다.

IBF의 활동범위에 대해서는 엄격하게 규제하고 있는데 그것은 IBF를 통상적인 국내금융과 완전히 분리시켜서 국내통화정책의 수행에 혼잡성을 배제시키고자 하는 데 그 주요 목적이 있다.

IBF 예금에 대해서는 지준율적용 및 예금보험의 적용이 면제되며 예금금리상한제 역시 면제되었다. 다만 IBF 설립기관이 IBF 자금을 내부적으로 활용할 경우에는 마치 미국은행의 외국지점이 수취한 예금과 동일하게 취급하여 유로통화예금에 대한 지준율의 적용을 받게 된다.

(2) 싱가포르시장

싱가포르는 아시아달러시장의 중심지로서 1968년 11월 이른바 ACU (Asian Currency Unit)계정의 성립을 인가하여 비거주자 예금의 이자지급에 대한 과제를 폐지함으로써 싱가포르 역외금융시장은 그 막을 올리게 되었다. ACU계정은 국내계정과 구분하여 아시아달러의 거래만을 기장하기 위

한 특별계정인데 싱가포르가 이와 같은 역외금융 계정제도를 도입하게 된 것은 아시아달러시장을 육성하여 기타 국제금융시장과 대등한 경쟁력을 갖게 하고, 국제금융거래와 싱가포르 국내금융거래를 완전 분리하여 전자가 후자를 교란하는 일을 차단하고자 하는데 그 목적을 두고 있다.

싱가포르 정부는 ACU계정이 국내금융시장을 교란하는 것을 차단하기 위해 싱가포르 통화관리청(The Monetary Authority of Singapore : MAS)의 엄격한 관리통제를 받고 있다. MAS는 ACU 제관리규정의 개정, ACU취급인가, 제보고, 통계 등을 통해 ACU시장을 관리 · 감독하고 있다.

ACU는 MAS로부터 ACU취급인가를 받은 은행만이 보유할 수 있으며 그러한 취급인가를 받은 은행을 ACU은행이라 부른다. 싱가포르 국내은행, 머천트뱅크, 외국은행의 싱가포르 국내지점 등이 ACU은행의 인가를 받을 수 있다.

싱가포르 시장이 취급하는 금융업무는 아래와 같다.

첫째, 예금업무이다. ACU은행은 보통예금 및 당좌예금을 취급할 수 있으나 반드시 실명제에 한한다. 그 거래대상은 비거주자, 기타 ACU은행 및 국내의 외국환 취급은행이며 단 거주자예금에는 외국환관리법에 의해 그 보유한도에 제한을 가하고 있다.

둘째, 대출업무이다. 예금과 마찬가지로 ACU은행은 예금거래 대상자들에 대해 대출업무를 취급할 수 있다.

셋째, CD업무이다. ACU은행은 MAS의 인가를 받아 미달러표시 CD를 발행할 수 있다. 금액은 5만 달러이상 100만 달러까지로 하고 기간은 최단 3개월 최장 5년으로 제한되어 있다.

넷째, 채권업무이다. ACU은행은 외화표시채권을 매입은 할 수 있으나 스스로 발행할 수는 없다.

(3) 바레인시장

바레인 역외금융시장은 1975년 10월 바레인 통화청(Bahrain Monetary Agency : BMA)이 OBU(Offshore Banking Unit)계정의 개설을 허용함으로써 처음 형성을 보게 되었다.

바레인은 1880년 이래 영국의 보호령으로 있었으나 1971년 8월에 독립한 나라로 주변에 막대한 석유달러를 보유하고 있는 중동산유국에 대해 금융서비스를 제공한다는 점에서 역외금융시장의 육성 발전은 큰 의의를 지닌다.

바레인이 중동지역의 역외금융센터로 발전하게 된 것은 우선 지리적으로 런던과 싱가포르의 중간에 위치하여 두 도시와 3시간의 시차를 갖고 있어서 유럽금융시장과 아시아금융시장을 연결하는 중요한 기능을 수행할 수 있다는 데 큰 이유가 있다. 뿐만 아니라 사우디아라비아, 카타르, 쿠웨이트 등 주요 인접산유국들의 석유달러를 흡수하고 여기에다 전신, 전화 등 각종 통신망이 잘 발달되어 있으며 정치적으로도 안정이 되어 있는 데서 바레인 역외금융센터의 발전배경을 찾을 수 있다.

OBU은행은 다음과 같은 규제를 받는다.

첫째, OBU은행은 반드시 BMA의 인가를 받아야 한다. 그 인가조건은 외국은행의 완전한 지점이면 되고 OBU의무를 지키겠다는 보증장을 BMA에 제출해야 된다.

둘째, OBU은행은 바레인 거주자와의 거래는 원칙적으로 금지하여 정부, 정부기관, 기타 은행 또는 BMA가 인가한 개발프로젝트의 참여는 허용된다.

셋째, BMA는 OBU은행의 거래를 감독하기 위해 OBU거래에 대한 기장을 철저히 분리할 뿐 아니라 대차대조표를 포함한 각종 월례정기보고서와 연말손익계산서, 재무제표 등의 제출을 요구한다.

역외금융의 육성 발전을 위해 OBU계정에 대한 지준율, 유동성비율 등에 대한 규제가 없으며 또 외국금융기관의 진입을 촉진하기 위해 법인세, 개인소득세, 이자소득에 대한 원천세 등이 면제된다.

바레인 역외금융시장의 주요 업무는 예금대출 등의 은행업무가 주종을 이루고 여기서 채권발행 등의 증권업무가 부가되고 있다.

(4) 동경 IBF

일본대장성은 1986년 12월 1일자로 동경 역외금융센터, 즉 동경 IBF를

설치하였다. 일본의 동경 IBF 설치는 일본경제의 급성장과 경제대국으로의 부상, 외국으로부터의 일본시장개방압력 증대, 국제통화로서의 일본엔화의 지위증대 등을 배경으로 한 것으로 그 주요 내용은 다음과 같다.

첫째, IBF에는 외국환공인은행 중에서 일본대장성의 승인을 받은 은행만이 참가할 수 있다.

둘째, IBF의 거래상대방은 일본 국내소재와 외국환은행의 특별금융계정, 해외소재은행(일본의 외국환은행 및 증권회사의 해외현지법인, 외국환은행의 해외지점을 포함), 외국정부, 세계은행 등 공식 기관, 외국법인(일본기업의 해외현지법인 포함) 등이다.

셋째, 외국환공인은행은 IBF 거래를 위하여 IBF 거래계정의 B/S 계정으로서 특별국제금융계정(Japan Offshore Market Special A/C : JOM Special A/C)을 신설하고 동 계정의 결제를 위하여 별도의 계리목적으로 특별금융계정의 상대계정과목으로서 일반계정내에 특별국제금융 이체계정(transfer to JOM)을 신설해야 한다.

넷째, IBF의 자금조달과 운용은 반드시 비거주자를 대상으로 하도록 규제하고 있다.

다섯째, IBF거래시에는 일반계정과 원칙적으로 차단하며 반드시 거래상대방이 은행, 외국정부 및 공적기관이 아닌 경우 비거주자임을 확인할 의무가 있으며 대출자금의 국내유입방지를 위해 국외의 영업활동에 한해서만 사용하겠다는 확인서를 요구하도록 되어 있다.

이와 같은 IBF에 대해 일본대장성은 금리규제, 준비금제도 및 예금보험제도 등의 적용을 면제하는 한편 예금이지소득에 대한 원천세를 면제하여 금융세제상의 우대조치를 취해 주고 있다.

그리고 동경 IBF는 그것이 일본 국내경제에 미치는 영향을 최소화시키기 위해 미국의 IBF와 같이 엄격한 내외분리원칙을 채택하고 있다. 동경 IBF의 창설로 일본 국내적으로는 국제금융업무의 중심이 동경으로 옮겨짐에 따라 일본내 은행의 해외부문 경비를 절감하고 수수료 수입이 늘어나는 등 은행의 수익기회가 증대되고 업무확대에 따른 금융기관의 고용이 증가하며 나아가 동경금융시장의 국제적 지위가 향상되는 등의 이점을 누릴 수가 있다. 또 해외금융시장에 대해서는 엔화거래가 확대됨에 따라 일본엔의 기축통화로서의 기능이 늘어나 달러의 국제통화기능을 보완하고 경제성장률이 높은 아시아 여러 나라에 대한 자금공급능력이 제고될 것으로 보이나 홍콩, 싱가포르 등 기존 아시아 국제금융시장을 상대적으로 위축시킬 가능성을 지니고 있다.

(5) 문제점

역외금융시장에서의 국제금융활동은 지준율의 철폐, 세제상의 우대조치, 외환관리의 철폐, 은행규제의 완화 등을 배경으로 자금의 원활한 수급을 통한 효율성을 제고하는 등 긍정적인 측면도 많지만 다국적은행이나 다국적 기업이 비윤리적 영업활동을 할 수 있는 소지를 다분히 가지고 있어서 부정적인 측면도 적지 않다.

첫째, 역외금융시장이 건전한 시장발전에 악영향을 미칠 위험성이 있다. 역외금융센터의 은행은 거주자와의 자금거래가 대부분 금지되어 있지만 국내금융업무와 역외금융업무의 겸업을 허용하는 나라에서는 국내금융의 건전성을 저해할 위험성이 있다. 특히 투기성자금의 유출입이 극심한 시장에서 이러한 위험은 더 크다.

둘째, 조세피난지로서의 역할이다. 개도국의 경우 대부분의 역외금융시장은 조세피난지의 기능을 하고 있는데 그것이 개도국의 금융발전보다는 선진국의 단순한 조세피난지로서의 역할에 그쳐 선진국에 예속될 위험이 있다.

셋째, 국내금융정책을 교란시킬 위험이 있다. 금융시장이란 본래 건전한 자금수요와 운용이 통상의 시장원리에 입각하여 이루어질 수 있어야 하는데 역외금융시장의 경우는 조세피난지를 따라온 도피적 자금이 대량으로 유입 · 축적될 수 있어 그것이 적절한 금융감독의 범위를 벗어날 때에는 국내금융정책의 수행을 교란하는 요인으로 작용할 위험이 있다. 특히 이러한 자금이 국내금융시장으로 누출될 경우 국내금융정책은 중대한 차질을 가져오게 된다.

넷째, 금융시장의 리스크가 높을 수 있다. 역외금융시장은 시장에 대한

규제가 없고 거액의 자금이 자유로이 이동하기 때문에 순식간에 자금경색 현상이 일어나는 등 금융리스크가 높은 수도 있다.

다섯째, 금융범죄가 격화될 수 있다. 역외금융센터는 조세피난지 성격을 악용한 탈세자금, 금융규제감독의 부재에 따른 불공정금융거래 등 제반 금융범죄가 격화될 가능성을 배제할 수 없다.[13]

13) 최해범, 전게서, pp.85~94.

10 국제수지와 외환

제1절 국제수지와 국민경제

1. 국제수지의 개념

바이너(J. Viner)에 의하면 이미 14세기부터 국제수지의 개념이 사용되었다고 하며 16세기경에 와서 중상주의자들이 국제수지의 중요성을 강조하였다고 하였다. 그러나 실제로 국제수지 통계가 각국 공통의 중요 관심사항이 되어 그 작성작업을 시작하였던 것은 IMF창성 이후부터이다. 국제수지의 개념을 설명하기 위하여서는 국제대차에 대하여도 언급하지 않을 수 없다.

국제대차란 국가 간에 행하여진 채권 · 채무관계로서 아직 그 결제가 이행되지 아니한 상태이다. 국제대차는 국제적으로 벌어진 채권 · 채무의 종합적인 대조관계를 맺고 있으므로 보통 특정시점에서 발생하는 국제적 대차관계를 말한다.[1)] 한편 국제수지(balance of payments : BOP)란 한 나라의 대외적인 경제활동을 파악하고 또한 그것과 국내활동과의 관계를 고찰하는 데 도움이 되도록 일정한 기간(보통 1년) 동안에 이루어진 일국의 거주자와 여타 세계의 거주자 사이의 모든 경제거래를 체계적으로 기록한 것이다.[2)] 즉 일국의 국제거래에서 발생하는 화폐지급(payments)과 수취

---

1) 김시경, 『최신 무역학개론』, 삼영사, 2007, p.146.

2) 구체적으로 설명하면,

① '일정기간'이라는 뜻은 국제수지가 플로우(flow) 개념이란 점에서 스톡(stock)

(receipts)를 대조시킨 것으로 이러한 정의는 국제수지표라는 의미로 사용한다.

오늘날 대부분 경제사회의 특징은 국제경제를 지향하여 다른 경제사회와 각종 형태의 경제거래를 행하고 있다는 점이다. 이러한 상황하에서 일국의 금융, 재정 또는 외환정책을 실행하기 위해서는 경제가 어떻게 운영되고 있는지 정확하고 깊은 이해가 요구된다. 이를 위해 필요한 것이 일국과 나머지 다른 국가와의 실물 및 금융흐름을 보여주는 국제수지표이다. 따라서 정책결정의 기초정보는 이와 같은 국제수지표를 통하여 구할 수 있다.

한편 국제수지와 유사한 개념으로 국제대차(balance of international indebtedness)가 있는데, 국제대차란 일정한 시점에 있어서 국제간의 채권·채무의 현재고를 대조하여 기록한 것으로서 특히 대외경제상황에 관하여 중요한 자료를 제공하는 것이다. 그러나 국제대차표는 대차관계를 수반하지 않는 증여, 원조 등의 이전거래를 포함하지 않으며 일정시점의 대차관계를 표시하는 스톡(stock)개념이기 때문에 일정기간에 걸친 플로우(flow)의 개념과는 다르다.

이에 대해 국제수지표는 일정기간에 있어서 한 나라의 거주자와 비거주

개념인 국제대차와 구별된다. 또한 일정기간은 통상 1년으로 하되 1년 미만이든 이상이든 상관은 없다.

② '거주자'란 법률적 국적에 관계없이 주된 거주지 또는 경제활동의 근거 즉 이익의 중심(center of interest)을 기준으로 하고 있다. 가령 개인의 경우, 외국인일지라도 1년 이상 국내에 거주하여 생산활동을 행할 경우 이익의 중심이 국내에 있으므로 거주자로 취급하고 반대로 국적은 내국인이라 하더라도 해외에 장기 거주하면 비거주자로 취급된다. 따라서 일국의 거주자에는 일국의 개인, 일국에서 활동하는 기업 및 일국의 정부관련기관이 모두 포함된다.

③ '모든 경제적 거래'란 상품, 서비스, 자산 등의 명의를 이전하고 그 대가를 받는 것인데, 통상적으로 화폐를 대가로 받는다. 그러나 대가를 받지 않는 국제거래인 기부행위 또는 화폐의 교환이 없이 이루어지는 물물교환 및 자본거래 등 일체의 거래를 포함한다.

④ '체계적인 기록'이란 복식부기의 원리에 의해 국제적으로 통일된 객관적 기준에 의하여 기록한다는 뜻이다. 즉, IMF방식에 의한 국제수지표의 기록방법은 복식부기의 원리를 적용하고 있는데, 이는 하나의 거래에 대하여 동일 금액을 대차양변에 동시에 기록하는 방식으로서 대차양변의 합계는 항상 일치하게 된다.

자 사이에 일어난 모든 경제적 대외거래를 체계적으로 기록한 것으로, 이들 거래를 복식부기의 원리에 의해 대변과 차변에 동시에 기록함으로써 통계의 정확성을 도모할 수 있고 아울러 기간비교가 가능하므로 오늘날에는 대외거래의 중요한 분석 지표로서 국제수지표가 널리 활용되고 있다.

2. 국제수지와 국민경제

국제경제는 국민경제의 경우와 같이 다수의 지역으로 분할되어 있기는 하나, 그렇게 분할된 지역은 각각 하나의 독립된 경제단위이므로 각국간의 경제거래가 수취초과인지 지불초과인지는 일국의 국민경제 입장에서는 대단히 중요한 문제가 된다. 따라서 대외거래에 있어서 한 나라의 수취와 지불의 차이, 즉 국제수지는 그 나라의 경제에 중요한 의미를 가지게 된다. 국제수지가 흑자냐 적자냐 하는 것은 그 국가의 경제정책 수립에 있어서 중요한 지표가 되므로 그 나라의 경제정책 전체의 방향을 결정짓는 중요한 역할을 하게 된다. 가령 각국의 국경이 없어져 세계경제가 하나의 경제단위가 된다면, 국제거래는 마치 국민경제내의 지역간의 거래와 같게 되고 국제수지는 어떤 특별한 문제를 야기시키지 않을 것이다.

이러한 국제수지 문제는 국민경제 내부의 지역간 거래에서는 전혀 발생하지 않고 국제경제에 있어서 발생하는 문제이다. 따라서 국제수지와 관련된 각종의 분석은 일국의 경제에 있어서 중요한 과제의 하나이다. 더구나 이와 같은 국제수지 분석은 각국 통화간의 환율의 결정과도 밀접한 관계를 가지고 있으므로 결국 국민경제에 또 다른 파급효과를 미치게 된다.[3)]

3. 국제수지표의 구성

국제수지의 모든 거래는 복식부기의 원리에 따라 기록된다. 즉 어떠한 거래든 차변과 대변거래를 동시적으로 일으키며 그에 따라 기장을 한다. 따라서 외국으로부터 자금이 유입되는 성질의 경제적 거래를 대변(debit)

---

3) 최해범 외, pp.188~189.

에, 반대로 자금이 유출되는 성질의 거래를 차변(credit)에 기재하는 반면에, 이들 거래에 수반하여 일어나는 반대급부의 이동은 반대편에 기록된다. 즉 상품을 수입하거나 해외여행을 하면서 지출을 하는 경우, 상품이나 서비스의 가치물이 유입됨과 동시에 반대방향으로 국제통화 또는 국제적 거래수단의 지불이 따르는데, 이러한 가치물의 유입 또는 외국에 대한 지급과 대응하는 거래는 차변에 기록되고, 반대로 상품을 수출하든가 운송서비스를 외국인에게 제공하는 경우에는 가치물의 유출과 함께 외국으로부터 국제적 거래수단의 유입이 있게 되는 거래는 대변에 기재한다는 것이다.

〈표 10-1〉 국제수지표의 구성

분 류	차변(지급)	대변(수취)
Ⅰ. 경상계정		
A. 상품 및 서비스계정		
(상품)	① 상품수입(輸入)	상품수출(輸出)
(서비스)	② 서비스수입(輸入)	서비스수출(輸出)
B. 소득계정	③ 소득지급(支給)	소득수입(收入)
C. 경상이전계정	④ 경상이전지급	경상이전수취
Ⅱ. 자본계정		
D. 투자계정	⑤ 내국인 해외투자	외국인 국내투자
E. 기타자본계정	⑥ 자본이전지급	자본이전수취
	⑦ 국내비생산 · 비금융자산 처분	외국비생산 · 비금융자산 취득
Ⅲ. 준비자산증감	⑧ 중앙은행의 외화부채증가	중앙은행의 외화자산증가

이와 같은 원리에 따라 국제수지는 하나의 표로 작성되며 그것을 국제수지표라 부르는데 국제수지표는 거래의 속성에 따라 크게 경상계정, 자본계정, 준비자산증감과 오차 미 누락의 4개 항목으로 구성되어 있다.[4]

국제수지표의 구성 항목은 먼저 경상계정과 자본계정으로 나누어진다. 경상계정은 ① 상품 및 서비스계정, ② 소득계정, ③ 경상이전계정으로 구분되며, 자본계정은 ① 투자계정과 ② 기타자본계정으로 구분된다.

먼저 상품 및 서비스계정에는 거주자와 비거주자간의 상품과 서비스의 거래가 기록되는데, 상품수출의 대가로 받은 수취액에서 상품수입의 대가

4) 구종순 외, 『무역개론』, 박영사, 2007, p.92.

로 지불한 지급액을 차감한 상품수지는 흔히 무역수지라고도 한다. 한편 서비스계정은 운수, 여행, 통신 등의 서비스 거래항목으로 구성된다. 소득계정은 거주자와 비거주자간의 거래결과로 발생하는 급료 및 임금(피용자보수)과 배당금이나 이자와 같은 금융자산 또는 부채와 관련된 투자소득을 포함한다. 경상이전계정은 아무런 경제적 반대급부를 수반하지 않는 무상의 일방적 이전이 기록되는데, 여기에는 정부부문의 배상, 원조 등과 기타부문의 근로자송금, 기부금 등의 항목이 포함된다.

투자계정은 비거주자의 국내직접투자와 거주자의 해외직접투자를 포함하는 직접투자, 투자수익을 목적으로 지분증권이나 부채성증권에 대한 투자를 포함하는 증권투자, 무역신용이나 장 · 단기대출 등 직접투자나 증권투자로 계상되지 않는 금융거래를 포함하는 기타투자의 세 가지 항목으로 구성된다. 기타자본계정은 자본이전과 비생산 · 비금융자산의 취득 및 처분으로 구성되는데, 자본이전거래는 거래당사자 중 최소한 일방에게 반드시 현금 이외의 자산에 변동을 초래하는 이전거래를 말한다. 여기에는 고정자산의 소유권변동, 고정자산의 취득 · 처분과 관련된 또는 이것을 조건으로 하는 자금의 이전, 채권자로부터 어떠한 대가 없이 받는 채무면제, 이민이전 등의 항목이 포함된다. 한편 비생산 · 비금융자산의 취득 및 처분 항목으로는 토지나 지하자원 같은 비생산유형자산뿐만 아니라 특허권, 저작권, 상표권 등과 같은 특수한 무형자산의 대외거래가 포함된다.

준비자산은 통화당국이 국제수지불균형을 보전(補塡)하거나 환율안정을 위해 외환시장개입 등의 목적을 수행하기 위해 즉각적으로 이용가능한 외화자산을 말한다.[5] 이에는 화폐용 금, SDR(Special Drawing Rights : 특별인출권), IMF리저브포지션(reserve position), 외환, 기타청구권이 포함된다. 따라서 준비자산증감은 통화당국의 대외자산이 증가하면 자산란에 부(−)의 값으로 기입하고 대외부채가 증가한 경우에는 부채란에 정(+)의 값으로 기입하여 그 차액을 기록한 것이다.

---

5) IMF 국제수지 편람의 분류기준에서는 준비자산증감이 투자계정에 포함되어 있으나, 한국은행은 별도의 계정으로 구분하여 국제수지통계를 발표하고 있다.

4. 국제수지표의 분석

(1) 국제수지의 균형 · 불균형

국제수지란 일정기간내에 있어서 거주자와 비거주자간에 이루어지는 모든 경제적 거래를 복식부기의 원리에 따라 작성하기 때문에 국제수지계정상의 차변과 대변의 총계는 항상 일치한다. 그러나 이같은 계정상에 나타나는 양변의 합계의 균형은 어디까지나 사후적으로 처리된 통계상의 기술에 불과하다. 즉 이것은 국제수지계정상의 균형과 1국의 국제수지가 균형을 나타내고 있다는 것과는 근본적으로 다르다. 그러면 국제수지의 균형 또는 불균형은 과연 어느 항목을 기준으로 말하는 것일까? 즉 경상수지의 균형을 기준으로 할 것인가 아니면 다른 항목의 수지를 기준으로 할 것인가가 문제이다. 여기서 국제수지의 균형을 정의하는데 가장 대표적으로 인용되는 사람이 마하롭(F. Machlup)으로서 다음과 같은 세 가지 개념을 들고 있다.

첫째, 시장개념상의 균형으로서, 외환의 수요와 공급이 일치하는 점이 바로 국제수지 균형상태로 보는 관점이다.

둘째, 계획개념 상의 균형은 장래의 일정기간 중에 기대되거나 계획된 외환의 수입과 지출을 수입원천과 지출용도별로 분류 및 집계한 외환 수급계획을 의미한다.

셋째, 계정개념 상의 균형이 있는데, 이러한 균형은 국제수지표상에 측정된 계정항목이 균형되는 것을 말한다.[6] 이러한 세 가지의 기준이 있지만 실제로는 국제수지 흐름의 통계상 목적에 따라 어느 수지를 기준으로 할 것인가가 결정된다. 그러나 국제수지의 균형여부를 따질 때는 주로 경상수지의 균형을 사용하는 것이 보통인데 그것은 경상수지가 자본거래를 제외한 상품 및 서비스의 수출입 등 경상적 국제거래를 포괄하고 있기 때문이다.

그렇지만 국제수지의 균형을 분석하는 하나의 방법은 있다. 그것은 국제거래를 그 성질상 자발적 거래(autonomous transaction)와 보정적 또는 조

---

6) 김시경, 전게서, p.149.

정적 거래(compensatory or accomodating transaction)로 구분하는 것이다. 자발적 거래란 그 자체의 목적으로 다른 국제거래와 관계없이 단독으로 이루어지는 거래를 말한다. 이는 상품의 수출입, 서비스거래, 해외 직간접 투자 등과 같은 거래고유의 독자적인 동기에 의하여 자발적으로 발생하는 거래이다. 이와 같은 자발적 거래 이외에 보정적 거래는 국제수지상의 불균형상태를 조정하기 위한 거래를 말한다. 가령 화폐용 금거래, 정부 및 중앙은행의 대외자산 및 부채 증감 등은 자발적 거래를 사후적으로 조정시키는 역할을 한다. 예를 들어 외환당국이 환율의 안정을 목적으로 외환시장에서 외환을 매입하고 매출하는 거래 등은 외환당국이 초상업적 목적 등과 같이 그 자체의 독립적인 이유에서가 아니라 여타 거래, 즉 자발거래에 의해서 유발되는 보정적 거래이다. 환언하면 조정거래의 크기는 자발적 거래의 크기에 의존하며, 자발적 거래에서 발생한 국제결제상의 갭을 메우고자 초래된 정부보유 국제준비금의 감소 등도 대표적인 조정거래이다.

국제수지균형이란 자발적 거래만을 가지고 차변과 대변의 합계가 일치하는 현상을 말한다. 반면에 국제수지불균형이란 각종 자발적 거래에 따른 차변과 대변합계가 다른 경우를 말한다. 만약 대변의 합계가 차변의 합계보다 클 때를 국제수지흑자, 반대의 경우를 국제수지적자라 한다.

국제수지의 균형 및 불균형개념은 자발적 거래만을 대상으로 하고 있다는 점에서 사전적(ex ante)인 의미이며 자발적 거래의 합으로 나타나는 국제수지불균형은 정부보유 국제준비금 감소와 같은 조정적 거래에 의해 보정되고, 이러한 조정이 있고 나면 국제수지는 반드시 균형을 이루게 된다. 즉 자발적 거래와 조정적 거래를 합하면 차변과 대변의 총합계는 항상 일치하는데 이를 국제수지의 사후적(ex post) 항등성이라 한다. 그런데 국제수지균형 또는 불균형의 개념은 모두 자발적 거래를 대상으로 하는 사전적 의미의 국제수지를 말한다. 앞의 <표 10-1>을 살펴보면 보통 표의 상단에 위치할수록 자발적 성격이 강하고 하단으로 내려올수록 조정적 성격이 강해진다는 사실을 알 수 있다. 따라서 적당한 경계선을 그어 그 선의 위쪽에 위치하는 거래를 자발적 거래로 보고 그 선의 아래쪽에 위치하는 거래를 조정적 거래로 본다. 결국 자발적 거래(선의 윗쪽 거래)의 대차 합이 일치할 때 국제수지가 균형이 되었다고 본다.

가령 국제수지의 적자는 조정적 거래항목(선 아래의 항목)에서 동액의 흑자를 나타내고 국제수지의 흑자는 조정적 거래항목에서 동액의 적자를 나타냄으로써 국제수지표상의 대변과 차변의 합계는 항상 일치하게 된다. 따라서 자발적 거래항목과 조정적 거래항목 사이에는 다음과 같은 관계가 성립한다. 즉,

자발적 거래항목의 통계+조정적 거래항목의 통계=0

여기서 어떠한 거래를 자발적 거래로 볼 것인가, 다시 말해 적정한 경계선을 어떻게 그을 것인가 하는 점은 국제수지의 균형상태를 정의하는 데 있어서 매우 중요하다. 따라서 자발적 거래를 구분하는 기준은 국제수지개념을 정의하는 데 있어서도 매우 중요한 문제가 되고 있다. 예를 들면 경상수지(balance of current account), 종합수지(overall balance) 등의 국제수지개념은 모두 자발적 거래를 어디까지 보느냐에 따라 나타난 개념들이다. 어떠한 개념이 국제수지균형을 측정하는 최선의 방법이라고 하기보다는 연구목적에 따라 적당한 개념을 선택하거나 상호 병행시켜 보완적으로 사용하는 것이 타당할 것이다.

(2) 경상수지

이는 경상계정에 포함된 제항목(상품, 서비스, 이자 등)만을 자율적 거래로 보고 자본거래와 준비자산증감은 국제수지의 불균형을 해소하기 위한 조정적 거래로 본다. 따라서 경상수지가 균형을 이룰 때 국제수지도 균형을 이루고, 경상수지가 흑자(적자)일 때 국제수지도 흑자(적자)를 이루게 된다고 보는 것이다. 따라서 국제수지균형은 경상수지의 균형을 의미하는 경우가 일반적이며 국제수지불균형에 관한 문제도 결국 경상수지 균형의 문제로 직결된다. 그런데 이 견해는 자본거래와 준비자산증감 모두를 조정적 거래라 본다. 만일 경상수지의 적자(또는 흑자)인 경우에는 자

본수지의 흑자(또는 적자)에 의해서 보전(補塡)된다. 즉, 경상수지의 적자국(또는 흑자국)은 동일한 크기의 자본유입(자본유출)을 수반함으로써 채무국(채권국)이 된다.

만약 경상수지가 균형을 이루고 있는 경우에는 자본계정과 준비자산계정의 대변과 차변의 합계가 동일하게 되며 순대외자산(채권-채무)은 변동되지 않는다. 그러나 이를 경상수지의 적자가 곧 국제수지 적자라고 단정짓기에는 무리가 많다. 가령 어떤 경제가 외국의 장기자본을 도입하여 경제발전을 이룩할 수가 있는 경우에는 자본도입으로 인해 수입효과가 발생했다고 해서 국제수지가 적자라고 말할 수 없다는 것이다.

(3) 종합수지

종합수지는 경상수지, 자본수지 그리고 오차 및 누락[7])의 합계로 정의된다. 따라서 종합수지에 의한 국제수지의 균형 또는 불균형을 판단하는 기준은 자본거래까지도 자발적 거래에 포함시킨다는 점에서 경상수지에 의한 판단기준과 상이하다.

선 위 항목으로 경상수지, 자본수지의 항목을 두고 이 항목들의 차변의 합계가 대변의 합계보다 크면 국제수지의 적자로, 반대로 대변의 합계가 차변의 합계보다 크면 국제수지의 흑자로 간주된다.

종합수지는 준비자산만을 조정적 거래로 취급하고 그 밖의 모든 거래를 자발적 거래로 분류한다. 여기에서 준비자산이란 통화당국이 국제수지를 보전하고자 활용할 수 있는 금, SDR, IMF 리저브 포지션 및 외화자산 등을 말한다. 종합수지의 적자(흑자)는 통화당국 이외의 부문(정부와 민간)의 외환에 대한 초과수요(공급)를 발생시킨다. 이때 종합수지의 적자(흑자)를 해소하기 위하여 조정적 거래인 준비자산을 감소(증가)시키게 된다.

따라서 종합수지는 준비자산계정과 일치하고 양자는 부호만 반대가 된다. 즉, 종합수지가 흑자(+)일 때 준비자산계정은 (−)로 되고 부채가 감소

---

7) 오차 및 누락은 경상수지와 자본수지를 작성하는 과정에서 발생한 통계적 불일치를 조정해 주는 항목으로서, 오차 및 누락이 존재한다는 판단기준은 준비자산 증감에 두고 있다.

하거나 자산이 증가한다(이때 자산의 증가는 −로 표시된다). 이와 같이 종합수지는 공적 국제준비자산의 변동을 수반한다는 점에서 공적 결제수지(official settlements balance)라고도 한다.

그러나 종합수지가 국제수지의 균형여부를 정확하게 반영하려면 자본수지 가운데 단기자본의 이동이 정상적으로 이루어져야 한다. 예컨대 단기자본이동은 주로 자발적 대외거래의 수지 갭을 보전하기 위한 수단으로서 이루어지는 경우가 많으며 때로는 국제간의 환시세 및 금리격차에 따른 투기적 요인과 자본도피 요인에 의하여 발생되기도 한다. 이러한 경우 국제수지 상태를 올바르게 판단하기 위해서는 종합수지 개념보다는 오히려 앞에서 설명한 경상수지 또는 다음에 설명할 기초수지개념을 사용하여야 한다.

(4) 기초수지

자발적 거래는 경상계정의 제항목에 자본계정 중 장기자본거래를 포함시켜 국제수지균형 여부를 판정해야만 된다는 견해에 입각하여 기초수지(basic balance)는 경상수지와 장기자본수지의 합으로 정의되어 왔다.[8)] 즉 경상거래의 결과인 경상수지와 장기자본거래의 결과인 장기자본수지를 포함시킨 것을 기초수지로 보고, 이 기초수지의 불균형이 곧 국제수지의 불균형이라고 보는 것이다. 경상계정 항목과 장기자본계정 항목의 차변의 합계가 대변의 합계를 초과하면 국제수지의 적자로, 반대로 대변의 합계가 차변의 합계를 초과하면 국제수지의 흑자로 규정한다.

따라서 경상계정 항목과 장기자본계정 항목의 차변의 합계와 대변의 합계가 같을 때 기초수지는 균형상태에 있게 된다. 기초수지의 균형은 두 가지 경우에 있을 수 있다. 하나는 경상거래의 흑자를 장기자본거래의 적자(자본공여)로서 균형을 유지하는 경우이고 다른 하나는 경상거래의 적자를 장기자본거래의 흑자(자본도입)로 보전하여 국제수지의 균형을 이루는 경우이다. 이 견해에 따르면 일국의 장기적 결제능력의 추이를 보기

---

8) 종전의 국제수지 편제기준은 자본계정이 장기자본계정과 단기자본계정으로 구성되었다.

위해서는 장기자본이동을 자발적 거래에 포함시켜야 하고, 보통 일반적인 요인에 의하여 변동하기 쉬운 단기자본이동은 국제결제능력과 관계가 없으므로 자발적 거래에서 제외하는 것이 타당하다는 것이다. 또한 외국으로부터의 장기자본의 도입은 외국에 대하여 부채를 지는 것은 사실이나 그만큼 국가경제발전에 기여할 수 있고 대외결제능력의 증가가 가능하므로 그 자체는 자발적 거래로 보아 선의 위쪽 항목에 포함시켜야만 한다는 것이다.

그러나 여기서 유의할 점은 자본거래를 장기와 단기로 구분하는 기준에 대해 비판이 있을 수 있다는 것이다. 예를 들면 증권투자(주식과 공사채매입)는 장기자본거래로 분류되지만 국제자본시장의 상황변화에 따라 민감한 반응을 보이기 때문에 안정성이 결여되고 있으며 오히려 단기자본거래로 보아야 한다. 따라서 현재 기초수지의 분석적 이용가치는 상당히 떨어져 가고 있다고 하겠다.

제2절 외환과 외환시장

1. 외환의 개념

(1) 외환의 정의와 특징

상품의 교역, 국내외 기업의 해외진출 활동 등과 같은 국제거래에 있어서는 양당사자가 지리적으로 멀리 떨어져 있고, 국가가 다르기 때문에 인화로 자금을 결제하는 국내거래와는 달리 대금결제방법이 용이하지 않다. 국가간의 무역거래에는 반드시 결제를 하여야 하며, 이러한 결제에는 금, 현금통화 및 외국환이 그 수단으로서 사용되고 있는데, 그 중에서도 외국환의 중요성이 더욱 더 증가되고 있다.[9] 즉 외환(foreign exchange)이란 국제간에 상품, 서비스 및 자본의 거래로 발생하는 대차관계를 결제하는 데

9) 김시경, 전게서, p.138.

사용되는 일체의 대외지급수단을 말한다. 국가간에 있어서 채권 · 채무간의 대차결제는 일반적으로 현금을 직접 이동하지 않고 은행을 통하여 그 결제가 이루어지는데, 환거래는 은행을 중개로 하여 어음 또는 수표 등의 신용수단을 이용하여 행해진다.

본래 환(exchange)이란 먼 지역간의 채권 · 채무관계를 현금으로 결제하지 않고 일정한 신용에 의하여 결제하는 수단을 의미하는데, 채권 · 채무관계의 결제가 국내에서 이루어지는 경우를 내국환(domestic exchange)이라 하고, 외국 또는 국제간에 이루어지는 경우를 외국환 또는 외환이라고 한다. 외환에 의한 대외지급수단에는 송금환(demand draft), 우편환(mail transfer), 전신환(telegraph transfer), 전화환(telephonic transfer), 환어음(bill of exchange) 등을 주로 사용하고 있으며 은행수표(bank check)와 개인수표(personal check)도 경우에 따라서는 사용되고 있다.

한편 외환거래는 격지자간의 대금결제방법으로서, 거래가 은행을 중개로 어음이나 수표 등의 신용수단을 통하여 이루어진다는 점에서 일반적인 내국환거래와 동일하다. 그러나 외환거래는 결제를 필요로 하는 대차관계가 한 국가내의 지역간에 존재하는 것이 아니고, 국가와 국가 사이에 존재한다고 하는 점에서 내국환거래와는 그 성격이 다르다. 이같이 외환거래는 내국환거래에 비해 일반적으로 다음과 같은 특징을 가지고 있다.

첫째, 외환거래의 가장 중요한 특징은 환율의 개입을 통하여 거래가 이루어진다는 점이다. 내국환거래는 국내의 단일통화에 의해 결제되지만, 외환거래에는 다른 통화간의 교환이 필요하다. 따라서 외환거래에 있어서는 이와 같은 상이한 통화간의 교환비율, 즉 환율(foreign exchange rate)의 결정문제가 수반된다. 더구나 환율은 여러 가지 원인에 의해 변동하기 때문에 외환거래에 있어서는 항상 환율의 변동에 따르는 위험, 즉 환리스크(exchange risk)가 존재한다.

둘째, 외환거래에 있어서는 거래에 따라 발생하는 자금조정문제가 매우 복잡하다. 즉 내국환거래에 있어서 발생하는 지역간 현금의 과부적은 중앙은행을 통하여 쉽게 조정할 수 있지만 외환거래에 있어서는 이와 같은 중앙은행이 없다. 국제통화기금(IMF)이 이와 같은 역할을 담당하고 있다고

할 수 있지만, 그 기능은 내국환거래에서의 중앙은행에 비해 매우 한정되어 있다. 따라서 외환거래에 따른 자금의 최종 결제는 중앙은행을 대신하여 외국환시장(foreign exchange market) 또는 국제금융시장(international financial market)이 이용되고 있기 때문에 복잡한 문제가 발생할 수 있다.

셋째, 외국환거래는 1국의 국제수지와 직접 관련되어 있다. 국제수지(balance of payment)란 일정기간에 있어서의 1국의 국제거래를 체계적으로 기록한 것을 말하는데, 외환거래는 외국과의 대차결제이기 때문에 필연적으로 한 국가의 국제수지를 변화시킨다. 더구나, 국제수지의 변동은 한 국가의 경제에 매우 중요한 영향을 미치고 있기 때문에, 국제수지의 균형은 어느 나라를 막론하고 정부가 추구하는 가장 중요한 정책 목표 중의 하나로 되어 있다. 따라서 정도의 차이는 있지만 대부분의 나라가 국제수지의 균형을 위하여 외국환거래를 규제하고 있다.

(2) 외환의 결제방식

외환거래도 환거래인 점에서는 일반적인 환거래의 원리가 그대로 적용된다. 즉 외환거래도 격지간의 거래이고, 그 거래가 은행을 중개로 한다는 점에서 내국환거래와 다를 바 없다. 그러나 국제간의 결제가 국내의 결제와 다른 가장 중요한 특징은 각국이 각각 다른 통화를 사용하고 있어 자국통화를 그대로 국제간의 결제에 사용할 수 없고, 외국환어음, 전신화, 우편환 등의 외국환이라고 하는 신용수단을 이용하여 국제간의 결제가 행해진다는 것이다.

외환에 의한 결제빙법은 일반직으로 크게 두 가지로 구분할 수가 있나. 하나는 송금(remittance)에 의한 방법이고, 다른 하나는 추심(collection)에 의한 방법이다. 전자를 순환 또는 송금환, 후자를 역환 또는 추심환이라고 부르기도 한다.

1) 순환(송금환)방식

순환방식은 개인간의 송금이나 무역외 거래에 주로 사용된다. 예를 들어 지금 서울의 갑이 뉴욕의 을에게 2만달러의 채무를 지고 있고, 또 뉴욕의 정이 서울의 병에게 2만달러의 채무를 지고 있다고 가정하자. 이때, 물론 서울의 갑이 서울의 병에게 2만달러 상당의 원화를 지급하고 또 뉴욕의 정이 뉴욕의 을에게 2만달러를 지급한다면, 위의 두 경우 국제간의 대차관계는 한국과 미국 사이의 현금수송 없이 결제할 수 있다. 그러나 실제로는 이와 같이 갑이 병을 또는 정이 을을 찾아낸다는 것은 우연이 아니고는 거의 불가능한 일이다. 즉, 일반적으로 하나의 국제간의 채권 · 채무관계가 금액, 지급조건 그리고 장소 등이 완전히 일치하는 다른 하나의 국제간의 채권 · 채무관계를 발견한다는 일은 현실적으로 불가능하다고 할 수가 있다. 이러한 경우 은행이 중간에 개입하여 갑이 병을, 또 정이 을을 찾아내는 역할을 하게 된다.

<그림 10-1>을 통하여 은행을 중개로 하여 어떻게 국제간의 결제가 이루어지는가를 살펴보기로 하자. 여기서, 서울의 K은행과 뉴욕의 A은행이 본점과 지점의 관계에 있거나 또는 외환거래에 관한 계약을 체결한 코레스 은행(correspondent bank)이라 가정한다. 우선 앞에서 본 서울의 갑은 미화 2만달러의 송금수표(demand draft)를 발행 받아, 이를 뉴욕의 을에게 우송한다. 을은 이 송금수표를 뉴욕의 A은행에 제시하고 2만달러의 현금을 수취할 수 있다. 한편 뉴욕의 정은 뉴욕의 A은행에 2만달러를 지급하

〈그림 10-1〉 순환(송금환)방식

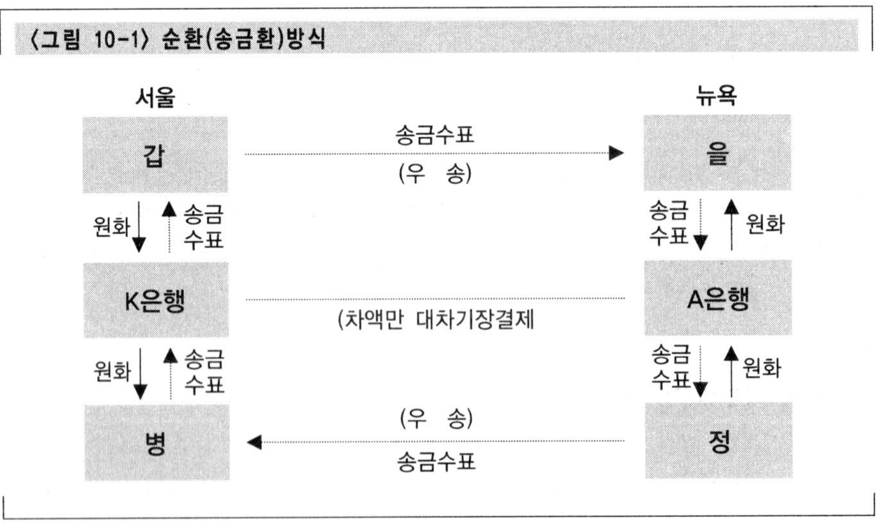

고 수취인을 병 그리고 지급인을 K은행으로 하는 송금수표를 발행받아, 이를 서울의 병에게 우송한다. 병은 이 송금수표를 K은행에 제시하고 미화 2만달러 상당의 원화를 수취할 수가 있다. 따라서 서울의 K은행은 갑이 지급한 현금을 병에게 지급하고, 뉴욕의 A은행은 정이 지급한 달러를 을에게 지급하는 셈이다.

한편 국제간의 결제는 송금수표가 발행되지 않고 지급지시(instruction to pay)를 통해서도 행할 수 있다. 즉 K은행은 갑에게 송금수표를 발행하는 대신 뉴욕의 A은행에 대하여 을에게 직접 지급하라는 지시를 우편 또는 전신을 이용하여 통지하는 방법이 그것이다. 이것을 각각 우편환(mail transfer)과 전신환(telegram transfer)이라고 한다. 한편, 이에 대하여 송금수표를 사용하는 송금방법을 보통송금환이라고 부른다. 또한, 우편환과 전신환에는 각각 청구불(pay on application : P/A)과 통지불(advice and pay : A/P)의 두 가지 방법이 있는데, 청구불은 갑과 을에게 통지를 행하고 B의 청구에 의하여 지급하는 방법이고, 통지불은 K은행이 A은행에 을의 주소를 통지하면 A은행이 을에게 통지한 후 지급하는 방법이다.

<그림 10-1>의 예에서는 갑이 을에게 지급하는 금액과 정이 병에게 지급하는 금액이 일치하고 있다. 또, 갑과 병, 을과 정이 각각 동일한 장소에 거주하고 있다. 그러나 은행이 개입하는 경우는 갑과 을에게 지급하는 금액과 정과 병에게 지급하는 금액이 일치할 필요도 없고, 또 갑과 병 그리고 을과 정은 각각 동일한 장소에 거주할 필요도 없다. 왜냐하면 일반적으로 은행은 세계 각지에 다수의 지점과 코레스 은행, 풍부한 자금과 신용 그리고 외국환에 관한 숙달된 기술과 경험을 가지고 있어 여러 가지 거래에 응할 수 있기 때문이다.

2) 역환(추심환)방식(instruction to pay)

앞에서 살펴본 바와 같이 순환에 의한 국제간의 자금결제는 주로 개인간의 송금이나 서비스 거래에 주로 활용되고 있으나, 역환(추심환)은 주로 수출입과 같은 무역거래의 결제에 사용되고 있다. <그림 10-2>는 역환에 의한 결제방식을 도해한 것으로, <그림 10-2>와 <그림 10-1>은 내용에 있어서는 동일하나, <그림 10-2>에서는 채무자가 채권자에게 송금하지 않고, 반대로 채권자가 채무자로부터 추심하는 과정을 설명하고 있다. 우선 그림 위쪽 부분의 뉴욕에 있는 을이 서울의 갑에게 상품을 수출하고 을이 갑으로부터 수출대금을 추심하는 경우를 생각해 보자. 우선 을은 갑에게 보낼 상품의 선적을 행한 후 선하증권(bill of lading : B/L)을 선박회사로부터 받는다. 다음에 을은 지급인을 서울의 갑, 수취인을 서울의 K은행으로 하는 액면 2만달러의 환어음을 발행하고, 이를 선하증권과 함께 A은행에 가지고 가서 추심을 의뢰한다. 여기서 환어음(bill of exchange)이란 발행자(채권자)가 지급인(채무자)에게 일정한 금액을 일정한 시일에 수취인에게 지급할 것을 위탁하는 유가증권을 말한다.

A은행은 갑으로부터 수취한 환어음과 선하증권을 서울의 K은행에 우송하고 갑으로부터 추심을 의뢰한다. K은행은 우송된 환어음을 지급인인 갑에게 제시하고 지급을 요구한다. 수입업자인 갑은 K은행에 미화 2만달러 상당의 원화를 지급함과 동시에 선하증권을 인도받게 된다. 선하증권을 인도받은 갑은 도착된 화물을 수취할 수가 있다. <그림 10-2>의 아래쪽 부분에는 서울의 병이 뉴욕의 정에게 상품을 수출하고 수출대금을 추심하는 경우를 나타내고 있다.

〈그림 10-2〉 역환(추심환)방식

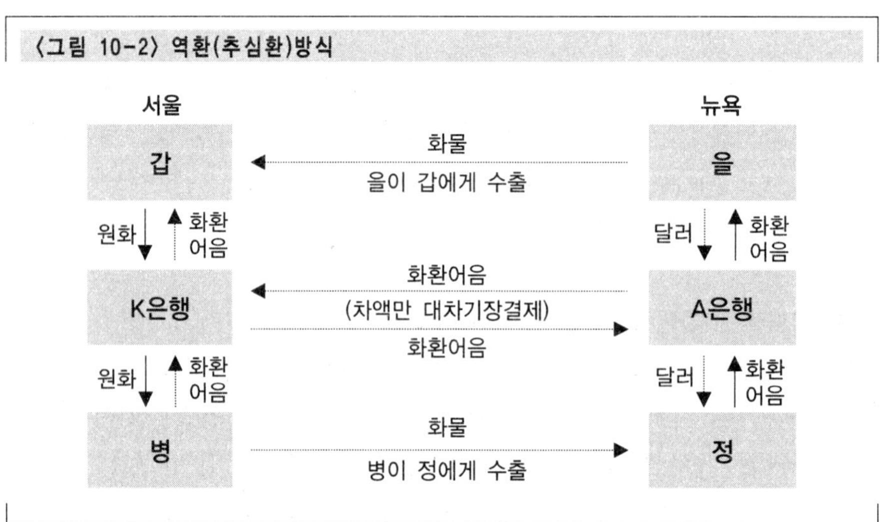

무역거래에 따라 발행되는 환어음에는 선하증권이 담보로 되어 있기 때문에 대금회수에 있어 안전성이 있다고 말할 수 있지만 수출업자인 미국의 을의 입장에서 본다면 수입업자인 서울의 갑이 그 어음의 지급을 거절할지도 모르는 위험(risk)이 따르게 된다. 따라서 수입대금의 지급을 확실하게 하기 위해서 무역거래에 있어서는 신용장(letter of credit : L/C)이 사용되는 것이 일반적이다. 신용장이란 수입업자의 의뢰에 의하여 수입지의 은행이 발행하고, 신용장에 기재된 모든 조건을 만족시키는 수출업자가 발행한 환어음의 지급을 신용장 개설은행(issuing bank)이 보증하는 문서를 말한다. 따라서 신용장에 의해 발행된 환어음의 경우에는 수출업자는 대금회수의 위험부담 없이 수출을 할 수가 있게 된다.

신용장에 의해 발행된 환어음의 경우에는 <그림 10-2>의 위쪽 부분에서 A은행은 수입대금의 지급이 K은행에 의해 보증되고 있기 때문에 추심을 기다릴 필요가 없이 수출업자인 을이 환어음을 제시할 대 곧 어음금액을 을에게 지급하는 것이 일반적이다. 이를 A은행이 어음을 매입(negotiate)한다고 하고, 이때 A은행을 매입은행(negotiating bank)이라고 부른다.[10)]

(3) 외환의 종류

일반적으로 국제간 거래의 결제에는 외환어음[11)]이 사용되는데, 환어음이란 일정한 금액을 무조건 지급할 것을 위탁하는 형식의 유가증권을 말한다. 환어음은 이와 같이 재산적 가치가 있는 사권(私權)이 주어진 유가증권이기 때문에 그 권리의 발생, 행사, 이전 등에는 반드시 증권의 소지를 필요로 한다. 우리나라의 어음법에는 내국환어음과 외국환어음의 구별이 없으나 영미법에서는 이를 구별하고 있는데, 일반적으로 환어음의 발행지와 지급지가 다른 어음을 외환어음이라고 말할 수 있다.

외환어음의 종류에는 관점에 따라 다음과 같이 구분할 수 있다.

첫째, 결제용도에 따라 송금어음, 수출어음, 수입어음으로 분류한다. 송

---

10) 최해범 외, 전게서, pp.174~178.

11) 어음에는 보통 약속어음(promissory note)과 환어음(bill of exchange)이 있는데, 국제간의 대금결제에는 환어음만이 주로 사용된다.

금어음(bill of remittance) 또는 송금수표는 주로 서비스거래의 결제에 사용되고 있는데, 이 환어음은 1국의 외국환 은행이 발행인이 되고 외국의 외국환은행이 지급인이 되는 일람출급 은행어음이다. 또 이 환어음은 그 결제가 송금방식에 의해 행해지기 때문에 순환어음이라고도 불린다. 수출어음(export bill)은 역환어음이라고도 하며 수출대금결제를 위한 환어음으로 그 결제가 대부분 추심방법에 의해 이루어진다. 수출어음은 수입국에서 볼 때에는 수입어음(import bill)이 된다.

둘째, 지급기한에 따라 일람출금어음과 기한부어음으로 구분할 수 있다. 일람출금어음(sight bill)은 지급인의 어음 제시가 있을 때 곧 지급해야 하는 것으로 요구불어음(on demand draft)이라고도 부른다. 이와 달리 어음의 제시에 따라 지급인이 인수한 대로부터 일정기간 후에 지급이 이루어지는 어음을 기한부어음(time bill, usance bill)이라고 부른다.

셋째, 선적서류 담보유무에 따라 화환어음과 무담보어음으로 분류한다. 즉, 화환어음(documentary bill)은 선적서류가 담보로 첨부되어 있는 환어음을 말하며, 무담보어음(clean bill)은 선적서류가 담보로 첨부되어 있지 않은 어음을 말하는데, 수출업자와 수입업자가 동일한 회사의 본·지점인 경우에 발행되는 하우스 빌(house bill)에 많이 이용되고 있다.

넷째, 액면금액의 표시통화에 따라 외국통화표시의 환어음인 외화어음(foreign currency bill)과 자국통화표시의 환어음인 방화어음(home currency bill)이 있다.

다섯째, 외국환은행의 입장에서 보아 매입환과 매출환으로 구분할 수 있다. 즉 외국환은행이 고객으로부터 매입한 외국환을 매입환(bills bought)이라고 부르고, 외국환은행이 고객에게 매출한 외국환을 매출환(bills sold)이라고 부른다. 고객의 입장에서 보면 전자는 은행에 매출한 외국환이고 후자는 은행으로부터 매입한 외국환이 되지만, 매출환과 매입환이라고 하면 항상 외국환은행의 입장을 기준으로 하여 구분하고 있다.

2. 외환시장의 개념

(1) 외환시장의 정의

글로벌시대를 맞이하여 오늘날 세계외환시장에서는 하루에 4조 달러가 넘는 외환거래가 이루어지고 있다. 여기에서 외환시장(foreign-exchange market)이란 외환의 매매거래가 이루어지는 총체적인 장소로서 시장기구 또는 메커니즘을 포함한 개념이다. 외환시장과 관련하여 협의의 외환시장은 국제거래 결제수단인 외환에 국한되어 거래되는 시장을 의미하나, 넓은 의미로서는 외국통화나 단기적 금융수단이 거래되는 시장도 포함하고 있다.

한편 외환시장은 주로 한 국가의 통화를 다른 국가의 통화로 교환하게 하는 역할을 담당하고 있으나 이외에도 다음과 같은 다양한 기능을 수행한다.

첫째, 외환시장은 외환의 수요와 공급이 만날 기회를 마련함으로써 균형환율을 결정하게 함으로써 외환에 대한 수요와 공급을 충족시켜 대외거래를 촉진시킨다.

둘째, 외환시장은 헷징(hedging) 등의 기능을 수행함으로써 환율의 변동에 따른 환위험의 회피수단을 제공한다.

셋째, 외환시장은 헷징기능과는 반대로 외환시장에서 이익을 얻을 수 있다는 기대를 가지고 환노출 상태를 택하여 장래환율변화 정도를 예측에 따라 이익을 추구하려는 투기를 가능하게 한다.

넷째, 이외에도 외환시장은 국제거래에 있어서 신용의 기능을 수행한다.[12)]

(2) 외환시장의 참여자

외환시장의 참여자들은 외국통화를 필요로 하는 다국적 기업 및 개인, 외환거래의 딜러나 당사자가 되는 은행 등의 금융기관, 외환과 관련된 정책들을 수립하고 수행하는 각국의 중앙은행들과 정부의 관련 부처 그리고 외환거래를 성사시키는 외환브로커 등이다. 외국통화를 필요로 하는 다국

12) 최해범 외, 전게서, pp.179~180.

적 기업과 개인은 외환서비스의 실수요자들로서, 특히 다국적기업은 국제적인 상품교역과 자본거래를 수행할 때 외화의 수취 또는 지불이 필요하게 되어 외환시장을 이용하게 된다. 또한 개인들은 해외여행이나 유학, 연수 등의 이유로 외국통화를 필요로 하게 되고 이를 위해 외환시장에 참여하게 된다.

다음으로 은행들은 세계적인 네트워크를 가지고 외환시장에서 대단히 중요한 역할을 수행하고 있다. 은행은 매매의 반대 입장에 있는 거래자들을 중개시켜 주는 브로커가 되기도 하고, 거래의 당사자가 되기도 한다. 또한 은행은 거래를 하면서 특정 통화의 장기 또는 단기 포지션을 취함으로써 투기자가 되기도 한다.

특히, 이들은 자국의 통화를 취급하는 데 있어 일반적으로 유리한 입장에 있는데, 예를 들어 미국 달러에 대해 파운드화의 거래가 가장 많이 이루어지는 곳은 런던이며, 스위스 프랑화는 취리히, 엔화는 동경이다. 또한 스위스 프랑 표시의 외국채를 발행할 때 스위스 은행들이, 엔화표시의 유로채를 발행할 때는 일본 은행들이 간사단의 핵심적인 역할을 하게 된다. 이것은 현지의 은행들이 그 나라의 단기금융시장에 깊이 관련되어 있어 유리한 입장에 있기 때문이다.

은행의 외환딜러들간에는 전화로 외환거래가 주로 이루어진다. 각 은행에서는 외환거래실(dealing room)이 있어서 외환거래를 취급하는 외환딜러들이 여기에 모여서 외환거래를 수행하고 있으며, 각 딜러들은 주로 비디오 화면(video screens)과 뉴스 테이프(news tapes)에 둘러싸여 있다. 보통 각 딜러는 통화별로 전문화되어 있으며 자기의 은행을 대표하여 서로 빈번하게 거래하므로 구두로 확약을 할 만큼 신용이 있는 것이 특징이다.[13)]

(3) 외환시장의 특징

앞에서 설명되었듯이 외환시장은 개인, 기업 및 은행이 외국통화를 매매하는 시장을 말한다. 예를 들면 미국 달러에 대한 외환시장은 달러와

---

13) 김창봉 외, 『무역학 원론』, 2007, pp.98~99.

다른 통화가 매매되는(런던, 파리, 취리히, 프랑크푸르트, 싱가포르, 홍콩, 동경, 뉴욕 등과 같은) 모든 금융센터로 구성되어 있으며, 이들 금융센터들은 전산망으로 연결되어 사실상 단일시장으로 통합되어 있다. 외환시장의 특징은 다음과 같다.

첫째, 외환시장은 전자거래로 인하여 몇 초 만에 거래가 성사되고, 하루 24시간 거래가 이루어지는 범세계적 시장이라는 특징을 가지고 있다. 샌프란시스코와 로스앤젤레스에서 은행의 정규 업무시간이 마감되면 싱가포르, 홍콩, 시드니 및 동경에서 은행업무가 시작되며, 이들 은행의 업무가 마감될 무렵, 런던, 파리, 취리히, 프랑크푸르트 및 밀라노에서 은행 업무가 시작되고 이들 은행의 업무가 마감되기 전에 뉴욕과 시카고의 은행들의 업무가 시작된다.

둘째, 외환시장은 도매시장의 성격이 강한 은행간 거래가 주류를 이루고 있다. 외환시장은 거래당사자에 따라 대고객시장과 은행간 시장으로 구분되는데, 대고객시장이란 고객(기업, 개인, 정부 등)과 외국환은행 간에 거래가 이루어지는 시장이다. 가령 해외에 투자하기 위해 달러가 필요한 기업이나 개인은 대고객시장에서 외국환은행으로부터 외환을 매입할 수 있다. 한편 은행간 시장은 외국환은행간에 거래가 이루어지는 시장이다.

셋째, 대부분의 외환거래는 장내시장보다는 장외시장(직접거래시장)에서 이루어진다. 장내시장 거래는 주식거래와 같이 특정한 장소에서 중개회사를 통해 거래가 이루어지는 거래소시장에서의 거래이며, 장외시장 거래는 딜러들이 통신수단을 통해 거래가격 등 조건을 협의한 후 직접 거래하는 것을 말한다.[14]

(4) 외환시장의 종류

외환거래의 가장 일반적인 형태는 그 계약조건에 따라 현물환시장(spot exchange market)과 선물환시장(forward exchange market)으로 구분된다. 현물환시장이란 외환의 매매계약과 동시에 거래대금의 결제와 외환의 인수

---

14) 구종순 외, 전게서, pp.100~101.

도가 함께 이루어지는 시장을 말하며 선물환시장이란 외환의 매매계약은 지금 체결되지만 거래대금과 외환의 인수도는 약정한 일정기간이 경과한 다음에 이루어지는 시장을 말한다.

여기서 일정기간은 1개월, 2개월 또는 3개월, 6개월 등 여러 가지 형태로 나타나며 어떤 기간이든 결제당시에 적용되는 환율은 매매계약 체결시점에 계약한 환율이 적용된다. 예를 들어 어떤 사람이 오늘 현재의 환율이 1달러에 800원이라고 하면 이 외환시세로 3개월 후에 10,000달러를 매입키로 계약을 체결했다고 하자. 그러면 3개월물 선물환율은 이때 800원이 되며 3개월 후에 실제로 달러환율이 800원보다 높든 낮든 상관없이 반드시 달러당 800원을 지급하여야 한다. 만약 3개월 후에 달러환율이 850원이 되면 이 사람은 선물로 매입함으로써 이득을 보게 되고, 반대로 3개월 후에 780원이 되면 선물로 매입함으로써 오히려 손해를 보게 된다. 따라서 선물계약의 경우에는 미래의 환율에 대한 예상을 얼마나 바르게 하느냐에 따라 이득을 보느냐 손해를 보느냐가 결정된다. 이러한 원리에 의해 선물환거래는 미래의 환율변동에 따른 위험을 사전에 예방하는 중요한 수단이며 외환시장에서 투기를 하는 데도 사용될 수 있다.

일반적으로 선물환율은 현재의 현물환율과 비교하여 프리미엄(premium) 또는 디스카운트(discount) 두 가지로 표시되는데 그 식은 다음과 같다. 즉 R_s를 현물환율, R_f를 일정기간의 선물환율이라고 하면

$$d = \frac{R_f - R_s}{R_s}$$

로 표시되는데, $R_f > R_s$, 즉 d>0이면 프리미엄이라고 하고 $R_f < R_s$ 즉 d<0이면 디스카운트라 부른다.[15)]

15) 최해범, 『現代貿易學原論』, 일신사, 1996, pp.230~231.

3. 환율의 정의

(1) 환율의 개념

국제거래를 위해 외화가 필요한 경우 이는 국내통화를 주고 구입(교환)해야만 하는데 이때의 교환비율을 환율이라고 한다. 즉, 환율(foreign exchange rate)이란 서로 다른 두 통화의 교환비율로서 한 나라의 통화가치로 표시한 것이다. 이는 이종통화간의 교환비율로 그 통화가 외국에서 갖는 구매력(purchasing power)을 의미한다. 결국 환율이란 외국통화로 표시된 상품의 가격이기 때문에 당해 통화간의 수요와 공급의 상호작용에 의하여 결정된다.

한편 환율의 표시방법으로는 자국통화표시방법과 외국통화표시방법으로 구분할 수 있는데, 자국통화표시환율(rate in home or currency)이란 환율을 자국통화를 기준으로 표시하는 방법을 말한다. 예를 들어 US1=₩1,150 또는 ₩/US=1,150으로 표시하는 환율 표시방법이다. 반면에 외국통화표시환율(rate in foreign money or currency)이란 환율을 자국통화 1단위와 교환될 수 있는 외국통화의 단위량으로 표시하는 환율표시방법이다. 예를 들어 ₩1=US 1/1150 또는 ₩/US0.00087로 표시하는 환율 표시방법이다.

오늘날 세계의 기축통화로서 역할을 수행하고 있는 것이 미국 달러화이다. 이에 국제외환거래의 대부분은 미달러화와 국제거래를 통하여 이루어지고 있는 실정으로 국제외환시장에서의 환율고시는 대부분 미달러화 1단위에 대한 외국통화의 비율로 표시되고 있다. 그리고 환율은 적용대상에 따라 매도환율과 매수환율, 은행간환율과 대고객환율, 현물환율과 선물환율 등으로 구분할 수 있다.

(2) 환율제도

1) 종류

환율제도는 일반적으로 고정환율제도(pegged exchange rate system)와 변동환율제도(floating exchange rate system)로 대별된다. 그리고 현실적으로 고정환율제도와 변동환율제도의 갖가지 특성이 결합되어 있는 관리변동환율제도(managed floating exchange rate system)가 가장 많이 채택되고 있다.

고정환율제도는 금본위제도(gold standard system)가 시행되었던 제1차 세계대전 전까지 존재하던 환율제도이다. 고정환율제도는 변동환율제도에서 발생하기 쉬운 생산의 특화 및 국제무역과 투자의 흐름을 억제하는 급격한 환율변동을 피할 수 있다. 더구나 금본위제도하에서는 일국의 통화가치는 금으로 평가되고 있으며 무역수지의 불균형은 금의 자유로운 유출입에 의해 자동적으로 해결됐다. 결국 금으로 평가된 각국의 통화가치(금평가)가 고정되어 있고 또한 금의 국제적 이동이 자유롭다면 각국 통화간의 교환비율은 궁극적으로 고정될 것이다. 따라서 고정환율제도의 기본적 특징은 모든 국가가 자국통화의 금평가를 고정시킨다는 전제에 입각하여 주로 금본위제도와 일반적으로 관련성이 높으나 금의 역할을 수행하는 외환이 존재하고 외환당국이 환율을 일정한 수준에 고정시키게 된다면 금본위제도가 아닌 불환지폐제도하에서도 적용이 가능하다고 할 수 있다.

반면에 자유변동환율제도는 환율이 외환시장에서 외환의 수요와 공급에 의해 자유롭게 결정되는 제도이며 국제수지의 균형은 환율의 자유로운 변동에 의하여 이루어진다. 즉 자유변동환율제도하에서는 외환에 대한 수요와 공급이 변함에 따라 환율이 신축성있게 움직이고 나아가 수출입 및 단기 자본이동 등의 변동을 초래함으로써 국제수지의 불균형을 시정한다. 자유변동환율제도에서는 국제수지의 균형이 이루어진 상태에서 어떠한 형태로든 교란요인이 발생하게 되면 일단 환율의 변화를 유발한다. 가령 국제수지 적자가 나타나면 외환에 대한 초과수요로 환율이 상승한다. 따라서 외국통화 1단위와 교환으로 더 많은 자국통화를 지급해야 한다. 국제수지적자를 유발하는 요인에는 수입증가, 수출감소 또는 자생적인 외자유입감소 등 여러 가지가 있다. 어떠한 이유든 국제수지적자는 환율에 즉각적인 영향을 주게 되어 그 나라 통화의 평가절하가 초래된다. 마찬가지로 국제수지 흑자가 발생하면 외국통화의 초과공급으로 환율이 떨어져 자국통화가 평가절상된다. 이로써 수입재 가격이 싸지므로 수입수요가 늘어난다. 아울러 수출업자는 1단위의 외국통화와 교환으로 더 적은 자국통화를 수취하게 되므로 수출에는 마이너스효과를 준다. 이 같이 수입이 늘고 수

출이 줄어들어 당초의 국제수지흑자분이 소멸된다. 따라서 당초보다 낮은 새로운 환율수준에서 또 다시 국제수지의 균형이 달성된다. 이와 같이 자유변동환율제도하에서의 국제수지균형은 환율의 변화를 통해 계속적으로 국제수지균형이 달성되게 된다.

2) 각 환율제도의 장 · 단점

고정환율제도와 자유변동환율제도 중 어떤 것이 나은 환율제도인가에 대해서는 많은 논란이 있다. 각 환율제도의 장 · 단점에 관한 평가는 세계경제의 여건이나 시대적 경제상황과도 깊은 관련이 있다고 볼 수 있다.

먼저 고정환율제도의 장점은 환율자체가 우선 안정되어 있으므로 환율변동에 따르는 환위험이 존재하지 않는다. 따라서 국제무역 및 장기자본의 국제적 이동을 촉진시킨다. 더구나 환차익을 노리는 환투기자들의 활동이 제거됨으로써 투기성 단기 민간자본의 유출입이 초래하는 국제수지 불안을 방지할 수 있다. 결국 환위험이 존재하지 않을 경우 자본의 국제적 이동은 이자율의 국제적 차이에 따르며, 이자율 차이로 인한 자본의 유출입은 국제수지균형을 더욱 촉진시킬 것이다. 한편 고정환율제도하에서는 국내인플레이션의 방지기능이 있다. 즉 금본위제도하에서 국제수지의 적자는 금의 유출, 즉 금융당국의 금보유고를 감소시켜 결국 통화공급이 줄어들고, 이에 따라 국내물가는 자동적으로 안정되게 되는 것이다.

반면에 고정환율제도의 단점으로는 국제수지균형이 금의 유출입에 따른 국내물가수준변동에 의하여 유지되므로 대내적 경제불안이 야기될 가능성이 있다. 그런데 국내물가변동을 조절하기 위한 대내적 재정금융정책은 국제수지의 균형을 저해하게 되므로 국내물가안정이나 국내경제성장, 고용확대 등을 위한 대내경제정책은 국제수지균형상 많은 제약이 따른다.16) 더구나 고정환율제도하에서는 해외에서 발생한 경제적 교란현상이 국제적으로 쉽게 전파되는 경향이 있다 가령 교역상대국이 디플레이션상황에 이르면 자국의 무역수지적자가 초래될 것이다. 이 과정에서 자국의 금 및

16) 즉 대내균형과 국제수지균형간의 상호모순 때문에 이같은 제약은 불가피한 것이며, 따라서 국제수지 균형은 대내적 불안이라는 대가를 지불해야 되는 것이다.

외환보유고가 감소하므로 이에 따른 국내디플레이션 현상이 유발될 것이다. 특히 고정환율제도는 금본위제도를 전제로 하므로 모든 국가는 충분한 국제준비금을 보유하여야 한다. 왜냐하면 금보유량이 충분치 못하면 금의 자유이동이 마비됨으로써 국제수지의 자동조절기능이 붕괴되기 때문이다. 그런데 실제로는 모든 국가들이 충분한 국제준비금을 보유하지 못할 가능성이 많다.

다음으로 자유변동환율제도의 장점으로서 국제수지불균형의 조정이 용이하다. 가령 외환시장에서 환율의 변화를 통해 외환의 초과수요나 초과공급이 제거되므로 국제수지의 조정이 쉽다. 또한 자유변동환율제도하에서는 국제수지균형이 환율변동에 의해 이룩되므로 국제수지문제에 구애받지 않고 완전 고용, 경제성장, 물가안정 등 대내경제 정책을 실시할 수 있다. 예컨대 국제수지 균형상태에서 확대재정정책을 통해 국민소득 증대가 초래된다면 수입수요증대 및 수출재에 대한 국내수요의 증대가 국제수지 적자로 나타날 것이다. 그러나 이는 환율의 변동으로 곧 제거된다. 특히 자유변동환율제도하에서는 금융당국이 국제준비금을 보유할 필요가 없다.

반면에 자유변동환율제도의 단점으로는 환율을 유동화시키면 불확실성과 불안정성이 시현됨으로써 국제무역과 투자를 위축시킬 가능성이 있다. 가령 환율인하의 가능성이 존재할 경우 수출업자로서는 자국화폐표시 수출대금의 감소 위험성이 있고 환율인상의 가능성이 있다면 수입업자로서는 자국화폐표시 수입대급의 증가라는 위험부담이 있다. 더구나 환율인상의 가능성은 자본의 국제적 차입자나 공급자로 하여금 자본손실의 우려와 함께 장기자본의 이동계약을 꺼리게 한다. 또한 자유변동환율제도는 자유로운 환율의 변동이 환투기를 유발시키며 따라서 환율의 불안정이 초래될 가능성이 높다. 특히 국내물가수준의 상승을 자극하며 국내물가의 상승은 환율인상을 부채질함으로써 환율상승과 물가상승간의 연속적인 악순환의 가능성이 존재한다. 예컨대 일국의 국제수지적자로 환율이 상승하면 수입국의 가격상승이 뒤따르고 나아가 국내물가를 자극한다. 즉, 비용인상요인이 초래됨으로써 수출을 다시 억제하고 수입을 촉진함으로써 국제수지를 불균형상태로 악화시킨다. 특히 환율의 변동이 국제수지의 불균형을 제거

할 수 있으려면 수출입의 수요 및 공급탄력성이 충분히 커야 하나 반드시 그러한 요인이 충족되지 못한다.

(3) 우리나라의 환율제도

그동안 우리나라의 고정환율제도(1945. 10.~1980. 2.)에서 1980년 3월 이후 1990년 2월 말까지 복수통화 바스켓제도를 채택, 시행해 왔다. 복수통화 바스켓제도하에서는 환율이 SDR바스켓과 우리나라의 5대 교역상대국 통화의 바스켓에 정책변수를 고려하여 결정되었다. 이러한 복수통화 바스켓제도에 의한 환율의 결정은 시장실세의 반영장치라는 정책조정변수 때문에 환율이 정책당국에 의해 의도적으로 조작될 가능성이 존재하였다. 또한 동 제도하에서는 미국과 일본의 비중이 절대적으로 높게 반영되어 양국통화에 지나치게 영향을 받는 불합리성을 지니고 있었다.

이에 이러한 문제점을 다소나마 해소하기 위하여 1990년 3월부터 시장평균환율제도를 도입하였다. 시장평균환율제도는 1990년 3월 1일부터 도입된 새로운 환율제도로 환율이 원칙적으로 시장의 수급상황에 의해 결정되도록 한 혁신적인 내용을 담고 있다. 시장평균환율은 외환의 매매기능을 담당하는 금융결제원의 외환자금 중개실에서 산출하는 데 전일 동중개실을 통하여 거래된 은행간의 원/달러 현물거래 환율을 거래량으로 가중평균하여 결정한다. 이와 같이 결정된 환율은 매일 9시에 각 외국환은행에 통보된다. 시장평균환율 도입초기에는 환율의 급격한 변동을 경험하지 못한 은행과 기업의 환율변동에 따른 환위험으로부터 보호하기 위하여 은행간 거래환율의 1일변동폭을 기준환율을 중심으로 일정범위내로 제한하였다.

그러나 1997년 후반기에 환율의 지속적인 상한가로 인해 외환거래가 중단되는 외환위기가 발생하였다. 이 과정에서 환율안정을 도모하기 위하여 설정된 은행 간 거래환율의 1일 변동제한폭이 오히려 환투기를 자극하고 외환시장을 불안정하게 만들어 외환시장을 마비시켰다.

결국 인위적인 환율안정이 불가능하다고 판단한 정부는 1997년 12월 16일에 그 동안 제한되었던 1일 환율 변동 폭을 철폐하여 환율결정을 완전히 시장기능에 맡기는 자유변동환율제도를 도입하였다. 이러한 환율제도 하에서는 가격제한이 없기 때문에 환율의 무제한 변동으로 인한 환위험을 증대시킨다는 부작용도 존재하지만 그 만큼 환투기를 억제하는 긍정적인 효과도 기대할 수 있다. 앞으로 자유변동환율제도가 소기의 목적을 거두기 위해서는 외환집중제의 대폭적인 완화, 외환시장의 육성 등 여건조성이 시급하다고 할 수 있다.

제3절 국제통화제도

1. 국제통화의 의의 및 금본위제도(1880~1914)

국제통화란 국제간의 상품, 서비스 및 자본이동에 따르는 대차관계를 결제하기 위한 지불수단으로서 범세계적으로 자유롭게 사용되고 있는 통화를 말한다. 따라서 국제통화로서의 기능을 수행하기 위해서는 세계경제를 구성하는 각각의 경제단위에 의해서 그 가치가 인정되고 그 기능을 수행하기 위해서는 세계경제를 구성하는 각각의 경제단위에 의해서 그 가치가 인정되고 그 기능이 용인되어야 하는데, 그러기 위해서는 그 통화에 대한 국제적 신인이 확보되어야 한다.

이와 같이 국제적 강제통용력이 없는 특정국의 국민통화가 국제통화로서의 역할을 하기 위해서는 그 가치와 기능에 대한 국제적 신인이 전제가 되기 때문에 국제통화는 국가간 거래에 언제든지 사용할 수 있는 이용성이 있어야 하며, 또한 어떤 채권자도 그 수령을 수락할 수 있도록 무제한의 교환성과 이체성 및 유동성을 구비하여야 한다.

또한 국제통화는 대외지불수단으로서의 기능을 다하기 위해서는 안정성도 갖추어야 한다. 다시 말하면 국제통화는 각국이 국제수지 불균형의 경우에 대처할 수 있는 대외지급준비통화로서의 기능을 수행할 수 있어야 할 뿐 아니라, 각국 통화간의 상대적 교환비율(교환)을 정할 경우 기준통화로서의 역할을 하여야 하므로, 이를 위해서는 그 가치의 안정이 필요불

가결한 전제가 되고 있다.

한편 국제통화로서의 기능을 수행하기 위해서는 질적 요건 외에도 세계경제의 성장과 부역신장을 뒷받침할 수 있을 정도로 충분한 양을 공급할 수 있는 제도적 장치를 갖추어야 한다.

역사적으로 금 본위제도하에서는 금만이 국제통화로서의 기능을 담당하여 왔으나, 그 후 금환본위제도 하에서는 금 이외에 미국 달러화와 영국 파운드화도 그 나라의 경제력과 세계경제상 차지하는 절대적 지위를 배경으로 하여 국제통화로 통용되어 왔다.[17]

금본위제도에서 각국은 자국통화 1단위에 포함된 금의 함량을 결정하고, 이 가격에서 얼마든지 금을 매입하거나 매출한다. 각국 통화 1단위당 금의 함량은 고정되어 있으므로 각국의 환율 역시 자동적으로 고정된다는 점에서 금본위제도는 고정환율제도이다.

예를 들면 미국 1달러의 금화는 순금 23.22그레인을 함유하고 영국 1파운드의 금화는 순금 113.0016그레인을 함유하고 있으면, 파운드의 달러 표시가격은 R=$/£=113.0016/23.22=4.87로 결정되며 이를 주조평가라 한다.

금본위제도에서는 가격-정화-유통기구라는 조정기구에 의해 국제수지 불균형이 자동적으로 조정된다. 즉, 국제수지 적자가 발생하면 금이 유출되어 적자국의 통화량은 감소하고 물가가 하락하며 그 결과 무역수지는 개선된다. 흑자국에서는 이와 반대의 과정을 거쳐 국제수지 흑자가 조정된다.

가격－정화－유통기구라는 자동적 조정기구가 원활하게 작동하기 위해서는 통화량의 증감에 따른 물가변화가 신축적이어야 하고, 각국은 국제수지 불균형이 국내의 통화량에 미치는 효과를 수동적으로 받아들여야 한다. 즉, 고정환율제도에서의 게임의 룰은 통화당국이 국제수지 불균형으로 인한 국내 통화량의 변동을 무력화 또는 불태화하지 않고 오히려 적자국의 경우 여신을 제한함으로써 조정과정을 가속화하는 것이었다.

그러나 실제로는 국제수지 불균형이 금의 국제적 이동이 아니라 단기자금의 이동에 의해 조정되었으며, 물가가 신축적이었던 것도 아니었다.

---

17) 이남구 외, 『국제무역개론』, 삼영사, 2008, pp.281~282.

그럼에도 불구하고 당시 금본위제도는 1914년까지 순조롭게 운용되었는데, 그 이유는 그 당시 1차 세계화가 진행되어 세계경제가 급속히 확대되었으며 유일한 국제통화인 영국파운드의 가치가 안정적이었기 때문이다.

2. 제1, 2차 세계대전에서의 변화

제1차 세계대전이 발발하자 금본위제도는 붕괴하고 각국이 변동환율제도를 채택함에 따라 1919년부터 1924년까지 환율은 급변하였다. 그 후 각국은 금본위제도로 복귀하려고 노력하였으며 1925년 영국이 금본위제도로 복귀한 이래 프랑스, 일본 등의 국가도 금분위제도로 복귀하였다. 그러나 당시의 제도는 금 및 금과 태환가능한 통화가 국제준비자산으로 이용되었다는 점에서 순수한 금본위제도라기보다는 금환본위제도의 성격을 지니고 있었다.

그러나 이러한 금환본위제도는 1933년 붕괴하였는데 그 근본적 원인을 첫째, 각국이 국제수지 불균형이 통화량에 미치는 효과를 무력화(불태화)시킴에 따라 자동조정기구가 적절히 작동할 수 없었고, 둘째, 새로 등장한 국제금융센터인 뉴욕, 파리와 런던 사이에 대규모의 불안정한 자본이동이 있었으며, 셋째는 대공황의 발생 때문이었다.

1931년부터는 각국들이 국내의 실업문제를 해결하기 위하여 경쟁적으로 평가절하를 하였으며 또한 높은 관세와 기타의 무역규제를 실시하여 국제무역이 크게 위축되었다. 이러한 경험을 교훈삼아 제2차 세계대전이 끝날 무렵 IMF, IBRD, GATT의 설립을 골자로 한 브레턴우즈 체제가 탄생하게 된다.

3. 브레턴우즈 체제

브레턴우즈 체제에서 미국은 순금 1온스의 가격을 $35로 정하고 이 가격에서 얼마든지 금을 매입하거나 매각하도록 되어 있었으며, 기타 IMF 회원국 통화는 미 달러에 대한 교환비율을 고정하고 환율변동이 상하 1%를 초과하면 외환시장에 개입하도록 되어 있었다.

특히 각국은 자국 통화가 허용된 변동폭의 1% 이상 상승하거나 하락하면, 이를 방지하기 위해 달러를 매입하거나 매각해야 했으며, 다른 국가의 통화가 달러에 대한 태환성을 완전히 회복한 1950년대 후반까지는 달러가 유일한 개입통화의 역할을 했다. 또한 각국은 기초적 불균형의 경우에만 IMF의 승인을 받아 자국 통화의 가치를 변경할 수 있었는데, 기초적 불균형이란 대규모의 지속적인 국제수지 적자나 흑자를 뜻한다. 따라서 이 당시의 국제통화제도는 금-달러 본위제였으며 조정가능한 고정환율제도였다.

그러나 실제로 선진국들은 환율변화에 소극적이었다. 적자국은 평가절하를 자국경제의 취약성을 드러내는 것으로 생각하여 평가절하에 소극적이었으며, 흑자국은 자국통화를 평가절상하는 대신 국제준비자산을 축적하였다. 그 결과 브레턴우즈 체제는 국제수지 불균형을 조정하기 위한 대부분의 신축성을 상실하게 되었고, 만성적 국제수지의 적자에도 불구하고 자국통화의 평가절하를 기피한 국가들은 투기적 자본의 공격대상이 된 후에야 어쩔 수 없이 평가절하를 단행하곤 하였다.

4. 브레턴우즈 체제의 붕괴, 변동환율제도로의 전환

브레턴우즈 체제는 1960년대까지는 안정적으로 운용되었으나, 1958년 이후 미국의 국제수지 적자 규모가 큰 폭으로 확대되면서 브레턴우즈 체제의 기반이 흔들리게 되었다. 1958년 이후 미국의 국제수지 적자 규모는 연간 30억 달러를 상회하였는데, 그 이유는 유럽에 대한 직접투자와 베트남 전쟁으로 인한 미국에서의 높은 물가상승률 때문이었다.

미국은 국제수지 적자를 대부분 달러로 결제했기 때문에 외국의 공적 달러 보유가 1949년의 130억 달러로부터 1970년에는 400억 달러로 증가했으며, 미국의 금준비는 1949년의 250억 달러에서 1970년에는 110억 달러로 감소하였다. 미국의 대규모 국제수지 적자와 금준비의 감소로 인하여 1970년대 말과 1971년 초에는 미국이 곧 달러를 평가절하할 것이라는 예상이 팽배했다. 이에 따라 대규모자본이 미국으로부터 유출되었고 결국에는 1971년 8월 달러의 금 태환이 정지되면서 브레턴우즈 체제는 붕괴하였다.

브레턴우즈 체제가 붕괴된 후 1973년 3월 이후에는 관리변동환율제도가 세계적으로 채택되었으며 2013년 현재 IMF 회원국 중 대부분의 국가들이 여러 가지 형태의 변동환율제도를 채택하고 있다. 그런데 이들 국가 중에는 선진국들이 모두 포함되고 있으므로 현재 세계 무역의 80% 이상이 변동환율제도를 채택하고 있는 국가들 사이에 이루어지고 있다.

관리변동환율제도에서 각국의 통화당국은 환율의 장기적 추세에는 영향을 미치지 않지만, 환율의 단기적 변동을 완화하기 위하여 외환시장에 개입한다. 현재의 관리변동환율제도에서도 각국은 외환시장에 개입하기 위해서 국제준비자산을 필요로 하며, 현재에도 외환시장의 개입은 대부분 달러를 이용하여 행해지고 있다.[18]

---

18) 구종순 외, 전게서, pp.133~137.

제5부 국제경영활동

11 국제경영 일반

제1절 국제경영의 개념

1. 국제경영의 의의와 영역

경영은 오케스트라의 지휘와 비슷하다. 오케스트라 협연 중 한 사람이라도 실수를 한다면 전체적인 화음에 문제가 발생할 수 있는 것처럼 경영은 당장은 아닐지 모르지만 기업에 타격을 미칠 수 있다. 그러므로 경영은 어느 한쪽에 치우치지 않는 전체적인 조화를 이루어야 한다. 기업들은 열린 사고방식에 의한 다양한 시각을 가져야 모든 것을 받아들이고 이해할 수 있다. 그렇게 함으로써 기업의 경쟁력 우위를 확보할 수 있다.[1)]

미국의 금융위기와 유럽의 재정위기로 인해 현재 전 세계적인 경제 불황 속에서 기업들의 위기의식이 커지고 있는 상황이다. 이에 따라 세계 각국에서 기업들이 발붙일 곳은 점점 줄고 있는 실정이다. 이러한 위기의 시기일수록 수출국에 대한 철학, 역사, 문화, 정치, 경제 능에 대해 깊이 있고 폭넓게 이해함으로써 글로벌 환경에 대한 통찰력을 키우고 계속적인 기업으로서 성장해 나갈 수 있다. 이러한 글로벌 환경에 대해 연구를 행하는 것이 국제경영 내지 글로벌경영이라 할 수 있다.

이러한 국제경영학은 세계화의 진전으로 발전한 학문이므로 역사가 짧을 뿐만 아니라 연구대상과 방법도 계속적으로 변화하고 있는 분야인데

---

1) 이승종 외, 『글로벌 경영』, 민영사, 2004, p.50.

국제경영의 개념을 일률적으로 규정하기가 어렵다. 그러나 지금까지 보편적으로 국제경영을 연구해 온 여러 학자들의 견해에 의하면 다음과 같이 정의할 수 있다.

국제경영학은 1945년 제2차 세계대전 이후 기업의 국제경영 활동을 연구대상으로 하여 설립된 학문으로 국제경영(international business)이란 국경을 넘어서거나 2개국 이상에서 동시에 일어나는 경영활동을 의미한다.[2] 즉 국제경영은 2개 이상의 다른 경제 조직 간에 관련되는 기업 활동이며, 경제 환경이 본국과 상이한 외국에서 기업의 사업 활동이 전개된다는 점에서 그 주요한 특징이 있다. 따라서 국제경영이란 국경을 넘어 이루어지는 국제적 경영활동이기 때문에 기업의 규모나 활동이 커지고 복잡해진다. 이에 따라 국제경영은 새로운 경영정책과 정부의 경제정책을 필요로 하게 됨으로써 기업의 일반경영활동과는 분리된 새로운 학문영역으로 나타나게 되었다.

국제경영에서 국제화와 세계화의 의미는 동일하게 쓰고 있지만 엄밀하게 보면 다소 차이가 있다. 좁은 의미에서의 국제화는 국가별 시장에 대한 적절한 전략을 수립하여 조직목표를 달성하는 것이지만 오늘날의 국제화는 넓은 의미에서 세계화를 의미한다. 세계화란 2개 이상의 개별국가 시장에 대한 전략수립이라는 차원에서 진일보하여 전 세계를 하나의 시장으로 간주하여 통합된 전략을 수립해 나가는 것을 말한다.[3]

오늘날 우리 기업들이 당면하고 있는 국제경영환경은 급격한 변화, 복잡성, 다양성, 단절성, 불확실성 등으로 요약할 수 있다. 이와 같은 국제경영환경은 세계의 기업들로 하여금 지속적으로 날로 새롭고도 다양한 종합적인 기업기회, 문제점, 위험을 동시에 제공하는데 경영자는 국내 기업환경을 면밀히 분석하고 그 변화 추이를 철저히 분석해 나가면서 기업의 국제화 전략을 포함한 경영전략을 수립 및 집행하고, 기업의 미래성장과 발전을 보장할 수 있는 새로운 상품 산업분야에 과감히 진출하는 등 기업혁

---

2) 이명호 외, 『경영학으로의 초대』, 박영사, 2003, p.315.
3) Wild, John J., Wild, Kenneth L. and Han, Jerry C. Y., *International Business*, Prentice-Hall, 2000, p.6.

신을 이끌어나가야 한다.

세계적 컨설팅 회사인 맥킨지(McKinsey)가 호주 제조업협회와 공동으로 연구한 결과는 흥미로운 사실을 제공하고 있다. 고부가가치 산업에 속해 있는 700개 호주기업을 대상으로 한 조사에서 성공기업들은 창업 초기부터 세계시장을 목표로 한 신종 중소기업들로 나타났다.[4] 이들의 사례는 내수시장의 발판을 마련하지 않고도 세계시장에서 대기업들과 경쟁할 수 있는 가능성을 보여준다. 국내기업의 경우 HJC는 국내외적으로 한국 기업의 위상을 높이고 있는 대표기업 중 하나이다. 또한 국내에서 보다는 해외에서 더 인정받고 있는 대표 중견기업으로서 전체 매출의 95% 이상을 해외 시장에서 벌어들이고 있는 글로벌 기업이다.

최근에 대한상공회의소는 특히 '중소기업 경쟁력 강화를 위한 5대 전략과제'를 발표하였는데 중소기업들이 글로벌 기업으로 도약하기 위해서는 5가지 즉 기술개발, 틈새시장 구축, 글로벌 마인드, 과감한 의사결정 및 기업가 정신 등에 집중해야 한다고 밝혔다.[5]

한국기업들의 글로벌화 정도를 나타내는 것으로 포춘지에 선정하는 글로벌 500대기업과 언스트 앤 영(Arnst & Young)이 발표하는 세계화지수를 보면 어느 정도 예측할 수 있다.

먼저, 미국 경제전문지 포춘은 매출액을 기준으로 매년 글로벌 500대 기업을 발표하는데, 2012년에는 한국기업이 13개사가 포함되었다. 나라별로는 총 37개국이 포천 500대 기업에 이름을 올렸으며 이중 미국이 132개사가 포함돼 가장 많았다. 이어 중국(73개사), 일본(68개사), 프랑스(32개사), 독일(32개사) 영국(26개사), 스위스(15개사) 등 순이었으며 한국은 13개사로 나라별로는 8번째로 포천 글로벌 500대 기업에 많은 기업이 포함되었다(<표 11-1> 참조).[6]

4) Rennie, M. W., Born Global, in The McKinsey Quarterly, No.4, 1993, pp.46~52.
5) 한국경제, 상의, 중기 '강소기업 도약 전략과제' 제시, 2008. 10. 23.
6) 연합뉴스, '포춘 글로벌 500대 기업', 2012. 7.10.

〈표 11-1〉 글로벌 500대 기업

(단위: 백만 달러)

순위	회사	시가총액	순위	회사	시가총액
1	로열디치셀	484,489	117	현대자동차	70,227
2	엑손모빌	452,926	146	포스코	62,230
3	월마트	446,950	196	LG전자	48,997
4	BP	386,463	203	현대중공업	48,485
5	중국석유화공집단	375,214	235	GS칼텍스	43,280
6	중국석유천연가스공사	352,338	264	한국전력	39,296
7	국가전망공사	259,142	266	기아자동차	38,988
8	셰브론	245,621	383	S-오일	28,808
9	코노코필립스	237,272	429	한국가스	25,721
20	삼성전자	148,944	449	우리금융	24,435
65	SK 홀딩스	100,394	465	현대모비스	23,736

자료: 연합뉴스(2012. 7.10.)

〈표 11-2〉 세계화 지수

순위	국가	세계화지수
1	홍콩	7.42
2	아일랜드	7.24
3	싱가포르	6.88
4	벨기에	5.81
5	스웨덴	5.72
6	덴마크	5.70
7	네덜란드	5.58
8	스위스	5.46
9	핀란드	5.39
10	헝가리	5.19
12	타이완	5.06
29	한국	4.13
39	중국	3.56
40	일본	3.47

자료: www.ey.com

글로벌 회계·컨설팅 법인 언스트 앤 영(Ernst & Young)이 매년 발표하는 세계화지수(Globalization index)에서 한국은 세계 60대 주요 국가 중 29위에 올랐다. 세계화지수는 국내총생산(GDP) 규모를 반영한 국가별 세계화 수준을 보여주는 지표로 평점 10점에 가까워질수록 세계화가 더 많은 진전된 것을 의미한다. <표 11-2>에서 보는 바와 같이 우리나라는 대만보다는 뒤지고 중국, 일본보단 세계화 지수가 높은 것으로 나타났다.[7]

국제경영은 국내경영과 달리 경영활동 영역이 국경을 초월하여 이루어진다는 점에서 차이가 있는데, 이러한 차이점은 다음과 같다.[8]

첫째, 기업의 본국과는 상이한 경영환경 하에서 경영활동을 한다는 점이다. 국제경영은 국내경영과 달리 익숙하지 않는 환경에서 경영을 해야 한다는 점에서 차이가 있다. 즉 정치적, 법률적, 경제적, 사회적, 문화적 환경 등에서 뿐만 아니라 생활수준, 산업구조, 경쟁여건 등의 측면에서도 차이가 있으므로 이에 대한 심층적인 이해가 필요하다.

둘째, 국제경영은 상품과 서비스, 더 나아가 자본, 기술, 인력 등 생산요소 및 경영자원의 국가 간 이전을 전제로 하고 있다는 점이다. 이러한 이전은 수출, 라이선싱, 직접투자 등과 같은 진입방식 중 어떤 방식을 택하느냐에 따라 달라진다. 따라서 국내 기업들은 수출국에 진입하기 전에 이런 이전방식에 대한 체계적이고 종합적인 검토가 필요하다.

셋째, 국제경영활동은 다수국을 대상으로 하여 동시에 이루어지기 때문에 이들 활동을 조정·통합할 필요가 있다는 점이다. 국내 환경과 달리 국제경영은 국가별로 이질적인 특성을 가지고 있으므로 진입에 앞서 각 국가별로 적합한 적응 내지 통합에 대한 효율적인 검토가 필요하다.

2. 국제경영의 성격

국내기업이 국제경영활동에 필요한 의사결정을 하기에 앞서 반드시 국제경영과 연관된 ① 현재와 미래의 기회요인, ② 환경적 제약요인과 위험

7) 조선일보, '글로벌 한국' 어디까지 왔나, 2012. 1. 25.
8) 김광수 외, 『국제경영』, 박영사, 2010, pp.6-7.

요인, ③ 요소자원에 관하여 자세한 분석과 검토가 선행되어야 한다. 이러한 분석의 중요한 일부를 차지하는 것이 국제경영을 할 때 당면하는 독특한 성격에 대한 분석이다.

국제경영활동은 종래의 단순한 상품수출입활동이나 그 밖의 다른 경영활동과는 여러 가지 면에서 차이를 발견할 수 있다. 경영활동전개 및 의사결정의 관점에서 볼 때 국제경영의 특징은 세계성, 계획성, 통일성, 조직성, 기동성, 적응성, 연결성 등으로 요약할 수 있다.

(1) 국제경영의 세계성

본질적으로 단지 하나의 국민경제 하에서 경영활동을 영위하므로 통일된 환경구조를 가지고 있는 국내경영과는 달리 국제경영은 여러 국가에서 사업 내지 경영활동을 본질적으로 전개하는 세계화를 전제로 한다. 즉 국제경영에 참여하는 기업은 일국의 시장에만 집착하지 않고 세계시장 전체를 대상으로 의사결정 및 경영활동이 전개된다는 것이다. 따라서 기업 활동은 국경을 넘어서 이루어질 때, 경영자가 경험해보지 못한 도전과 위험은 국내 거래보다 훨씬 복잡하고 예상하기 어려운 문제들이 많다. 그러므로 국제경영활동을 원활히 전개하기 위해서는 국내경영활동과는 달리 전세계 시장의 수요특성에 맞는 상품과 서비스를 개발하고, 이러한 전략에 의해 기업의 목표를 달성하기 위해서는 각국의 환경을 연구할 필요가 있는 것이다.

(2) 국제경영의 계획성

국제경영활동을 수행하는 데에는 진출국의 경제여건과 정책의 변화 또는 국제적 분쟁이나 정치적 변화, 폭동, 내란, 몰수 등과 같은 불확실한 요소가 많기 때문에 진출에 앞서 경영활동에 대한 전반적인 문제들을 예측하고 이를 해결하기 위한 계획적인 매뉴얼이 준비되어야 있어야 한다. 따라서 국제경영을 전개하는데 있어서 가장 우선적으로 사전 연구와 조사를 통해 자사의 강점과 약점 및 외부의 기회와 위험을 바탕으로 기업의 목표수립과 달성을 위한 합리적이며 과학적인 분석 및 예측에 근거한 계

획성이 선행되어야 한다.

(3) 국제경영의 통일성

국제경영활동은 본국에서 멀리 떨어진 세계의 각 지역을 대상으로 하는 만큼 시간적 공간과 물리적인 거리가 존재하게 된다. 따라서 국제경영활동은 기업전체로서 유기적이고 종합적이고 체계적인 경영활동의 전개 없이는 소기의 목적을 달성하기 어렵다. 그러므로 기업 전체적인 측면에서 통일성을 유지하기 위해서는 선택과 집중을 고려하여 지역본사와 긴밀한 협력을 통한 균형이 필요하다.

(4) 국제경영의 조직성

기업의 조직구조는 성공적인 경영활동을 위한 중요한 결정요소이므로 특히 국제경영활동은 그 자체의 규모가 방대하고 사업 활동상 예측하기 어려운 불확실성하에서 이루어지므로 무엇보다도 조직성을 요한다. 조직구성원의 노력을 유기적으로 통합하여 기업집단 전체를 하나의 단위로 활동할 수 있게 하는 조직구조의 편성과 운영 없이는 국제경영은 소기의 목적을 달성하기 어렵다. 조직은 내부적 및 외부적 국제경영환경에 적응하도록 능동적인 구조를 갖추는 것이 중요하다. 최근에 기업들은 글로벌화와 현지화를 동시에 추구할 수 있는 매트릭스 구조를 지향하는 경향이 있다.

(5) 국제경영의 기동성

본사와 멀리 떨어져 있는 국제시장에서 기업이 국제경영환경의 급속한 변화에 적절히 대응하기 위해서는 현지의 환경에 대한 계속적인 연구 및 분석과 함께, 경영활동에 대한 유연한 사고방식과 행동의 기동성이 요구된다. 특히, 칭기즈칸이 기동성이 뛰어난 기마군단을 주력삼아 영토를 확장했듯이 글로벌 기업들은 앞서 설명한 조직구조를 글로벌 환경체제에 적합하게 개편해서 기동력을 강화해야 한다.

(6) 국제경영의 적응성

적응성이란 국제기업이 현지 시장의 환경적 요인에 의사결정의 우선순위를 두고, 이를 기업의 가치 활동에 반영하는 정도와 능력이라고 볼 수 있다. 국제기업은 이질적인 경영환경에 직면함으로써 의사결정의 불확실성이 높아질 뿐 아니라 이에 적응해야 할 경우 그 결과로 기업의 가치 활동은 그 만큼 복잡해진다. 그런데 다른 관점에서 보면 이러한 이질적 경영환경은 새롭고 다양한 아이디어를 얻을 수 있는 좋은 기회가 되기도 한다. 즉 현지국 환경에 효과적으로 적응한다면 국제기업의 경쟁우위를 향상시킬 수 있다.[9] 방호열 · 이언승(2006)의 연구에서는 국제경영활동을 활발하게 수행하는 기업이 당면하는 전략적 문제 중 하나가 적응성에 관한 의사결정이라고 주장하고 있다.[10]

(7) 국제경영의 계속성

기업의 국제화를 추진하는 주된 목적은 끊임없이 변화하는 기업환경 하에서 계속기업으로 경쟁력을 유지함으로써 생존과 성장을 이룩하기 위한 것으로 볼 수 있다. 따라서 국제경영활동을 효율적으로 전개하기 위해서는 경영의 계속성이 확보되어야 하는 것이다. 예를 들면, Robinson(1969)은 합작이라는 것을 동태적 과정으로 인식하면서 합작사업의 시간 경과에 따른 상대방의 지속적인 기여도가 사업의 계속성에 중요한 영향을 미친다는 결론을 내렸다.[11]

---

9) T. Frost, *The Geographic Sources of Foreign Subsidiaries' Innovations, Strategic Management Journal*, 22, 2002, pp.101~123.

10) 방호열 · 이언승, "국제기업 현지적응성의 결정요인과 성과에 미치는 영향", 『국제통상연구』, 11(1), 2006, p.99.

11) Richard D. Robinson, Ownership Across National Frontiers, *Industrial Management Review*,(Fall), 1969, pp.41~65.

3. 기업의 국제화과정[12)]

기업의 국제화 과정은 점진적인 국제화 과정과 급격한 국제화 과정으로 구분할 수 있다. 점진적인 국제화 과정 모형으로는 Johansen and Wiedersheim-Paul(1975), Johanson and Vahlne(1977) 등의 연구로 대표되는 웁살라 모형(Uppsala model)을 들 수 있다.

Johansen and Wiedersheim-Paul(1975)은 스웨덴 기업에 대한 사례 연구에서 기업들은 비정기적인 수출, 중간상을 통한 수출, 해외판매 자회사 설립, 해외생산, 제조자회사 설립 등의 순으로 점진적 순차적으로 국제화해 간다고 주장한다.[13)]

다음으로 Johanson and Vahlne(1977, 1990)은 그들의 연구에서 기업들은 대규모 생산설비를 일시에 해외에 투자하기보다는 오히려 국제경영활동을 점진적으로 확대해 가는 국제화과정을 밟는다고 주장하고, 이것을 무역이 전혀 없는 단계, 무역대리인을 통한 수출단계, 현지 판매자회사를 통한 수출단계, 현지 생산 공장 설립단계로 구분하여 제시하고 있다.[14)]

이외에도 Douglas and Craig(1995)는 기업이 세계시장을 확대해 가는 과정을 동태적으로 설명하면서 글로벌 시장 진입 전 단계, 글로벌 시장 진입단계, 현지시장 확대단계, 범세계적 시장단계로 구분하고 있다.[15)]

글로벌 시장에 진입하기 이전 단계의 기업은 국내시장이 초점이 되며 영업활동영역도 국내에 한정된다. 이러한 단계에서의 기업의 전략은 국내시장에서의 소비자 욕구와 관심, 산업추세, 경제, 사회, 문화, 예술적인 추

12) 강태구 · 한영일, "한국 제조기업의 국제화 과정 결정요인에 관한 실증적 연구", 『경영학연구』, 36(1), 2007, pp.91~112.

13) J. Johanson and F. Wiedersheim-Palu, The Internationalization of Firm-Four Swedish Case, *The Journal of Management Studies*, Oct., 1975, pp.305~322.

14) J. Johanson and J. E. Vahlne, The Internationalization Process of the Firm-A Model of Knowledge Development and Increasing Foreign Market Commitments, *Journal of International Business Studies*, Spring/Summer, 1977, pp.23~32.
J. Johanson and J. E. Vahlne, The Mechanism of Internationalization, *Inter national Marketing Review*, 7(4), 1990, pp.11~24.

15) S. P. Douglas and C. S. Craig, C. S., *Global Marketing Strategy*, McGraw- Hill, 1995, p.32.

세를 기초로 하여 만들어진다. 동시에 국내경쟁자들이 기업의 주요 위협 대상으로 간주된다.

국제시장 진입단계의 기업은 국제시장에서의 환경적인 조건, 시장수요, 경쟁정도 등과 관련된 정보 수집을 통해 자사 기업에 가장 적합한 전략을 개발하고 가장 매력적인 국가 시장을 선택하는 것이 필요하다. 이러한 국제시장 진입단계에 있어 고려해야 할 기본적인 세 가지 과제 즉 해외시장 국가를 선정하는 것, 해외시장의 진입시기를 결정하는 것, 그리고 진입방식을 결정해야 한다.

기업의 글로벌화과정의 세 번째 단계인 현지시장 확대단계는 해외 경영활동의 기초가 이미 확립된 현지시장 국가에서의 새로운 성장과 확대전략을 모색하는 단계이다.

기업 글로벌화의 최종단계인 범세계적 시장단계는 전략개발과 적용에 있어 범세계적 목표의 선택으로 특정되어진다. 현지시장국에 적합한 마케팅전략을 잃어버리지 않으면서 범세계적 효율성을 개발하는 데 관심을 기울이는 단계이다.16)

이상에서 살펴본 점진적인 국제화 과정 모형은 기본적으로 기업들은 처음에는 수출방식으로, 그리고 그 다음에는 판매자회사를 설립하여 해외에 진출하고, 이후 지식과 경험을 쌓은 다음 해외투자방식으로 해외에 진출하는 선형적인 발전과정을 거치는 것으로 파악하고 있다. 기업들이 이렇듯 점진적인 국제화 과정을 선택하는 것은 지식 특히 경험적인 지식이 부족하고 아울러 국제화에 대한 의사결정과 관련된 불확실성이 높기 때문인 것으로 해석할 수 있다.

급격한 국제화 과정 모형으로는 Root(1987), Buckley, Newbold and Thurwell(1988), Dicken(1998) 등의 연구를 들 수 있다. Root(1987)는 Johanson and Wiedersheim-Paul(1975) 등이 주장하는 웁살라 모형의 점진적인 국제화 과정을 받아들이고는 있지만 기업의 국제화는 꼭 웁살라 모형이 주장하는 바와 같이 모든 단계를 순차적으로 거치는 것은 아니며 경우

16) 전외술 외, 「글로벌경영론」, 대명출판, 2009, pp.36-39.

에 따라 일부 단계를 뛰어넘기도 하고 또 각 단계에 소요되는 기간이 전혀 다를 수도 있다고 보고 있다.[17)]

Buckley, Newbold and Thurwell(1988)은 기업의 국제화 과정에는 곧바로 해외생산, 수출단계를 경유하는 해외생산, 수출단계를 거친 다음 판매자회사를 거쳐 이루어지는 해외생산, 수출단계를 거치고 라이선싱을 거친 다음 이루어지는 해외생산 등 네 가지가 있다고 주장한다.[18)]

Dicken(1998)도 기업의 국제화 과정을 국내시장 공급단계, 독립적인 유통경로를 통한 수출 또는 라이선싱 제공단계, 신설/인수에 의한 해외 판로 구축단계, 해외생산시설 설립단계 등의 네 단계로 구분하여 제시하고 있다.[19)]

세계적인 컨설팅 회사인 맥킨지가 제시한 모델은 판매, 생산, 연구개발 등의 가치창출활동이 어떠한 순서에 따라 해외로 이전되는가에 초점을 맞추어 기업의 국제화 과정을 수출, 현지판매, 현지생산, 자기완결형 해외사업 및 세계적 통합 등의 5단계로 나누고 있다.[20)]

제1단계는 수출단계로서 본국 내에서 연구개발부터 판매에 이르기까지 모든 기능을 유기적인 시스템으로 운영하고, 종합무역상사나 현지대리점을 활용하여 수출시장을 개척한다.

제2단계는 현지판매단계로서 주요 수출대상국에 현지판매법인을 설립하고 직접 유통과정에 참여하거나 브랜드를 관리하는 단계이다.

제3단계는 현지생산단계로서 주요 시장에서 현지판매뿐만 아니라 현지생산도 도모하여 판매 및 생산기능을 현지로 이전하는 단계이다.

제4단계는 자기완결형 해외사업단계로서 생산과 판매뿐만 아니라 재무, 연구개발, 인사, 구매 등 완전한 사업단위를 현지에 이전하는 단계를 말하

17) S. Root, *Market Expansion and Firm Internationalization*, in E. Kaynak (ed.), International Marketing Management(New York, Praeger), 1984.

18) P. J. Buckley, G. D. Newbold and J. C. *Thurwell, Foreign Direct Investment by Smaller UK Firms: The Success and Failure of First-time Investor*, London, Macmillan, 1988.

19) P. Dicken, *Global Shift: The Internationalization of Economic Activity*, 3rd ed.: London, Paul Chapman Publishing Ltd., 1998.

20) 전용욱 외, 『글로벌경영』, 문영사, 2012, pp.32-33.

며 현지화가 핵심과제이다.

제5단계는 세계적인 통합단계로서 전세계에 산재해 있는 자회사들의 활동, 기능, 자원 등을 범세계적인 관점에서 조정 및 통합 운영한다. 일반적으로 연구개발, 기업문화 및 재무자원을 공유하게 된다.

기업의 국제화 단계에 맞추어 일반적인 국제경영의 논리적 이행단계를 요약하면 ① 원료와 제품의 수출입활동, ② 기술과 노하우의 수출입활동, ③ 자본의 해외유출 또는 외자도입, ④ 플랜트 수출입활동, ⑤ 해외에 대리점, 사무소, 자회사, 현지법인의 설립, ⑥ 외국기업과 공동으로 합작기업 등을 추진 · 전개하는 경영활동, ⑦ 해외 각지에 분산된 경영거점을 결합하여 본사 차원에서 통합하는 기구를 갖춘 경영활동, ⑧ 다국적기업형의 경영활동 등으로 구분한다.

여기서 한 가지 주의할 사항은 기업의 국제화과정이 여러 가지의 논리적 단계를 거치며 획일적이고 통일적으로 이행되는 것이 아니고 다만 기업의 국제화에 따른 논리적 단계를 개념화 내지 모형화한 것에 불과하다는 것이다.

제2절 국제경영의 연구방법

1. 국제경영 연구의 필요성

국제경영학이 성립하게 된 이유로는 제2차 세계 대전 이후 과학기술이 급진적으로 발전함에 따라 세계 각국의 경제, 사회 및 그 구성원인 기업들은 활동범위가 커지게 되고 여러 국가에서 국경선을 넘어 활동을 하게 되면서 나타났고 또한 이러한 기업환경 변화에 대응하여 기존의 실천적인 학문인 경영학은 그 이론과 기법에 있어서 새로운 체계를 필요로 하게 되면서 나타났다고 볼 수 있다. 즉 안정적인 국내 경영의 여건으로부터 경쟁적인 국제경영으로 기업의 활동범위가 넓어짐에 따라 이들 기업이 직면하게 된 문제들을 해결할 수 있는 새로운 학문분야인 국제경영학의 도입

이 필요하게 되었던 것이다.[21]

현재 국제경영학을 연구하면서 중시해야할 첫째 이유는, 세계시장 경영 환경변화에 맞추어 경제와 기업이 국제화하고 있는 만큼 경영학 교육 역시 국제화할 필요가 있기 때문이다. 즉 앞으로의 국제경영에 적합한 일종의 새로운 종(new brand)인 국제경영자들을 국내경영자들과 차별화시켜 특별히 교육시키고 양성하여 배출하는 것이 절대적으로 필요하기 때문이다.[22] 이웃 일본의 경우 1960년대까지의 '수출위주의 경제강국 철학'에서 1970년대부터 '다국적 시대'로의 변화에 따라, 국제경영인력(international business manpower)을 공급하고 국제경영자의 전문적 식견을 향상시키기 위해 대학 · 산업훈련기관 · 기업들이 국제경영교육을 강화하고 있다. 특히 미국 · 서유럽 등의 기업들과 같이 일본 기업들도 임직원의 해외교육훈련을 계속 확대하고 있다. 이에 수출 지향적 경제구조를 가지고 있는 우리나라의 경우는 특히 국제경영학 교육이 요구된다. 이는 반드시 국제무역학 및 국제무역 실무 교육과 상호보완적으로 이루어져야 할 것이다.

둘째로, 세계시장의 다양화 또한 국제경영에 관한 연구의 필요성을 증대시킨다. 세계의 기업들이 무역, 해외건설, 플랜트수출, 해외직접투자 등 국제경영을 전개할 수 있는 여건은 국가별 다양성에서 출발한다. 만일 모든 국가들이 모든 측면에서 자국과 똑같다고 한다면 자국에서와 똑같은 방식으로 경영이 가능하기 때문에 무역, 해외직접투자 등 국제경영을 할 아무런 이유가 없다. 따라서 국제경영을 연구하는 중요한 이유 중 하나는 무역 · 해외직접투자 등 국제경영이 이루어지고 있는 세계시장별로 기업환경이 다르므로 이에 대한 여건을 이해하고 이를 국제경영에 적극 활용하는데 있다.

특히 경영거래가 국내 시장들의 영역을 초월하여 이루어질 때 해외시장의 무역투자 장벽이 감소되어 국제기업들이 활용가능한 글로벌 경영기회는 증가하기도 하지만 그만큼 위험 내지 어려움은 국내 경영거래보다 훨씬 더 증가하므로 시장의 다양성 내지 기업환경의 이질성에 적응하기 위

---

21) 이명호 외, 전게서, p.305.
22) 반병길 외, 「글로벌 경영」, 박영사, 2011, p.41.

해 필요하다.

셋째로, 국제경영을 특별히 연구하도록 하는 이유의 하나는 현재의 국제경영자 및 미래의 국제경영자들인 학생과 독자들로 하여금 위에 지적한 성공의 관건을 이해하고 그에 필요한 전문적 식견을 갖추도록 하는 데 있다. 달리 말하면, 한 기업체가 국제 분야에 진출하려 한다면, 어떤 이유(목적)와 방법(전략)으로 국제적으로 개입할 수 있고, 어떤 중요한 활동을 수행해야 하며, 어떻게 해외시장기회를 규명할 것인가 하는 문제를 다루는 것이 국제경영을 연구하는 목적의 하나다.

21세기가 진전될수록 우리나라 기업들과 국제경영자들이 글로벌 안목을 갖고 글로벌하게 사고하고 전략적으로 행동해야 할 필요성이 있는 분야들은 빠르게 변화하는 시장, 시장기회, 경쟁, 성장전략 등 이다.[23] 그리고 우리나라 기업들은 상대적으로 협소하고 경영환경이 좋지 않은 국내시장으로부터 오는 성장상의 제약조건을 글로벌경영활동 확대를 통하여 극복할 수 있도록 전문적 지식을 가지고 있어야 세계적인 기업으로 발돋움 할 수 있을 것이다.

넷째, 전문적인 국제경영 인력의 확보를 위해서도 국제경영을 연구할 필요가 있다. 즉 국제경영을 논의할 때마다 대두되는 중요한 과제의 하나는 실질적인 국제경영 인력의 확보문제이다. 그 이유는 자질 있는 국제경영 인력이 세계적으로 너무 부족하기 때문이다. 이러한 부족은 다국적기업을 가장 많이 갖고 있고, 국제 기업 활동 분야를 지배하고 있는 미국은 물론 다른 개발도상국에서도 심각한 문제가 되고 있다.

앞으로 국제경영을 성공적으로 수행하려면 글로벌세분시장, 지역시장, FTA 시장, 국가시장 등 4개 차원 해외시장별 경영환경을 정확히 분석하고 파악하고 예측할 수 있는 해외시장별로 진입전략들을 최적으로 믹스하여 집행할 수 있는 그리고 eBusiness · 소싱 · 생산 · 마케팅 · 재무 · 인사 · 기술 · 관리통제 등 모든 글로벌 운영전략분야에 걸쳐서 앞으로의 국제경영에 적합한 유능하고 빈틈없고 공격적인 국제경영 인재들이 절대적으

23) 반병길 외, 상게서, pp.38-39.

로 더욱 많이 필요하기 때문이다.[24)]

그러므로 뒤늦게 뛰어들어 국제경영을 확장해야만 하는 우리나라 기업들에게는 국제경영 인력의 교육훈련과 확보가 더욱 심각하고, 또한 가장 중요한 문제가 아닐 수 없다.

2. 국제경영의 연구방법

국제경영의 연구는 나름대로의 독자적인 분야와 영역을 갖는다는 점에서 하나의 과학으로서의 성격을 가지고 있으나 그 연구방법에 있어서는 어떤 일반적이고 독립적인 체계를 정립하고 있지 못하다. 즉 국제경영의 문제에 대한 연구방법은 아직 어떤 확립된 체계를 가지지 못한 채 그것에 접근하는 연구자의 시각과 관점에 따라 다르다. 그러나 일반적으로 사용되고 있는 연구방법들을 대체로 나열해 보면 다음과 같다.

(1) 주체적 연구방법

이는 국제경영활동을 수행하는 주체적 입장에서 분석하고 연구하는 방법이다. 이 방법은 가령 우리나라의 H기업이 외국을 대상으로 국제적인 경영활동을 수행한다고 할 때 우리나라의 입장 또는 우리나라 H기업의 입장에서 기업의 문제를 분석하는 기업독자적인 연구방법으로 국제경영론에서 가장 널리 이용되고 있는 방법이다.

(2) 객체적 연구방법

객체적 연구는 주체적 연구와는 반대로 국제경영활동을 연구하는 방법이다. 즉 기업이 주체적 진출을 행한 현지국가 또는 국제금융시장을 포함한 국제환경의 문제를 취급한다. 예컨대 우리나라의 기업이 대만을 대상으로 국제경영활동을 수행하는 경우, 대만의 입장 또는 대만기업의 입장에서 국제경영활동을 파악하려는 방법이다. 특히 이 연구방법은 국제적인 합작기업을 한다거나 국제적인 기술제휴에 의하여 경영활동을 전개하거나 또는

---

24) 반병길 외, 상게서, p.41.

외국의 현지자회사가 진출해 있는 경우에는 파트너의 입장, 라이선시(licensee), 현지수용국의 입장에서 국제경영활동을 연구하는 것을 말한다.

(3) 상품별 연구방법

이는 상품을 종류별로 분류하고 분류된 상품의 공통된 유통조직을 연구하는 것으로 국제경영활동의 주요한 대상이 되는 특정한 상품 또는 자원의 특성이나 그에 대한 수요 등에 대해 분석하는 연구방법이다. 즉, 국제경영활동을 수행하고 있는 어느 특정기업 또는 기업군들의 상품에 대한 특성을 분석하고 각 기업 간의 경쟁상황 등을 분석하는 것과 같은 연구방법이다.

(4) 기능별 연구방법

국제생산 · 재무 · 인사 · 조직, 마케팅 등의 문제를 기업 경영관리 영역의 각 기능을 중심으로 연구하는 방법이다. 다시 말해서 기능별 연구방법은 국제기업을 효율적으로 관리 · 운영하는 측면에서 각 기능별로 분류하여 연구하는 방법이다. 따라서 기능별 연구는 국제경영활동을 효율적으로 전개하기 위해서 생산 활동을 어디서 어떻게 수행할 것인가, 국제경영활동에 소요되는 자금을 어디서 어떻게 조달하고 운용할 것인가 그리고 상품이나 서비스를 생산자로부터 소비자에게 어떻게 판매하고 유통시킬 것인가 하는 점들을 각 기능별로 분류하여 연구한다. 결국 기능별 연구는 국제경영활동을 전개하는 국제기업의 제 관리영역 즉, 국제생산 · 국제재무 · 국제인사 · 국제조직 · 국제마케팅 등을 대상으로 연구 분석하는 것이다.

(5) 지역별 연구방법

지역별 연구방법은 그 활동을 전개하는 지역의 정치, 경제, 사회, 문화, 지형, 군사, 역사, 언어, 풍습, 습관, 소비형태, 국민성 등을 국제경영활동의 측면에서 분석하여 해외사업을 성공적으로 수행하기 위한 여건을 파악하는 연구방법이다. 즉, 국제경영활동을 수행하는데 있어서 당면하게 되는 여러 가지 환경적 요소들을 분석하여 어떻게 효과적으로 대응해 나갈 것

인가를 연구하는 방법이다.

(6) 역사적 연구방법

기업의 국제화과정을 국제경영의 형성에서부터 출발하여 역사적 관점에서 국제경영의 발전과정을 연구하는 방법이다. 즉, 국제경영의 형성과 발전과정의 문제를 발전사적 시각에서 다룬다.

이상에서 국제경영활동을 연구하는 여러 방법에 대해서 총체적으로 설명하였다. 문제는 국제경영활동을 분석, 연구하는 방법은 이상의 방법에만 국한되는 것이 아니다. 분석 시각에 따라, 그리고 필요에 따라 여러 가지 방법론을 생각할 수 있다. 가령 국제경영활동과 관련한 법률적 문제를 다루는 법제적 연구방법 및 국제경영활동으로 인해 관련당사국의 경제에 미치는 영향 등을 연구하는 경제학적 연구방법 등 다양한 접근법이 있다.

제3절 국제기업 환경 분석

1. 분석의 접근법

규범에 입각한 다자간의 무역 및 여타 국경초월 기업활동체제인 WTO(World Trade Organization) 체제의 출범으로 그리고 WTO 체제를 뒷받침하는 OECD, WB/IMF의 지원하에 민족간, 국가간, 지역간에 경제적 상호의존성이 급속히 증대되고 있고, 글로벌 경제가 급속히 동합되고 글로벌 시장이 확대되고 있어서, 대부분 국가시장들에게는 국경 없는 무한경쟁이 급속히 심화되고 있다.

또한 지역적 차원에서의 보호주의 강화의 일환인 지역주의의 강화에 따르는 EU, NAFTA 등 지역시장 블록들의 증가 및 FTA의 급속한 확산은 지역시장별 경영환경과 FTA 체결 국가들의 경영환경에 막대한 영향을 미치고 있다.[25)]

이러한 상황에서 많은 다국적 기업들은 해외로 진출하고 있고, 우리나라에도 많이 진출해 있으며, 우리나라 또한 해외에 많은 투자를 하고 있는 실정이다. 그러나 이러한 해외시장 진출 및 투자는 국내와 달리 상당한 위험을 내포하고 있다. 따라서 진출하려는 국가마다 정치적, 법률적, 경제적, 사회. 문화적 체계나 제도가 많은 차이를 보이므로 사전에 이에 대한 철저한 분석이 선행되어야 하는 이유이다.

하지만 기업들은 해외시장에 진출할 때 국내 경영과 달리 고객과 경쟁자에 대한 철저한 분석이 선행되어야 함에도 불구하고 국내경영 활동 방식을 그대로 적용하는 경우가 많다. 또한 국제경영에서는 국제경영전략을 전체적으로 통합시키고 현지국가에 적응시키려는 노력이 부족하며, 특별한 전략에 대한 궁극적 목적 없이 경영활동을 수행하는 경우도 많다. 그 결과 기업은 시장에서 도태될 수밖에 없다. 따라서 기업이 계속적인 기업으로서 존속하고 성장하고 발전하기 위해서는 무엇보다도 기업을 둘러싸고 있는 외부 환경과 내부 환경 특히 외부 환경에 대한 고찰을 필수적으로 이행하여야 한다. 즉 원자재가 부족한 상황에서 우리나라의 경우 해외로부터 각종 원자재를 수입하고, 국내외의 노동력 등을 공급받아 생산하고 이렇게 생산된 제품을 다시 해외로 판매하는 시스템을 가지고 있는 상황에서 해외시장 분석은 필수적인 과정으로 볼 수 있다.

거의 대부분의 시장에는 많은 도전이 존재하기 때문에, 어떤 사업에서 성공하기 위해서는 지속적인 노력이 필요하다. 특히 글로벌 시장에서의 장벽은 점점 더 높아지고 복잡해지고 있는 상황이다. 이는 다양한 환경요인들 즉 사회, 문화적 환경, 경제적, 법률적, 정치적 환경 등에 기인한다고 볼 수 있다.

국제경영은 단지 국내경영의 대외로의 연장에 지나지 않는다고 생각하는 경우가 많은데, 실질적으로 국제경영은 국내경영의 단순한 연장이 아니다. 왜냐하면 수많은 해외시장국가들(multitude of foreign markets)은 각기 다른 다양성(diversity)과 복잡성(complexity)을 지닌 기업환경을 가지고 있을 뿐만 아니라 시장국가별로 기업환경이 서로 다른 데서 오는 기업의

25) 반병길 외, 전게서, p.77; p.80.

기회와 당면하는 문제 · 위험 · 불확실성 등도 역시 서로 다르기 때문에, 기업환경이 국제경영활동에 미치는 영향 또한 시장별로 현저하게 다를 수 밖에 없다. 따라서 기업체는 국제경영과 연관된 의사결정을 하기에 앞서 반드시 해외기업 환경 분석을 실시하여 진출 · 개입하고자 하는 시장별로 기업환경을 파악해야 한다.

해외기업 환경을 평가 · 분석하는 데는 다음과 같은 몇 가지의 접근법이 있다.

첫째, 학제적 접근방법(interdisciplinary approach)이 있다. 이는 기업의 외부환경을 명확하게 파악하여 경영 시스템의 체계화에 원용하는 것으로 특정의 해외시장국가나 지역시장과는 구체적으로 연관시키지 않고 경제 · 정치 · 사회 · 문화 · 지리 · 법률 등 기업환경을 형성하는 요소들(environ mental factors)을 일반적으로 설명하는 방법이다. 이 접근법은 ① 수많은 시장국가들의 기업환경이 어느 정도로 이질성(heterogeneity), 다양성(diversity), 복잡성(complexity)을 띠고 있는가를 인식시키고, ② 국제경영 의사결정을 하고 그 집행을 할 때 위와 같은 성격을 띤 해외시장별 환경요소들을 충분히 고려해야 한다는 점을 강조하는 데 있다.

이처럼 학제적 접근법은 경영활동의 과학적 체계를 형성하는 데 매우 중요한 역할을 수행한다. 특히 경영전략을 수립하기 위한 환경의 동태적 변화를 파악하는데 중요하다.

둘째, 시장지역 연구방법(market area study)이 있다. 이것은 국제경영과 연관된 경제 · 정치 · 사회 · 문화 · 법률 등 환경요소들을 시장국가별 내지는 지역시장별로 심층적으로 연구하는 방법이다. 이 방법을 따름으로써 기업체는 원하는 시장국가나 지역시장을 대상으로 국제경영을 하는 데 필요한 구체적인 정보를 수집할 수 있다.

셋째, 핵심요인 분석법(key factor approach)이 있다. 이는 모든 해외시장국가들이 직면하는 기업환경 중에서 공통적인 핵심 요소들(key approach)이 무엇인가를 결정하여 그러한 중요 요소들을 분석함으로써 경제적으로 신속하게 기업환경을 평가 · 분석하는데 취지가 있다.

2. 핵심요소 중심의 국제기업 환경분석

핵심요소 중심의 국제기업 환경 분석이란 신속하면서 경제적으로 특정 해외시장국의 기업 환경을 평가, 분석할 수 있게 돕는 방법의 하나로 국제경영과 밀접하게 연관성이 있는 핵심요소들이 무엇인가를 알려주고 그것들을 중심으로 처음부터 고찰하고 분석하게 하는 방법이다. 이러한 분석의 경우 컴퓨터를 이용하는 정량적 분석에서 전통적인 정성적 분석에 이르기까지 그 수법이 다양하다. 현재 가장 일반적으로 사용하는 방법은 특정국의 정치, 경제, 사회, 문화 등의 제 요인에 대하여 가능하다면 정량적으로, 그러지 못할 경우에는 정성적으로 파악 분석하여 통합적으로 평가하는 것이다.

국제기업 환경은 대개 경제적, 법률적, 정치적, 사회문화적 환경 등으로 구분하여 다른데 환경 차이 자체는 물론 이러한 차이에 어떻게 대응하느냐 하는 것이 주요 과제가 된다.

우선 경제적 환경에서는 기업활동에 영향을 미치는 주요 환경을 파악하고 이들이 국가별로 어떻게 다른지 이해하는 것이 필요하다. 또한 특정국가에 국한되지 않는 국제 경제환경, 예를 들어 WTO와 같은 국제기구, 지역경제통합, 다자간 협상 등도 기업의 국제경영 활동에 영향을 미치는 주요 환경으로 인식해야 한다.

법률적, 정치적 환경 역시 개별 국가 차원과 국제관계 차원 모두에서 파악되고 이해되어야 한다. 과거에 비해 정치적 위험은 많이 줄어든 것이 사실이지만 아직도 상당수 국가에서는 정치적 불안이나 위험으로 인해 기업이 주도적으로 효율적인 경영활동을 전개하는 하는 것이 불가능할 수도 있음을 인식해야 한다. 상이한 국가간의 법체계, 대 정부관계 관행 및 절차 외국기업에 대한 국수주의적, 민족주의적 성향 등도 고려해야 할 주요 내용이다. 예를 들면, 최근 글로벌위기에서 아르헨티나가 스페인 석유기업 YOF를 국영화하고, 볼리비아도 스페인계 전력업체 TDE를 국영화하는 등 남미제국 국가들은 보호주의의 극단을 내달렸다. 보호무역은 흔히 민족주의를 부추기는 촉매제로 작용하기도 한다.[26)]

사회문화적 환경도 전반적인 국제 경영 활동에 영향을 미치지만 기능 분야 중에서는 노사관계 및 인적자원관리 그리고 마케팅 분야에서 가장 직접적인 영향을 미친다고 볼 수 있다. 이는 사회문화적 환경이 가치관 및 태도, 행동양식 등 인간의 기본적인 사고와 행동과 관련이 있으며, 이 두 분야는 바로 직원과 소비자라는 인간을 주로 상대하기 때문이다. 물론 사회문화적 환경은 이외에도 진입방식 결정, 조직구조, 경영방식, 전략 등 국제경영 활동 모든 측면에 영향을 미치므로 중요하게 고려되어야 할 환경요인이다.27)

전략컨설팅그룹의 대표인 크럼턴은 경제전문지 '포천'과의 인터뷰에서 경험이 많은 기업 CEO들이라 해도 신흥국 시장에 진출했다가 '쓴잔'을 마시는 경우가 많은 이유는 정보의 중요성을 다차원적으로 심도있게 검토하지 못했기 때문이라고 지적했다. 그는 CEO들은 신흥시장의 독특한 문화적·사회적 차이를 이해하기 위한 '기술적 복합성'을 과소평가하는 경향이 있다고 말했다.28)

우리나라의 경우 최근 중국과의 거래가 증가하면서 중국에 진출하는 기업들도 증가하고 있다. 이에 중국에서 중국의 소비자를 잘 이해해서 성공한 기업도 있고 실패한 기업도 있다. 예를 들면, 오리온의 경우 중국에서 오리온이 한국 브랜드라는 사실을 잘 모른다. 그만큼 오리온은 중국시장에서 친숙한 기업으로 자리매김했다는 것이다. 오리온은 한국인에게 각별한 느낌이 있는 `정(情)'을 마케팅의 모티브로 삼은 것처럼 중국인들이 인간관계에서 가장 중시하는 가치가 `인(仁)'을 내세워 포장지에 새겨넣었다. 오리온의 이름을 하오리여우(好麗友·좋은 친구)로 바꾼 것도 같은 맥락이다. 오리온은 철저한 현지화와 강한 브랜드를 앞세운 '수도거성(水到渠成·물이 흐르면 자연스럽게 도랑이 생긴다)' 전략으로 중국시장을 파고들었다.

초코파이 해외진출 초기인 1995년 중국 남부 지역에 판매된 초코파이가

---

26) 연합뉴스, '남미, 국유화 움직임 확산', 2012. 5.3.
27) 전용욱 외, 전게서, p.18.
28) 아시아경제, '헨리크럼턴', 2012.9.21.

유난히 더운 날씨로 녹아버리는 문제가 발생했다. 오리온은 그해 9월 고심 끝에 매장의 초코파이 10만개 전량을 수거해 소각했다. 소비자와 도매상들로부터 신뢰를 얻은 것은 물론 포장지의 내열성을 강화하는 등 품질 강화의 계기로 삼아 성공할 수 있었다.[29)]

반면에 많은 한국 기업인들은 중국 소비자의 특성을 파악하지 않고, 한국이나 다른 나라에서의 성공 방정식을 고집한다. 중국에 진출한 한국의 대형마트가 생선의 내장까지 깨끗하게 손질해 내놓았지만 거의 팔지 못했던 사례는 유명한 일화다. 살아있는 제품을 선호하는 중국인들은 큰 수족관이 있는 마트에서 생선을 산 채로 구입하기 때문이다. 육류도 미리 부위별로 잘라놓지 않고 소비자가 직접 확인한 후 잘라내 판다는 사실을 알지 못해 어려움을 겪었다.[30)]

<표 11-3>은 미국의 비즈니스 인터내셔널사가 작성한 핵심요소의 한 예이다.

---

29) 연합뉴스, '중국서 대박난 기업들의 성공비결', 2012.9.17.
30) 아시아경제, '한중수교 20주년 Review China', 2012. 3.8.

〈표 11-3〉 투자 환경의 체크리스트의 예

요인	항목	요인	항목
경제적 요인	1. GNP규모와 예상 성장률 2. 현행 개발계획의 유무 3. 경제안정도 일반 4. 상대적인 수출입의존도 5. 외화 포지션 6. 국제수지 전망 7. 통화안정성 · 통화교환성 8. 원금 · 이익금 송금규제 9. 경제구조와 균형상태 10. 제품을 위한 시장규모 및 성장률 11. 인구의 규모 및 성장률 12. 1인당 소득 및 성장률 13. 소득분배 14. 관세동맹 가입현황 및 전망	노동상 요인	47. 모회사 소속국의 언어를 말하는 경영 간부, 기술자, 사무원의 이용가능성 48. 숙련노동자의 이용가능성 49. 반숙련, 미숙련 노동자의 이용가능성 50. 노동자의 생산성 수준 51. 직업훈련시설 52. 노동공급의 증대와 전망 53. 각 수준의 숙련도와 훈련도 54. 노사관계의 평온도 55. 투생적인 노동조합의 유무 56. 경영에 대한 노동자측의 발언력 57. 고용 및 해고의 자유 58. 강제 및 임의의 부가급부 59. 각종 사회보장제 60. 부가급부를 포함한 총경비
정치적 요인	15. 접우협태와 안정성 16. 계급대립의 존재유무 17. 특수한 정치 · 인종 · 사회문제 18. 민간투자 및 외국투자에 대한 정부, 고객 및 경쟁상대의 태도 19. 국유화 위협의 유무 20. 국영산업의 유무 21. 국영산업 취급상의 우대, 중립성 22. 소규모 집단간의 힘의 결정 23. 투자국과의 우호조약 24. 정부의 지출정책 · 계획의 건전도 25. 관청의 번잡한 사무수속의 면제	세제상 요인	62. 세율 63. 세금에 대한 윤리 일반 64. 세무당국의 공정성과 청렴성 65. 수출소득 및 해외소득에 대한 관세 66. 신규산업에 대한 세제상의 특전 67. 감가상각률 68. 손금이월 및 환입 69. 투자모국, 기타와 조세조약 70. 원자재수입관세 환급 71. 관세보호의 이용가능성
	26. 행정수속의 공정성과 성실성 27. 외국인에 대한 차별의 정도 28. 재판소의 공정성 29. 명쾌한 근대적인 투자관계법규 30. 회사생산제품의 특허 받을 가능성 31. 가격통제의 유무 32. 100% 외자에 대한 제한	자금상 요인	72. 현지자금의 이용가능성 73. 현지자금의 차입코스트 74. 통상적인 현지현금의 차입조건 75. 현지에서 통화교환성이 있는 통화를 이용 할 수 있는 가능성 76. 근대적인 은행제도 77. 신규산업에 대한 정부의 신용공여 78. 수출금융 및 보험의 이용가능성 79. 차입국에 대한 평가
지리적 요인	33. 운송효율(철도, 수로, 고속도로) 34. 항만시설 35. 자유항, 자유가공지역, 보세창고 36. 수출시장에 대한 용지의 근접도 37. 공급자 · 고객에 대한 용지의 근접도 38. 원재료 공급지에 대한 접근도 39. 현재의 지원산업 40. 국산원자재의 이용가능성 41. 동력, 공업용수, 가스의 이용성 42. 각종시설의 이용가능성 43. 폐기물 처리시설 44. 생산품 수출입의 용이도 45. 공장용지 확보의 신속성 46. 적당한 토지비용	사업상 요인	80. 투자모국정부의 투자보험 이용가능성 81. 사업윤리 일반 82. 마케팅 · 분배시스템의 상태 83. 행정수속의 간편성과 효율성 84. 통상적인 이윤마진 85. 경쟁상황과 가르텔형성 가능성 86. 반트러스트법, 제한적 거래관행법 87. 파견간부와 그 가족은 쾌적한 생활을 누릴 수 있는가?

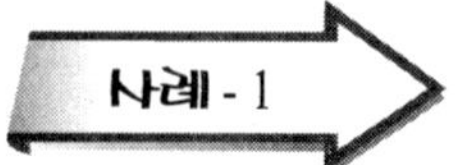

오토바이 헬멧 제작 40년 '한우물'
품질 앞세워 20년째 세계시장 1위

홍진HJC(대표 홍완기)는 전 세계에서 판매되는 오토바이용 헬멧의 20%가량을 생산하는 국내 기업이다. 수천 개 업체가 경쟁하는 글로벌 헬멧 시장에서 20% 점유율은 압도적 1위다. 2위인 이탈리아의 놀란(Nolan)이 7~8% 수준이니 그 격차가 어느 정도인지 짐작이 간다. 더 놀라운 점은 홍진HJC의 전체 매출에서 내수판매가 차지하는 비중은 3~4%에 불과하다는 점이다. 평범한 농가의 7형제 중 장남으로 태어난 홍완기 대표는 우유 배달과 막노동 등으로 학비를 벌어 대학을 졸업하고 1971년 10여 명의 가족을 모아 가내수공업 형태로 홍진기업을 창업했다.

오토바이 내장재를 생산하면서 시작된 홍진기업은 1974년 서울헬멧을 인수해 `크라운'이라는 자체 브랜드로 헬멧을 만들어 판매하기 시작했다. 당시 국내 오토바이용 헬멧 시장은 수입 제품들이 장악하고 있었다. 헬멧을 직접 생산하는 기업이 없던 탓에 제조장비를 파는 곳도 없었다. 어쩔 수 없이 홍 대표는 직원들과 힘을 모아 장비부터 직접 만들었다. 직접 만든 장비로 제품을 생산하니 수입산 제품에 비해 가격 경쟁력이 있었다.

홍 대표가 직접 품질관리에 신경 썼기 때문에 성능에 대한 평가도 좋았다. 무에서 유를 창조하는 마음으로 홍진HJC는 기술개발 및 생산공정 효율화 노력을 계속했고 1982년 마침내 국내 시장의 70%를 차지하며 1위 업체로 부상했다.

대개의 경영자였다면 내수 1위 달성에 안주하거나 한숨 돌리려 하기 마련인데 홍 대표는 달랐다. 인구도 적고 오토바이에 대한 인식 또한 부정적이던 국내 시장의 한계를 깨달은 그는 미국 시장 공략을 위해 홍수기 당시 부사장을 즉각 현지로 보내 유력 바이어들을 만나보도록 했다. 홍 부사장의 손에는 영한사전과 샘플 헬멧 10개밖에 없었다.

홍진HJC의 헬멧을 처음 본 바이어들의 평가는 냉혹했다. 서양인 머리에 맞지 않는 모양과 사이즈, 규격에 못 미치는 무게와 강도 등을 이유로 그들은

홍진HJC 헬멧을 `아시아에서 온 저급제품` 취급했다. 한 차례 시련을 겪은 홍진HJC는 품질로 정면 돌파하기로 결정했다. 홍 대표와 직원들은 DOT(미국 연방 교통부) 헬멧 규격 인증을 위해 밤낮없이 준비했고 1984년 11월 획득에 성공했다.

우여곡절 끝에 미국으로 제품을 수출하는 데는 성공했지만 낮은 브랜드 인지도 때문에 아직 판매는 신통치 않았다. 홍 대표는 판매 부진의 원인을 다시 한번 품질에서 찾았다. 2년여의 노력 끝에 DOT보다 까다롭다는 스넬(SNELL) 인증을 획득했다. 해외 유명 브랜드들도 따기 어렵다는 인증을 획득하자 서서히 판매가 늘어나기 시작했고 시장점유율이 10% 수준까지 높아졌다.

미국에서는 어느 정도 이름을 알렸지만 전 세계적으로는 아직 미약한 점유율이었다. 유럽과 아시아 등 새로운 시장으로 진출하고 싶었지만 쉽지 않았다. 그러던 중 세계적인 유통망을 갖춘 한 해외 헬멧 브랜드에서 매력적인 제안이 들어왔다. 50만달러어치 제품을 구매할 테니 주문자상표부착생산(OEM) 방식으로 제품을 공급해달라는 요청이었다. 당시 50만달러면 적지 않은 돈이었지만 홍진HJC는 단칼에 이를 거부했다. OEM 업체로 전락해버리면 자체 브랜드를 키울 수 없고 언젠가 글로벌 기업들과 경쟁하려면 자체 브랜드만큼은 양보할 수 없다는 홍 대표의 철칙 때문이었다.

홍 대표는 홍진HJC 제품이 경쟁사 제품에 비해 뒤처지는 이유를 알아내기 위해 시장조사를 실시했고 디자인이라는 답을 도출했다. 1년여의 연구 끝에 헬멧에 부착하는 데칼을 개발했고 이를 활용해 디자인 측면에서도 해외 고객의 마음을 사로잡는 데 성공했다.

오랜 기간 시장을 과점해 오던 해외 경쟁사들을 뛰어넘기 위해 홍진HJC는 플라스틱 헬멧 개발에 도전했다. 플라스틱 헬멧은 규격에 미달한다는 이유로 시장에서 외면받던 제품이었다. 해외 바이어들도 지금까지 어떤 기업도 개발에 성공한 적이 없던 기술이 한국 중소기업 손에 의해 달성되리라곤 기대하지 않았으며 홍진HJC 내부적으로도 우려의 목소리가 적지 않았다. 하지만 홍 대표의 확고한 의지와 연구진의 노력 덕에 여러 플라스틱들의 단점을 서로 보완한 엔지니어 플라스틱 개발에 성공했다.

이 같은 연구개발(R&D)과 변화 노력을 인정받아 홍진HJC는 1992년 12월 미국 최고 권위 오토바이 전문 잡지 `모토사이클 인더스트리`의 판매조사에서 북미지역 헬멧 부문 1위로 선정됐고 이후 단 한번도 1위 자리를 내주지 않고 있다.

기술력을 무기로 성장을 계속해 온 홍진HJC는 최근 창사 이래 처음으로 큰 위기를 겪었다. 말도 많고 탈도 많던 키코(KIKO) 때문이었다. 2008년 회사 최고재무책임자(CFO)가 가입해뒀던 키코 때문에 1년 매출액에 맞먹는 평가손실이 발생했다. 당시 주거래은행이던 기업은행이 직접 나서 키코 가입 은행들과 협상을 도와준 덕분에 일부 부채를 주식으로 전환하면서 무사히 위기를 넘겼다.

`연구하지 않는 기업은 살아남을 수 없다`는 경영철학으로 무장한 홍진HJC는 국내 헬멧 제조기업들 중 유일하게 자체 연구소를 보유하고 있으며 매출액의 10%가량을 연구개발비로 재투자하고 있다. 현재 국내외에 60개 이상의 특허를 보유하고 있다.

홍진HJC는 중소기업임에도 불구하고 막강한 해외시장 영향력과 연구개발 노력을 인정받아 독일 헤르만 시몬 교수의 저서 `히든 챔피언(Hidden Champion)`에서 우수 사례로 언급되기도 했다.

■ 홍완기 대표 "'멀티브랜드 전략' 수출 1억弗 달성"

"다양한 고객의 수요에 대응하기 위해 고급, 중급, 저급 등 세 가지 멀티브랜드 체제를 갖췄습니다. 멀티브랜드 전략에 힘입어 올해 수출은 창사 이래 처음으로 1억달러를 넘어설 것으로 전망됩니다."

홍진HJC는 `HJC` 단일 브랜드로 시장을 공략해오던 전략을 최근 몇 년 사이 대폭 수정하고 있다. 중국 동남아시아 등 신흥시장이 속속 생겨나고 있는데다 막강한 원가경쟁력을 앞세운 경쟁자들이 나타나고 있기 때문. 멀티브랜드 전략으로 홍진은 가격과 품질 측면에서 두루 강한, 1등 기업으로서 입지를 굳힌다는 전략이다.

홍진HJC는 최근 프리미엄 브랜드 `알파(RPHA)`의 제품을 잇따라 출시했다. 알파 최신 모델인 `알파-10`은 지난해 독일 오토바이 잡지 `모토라드(MOTORRAD)`가 실시한 품질 평가에서 세계 유수 브랜드 제품들을 따돌리고 1위에 올랐다. 올해 출시된 `알파-10`의 후속모델 `알파맥스`도 이미 수백만달러어치 주문이 쌓여 있다. `HJC`는 중간 수준의 품질과 가격을 원하는 고객을 위한 브랜드로 국내와 선진국 중저가 헬멧 시장에서 변함없이 사랑받고 있다.

이 밖에 중국 헬멧 제조기업들이 낮은 인건비를 앞세운 저가 제품으로 도전해 오자 이에 대응하기 위해 저가형 브랜드 `박스`도 새롭게 출시했다.

홍진HJC는 저가 브랜드에 비해 가격 측면에서 뒤처지는 현상을 막기 위해 중국과 베트남에 생산법인을 설립하고 제품을 생산하고 있다. 중국 직원 수는 700명, 베트남 직원 수는 600명이다. 국내 법인은 일부 프리미엄 제품 생산과 연구개발을 전담하고 있으며 대부분의 생산 기능은 해외 공장에서 이뤄진다. 상대적으로 인건비가 높은 중국에서 중급 제품을, 베트남에서는 중저가 제품을 주로 생산하고 있다. 공장에서 일하는 인력은 현지인들이지만 품질은 한국 본사 차원에서 직접 관리해 현지 저가 브랜드들과 차별화를 꾀한다.

홍 대표는 "세계 1위를 지켜나가기 위해서는 다양한 시장에서 고루 매출을 거둬야 한다"며 "다양한 브랜드로 인지도를 높이고 수익은 프리미엄 모델에서 거두는 형태로 진화해 나갈 것"이라고 말했다.

홍진HJC는 키코 여파에 따른 실적 부진으로 2009년 929억원이던 매출액이 2010년 631억원으로 줄었고 순이익 또한 47억원 흑자에서 52억원 적자로 돌아섰다. 하지만 경영정상화 노력으로 지난해 약 100억원의 흑자를 거둔 것으로 집계되고 있으며 올해는 매출 1000억원과 순이익 150억원을 넘어설 수 있을 것으로 전망하고 있다. 홍 대표는 인류가 있는 한 오토바이는 사라지지 않을 것이며 헬멧에 대한 수요 또한 꾸준할 것으로 보고 있다. 다른 사업에서 신성장동력의 기회를 찾기보다는 인류에게 보다 많은 도움이 될 수 있는 쪽으로 헬멧 신기술을 개발할 계획이다.

홍 대표는 최근 개인적으로 홍진창조라는 회사를 설립하고 황토패널 제조업에 뛰어들었다. 홍진창조의 황토패널은 일반 주택 벽면에 부착해 황토집과 같은 효과를 거둘 수 있도록 해준다. 홍 대표는 "황토집에서 살고 싶어하는 사람들이 늘어나고 있지만 도시에서 이는 사실상 불가능하고 시골에서도 비용이 너무 많이 든다는 점에 착안해 패널을 개발했다"고 말했다.

MK 뉴스(2012. 2. 15.)

롯데백화점, 중국 진출 처참한 실패… 왜?

베이징의 쇼핑 중심가인 왕푸징(王府井)대로에 있는 롯데백화점 베이징점인 러톈인타이백화점(樂天銀泰百貨) 3층 여성복·화장품 매장. 잡담하는 직원들만 보일 뿐 손님은 손을 꼽을 필요조차 없었다. 일요일 오후 쇼핑 시간이라고 믿기 힘들 정도로 한산했다. 3층 중간 지점에서 20여분간 지켜봤으나 지나가는 손님은 30명이 채 안 됐다. 4층 신발·영캐주얼 매장에도 손님보다 직원이 더 많았다. 5층 남성복·아웃도어 매장과 6층 어린이용품·소형가전 매장도 다를 바 없었고, '백화점의 얼굴' 격인 1층 출입문 바로 앞은 내부 수리 중이었다.

한 직원은 "이런 상태가 꽤 오래됐다"고 귀띔했다. 1층에 한 수입 화장품 브랜드가 부스를 설치해 놓았지만, 진열된 제품은 보이지 않았다. 정상 영업을 하는 백화점으로 보이지 않았다. 같은 시각 도로 건너편 왕푸징 '보행자 거리(步行街)'의 경쟁 백화점들은 쇼핑객들로 북적댔다. 1955년 문을 연 왕푸징백화점(王府井百貨)과 홍콩 부동산기업인 쑨훙카이그룹이 투자한 신둥안광창(新東安廣場)은 손님들로 넘쳐났다. 지하철 왕푸징역 옆의 둥팡신톈디(東方新天地) 복합 쇼핑몰도 만원(滿員)이었다.

◇ 4년간 1000억원 손실, 성급하고 잘못된 입지 선정이 발단

러톈인타이백화점은 2008년 8월 롯데쇼핑이 중국 인타이그룹과 50대50 합작으로 왕푸징 보행가 88번지 지샹빌딩(吉祥大厦)에 문을 열었다. 한국 백화점으로 첫 중국 진출이다. 하지만 첫해 172억원의 적자를 시작으로 2009년 345억원, 2010년 336억원, 2011년 281억원 등 매년 적자를 냈다. 누적 적자만 1134억원. 롯데는 올 6월 사업 철수를 결정하고 현재 지분 매각 협상을 벌이고 있다. 롯데 측은 "매각 협상이 마무리 단계에 와 있다"고 했다. 매장의 한 여직원은 "롯데가 이미 손을 떼 인타이그룹이 단독 운영하고 있다"고 했다. 한국 유통업계의 '대표선수'인 롯데는 왜 중국 수도 한복판에서 참패했나?

지하철 왕푸징역에서 나오면 오른쪽에 둥팡신톈디가 보이고 300m쯤 걸어가면 길이 600여m의 '왕푸징 보행자 거리'가 시작된다. 이 거리는 대형 쇼핑센터

가 밀집해 있고 맛집 골목이 붙어있어 늘 사람들로 붐빈다. 그런데 롯데백화점은 '보행자 거리'가 끝나는 지점에서 다시 왕복 4차선 도로를 건너야 나온다. 쇼핑객의 흐름이 도로 앞에서 끊어지는 것이다.

롯데 측도 입지 선정의 문제점을 인정한다. 한 관계자는 "베이징 왕푸징점이 있는 지역은 시내 중심가이나 쇼핑객보다는 관광객이 많은 인사동 같은 지역이다. 쇼핑객이 모일 만한 위치로서 다소 부족하다"고 말했다. 현장에서 만난 주부 리슈리(李秀麗)씨는 "우연히 들렀다가 백화점이 있는지 처음 알았다. 왕푸징에 자주 오지만 여기까지는 거의 오지 않는다"고 했다. 롯데가 '임대료 바가지'를 썼다는 지적도 나온다. 업계 관계자들에 따르면, 백화점이 입주한 지샹빌딩은 애매한 위치 탓에 입주자를 찾지 못해 고민하고 있었는데, 개업을 서두르던 롯데가 월 800만위안(약 14억원)의 고액 임대료로 덜컥 계약했으며 이게 적자의 원인이 됐다는 것이다.

◇ 합작 파트너와 갈등, 현지화 부족·과시욕도 원인

한 중국 전문가는 "롯데와 인타이가 운영 방식, 고객 관리, 원가 계산 방법 등에서 의견이 갈리면서 합의가 어려웠고, 경영층의 갈등이 매장 직원에게까지 퍼져 통일된 전략을 신속하게 펴지 못했다"고 했다. 중국 시장조사기관인 '시노모니터 인터내셔널'은 "문화가 다른 두 기업이 '다문화 충돌'을 겪은 것"이라고 지적했다. 매장 내 형광등 하나 갈아 끼우는 것조차 양국 파트너가 일일이 협의해야 해 의사결정이 느리고 효율성이 떨어졌다는 것이다. 롯데 측은 고객 수요에 신속 대응과 매출 증대를 중시한 반면, 인타이는 천천히 기다리며 점진적인 인지도 개선을 기대했다는 것. 이는 롯데 측의 중국 기업 문화에 대한 빈약한 이해도를 보여준다.

200m 정도 떨어진 왕푸징백화점 1층에는 에르메스·샤넬·베르사체·까르티에 등 명품과 랑콤·크리스찬디오르·시슬리 등 각종 화장품 브랜드가 입점해 있지만, 롯데백화점의 경우 화장품 브랜드는 미샤·AFU·Olife Shop 등 3개뿐이었다. 쇼핑객인 장옌(張妍·27)씨는 "돈 많은 사람도 여기서는 살 물건이 없다"고 했다. 롯데 관계자는 이에대해 "출점 당시 명품 유치에 어려움이 있었고 현지 거래처의 복잡한 사정을 잘 몰라 파트너십을 형성하지 못했다"고 말했다.

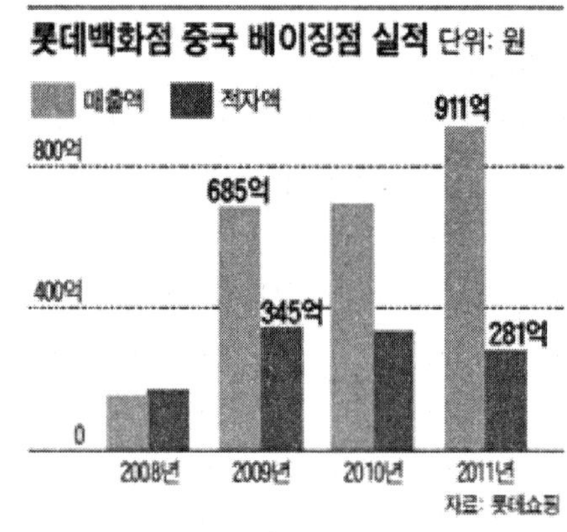

롯데백화점은 출점 초기 한국에서 인기있는 소위 A급 브랜드 30여개와 동반 진출했다. 그러나 이 한국 브랜드들은 인지도가 떨어져 베이징에서 통하지 않았다. 베이징 등 중국 북방인들은 한국인보다 하체가 길어 어울리지도 않았다. 중국인들로선 선호하는 품목이 없고 지하철에서 1㎞ 가까이 떨어진 롯데백화점까지 올 유인요인이 없었던 셈이다.

여기에다 베이징올림픽 개막(2008년 8월 8일) 이전에 개점(그해 8월 1일 오픈)해야 한다는 조급함도 작용했다. 이는 잘못된 입지 선정 등 무리한 업무 추진으로 이어졌다. 베이징의 한 유통업계 관계자는 "실무진에서는 베이징점을 반대하고 지방 대도시로 갈 것을 제안한 것으로 안다. 하지만 '한국의 대표주자인 롯데가 베이징 한복판에 백화점을 못 열어서야 되겠느냐'는 최고 경영층의 '과시욕' 때문에 어쩔 수 없이 밀어부쳤다는 얘기가 있다"고 했다.

롯데 측은 베이징점의 실패를 애써 합리화하고 있다. 한 관계자는 "글로벌 사업에 비싼 수업료를 냈다. 공부가 많이 됐고 다수의 현지 전문가를 키울 수 있었다"고 말했다. 롯데는 이 실패를 토대로 작년 6월 개장한 톈진 1호점과 이달 문을 연 톈진 2호점, 현재 추진 중인 웨이하이・청두・선양점(2013년 이후)은 모두 단독 출자・독자 운영 방식을 택했다.

하지만 성급한 결정과 중국 시장에 대한 몰이해로 내지 않아도 될 '수업료'를 너무 많이 냄으로써 롯데 베이징점은 뼈아픈 '실패 사례'로 남게 됐다. 그래서 '롯데가 베이징점의 실패에서 진짜 교훈을 얻지 못한다면 타지역에서도 성공을 장담하기 어렵다'는 얘기가 나온다.

자료: 조선비즈(2012. 9.22.)

12 기업의 국제화 전략

제1절 국제화 전략의 분류와 단계

1. 해외시장 진입방법의 분류

전통적인 무역이론들은 국가와 국가 간의 교역을 설명하면서 개인이나 기업의 관점에 대해서는 특별한 주의를 기울이지 않았다. 이들 이론들은 개인이나 기업이 그들이 속해 있는 국가의 이해와 조화를 이룰 수 있도록 행동한다고 가정하기 때문에 국가의 행위만을 분석하면 자연히 개인이나 기업의 행위도 알 수 있다고 생각하였다. 그러나 오늘날과 같은 글로벌한 환경 하에서는 이러한 가정이 성립되지 않는 경우가 더 많다.[1]

이에 기업들은 해외시장에 직 · 간접적으로 투자를 하기위해 기업들은 다양한 해외시장 진입전략에 대해 몰두하게 되었다. 이처럼 기업들이 해외시장을 확대하려는 것은 기업의 지속적인 성장을 위해서는 해외시장 진출이 필수적인 요소라고 생각하고 있기 때문이다.

해외시장 진입전략은 특정 기업이 해외시장에 침투하여 시장을 개발하기 위한 전략을 말한다. 이는 기업이 자사의 제품을 해외시장에 처음 진입시키고 나아가 확고한 시장지위를 형성하기 위한 지속적인 노력을 동반하는 것을 의미한다. 즉 수출에서부터 해외직접투자에 이르기까지 실로 다양한 대안적인 전략으로서 해외시장 진입활동을 전개하게 된다. 물론

1) 박기안, 『글로벌경영론』, 무역경영사, 2007, p.89.

이와 같이 국제경영을 확대하면서 다양한 전략을 펴는 궁극적인 목적은 세계시장을 좀 더 수익적으로 활용하고자 국제기업 내지 다국적기업으로 전환하고 발전하는 것이다.

진입방식을 결정할 때 경영자는 해외진출의 기본적인 동기를 명확히 하여야 한다. 기업은 다양한 동기로 국제화를 추진한다. 일부 동기들은 능동적일 수 있고 일부는 수동적일 수 있다. 예를 들어 핵심고객을 따라 해외로 나가는 경우는 수동적인 움직임이다. 대형 자동차 회사가 해외로 진출할 때 공급업체들이 해외로 진출하지 않을 수 없는 상황이 이에 해당된다. 반면에 성장성이 높은 해외시장을 추구하거나 선제적 차원에서 경쟁자의 모국시장 진출은 능동적인 조치이다.[2)]

시장 진입방법의 결정은 일단 한 번 이루어지면 단기간에 변경하는 것이 쉽지 않으며 대규모 경영자원의 투입이 필요할 수 있는 매우 중요한 전략적 결정이다. 진입방법을 잘못 선택하면 시장 진출 자체가 실패로 끝나거나 더 큰 이익 기회를 놓칠 수 있게 되며, 따라서 진입방법의 결정에는 충분한 사전검토와 접근이 요구된다.

해외시장 진출이라는 국제경영 활동은 일반적으로 해외진출여부에 대한 결정을 하고, 진출이 결정되면 어떤 시장으로 진출하느냐를 선정해야 하고, 진출시장이 결정되고 나면 진입방법을 결정해야 한다. 이미 해외시장에 진출하여 활동을 하고 있는 기업의 경우 추가적인 시장진출과 진입방법 결정이 이루어질 수 있고, 기존의 진출시장에 대해 진입방법의 변경이 검토될 수 있다.[3)]

해외사업 활동의 분류는 시각에 따라 여러 가지의 방법이 있는데, Farmer and Richman(1966)은 국제경영활동의 전개 형태를 직접적으로 해외경영활동에 참가하느냐, 하지 않느냐에 따라 구분하고 있다.[4)] 즉 직접적으

---

2) T. Gao, The Contingency Framework of Foreign Entry Mode Decisions: Locating and Reinforcing the Weakest Link, *Multinational Business Review*, 12, 2004, pp.37-68.

3) 전용욱, 전게서, p.188. 191.

4) R. N. Farmer and B. M. Richman, *Interrnational Business: An Operational Theory*, Homewood Ⅲ.: Richard D. Irwin, 1966.

로 해외경영에 참가하지 않는 경영활동, 다시 말해 비 자본진출의 경우로서 ① 상품의 수/출입(export & import) ② 간접투자 내지 포트폴리오 투자(portfolio investment), ③ 국제 라이선싱(foreign licensing), ④ 기술제휴계약(technical assistance contract), ⑤ 턴키프로젝트(turn-key project)를 들고, 직접적으로 해외경영에 참가하는 경영활동, 즉 자본진출의 경우로서 ① 해외직접투자(foreign direct investment), ② 합작투자(joint venture), ③ 국제 서비스 활동(international services)을 들고 있다.

Wild, Wild and Han(2000)[5]은 기업이 국제화를 통해 해외시장으로 진출하는 방법을 수출, 계약 및 직접투자의 세 가지 유형으로 구분하고 있다. 즉 수출을 통한 해외시장 진출은 다시 간접수출과 직접 수출의 방식으로 세분하고, 계약의 형식을 통한 해외시장 진출은 라이선싱, 프랜차이징(franchising), 턴키계약 및 경영계약이나 공동생산계약에 의한 방법 등을 이용한다. 그리고 직접투자를 통한 해외시장 진출은 소유권의 비율에 따라 단독투자와 합작투자로 구분한다.

해외시장 진입전략의 범위와 관련하여 국제 마케팅 연구 분야에서는 유통경로에 의한 해외시장 진입 및 개발을 고려하는 반면 국제경영 분야에서는 수출에서 해외생산 방식에 이르는 광범위한 선택범위와 관련하여 연구되었다. 그러나 어떠한 경우이건 해외시장 진입전략에 의한 해외시장 접근방법은 해외시장에서의 단순한 판매라는 개념과는 구별이 되어져야 한다.[6] 즉 각각의 진출시장에 적합한 진입전략의 선정은 해외시장에서 기업이 장기적으로 성공하기 위한 반드시 검토되어야 할 의사결정 사항이다.

그런데 이상의 해외경영활동의 분류는 다소 그 내용이 중복되고 있는데 통상적으로는 그 성격에 따라 상품의 수출/입 활동, 국제 라이선싱, 국제 합작투자, 100% 자회사 등 네 가지로 구분하고 있다.

---

5) J. J. Wild, K. I. Wild, and C. Y. Han, op. cit., p.144.
6) 이승종 외, 전게서, p.360.

2. 해외시장 진입활동의 이론적 단계

국제화를 지향하는 기업은 국내기업과 비교하여 볼 때 복합적이고 불확실한 의사결정 상황에 직면하게 된다. 따라서 진입전략에 앞서 기업은 해외국가 중에서 기업의 목적과 조건에 가장 잘 부합하는 국가를 파악하고 선정하는 것을 선행해야 한다. 이를 위해 기업은 표적국가 선정을 위한 합리적인 기준을 마련하고 적합한 선정방법을 택하여 이들 국가를 면밀히 분석·검토할 필요가 있다.[7]

진출할 국가에 대한 선정이 이루어진 다음, 이러한 표적국가에 언제 그리고 어떻게 진입해야 할지에 대한 문제에 직면하게 된다. 이러한 진입시기에 대한 전략적 문제는 개별국가 뿐만 아니라 범세계적 관점에서도 고려되어야 할 것이며, 기업의 최고경영층의 경영철학과 국제화지향성 및 태도에 따른 국제화전략과도 밀접한 관련을 지니고 있다.[8]

진출국가에 대한 진입시기가 결정되었다면 해외시장에 진출하기 위한 방법을 결정하는 매우 중요한 문제에 직면하게 된다. 특정기업이 해외시장에 진입하기 위해서는 진출국가의 표적시장의 진입을 위한 전략이 필요하다. 기업이 해외시장에 진입하고 시장을 개발하기 위하여 선택할 수 있는 진입방법에는 직접 수출 또는 해외 자회사를 만들어 해외마케팅을 통한 우회수출, 라이선싱, 단독투자 또는 합작투자를 통한 현지생산 등 여러 가지 진입방법을 통해 해외시장을 개척할 수가 있다.

이러한 해외시장 진입유형은 각기 상이한 통제수준과 자원 활용의 정도에 의해 결정되므로 기업은 적합한 진입개발전략을 선정할 때 이를 신중하게 고려해야 한다.

국내경영활동에서 해외경영활동으로의 전개과정에 따라 해외시장 사업활동을 분류하면 ① 원료와 제품의 수 · 출입 활동, ② 기술과 노하우의 수 · 출입 활동, ③ 자본의 해외유출과 외자도입, ④ 플랜트의 수출 · 입, ⑤ 해외에 대리점, 영업소, 지점, 자회사, 합자기업의 설립, ⑥ 외국기업과

---

7) 김광수 외, 전게서, p.159.
8) 김광수 외, 상게서, p.171.

공동으로 합작기업을 추진 · 전개하는 경영활동, ⑦ 해외 각지에 분산된 경영거점을 종합하여 본사 차원에서 통합하는 기구를 갖춘 경영활동, ⑧ 다국적기업형의 경영활동 등으로 구분하기도 한다.

여기서 한 가지 유의할 것은 한 기업체가 해외사업 활동을 전개함에 있어서 거치는 가장 논리적 단계가 어떠한 것인지에 대한 대략적인 설명이 필요하다. 물론 그러한 해외사업 활동의 논리적 단계가 모든 기업체들에게 예외 없이 적용되어 발전해야 한다는 뜻은 아니다. 가령 간접수출만을 해오던 기업체가 단계를 거치지 않고 막대한 해외직접투자를 단행하고 해외생산 활동을 개시할 수도 있다. 문제는 그러한 극단적인 비약을 하게 되면, 그 기업체는 효율적인 국제경영을 하는데 필수적인 인력 · 자본 · 축적된 경험과 전문성 · 해외시장기반 등이 부족하고 취약하여 성공하기보다는 실패할 가능성이 높다는 것이다.

해외시장 진출에는 새로운 자금이 소요되고 본국과의 상이한 환경으로 인해 불확실성이 존재하게 된다. 시장진입에 따른 투자규모와 투자위험을 기준으로 살펴보면 단순히 수출을 통해 해외시장에 진입하는 것이 가장 위험이 적고 투자에 필요한 자금규모도 적다. 그러나 해외사업에 대한 통제의 측면에서 본다면 해외직접투자가 가장 효과적인 진입형태라고 할 수 있다.

해외시장 진입방법들의 장점과 단점은 <표 12-1>에 제시되어 있다.[9)]

〈표 12-1〉 해외시장 진입방법의 장 · 단점

구분	장 점	단 점
수출	- 시장선택의 용이성 - 경험곡선의 이점 활용	- 높은 운송비의 부담 - 무역장벽의 부담 - 현지 유통업자에 대한 통제권 미약
턴키생산	- 직접투자가 제한된 지역에 있어서 생산관리기술의 활용을 통한 수익 획득	- 장래의 경쟁자 육성 - 장기적 시장전략의 구축 곤란

9) W. L. Hill, Charles, *Global Business Today*, McGraw-Hill, 1998, p.369.

라이선싱	- 낮은 개발비와 실패위험의 회피	- 기술에 대한 통제권 부족 - 지역선택의 제약, 경험곡선의 활용 미흡 - 경영전략의 국제적 조정활동 곤란
프랜차이징	- 낮은 개발비와 실패위험의 회피	- 품질에 대한 통제권 미약 - 경영전략의 국제적 조정활동 곤란
합작투자	- 현지 파트너의 지식 베이스 활용 가능 - 개발비와 위험의 분담 - 높은 정치적, 사회적 수용도	- 기술에 대한 통제권 미약 - 지역선택의 제약, 경험곡선의 활용 미흡 - 경영전략의 국제적 조정활동 곤란
100% 자회사	- 기술보호가 용이 - 시장선택의 용이성, 경험곡선의 이점 활용 - 경영전략의 국제적 조정활동이 용이	- 높은 투자비와 위험도

출처: W. L. Hill, Charles , Global Business Today, McGraw-Hill, 1998, p.369.
박기안, 『글로벌 경영론』, 무역경영사, 2007, p.94. 재인용.

제2절 수출전략

1. 수출전략의 개념

(1) 수출의 의의

기업들이 처음으로 해외시장에 진출할 때 활용할 수 있는 전략적 대안 형태 중에서 기초전략으로서 가장 오래되고 대표적인 형태는 국내에서 생산된 제품을 해외에서 판매하는 수출이다. 즉 수출(또는 수입까지를 포함하는 무역)은 특정기업체가 해외시장기회를 개발 활용키 위해 해외사업을 행할 때 활용되는 가장 기초적 전략이다. 즉 위험이 낮고 비용이 적게 들고 해외시장과 거래에 대한 지식이 충분하지 않아도 되므로 대부분의 기업들은 초기 해외시장 진입전략으로 수출을 선호한다. 진입전략으로서 수출은 매우 탄력적이다. 해외직접투자와 비교해 볼 때 수출업체는 최소의 위험과 비용을 시장진입과 철수가 가능하다.

기업들은 수출 가능한 제품을 보유하고 있거나 또는 그렇지 못한 경우

중 하나에 직면하게 된다. 생산업체가 자사의 제품에 대한 수요가 해외시장에서 존재한다면 크게 문제가 되지 않겠지만 없다면 해외시장에 적합한 제품을 개발하거나 수출을 미루어야 한다. 자사제품을 수출할 경우 경쟁기업의 제품보다 가격 및 비가격 측면에서 뛰어나야 한다. 따라서 자사제품에 대한 수출의 타당성을 검토할 필요가 있다.

이처럼 기업들이 글로벌 시대의 무한 경쟁에서 생존하고 성장하고 발전하기 위해서는 내수도 중요하지만 해외시장에 진출해야 한다. 해외시장은 무한한 잠재력을 가지고 있기 때문에 해외시장 국제환경 분석을 통해 기회를 포착하고 위협에 적절히 대응한다면 글로벌 기업으로서 위치를 구축할 수 있다. 따라서 글로벌 기업으로 나아가기 위해서는 해외시장의 진입이 필수적인 요소라고 할 수 있다.

한편 통상 이야기하는 한 나라의 수출은 동시에 다른 나라의 수입이므로 세계 무역량은 결국 모든 나라의 수출만을 합한 것이라고도 볼 수 있다. 즉 수출과 수입은 밀접한 관계가 있으며 우리나라와 같이 경제와 기업의 해외의존도가 높은 나라들은 수출을 하기 위해 수입을 해야 하고, 수입을 하기 위해 수출을 해야 하는 입장에 있다. 예를 들면 우리나라 수입의 60% 정도가 수출용 원자재라는 사실만으로도 우리나라로서는 수출과 수입은 동전의 양면과 같은 것이라는 것을 알 수 있다.

세계적인 금융위기, 유럽의 재정위기와 이어진 경기침체 등으로 어려운 환경에서도 우리나라는 수출 5,128억 달러, 수입 4,872억 달러로 수출입을 합한 무역규모가 1조 달러를 넘었다. 무역협회가 발표한 '2012년 수출입 평기 및 2013년 전망' 보고시에시 따르면 2013년 한국 수출은 5,750억달러(약 622조원)로, 2012년 추정치(5,496억달러)보다 4.6% 늘어날 것으로 예상했다. 수입은 5,201억달러에서 올해 5,450억달러로 4.8% 증가해 무역흑자 규모가 300억달러(약 32조원) 정도가 될 것이라고 내다봤다.[10)]

10) 이코노미조선, "수출확대 히든카드는 중소기업과 서비스업", 2013.1.1.

〈표 12-2〉 우리나라의 10대 수출국

순위	국가명	2011		2012(1월~11월)	
		금액	증가율	금액	증가율
	총계	555,213,656	19.0	503,068,034	-0.9
1	중국	134,185,009	14.8	122,286,977	-0.2
2	미국	56,207,703	12.8	54,057,612	4.7
3	일본	39,679,706	40.8	35,767,287	-0.5
4	홍콩	30,968,405	22.4	30,012,034	5.3
5	싱가포르	20,839,005	36.7	20,913,117	10.0
6	베트남	13,464,922	39.5	14,455,502	19.0
7	대만	18,205,965	22.8	13,549,912	-19.6
8	인도네시아	13,564,498	52.5	12,713,013	3.5
9	인디아(인도)	12,654,078	10.7	11,067,265	-4.4
10	러시아 연방	10,304,880	32.8	10,370,928	9.4

자료: 한국무역협회

〈표 12-3〉 우리나라의 10대 수입국

순위	국가명	2011		2012(1월~11월)	
		금액	증가율	금액	증가율
	총계	524,413,090	23.3	476,465,016	-0.5
1	중국	86,432,238	20.8	74,326,382	-6.6
2	일본	68,320,170	6.3	59,103,900	-5.4
3	미국	44,569,029	10.3	40,291,542	-1.5
4	사우디아라비아	36,972,612	37.9	36,534,767	8.7
5	카타르	20,749,364	74.1	23,119,595	26.1
6	호주	26,316,304	28.6	21,045,807	-11.8
7	쿠웨이트	16,959,617	56.3	16,645,327	10.6
8	독일	16,962,579	18.6	15,911,011	2.0
9	인도네시아	17,216,374	23.1	14,427,920	-7.7
10	아랍에미리트 연합	14,759,366	21.3	13,789,568	0.8

자료: 한국무역협회

이는 글로벌 경기둔화로 세계교역이 감소하는 추세에도 불구하고 2년 연속 무역 1조 달러 달성은 큰 이미를 갖는다. 우리나라 무역은 2002년 13위에서 불과 10년만에 8위로 빠르게 성장했으며, 이러한 성과의 주요

요인은 FTA의 효과적 활용, 중소기업의 약진, 신시장 개척 및 수출품목 다변화 등에 기인한 것으로 분석된다.[11] 우리나라의 수출은 1971년 10억 달러, 1977년에 100억 달러, 1995년에 1,000억 달러를 넘어섰으며, 이후 13년 뒤인 2008년에는 4,000억 달러를, 2011년과 2012년에는 2년 연속 5,000억 달러를 넘어섰다.

〈표 12-4〉 세계 30대 수출입국

단위: 천불

	국가명	2011		2012(1월~7월)	
		수출	수입	수출	수입
	전체	17,825,900	18,345,900	10,363,600	10,746,570
1	중국	1,901,480	1,741,450	1,132,793	1,036,490
2	미국	1,480,730	2,265,010	894,196	1,359,276
3	독일	1,391,940	1,239,710	776,076	677,761
4	일본	824,426	854,740	476,826	519,244
5	네덜란드	655,413	593,963	372,790	341,462
6	프랑스	584,441	701,015	329,863	392,226
7	한국	562,462	524,436	322,602	306,285
8	러시아	495,928	295,359	299,845	177,515
9	이탈리아	515,414	525,013	292,248	271,391
10	캐나다	452,144	495,874	263,196	296,249
11	벨기에	462,310	463,142	257,105	254,217
12	영국	463,277	639,775	252,963	365,711
13	홍콩	429,220	484,013	244,435	278,185
14	싱가포르	412,201	366,077	242,385	223,267
15	사우디아라비아	330,842	127,553	217,072	86,686
16	멕시코	349,676	385,927	210,194	220,995
17	인도	307,108	465,126	178,308	280,170
18	스페인	300,124	370,606	169,005	197,256
19	오스트레일리아	270,956	260,248	151,051	157,474
20	아랍에미리트연합	241,181	215,649	147,869	133,954
21	브라질	256,048	248,833	138,149	141,082
22	말레이지아	228,294	187,649	132,225	114,506

11) 아시아뉴스통신, ‘무역한국의 새역사, 2년 연속 1조 달러 달성’, 2012. 12.12.

23	스위스	234,690	208,015	131,721	115,016
24	대만	220,223	229,167	130,613	144,321
25	인도네시아	203,501	177,451	113,053	112,811
26	폴란드	182,323	202,647	101,533	107,580
27	스웨덴	175,936	173,852	95,808	93,404
27	노르웨이	158,725	90,737	95,644	49,497
29	오스트리아	171,785	188,796	94,145	102,230
30	체코	161,708	151,344	90,710	81,570

자료: 한국무역협회

〈그림 12-1〉 무역액 추이

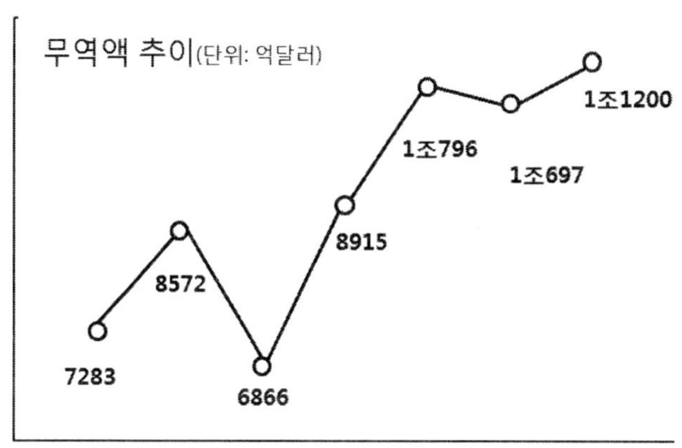

자료: 이코노미조선(2013.1.1.)

사실 1998년 외환위기 이후 수출이 우리나라 경제성장을 주도한 반면 내수가 우리경제에서 차지하는 비중은 크게 하락했다. 수출액의 연평균 증가율이 10.1%로 총수요 증가율(5.7%)보다 약 2배 정도 높았다. 즉 외환위기 이후 수출이 우리나라의 경제성장을 주도했음을 알 수 있다.

우리나라의 경우 미국에 대한 수출과 수입의 비중이 매년 감소해 무역부문에서 우리나라의 미국 의존도가 줄어들고 있고, 일본에 대한 비중은 2010년 6.0%에서 2011년 7.1%로 증가하는 것으로 나타났다. 특히 미국의

경우 2000년에 전체 수출의 21.8%를 차지했던 우리나라의 대미 수출 비중은 2003년에 17.7%로 떨어진 뒤 2004년 16.9%, 2005년 14.5%, 2006년 13.3%, 2009년 9.9%, 2010년 10.3%에 이어 2011년 9.4% 등으로 감소하고 있다. 최근엔 한·미 FTA 발효 이후 수혜품목 중심으로 수출이 증가하면서 그동안 하락하던 대미 수출비중이 확대되고 있다.[12] 2000년에 10.7%에 거쳤던 중국으로의 수출 비중은 2010년 25.1%까지 확대되었다가 2011년 24.2%, 2012년 23.6%로 하향곡선을 그리고 있는 실정이다. 또한 EU는 2008년 이후 2010년 11.5%에서 2011년 10%, 2012년(1-9월)에는 9.3%까지 내려앉았다. 반면에 아세안 지역은 2008년 이후 지속적으로 수출 및 교역 비중이 확대되면서 2010년 이후 EU를 제치고 제2의 교역국으로 부상했다. 이는 1년 전과 비교한 교역 증가율에서도 드러나고 있다.[13]

신규 수출기업들이 처음 해외로 사업확장을 시도할 때 몇 개의 중대한 난관에 봉착하게 되는데, 이러한 경험은 종종 미래의 새로운 수출시도를 기피하게 만든다. 이러한 함정에는 잘못된 시장조사, 해외시장에서의 경쟁상황에 대한 이해 결여, 외국고객의 욕구에 맞지 않는 제품, 효과적인 배급계획의 부재, 판매촉진 캠페인의 미숙한 실행, 자본조달의 문제를 들 수 있다.[14]

기업의 수출 형태는 크게 간접수출과 직접 수출로 구분할 수 있으며, 해외시장에 처음으로 진출하는 기업들은 간접수출에서 시작하여 경험을 축적하고 난 후 직접 수출로 나아가는 경향이 있다. 그리고 국제화의 초기 단계에서는 해외에 대한 경험이 부족하므로 해외 직접투자나 제휴보다는 수출을 통해 진출하고자 하는 해외시장의 고객과 시장에 대해 검토하고 적응해 나가는 것이 바람직할 것이다.

12) 연합뉴스, "대미-대중 무역비중 10년만에 반대로", 2011.8.17.
파이낸셜뉴스, '아세안 지역 수출 비중 크게 늘었다', 2012.10.16.
13) 파이낸셜뉴스, '아세안 지역 수출 비중 크게 늘었다', 2012.10.16.
14) Ogbuehi, A. O. & T. A. Longfellow, "Perceptions of U.S. manufacturing companies concerning exporting," *Journal of Small Business Management*, October, 1994, pp.37-59.

(2) 수출활동의 동기

기업이 해외에 최초로 진출할 때 일반적으로 진입전략으로 수출을 사용한다. 수출은 일반적으로 수출국가에 상당한 이익을 발생시키므로 중소기업뿐만 아니라 대기업 등 모든 기업들은 국제화의 단계와 관계없이 수출을 이용한다.[15)]

대체적으로 기업들은 국내시장이 포화단계에 이르면 새로운 활로를 찾기 위해 수출을 모색한다. 이와 같이 수출을 해외시장 진출의 전략으로서 널리 활용하고 있는 이유는 이질적인 해외시장의 진입을 통해 이익 확대, 자원의 효율적 활용 및 해외시장에 대한 경험 축적을 얻을 수 있지만 국내와 다른 국제환경에의 노출은 상대적으로 높은 위험도 감수해야 한다.

기업들이 자신들의 제품을 해외에 수출하는 일반적인 이유와 동기는 여러 가지가 있을 수 있다.

첫째, 국내의 시장규모가 협소한 나라(예컨대, 한국, 대만, 싱가포르, 홍콩 등)의 기업들 중에는 국제규모의 경제적인 생산 활동을 전개함으로써 규모의 경제를 실현하기 위해서는 수출을 통한 해외시장의 개척과 확장이 필요하다. 판매량 증가로 인한 규모의 경제 효과로 단위당 생산단가를 낮춰 가격경쟁력 확보에도 도움을 준다.

둘째, 과잉생산품을 처분하거나 유휴생산시설을 활용할 수 있다. 이러한 수출은 성격상 수동적 수출(passive exporting)에 해당되며 또한 재무위험(financial risk, 즉 손실의 위험)이 가장 적게 든다.

셋째, 기업이 국내에서 얻을 수 없는 이윤이나 시장 등 특수한 이익기회(unique profit opportunity)를 활용하기 위하여 수출하는 경우도 많다. 물론 이러한 수출은 해외시장에서 안정적인 시장기반을 구축하는데 주목적이 있다고 볼 수는 없다.

넷째, 고정투자시설의 비중이 높아 총 생산원가 중에서 고정비가 차지하는 비중이 높은 기업들, 가령 제철 · 자동차 · 가전제품 등 장치산업에 속하는 기업들의 생산시설가동률을 높이기 위해서도 생산량을 늘려 수출

---

15) 조영곤 외(역), 「국제경영」, 시그마프레스, 2010, pp.386-387.

을 확장하기도 한다. 즉, 그러한 기업들의 생산시설가동률을 높이면 평균 생산원가는 계속 감소하게 된다.

다섯째, 정부가 금융, 세제, 외환관리 측면에서 특혜적인 수출지원을 하면서 일정한 수출실적을 이익 수혜 요건으로 규정하고 있는 나라에서는 그러한 특혜를 활용하기 위해 수출활동을 전개하는 경우도 있다.

그리고 Albaum 등(1989)은 수출동기로 <표 12-5>에서 보듯이 기업의 내외적 요인과 태도에 따라 크게 네 범주로 구분하였다.[16)]

〈표 12-5〉 수출동기의 분류

	내 적	외 적
능동적	- 경영자의 의지 - 성장 및 이익 목표 - 규모의 경제 - 마케팅 우위 - 독특한 제품 및 기술력	- 해외시장 기회 출현 - 정부 및 관련 기관의 지원
수동적	- 위험 분산 - 과다한 자원의 활용	- 예기치 않았던 주문 - 미세한 국내 시장 규모와 국내 시장의 포화상태

출처: G. Albaum, International Marketing and Export Marketing, MA: Addison-Wesley Co., 1989, p.35.

한편 문병준 등(2007)은 기업이 수출전략을 채택하는 동기로 소극적인 것과 적극적인 것으로 분류하고 있는데, 소극적인 동기로는 과잉생산품의 처분이나 유휴생산시설을 활용하기 위한 것, 외국바이어로부터의 예상치 못한 수출요청에 부응하는 경우, 그리고 국내 종합무역상사나 수출대행업자의 요청 혹은 주문에 의한 수출활동을 수행하는 경우 등이고, 적극적인 동기로는 국내시장에 판매하는 것보다는 수출을 통해서 더 많은 이익을 추구하고자 하는 경우, 경쟁조건 등의 측면에서 유리한 기회를 제공하는 해외 시장으로 진출하고자 하는 경우, 자사제품의 시장잠재력을 특정 해

16) G. Albaum, *International Marketing and Export Marketing*, MA: Addison-Wesley Co., 1989, p.35.

외시장에서 일시적으로 시험하기 위한 수단으로 수출을 활용하는 경우, 그리고 신제품 혹은 신기술을 개발한 기업이나 규모의 경제를 달성한 기업이 그러한 경쟁우위 요소를 해외시장에서 적극적으로 이용하고자 하는 목적으로 수출하는 경우 등을 들고 있다.[17)]

이러한 것을 종합해 보면 수출을 하고자 하는 동기는 기업이 현재 처한 국내외 여건에 따라 다양하게 나타나고 있음을 알 수 있다.

2. 수출의 방법

(1) 간접수출과 직접수출

수출을 하는 접근방법은 수출국의 생산자로부터 수입국의 최종소비자 또는 수요자에게 이르는 여러 가지 유통경로가 있겠으나, 이를 크게 나누어 보면 간접수출(indirect export)과 직접수출(direct export)의 두 가지로 구분할 수 있다.

간접수출은 수출과 직접적으로 관련되는 주요기능을 제조기업 스스로가 수행하지 않고 국내 · 외 수출입 중간상 즉 국내수출 중간상인, 국내수출 대리상, 국내주재 외국인 바이어 등을 개입시켜 상품을 수출하는 소극적인 수출방법을 말한다. 여기서 국내수출 대리점은 제품이나 서비스의 소유권을 취하지 않고 단지 중개나 주선을 통해 수수료의 획득을 주목적으로 하는 상인으로 판매 대리점과 중개업자를 들 수 있다. 그리고 국내 수출상인은 자신이 수출업체로부터 상품을 직접 구입하여 수입업자에게 판매함으로써 그에 따르는 매매차익의 획득을 목적으로 하는 상인으로 무역상사를 들 수 있다. 이처럼 간접수출의 경우 제조 기업은 상품을 정확한 납기기일에 맞추어 수출중간상인 수출업자에게 판매하기만 하면 되고 수출업무를 직접적으로 수행하지 않아도 된다. 그래서 중소수출업체나 수출을 처음 시작하는 기업들은 일반적으로 수출업체의 본국에 위치한 수출입 중간상을 이용하는 간접수출을 한다.

직접수출은 제조 기업이 수출과 연관된 업무 및 기능의 전부나 대부분

---

17) 문병준 외, 『국제마케팅』, 비즈프레스, 2007, pp.151~152.

을 타인에게 위임하지 않고 스스로 담당하고 수행함으로써 그 주체성을 보유하는 능동적인 수출방법이다. 직접수출을 하게 되면 제조기업의 수출부서는 해외시장 및 고객접촉, 시장조사, 물적 유통, 수출서류 작성, 가격결정 등 제반 수출과 관련된 제반 업무를 직접 계획하고 수행한다. 직접수출은 주로 현지 에이전트나 도매유통업자, 소매상, 현지 판매지사나 법인 등의 경로에 의존하는 경향이 있다.

〈그림 12-2〉 수출경로의 유형

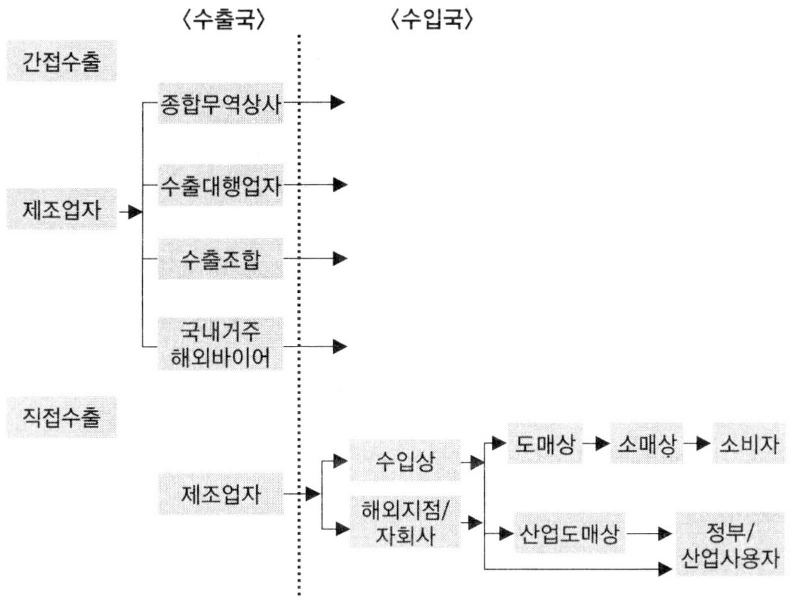

출처: R. Root, Franklin, Entry strategies for International Markets, Lexington Book, 1994, p.77.
이승종 외, 『글로벌 경영』, 민영사, 2004, p.256, 재인용.

직접수출과 간접수출은 상호배타적이지 않아서 기업들은 여러 해외시장에서 두 가지 방법을 모두 이용한다. 간접수출을 할 것인지 직접 수출을 할 것인지를 결정하는데 주요 고려요인으로는 자원수준(예, 시간, 자본, 관리자원 등), 해외시장의 전략적 중요성, 판매 후 지원의 필요성을 포함한 제품특성, 목표시장에서 유능한 현지 중개인의 이용가능성 등이 있다.[18)]

우리나라 기업체들의 대부분은 해외시장정보의 부족, 무역실무에 대한 노하우의 부족 등으로 1970년대 초까지만 하여도 간접수출에 많이 의존하여 왔다. 그러나 오늘날에는 거의 모든 대기업들이 직접수출을 하고 있으며, 중소기업체들도 절반 이상이 직접수출을 하고 있다. 앞으로는 우리나라 기업체들이 직접수출을 하는 경향이 더욱 늘어날 것으로 보는데, 이는 올바른 방향으로의 발전이라고 할 수 있다.

(2) 간접수출의 장 · 단점

기업체의 입장에서 볼 때, 간접수출의 장점을 보면 다음과 같다.

① 수출업무에 대한 전문성과 경험을 겸비한 중간 수출상을 활용하기 때문에 안심하고 수출거래를 할 수 있다.

② 특히 대규모 무역회사 · 종합무역상사(국내에 지사를 갖고 있는 외국계 종합무역상사 포함) · 국내합작투자기업체의 외국인 파트너기업체(foreign partner firms) 등을 활용할 경우 풍부한 해외시장정보를 얻을 수 있고, 또한 그들의 명성이나 지명도를 활용할 수 있다.

③ 제조업체는 수출클레임의 발생에 따르는 위험을 부담하지 않는다. 즉, 수출클레임(export claim)이 발생하면 수출중간상이 위험을 부담한다.

④ 수출활동을 수행함에 있어서 소요되는 수출운영비 · 수출광고비 · 판매촉진비 등을 절감할 수 있다.

⑤ 제조업체는 수출중간상으로부터 자금지원을 받을 수도 있다.

⑥ 각 국가별로 유능한 수출상을 시장 국별로 선택할 수 있어 시장 국별로 수출매출액을 증대시킬 수 있다.

⑦ 필요한 수입이 있을 경우 무역회사 · 수출입상사 등에게 수입도 의뢰할 수 있는 이점이 있다.

---

18) 조용곤 외, 전게서, p.392.

간접수출의 단점은 다음과 같다.[19]

① 판매 이후 마케팅에 대한 통제권을 상실하기 때문에 해외 고객과의 접촉이 불가능하고 최종 소비자의 욕구나 반응에 대한 파악이 힘들다.

② 많은 상품을 취급하는 대리상의 경우 수출규모나 이익 가능성이 적은 경우 또 과도한 경쟁을 하는 경우 제조기업의 피해가 우려된다.

③ 제조기업과 중간수출상의 분규가 발생할 가능성이 높고 이로 인해 수출대행을 거절할 수도 있으며 상품판매 기회의 상실 위험도 있을 수 있다.

④ 수출시장에 대한 제조기업의 정보부재로 수입 감소의 초래 가능성이 있을 수 있다.

⑤ 간접수출에만 의존하는 경우 해외시장으로부터 격리될 가능성이 높고, 적극적인 국제경영활동에 필요한 전문 인력의 양성이 어렵다.

(3) 직접수출의 장점

한편 직접수출은 앞서서 밝힌 간접수출의 이점을 누릴 수 없는 반면, 다음과 같은 여러 가지 장점이 있다.

① 상품의 해외마케팅에 대한 주체적 기능을 가지므로 거래업체 및 시장과 직접 접촉할 수 있는바 해외시장정보와 지식을 쉽게 얻을 수 있다.

② 수출대리인에게 마진, 커미션 등을 지불하지 않아도 되므로 기업체의 불필요한 비용을 절약함으로써 이익을 증대시킬 수 있다.

③ 해이 거래선이 자사상품에 대한 희망 · 주문 · 요구 · 불평 등을 지접 듣게 되므로 상품 계획과 판매계획을 적절히 적응시킬 수 있다.

④ 제조업체는 해외마케팅기능을 직접 수행할 수 있어서 해외마케팅활동에 대한 통제를 강화하고 판매를 증대시킬 수 있다.

⑤ 상품수출에 따라는 사전 및 사후서비스(pre and after service)를 비교적 능률적으로 제공할 수 있어서 상품 및 기업의 이미지를 증대시킬

---

19) 이명호 외, 전게서, p.323.

수 있다.

⑥ 수출 및 국제마케팅에 대한 전문성을 기르고 향상시킬 수 있다.

반면에 직접수출은 다음과 같은 단점을 갖고 있다.[20]

① 일반적으로 시작하는 데 비용이 많이 소요된다. 비용이라 함은 경로 개척비용과 유지비용 등을 말한다.

② 대량의 재고가 필요하다.

③ 도매 유통망을 비롯하여 행정적 뒷받침 및 숙련된 직원 등으로 구성된 복잡한 조직을 구성해야 한다.

④ 간접 수출에 비해 상대적으로 높은 사업 위험 부담을 가진다.

제3절 국제 라이선싱 전략

1. 국제 라이선싱의 개념

(1) 국제 라이선싱의 정의

오늘날 다국적 기업들은 급격하게 변화하는 환경과 격심한 경쟁에서 절대적인 우위를 지키기 위해 시장에서 누구도 침해할 수 없는 절대적인 기술 내지 지식을 가지려고 노력한다. 기술개발이 곧 기업의 경쟁력 더 나아가 수익성으로 연결되기 때문이다. 이런 상황 인식하에 대부분의 기업들은 기술개발에 기업의 자원을 집중하고 있다. 이로 인해 국제 기술시장에는 늘 기술과 관련된 판매와 구매가 이루어지고 있다.

기업이 해외시장에 진입하는 방법 중 계약에 의한 진입은 표적시장 내의 기업에게 기술이나 무형자산, 인력자원 등을 이전하는 계약관계를 통해 해외시장을 개척하는 방법을 말한다. 이러한 계약 방법에는 라이선싱, 프랜차이징, 계약생산, 경영계약, 턴키계약 등이 있는데, 라이선싱을 중심

---

20) 문병준 외, 전게서, p.160.

으로 설명한다.

국제 라이선싱(International Licensing) 혹은 국제 기술이전은 라이선서(Licensor)와 라이선시(Licensee) 간에 라이선싱 계약을 체결하고 이 계약하에서 라이선서가 자사가 보유하고 있는 특허, 기업비밀, 노하우, 상표, 기술공정 등과 같은 산업재산권을 일정 기간 동안 해외에 있는 다른 기업에게 사용할 수 있는 권리를 부여하고, 그 대가로 라이선시로부터 로열티나 다른 형태의 보상을 받는 것을 말한다. 결국 국제 라이선싱이란 기술을 매개로 하여 행해지는 라이선서와 라이선시 간의 국제적 자본거래를 뜻하는 것이다. <그림 12-3>은 라이선서와 라이선시 간의 라이선싱 계약의 성격을 설명하고 있다.[21]

〈그림 12-3〉 해외시장 진입전략으로의 라이선싱

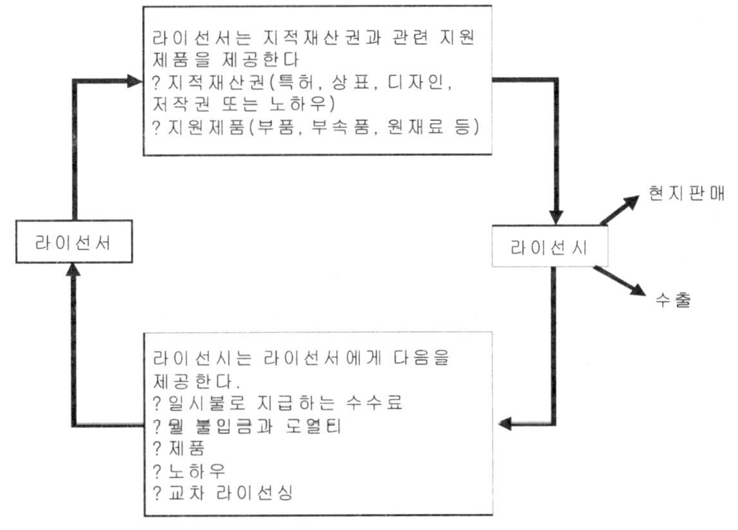

자료: 조영곤 외(역), 전게서, p.455. 재인용

---

21) D. E. Welch and L. S. Welch, "In the Internationalization Process and Networks : A Strategic management Perspective, *Journal of International Marketing*, 4(1996), pp.11-28.

다른 진입방법과 마찬가지로 라이선싱도 나름대로의 장단점을 가지고 있다.[22] 먼저, 장점으로는 시장국의 수입 장벽을 우회할 수 있다는 점이다. 최종 제품에 대한 관세가 높거나 다른 형태의 수입규제가 있다 해도 그러한 제품을 생산하는 데 필요한 무형자산에 대해서는 제한이 가해지지 않는 경우가 많이 있다. 수출방법을 사용하다가 수입규제가 늘어나서 라이선싱으로 전환하는 수도 있는데 이 경우 완제품 대신 부품이나 반제품을 상대기업에 수출하게 될 수도 있다.

다른 장점은 직접투자에 비해 정치적 위험에 대한 노출이 적다는 점이다. 현지에 대한 자원 투입이 적기 때문에 최악의 경우 잃게 되는 부분이 적게 되며, 현지국 정부가 라이선싱을 기술 습득의 기회로 생각하는 경우가 많아 비교적 우호적인 태도를 보이게 된다.

다른 장점으로는 해외진출 제품이 서비스인 경우 서비스는 수출이 불가능하기 때문에 라이선싱이 훨씬 매력적인 방법이다. 또 제조기업의 제품을 현지 시장의 요구에 부응하도록 적응이 필요한 경우 라이선싱이 유리하다.

또 다른 장점으로는 라이선싱은 소규모 시장이나 관세, 까다로운 행정요건 등으로 인해 진입이 힘든 시장에 진입이 가능하다. 그리고 기업들이 라이선싱을 해외시장에서 경쟁자의 진입을 억제하기 위한 선점전략으로 이용할 수 있다. 즉 시장에서 라이선싱 기반을 구축함으로써 기업은 현지에서 브랜드 네임을 개발하고 친밀함을 쌓아 시장에 늦게 진입하는 경쟁자의 진입을 방해할 수 있다.[23]

진입방법으로서 라이선싱이 갖는 단점으로 현지 시장에서의 마케팅 전략에 대한 통제권이 적다는 점이다. 두 번째 단점으로는 기술을 제공받는 업체가 기술제공업체의 미래 경쟁자로 부상할 수 있다는 점이다. 소위 말하는 부메랑 효과가 나타날 수 있는 것이다. 현재의 라이선시가 장차 제3시장 및 국내 시장에서 경쟁기업이 될 수 있다. 만약 라이선서의 전문지식이나 노하우가 잠재적 경쟁자에게로 유실되는 것이 매우 염려스러운 경

22) 이승종 외, 전게서, pp.286~287.
23) 조용곤 외(역), 전게서, pp.458-459.

우에는 종종 진입전략으로서의 라이선싱은 피하는 것이 최선이다. 세 번째 단점으로는 라이선싱은 통상 라이선시에게 기술 및 등록상표에 대한 특정지역에서의 독점권을 부여하기 때문에 라이선서가 여타 진출 방법을 이용하여 동 지역에 진출하는 것을 불가능하게 한다는 점이다.

네 번째 단점으로는 글로벌 시장에서 경쟁하기 위해서는 한 시장에서의 경쟁을 지원하기 위해 다른 국가에서 벌어들인 이익을 사용하는 등의 전략적 협력이 요구되는데, 라이선싱은 본질적으로 이런 활동을 불가능하게 만든다. 라이선스를 받는 기업은 또 다른 국가에서 다른 라이선스 기업을 지원하기 위해 이익을 희생하려고 하지 않을 것이기 때문이다.[24]

일반적으로 국제 라이선싱의 과정에서 외국기업은 통상 현지기업의 지분을 소유하지 않는 것이 원칙이나, 경우에 따라서는 직접투자와 함께 기술공여가 일어나 기술제공기업이 지분을 갖는 경우도 있다. 국제라이선싱이 일어나기 위해서는 현지시장에서 기술이 상품으로서 가치를 가져야 하는데 라이선싱의 대상이 되는 것은 법적인 보호가 이루어지는 특허권, 실용신안권, 상표권, 의장권, 저작권 등과 같은 권리와 기타 여러 가지의 노하우 등이다. 따라서 기술이 더욱 발달하고 새로운 산업이 나타남에 따라 국제 라이선싱의 대상은 더욱 확대될 것으로 예상된다.

(2) 국제 라이선싱의 동기

라이선싱은 해외시장으로 진출하는 가장 안전한 방법이 될 수 있다. 사회적, 정치적 불안정이나 시장특성상 정확한 정보의 획득이나 시장조사가 불가능한 지역에서도 기업운영에 따른 위험을 최소화할 수 있기 때문이다. 특히 생산설비 등의 고정자산을 취득할 필요가 없기 때문에 이런 위험이 현실화되더라도 피해를 거의 입지 않게 된다.

기업들이 이런 이점을 가지고 있는 국제 라이선싱에 참여하는 것은 라이선서와 라이선시 간의 기술과 대가의 교환을 의미하는 만큼 양자는 모두 나름대로의 이익과 동기를 가지고 있는데 우선 라이선시의 입장에서

24) 박철순 외(역), 「글로벌시대의 국제경영」, McGraw-Hill Korea, p.472.

그 동기를 살펴보면 다음과 같다.

① 기술의 복잡성, 특허 제한 및 높은 개발비로 인해 직접 개발하기 힘든 경우, 외국에 주재하는 라이선서가 보유하고 있는 소유권을 활용할 수 있다. 즉 어떤 기업체가 필요로 하는 특정기술이 복잡하여 자체능력만으로는 자체개발이 불가능하거나 가능하더라도 막대한 개발비용과 기간이 소요되는 경우 또는 외국기업체가 취득한 특허가 보호되고 있어서 다른 방법으로 취득할 수 없는 경우 그런 기업체는 국제 라이선싱을 통해서 그 특정기술의 활용이 가능해진다.

② 그러한 기술의 사용을 통하여 부가적 이익을 추구할 수 있고, 또한 라이센서가 갖고 있는 명성과 신용 및 평판의 혜택을 얻을 수도 있다. 한편 필요한 경우 기술요원의 파견을 보장받기도 쉬울 것이다.

③ 계약조건에 따라 라이선싱이 행해지므로 라이센서에 의한 기업지배의 우려가 없으며, 더구나 외국에서 기업화를 성공적으로 달성한 라이센서를 도입하는 경우 국내기업화에서 발생이 가능한 위험을 감소시킬 수 있다.

④ 기술수혜기업인 라이선시 측면에서 기술이전 전략은 현행 생산기술 수준을 빠르게 개선하는 효과를 기대할 수 있다. 예를 들면 필리핀의 플라스틱 및 합성제품시장에 있어서 필리핀 기업들은 일본 기업의 기술을 이전받음으로써 일본 제품의 품질 수준을 유지할 수 있을 만큼 생산기술이 향상되었다.[25)]

한편 라이선서 측면에서는 다음과 같은 동기로 국제 라이선싱을 이용한다.

① 이미 개발 또는 확보하고 있는 기술 및 지식을 수출함으로써 수출, 해외직접투자 등 다른 국제경영전략을 활용하는 데서 비롯되는 이익과는 별도로 라이선서에게 추가이익의 획득이 가능하다. 추가이익은 더 많은 해외시장 국들에게 라이선싱을 확대할수록 더욱 증가하기 마련이다.

② 국제 라이선싱을 국제마케팅의 도구로서 활용하기 위해서이다. 가령

25) Philippines: Nippon Pigment Provides Compounding Technology, Japan Chemical Week, September 11. 1997.

해외시장국의 라이선시에게 라이선서의 트레이드 마크(trade mark), 브랜드 네임(brand name)을 부착한 규격상품을 현지생산, 마케팅 하도록 라이선싱을 해주게 되면 자사상품에 대한 해외시장에서의 마케팅상의 이익뿐만 아니라 명성과 인기를 높일 수 있다.

③ 원재료, 부분품, 반조립품 등의 수출증대책으로 국제라이선싱을 활용하는 기업들도 있다. 즉 외국의 라이선시와 라이선싱계약을 체결할 때, 라이선스 상품을 생산할 때는 반드시 라이선서가 직접 공급하는 부품만을 활용해야 한다든지 라이선서가 지정하는 공급업체로부터 부품을 구입해야 한다는 조항을 삽입하는 경우가 있다.

④ 라이선싱계약과 관련하여 일정기간 동안 라이선시에게 기술자의 훈련 · 기술도입 작업의 감독 등을 담당하고 이에 대한 추가적인 대가를 받을 수 있다.

⑤ 외국의 라이선시가 보유하고 있는 기술, 상업정보, 현지시장운영에 대한 노하우 등을 활용할 수 있다. 가령 기술을 외국에 있는 특정기업체에게 라이선싱해 주어야만, 그 기업체로부터 보유기술을 라이선싱해 올 수 있는 경우도 있기 때문이다.

⑥ 국제경영을 확대하거나 특정 해외시장국가에의 진출수단으로 국제라이선싱을 활용하는 경우도 있다. 즉 초창기의 국제경영에 참여하고자 하는 기업들로서 국제라이선싱은 특정 해외시장국의 시장잠재성을 검증하고 큰 위험부담이 없이 국제경영 경험을 얻을 수 있는 방법이기 때문이다.

⑦ 해외에 자본을 축적하는 수단으로도 국제라이선싱을 활용한다. 라이선싱의 대가로 얻게 되는 로열티를 본사나 제3국으로 상환하지 않고 특정 해외시장국에 자본으로 축적해서 적당한 시기에 직접투자를 행하는 데 활용할 수 있다.

⑧ 공업소유권협정에 가입하지 않는 나라의 경우 자신의 공업소유권을 보호하고 활용할 수 있는 방법으로서 국제라이선싱이 행해지기도 한다. 즉 라이선서의 경우 자신의 이익 확보를 위해서도 공업소유권 등을 보호하려 하기 때문이다.

2. 국제 라이선싱의 대가와 한계

(1) 국제 라이선싱의 대가

이상과 같은 국제 라이선싱이 내용에 포함되거나 이것의 주변에 위치하는 기술과 노하우에는 대가를 수반하지 않는 무상의 것과 대가를 수반하는 유상의 것이 있다. 그러나 무상의 것은 보통 원조 또는 서비스적인 것이 대부분인데 라이선싱의 범주에 포함되기가 어렵다고 할 수 있다. 따라서 통상 국제 라이선싱이라 함은 유상적인 것을 의미하게 된다.

1) 무상의 국제 라이선싱

무상의 국제라이선싱이란 주로 플랜트수출입에 부가하여 행해지는 기술협력 등을 의미하는데, 여기에는 플랜트수출입의 선행단계로서 프리케어(pre care)인 컨설팅과 애프터케어(after care)인 노하우나 기술의 제공 등이 포함된다.

① **프리케어 :** 플랜트수출입에 있어서 프리케어란 수출입 전에 실행되는 사전 서비스로서 기술제공자의 판매촉진상 그리고 기술도입자의 효과적인 설비운영상 극히 중요한 내용을 지닌다. 이러한 프리케어는 상대국 정부 또는 기업에 대한 기술 협력적 성질을 가지는 것으로서 개발계획에 관한 기술협력이나 훈련지도에 관한 기술협력이 이에 해당된다.

② **애프터케어 :** 이는 플랜트수출입이 완료되고 난 뒤에 실행되는 사업서비스이다. 즉 구입플랜트의 애프터케어, 플랜트 노하우의 제공, 플랜트 현장에서의 기술지도 그리고 구입자 측의 기술자에 대한 기술교육 등이 이에 해당된다.

2) 유상의 국제 라이선싱

유상의 국제 라이선싱은 법적 보호를 받는 것과 그렇지 않은 것으로 구분된다.

첫째, 법적보호를 받는 것으로는 특허권(patent license), 실용신안권(utility

model license), 의장권(design license), 상표권(trade mark license) 그리고 저작권(copy right license) 등이 있다.

특허권은 새로운 공업적 발명을 한 자가 그 발명품 또는 발명원리에 의하여 제조한 물품을 일정기간 독점적으로 제작하거나 사용, 판매, 발표할 수 있는 권리를 지칭하고, 실용신안은 산업상 이용할 수 있는 물품의 형상, 구조 또는 조합에 관한 고안으로서, 여기서 고안이라 함은 자연법칙을 이용한 기술적 사상의 창작을 말한다.

의장권은 물품의 형상, 모양, 색채 또는 이들의 결합으로 시각을 통하여 미감을 일으키게 하는 공업적으로 이용 가능한 고안을 보호대상으로 하고 상표라 함은, 상품을 생산, 가공, 증명 또는 판매하는 것을 업으로 영위하는 자가 자기의 업무와 관련된 상품을 타인의 상품과 식별되도록 하기 위하여 사용하는 기호, 문자, 도형 또는 이들을 결합한 것 및 이에 색채를 결합한 것을 말하며, 상표권은 이와 같은 상표로서 등록된 것을 독점적으로 사용할 수 있는 권리를 말한다. 그리고 저작권이란 저작물에 대해 저작자가 가지는 권리를 말한다.

둘째, 법적보호를 받고 있지 않는 것으로는 노하우(know-how), 기술지원(technical assistance), 엔지니어링 서비스(engineering service), 경영계약(management contract) 등이 있다.

노하우는 기술지원에 밀접히 관련되는 것이지만 보통 라이선서가 제공할 수 있는 제조기술이나 기타 소유권 및 숙련과 관계되어 있고, 기술지원은 지도 또는 실행을 위하여 라이선서에 의해서 마련되는 라이선싱의 한 형태이다.

엔지니어링 서비스는 과학, 기술, 지식을 응용하여 사업 및 시설물에 관한 기획, 타당성, 조사, 설계, 분석, 조달, 시험, 감리, 사후관리 등 산업공장/시설물이 정상적으로 작동할 수 있도록 이에 필요한 모든 기술적인 서비스를 통칭하는 것이며, 경영계약은 기업이 외국기업의 모든 또는 일부 경영활동을 수행해주고 명시된 수수료나 이윤의 퍼센트 비율을 지불받는 것을 말한다.

(2) 국제 라이선싱의 평가

라이선싱은 많은 국제 마케터들에게 매력적인 소구의 대상이다. 라이선싱은 자본투자나 마케팅 노력을 기울이지 않고서도 로열티 소득을 얻을 수 있고 또 초기비용을 제외하고는 계약기간 만료 때 까지 계속해서 이익을 추구할 수 있기 때문에 라이선서로서 국제시장에 대한 진입전략으로서 대단히 유익한 수단이다.

라이선싱은 자산적 벤처에 있기 마련인 수용국가의 제 규칙을 회피하는데 도움이 된다. 라이선싱은 역시 외국시장을 자본이나 경영요소의 투입 없이 시험할 수 있는 수단을 마련함으로써 기업의 국제화를 한 단계 높이는데 이바지할 수 있을 뿐 아니라 만약 라이선시의 지원이 선택된 시장에 있어서 충분한 규모의 관여를 허용한다면 경쟁이 야기되기 전에 그 시장에 대한 선택권을 얻기 위한 전략으로써 유용할 수 있다.

그럼에도 불구하고 라이선싱은 UNCTAD와 같은 국제기구로부터 비난을 받기도 한다. 즉 라이선싱은 선진 다국적 기업들에 의한 낡은 기술을 처분하는 메커니즘을 제공한다고 주장되고 있다. 라이선시는 때로는 노동집약적 기술 또는 기계류를 요구하기도 한다.

부가해서 라이선싱은 검증된 기술을 가지고 직접적으로 시장진입을 할 수 있는 기회를 외국기업에게 제공한다. 따라서 R&D 실패의 위험이나 라이선서의 특허와 관련된 설계비용 또는 특허 침해소송의 두려움에서 벗어나게 한다. 더욱이 대부분의 라이선싱 협정은 점진적인 협력과 지원을 제공함으로써 라이선시로 하여금 새로운 개발이라는 부담을 덜게 한다.

라이선싱은 불이익을 수반할 수 있다. 라이선싱은 라이선서가 마케팅 노력을 기울일 필요가 없기 때문에 라이선시에게 국제마케팅 기능을 넘겨줄 수 있다. 그러한 결과 라이선서는 계획적인 세계시장 침투를 위해 갖추어야 할 충분한 국제마케팅 전문지식을 획득하기가 어렵게 될 수도 있다. 라이선싱 협약에 의해 반대현상이 발생할 수 있다. 로열티와의 교환으로 라이선서는 협약이 지배하는 시장 뿐 아니라 제3의 시장에서 그 자신의 경쟁자를 만들 수도 있다. 그러한 결과 어떤 기업들은 라이선싱 협약에 들어가는 것을 주저한다.[26)]

라이선싱은 '저위험-저수익' 원칙을 반영하는 것이기는 하지만 절대 규모에 있어서의 수익은 일반적으로 수출이나 직접투자에 비해 크지 않다고 할 수 있다. 라이선싱의 주 수익원인 로열티 비율은 과거에 계약, 업계의 관행, 경쟁상황, 현지국 정부의 규제 등에 의해 제한되는데 특별한 경우를 제외하고는 5%대를 넘지 않는 것이 보통이다. 그러나 로열티 수입의 절대적 규모가 적다고 단정할 수는 없으며, 직접적인 위험 수준이 낮다는 점에서의 상대적 수익과 로열티 이외의 다른 수익 또한 고려되어야 한다.[27)]

라이선싱은 미래의 강력한 경쟁자에게 귀중한 무형자산을 빌려주는 결과를 낳을 수 있다. 대부분의 라이선싱은 수 년 동안의 계약기간이 설정된다. 이 때 기술수혜기업이 이전되는 기술을 바탕으로 상품생산과 시장통제력을 확실히 구축하게 되면 계약이 만료된 이후, 기술제공자가 해당 시장에서 활동하는 것이 어렵게 된다. 이런 위험을 예방하기 위해 대부분의 라이선스계약에서는 계약만료 이후 기술수혜기업이 동일상품으로 현지 시장에서 기술제공기업과 경쟁하지 못하도록 하는 조항을 규정하고 있다.

라이선싱 계약은 라이선서의 향후 경영활동을 제약할 수 있다. 특히 라인선시에게 기술의 독점적 이용권을 부여하는 경우 라이선서의 이미지에 부정적 영향을 미칠 수 있다. 이 경우 계약을 통해 독점적 이용권이 부여되었기 때문에 제3자에게 기술을 양도할 수 없고 현지 시장에 직접 상품을 공급할 수도 없기 때문이다. 따라서 기술제공자의 생산기술이 아무리 뛰어나고 현지 시장의 잠재력이 아무리 높아도 라이선서의 시장통제력의 한계로 인해 시장기회를 상실할 수도 있는 것이다.[28)]

---

26) 이승종 등, 전게서, 2004, pp.292~294.
27) 전용욱 외, 전게서, p.255.
28) 박기안, 전게서, pp.260~261.

제4절 해외직접투자전략

1. 해외직접투자의 개념

(1) 해외직접투자의 의의

Grubel and Lloyd(1975)[29]가 산업 내 무역의 존재를 처음 주장할 때와 비교해보면, 지난 수 십 년 동안 세계적으로 해외직접투자가 급격히 증가하였고, 무역에서의 해외직접투자의 영향도 훨씬 더 증대하게 되었다.[30]

해외직접투자가 세계교역량과 세계 총생산에 비해 빠르게 성장한 데에는 몇 가지 이유가 있다. 우선 지난 30년간 무역장벽의 일반적인 감소에도 불구하고 기업들은 보호론자들의 압력을 두려워한다. 경영진들은 해외직접투자를 무역장벽을 우회하는 방법으로 간주한다. 두 번째로 현재 해외직접투자의 증가는 개발도상국들에서 발생되는 정치적, 경제적 변화에서 원인을 찾을 수 있다.[31]

급변하는 국제 기업환경에서 가장 중요한 특징 중 하나는 글로벌화와 경제통합이라는 상이한 현상이 동시에 심화되고 있다는 점이다. 특히 지역경제통합은 회원국 간의 관세 철폐뿐만 아니라 더 나아가 생산요소의 자유이동을 촉진하며, 비회원국에 높은 관세를 부과하여 비회원국들의 다국적기업들이 회원국내로의 수출보다는 회원국내에서의 생산 활동을 유도한다. 이러한 맥락에서 해외직접투자는 글로벌화와 경제통합을 연결하는 전략적 선택이라 볼 수 있다.[32]

일반적으로 해외투자는 생산요소의 국제적인 이동 즉 현지시장에 이전하여 현지의 생산요소 등과 결합한 것을 판매하는 활동을 말한다. 단순한

---

29) H. G. Grubel and P. J. Lloyd, *Intra-Industry Trade*: The MaCmillan Press, Ltd., 1975, p.114.

30) 조영정, “산업내 무역과 해외직접투자의 관계”, 『통상정보연구』, 10(2), 2008, p.412.

31) 박철순 외(역), 전게서, p.270.

32) P. Buckley, J. Clegg, N. Forsans and K. Reilly, *Evolution of FDI in the US in the context of trade liberalization and regionalization*, Journal of Business Research, 56, 2003, pp.853~857.

자본만의 국경을 초월한 이동이 아니라 생산기술, 경영기술, 상표 등이 국경을 넘어 다른 나라로 이전하는 것도 수반된다. 이러한 해외투자는 투자 주체별로는 공동투자와 민간투자 그리고 기간별로는 장기투자와 단기투자, 투자 유형별로는 직접투자와 간접투자로 대별되며, 또한 직접투자는 단독투자와 합작투자로 구분되는데 통상 해외직접투자는 유형별 투자개념에 의해 민간투자가 주류를 이루며 장기적인 성격을 띤다.

따라서 유형별로 볼 때 국제자본이동의 형태는 간접투자(포트폴리오 투자)와 직접투자로 구성되어 있다. 즉 직접투자는 투자가가 자본에 대한 관리를 그대로 유지하는 투자로서 직접투자와 자본관리가 병행되는 것이나, 간접투자는 그와 같은 관리가 수반되지 않는다. 다시 말해 투자가는 이익을 얻기 위해 대여를 해주지만 그에 대한 관리책임이 없다.

제1차 세계대전 전까지만 하더라도 국제경제에 있어서 간접투자가 큰 비중을 차지했었다. 이 당시 간접투자에 의한 국제자본이동은 선진공업국의 국내자본축적에 대한 활로였으며, 특히 전근대적인 농업국에서 서서히 부상하기 시작하였던 여러 개발도상국의 경제발전을 지원하면서 이들 국가의 국제수지 등의 문제를 해결하는 데 많은 도움을 주었다. 1914년 국제 총투자잔고의 50% 이상이 영국의 소유였고 이 기간에 있어서 영국투자의 약 90% 정도가 간접투자형태였다. 이들 투자는 주로 국가 간의 이자율차로 인해 행해졌다. 즉 자본의 이익이 적은 곳에서 많은 곳으로 자본이동이 일어났다는 것이다. 그 당시 주요 채권국이던 프랑스, 독일의 경우도 비슷한 양상이었다. 그들 국가 역시 간접자본을 선호하였던 것이다. 환위험이 적고 정치가 안정되었던 시대에 있어서의 국제투자는 주로 이자율 차이에 의해 행해졌던 것이다. 따라서 간접투자의 근본 동기는 해외로부터 보다 높은 이익을 얻기 위해 이루어졌다고 볼 수 있다.

해외직접투자는 여섯 가지 중요한 특징을 가진다.[33] 첫째, 해외직접투자는 많은 자원의 투입을 의미한다. 국제화 전략의 최종 단계로서 해외직접투자에는 다른 진입전략보다 훨씬 많은 기업의 자원과 역량의 투입이 요

33) 조영곤 외(역), 전게서, p.423.

구된다. 둘째, 해외직접투자는 현지 사업장을 통한 운영을 의미한다. 해외직접투자 전략을 사용함으로써 경영진은 현지 사업장을 두고 고객, 중개업체, 정부 부문과 직접적인 접촉 관계를 설정해 갈 수 있다.

셋째, 해외직접투자를 통해 기업은 세계적으로 규모의 경제에 의한 효율성을 달성하여 기업의 성과를 향상시킨다. 넷째, 해외시장에 영구적인 고정 사업장을 설립하는 것은 현지 환경변화에 취약해지므로 해외직접투자에는 다른 진입전략과 비교하여 상당한 위험과 불확실성이 따른다. 즉 가격결정, 임금, 고용관행 등에 대한 현지 정부의 간섭과 정치적 위험에 노출된다.

다섯째, 해외직접투자 기업은 현지 시장에 존재하는 사회적 변수와 문화적 변수를 보다 심도있게 다루어야 한다. 잠재적인 문제를 최소화하기 위해 다국적 기업은 자국과 문화적으로 그리고 언어적으로 유사한 나라에 투자하는 것을 선호한다.

여섯째, 다국적 기업은 현지 시장에서 사회적 책임을 다하기 위해 노력을 기울이고 있다. 기업들은 해외 현지에서 종업원들의 윤리의식을 높이고 지역공동체에 투자하며, 직원의 공정한 대우를 위한 세계적인 표준을 확립하려고 노력한다.

따라서 해외직접투자는 앞에서 밝힌 바와 같이 주로 경영권을 획득하는 과정에서 자금이나 경영자원을 국제적으로 이동하는 것이다. 여기서 경영권이라 함은 보통주와 같이 법적으로 인정된 권리뿐만 아니라 구매 · 생산 · 판매 · 배당금지급 등 영업행위에 관한 권한을 말한다. 이와 대조되는 해외간접투자는 보통 증권투자라고도 하는데, 일정한 기업이나 개인이 발행한 증권을 이 증권의 발행국 이외의 나라에서 구입하거나 차관 등의 형태로 자본을 공여하는 것을 의미한다. 이때 기업이나 그 자산에 대한 통제권이나 소유권은 증권구매자 혹은 투자자에게 있지 않다. 오늘날 해외직접투자의 큰 몫을 차지하고 있는 국가는 역시 미국으로서, 미국의 해외직접투자는 지금까지 거의 매년 증대되어 왔다.

(2) 해외직접투자 결정이론

해외직접투자의 결정이론에 관하여는 많은 학설이 있지만 아직도 통일된 이론은 없다. 이것은 해외직접투자가 제2차 세계대전 후에 본격적으로 거론되기 시작하였고 따라서 체계적인 연구방법이 이루어지지 않았기 때문이다. 현재까지 많이 거론되고 있는 해외직접투자 이론의 대표적인 이론을 살펴보면 다음과 같다.[34)]

첫째, 해외직접투자 이론 중에서 독점적 우위이론(monopolistic advantage theory)은 시장의 불완전성에 이론적 기초를 두고 Hymer(1970)[35)]에 의해 주창되었으며, Kindleberger(1969) 및 Caves(1971) 등에 의해 더욱 발전된 이론으로 현지 기업이 갖지 못하는 기업 특유의 우위요소를 규명하는 것으로 독점적 우위는 시장을 통해 이전하기 곤란하므로 해외직접투자를 통하여 이전한다는 이론이다. 우위요소를 이용하여 투자기업이 본국에서 생산되는 상품과 동일한 것을 해외에서 생산하는 수평적 직접투자는 일반적으로 제품차별화를 행하게 되고 산업구조는 과점적 형태를 가지게 된다.

독점적 우위 이론은 해외직접투자를 이론적으로 설명하려는 본격적 시도로서의 큰 가치를 많은 기여를 한 것이 분명하지만 한계점도 지니고 있다. 우선 이 이론은 'how' 즉 어떻게 현지기업에 비해 불리한 외국기업으로서 직접투자를 통해 현지기업과 경쟁할 수 있느냐에 대해서는 설명해주고 있지만 그 답이 되는 독점적 우위를 'why' 즉 왜 굳이 다른 방법이 아닌 직접투자를 통해 활용하느냐 하는 것은 설명하지 못한다.

또한 개발도상국 혹은 제3세계 국가기업들의 선진국에 대한 직접투잘이 이론으로서는 설명히기가 곤란하다. 왜냐 히면 이들이 일반적으로 인정할 수 있는 독점적 우위를 보유하고 있다고 볼 수 없는 경우가 많기 때문이다.[36)]

둘째, Rugman(1980)[37)]의 내부화이론은 Coase(1937)[38)]에 의하여 연구가

---

34) 오병석, "우리나라 기업의 대중국 해외직접투자 전략에 관한 연구", 『관세학회지』, 9(2), 2008, pp.4~5.

35) S. H. Hymer, *United States Investment Aboard*, in Peter Drysdale ed., *Direct foreign Investment in Asia and Pacific*, Australian National Unvi. Press, 1970, p.41.

36) 전용욱 외, 전게서, p.276.

시작되었고 Williamson의해 체계적으로 계승, 진행되었으며, Buckley and Casson(1975)[39]이 다국적 기업에 적용하였다. 내부화란 다국적기업 내부에 시장을 만들어 내는 과정이지만 다국적 기업이 불완전한 시장에 대체하는 내부시장을 생성시켜 자원배분과 유통 상의 문제를 경영관리명령을 통해서 연결하려고 하며, 이 경우 이전 가격은 기업의 조직 활동을 원활하게 하고 내부시장은 잠재적 가능성이 있는 시장과 똑같이 효율적으로 관련된다는 것이며, 생산외적인 R&D, 마케팅, 직업훈련 등을 무시했다고 보고 이들이 기업 활동에서 차지하는 역할을 강조하였다.

내부화 이론은 외국시장에 진출하고자 하는 기업이 왜 직접투자를 택하는지에 대해 이론적인 답을 제시하고 있다는 점에서 큰 의의를 가지며 독점적 우위 이론이 지니는 한계를 극복하고 있다. 그러나 내부화 이론은 직접투자를 라이선싱과 대비시켜 설명하는데 치중하고 있어 또 하나의 시장거래인 수출과의 비교 및 선택문제는 충분히 설명하지 못하고 있다.[40]

셋째, Vernon(1960)[41]에 의해 주장된 제품수명주기 이론은 Wells(1968)[42]와 Hirsh(1975)[43]에 의해 발전된 동태적(직접투자를 시간이라는 변수로 고려함) 생산입지 이론으로 하나의 상품을 신상품→성숙상품→표준상품의 세 단계의 생산 · 소비과정으로 분류하여 최초의 단계, 즉 한 선진국에서 신

---

37) A. Rugman, *International as a General Theory of Foreign Direct Investment: A Reappraisal of the Literature*, Weltwirtschaftliches Archiv Review of World Economics, 116, 1980, pp.355~379.

38) R. H. Coase, "The Nature of the Firm", Economic N.S.4, 1937, pp.386~405. Reprinted in G. H. Stigler and K. E. Boulding(eds.), *reading in Price Theory*. Homewood, Ill.:Richard D. Irwin, 1952.

39) Peter J. Buckley and M. Casson, *The Future of Multinational Enterprise*, Basingstoke and London, Macmillan, 1976.

40) 전용욱 외, 전게서, p.277.

41) R. Vernon, *International Investment and International Trade in Product Cycle*, *Quarterly Journal of Economics*, May, 1960, pp.190~207.

42) David Ames Wells, *Practical economics: A collection of essays respecting certain of the recent economic experiences of the United States*, Greenwood Press(New York), 1968.

43) S. Hirsh, *The product cycle model of international trade : a multicountry cross-section analysis*, Oxford Bu llitin of Economics and Statistic, 37, 1975, pp.305~317.

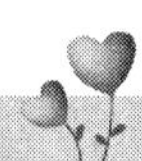

상품을 개발하게 되면 이러한 상품은 먼저 소득이 높은 선진국내의 고소득층에 의해 소비되고 선진국의 국내 수요가 충족되면서 점차 해외수요도 창출하게 되어 다른 선진국에 상품을 수출한다. 상품이 성숙기에 들어서면 점차 혁신기업 이외의 여러 국내기업들도 기술을 쉽게 이용하거나 모방할 수 있게 되어 상품생산이 가능해지고 동상품에 대한 해외수요도 증가하게 된다. 그리고 세계 여타 선진국들도 동일한 상품을 생산할 수 있게 되어 미국 등 선진국에서의 수입대체가 발생한다. 상품이 표준화 단계에 이르면 상품 및 생산기술이 전 세계적으로 표준화되어 가격경쟁이 심해지고 이 시점에서 신상품을 개발한 국가에서는 시장지위를 방어하기 위해 생산비가 저렴한 개도국에 직접투자를 하게 되면 개도국에 신기술의 보급이 이루어져 개발도상국은 신상품의 수출국으로 전환한다는 것이다.

이 이론은 연구개발능력과 기술수준에서 다른 국가보다 유리한 위치에 있는 미국 대기업의 관점에서 이들이 왜 해외무역보다 직접투자를 하게 되는가를 설명한 이론으로서 기술혁신의 발생원천을 선진국, 특히 미국의 다국적기업으로 보고 이러한 다국적기업에 의한 과학기술혁신의 전 세계적 확산을 설명하고 있다는 점에서 중요한 사실을 제공하고 있다.

하지만 이 이론은 특정한 시점에서 계속 수출을 하거나 외국의 기업과 라이센스 계약을 체결하는 것보다 해외직접투자를 수행하는 것이 왜 수익성이 좋은지를 설명하는데 실패했다. 단지 외국의 수요가 지역생산을 감당할만큼 크다는 것으로 반드시 지역생산이 더 수익성이 좋은 선택이라 할 수 없다.

넷째, 과점적 경쟁이론은 Knickerbocker(1973)[44]의 이론으로 과점산업에 속하는 기업들의 특유의 행동양식에 착안하여 해외투자를 설명하는 이론으로 과점산업에 속하는 기업들은 경쟁기업의 행동에 극히 민감하며, 기업들 간의 이러한 상호의존성은 과점적 경쟁이라는 과점산업 특유의 기업형태를 낳는다. 즉 과점시장에 있는 기업들 간의 상호의존성은 즉각적인 행동을 유도한다. 경쟁자들은 종종 과점시장에서 기업의 행동을 빠르게

44) F. Knickerbocker, *Oligopolistic Reaction and Multinational Enterprise*, Boston, Mass: Harvard Univ. Press, 1973, p.3.

모방한다.

Knickerbocker(1973)의 이론은 다지점 경쟁의 개념을 포함하는 것으로 확장될 수 있다. 다지점 경쟁(multipoint competition)은 두 개 혹은 더 많은 기업들이 다른 지역의 시장, 다른 국가의 시장 혹은 다른 산업에서 만나는 경우 발생한다. 예를 들면 코닥(Kodak)이 특정한 해외시장에 진입한다면 후지(Fuji)도 뒤처지지 않을 것이다.

Knickerbocker(1973)의 이론과 그것의 확장이 과점산업에서 해외직접투자를 모방하는 행동에 대해 설명할 수 있지만 왜 과점의 첫 번째 기업이 수출이나 라이센싱이 아닌 해외직접투자를 수행했는지에 대해서는 설명할 수 없다. 내부화 이론이 이러한 현상을 설명한다.[45]

다섯째, 고지마 이론은 Kojima(1978)[46]에 의해 주장된 것으로 거시적인 국민경제적인 관점에서 해외직접투자를 설명하여야 한다고 주장하였다. 이 이론은 국제 분업의 원리로 해외직접투자를 행하여야 양국의 산업구조가 고도화되고 경제의 효율성이 제고되며, 국민후생이 증진된다고 한다.

여섯째, 절충이론은 영국의 경제학자인 Dunning(1988)[47]에 의해 주창된 것으로 경쟁우위이론과 내부화 이론에 입지우위론을 추가한 절충이론을 주장하였으며, 기업의 해외직접 투자결정은 상기의 이론을 종합적으로 고려하여야 한다는 점이다. Dunning(1988)은 입지우위를 특정지역에 종속되어 있는 자원부존요소나 자산을 활용하거나 특정지역의 자산이나 자원부존 요소를 자신의 독특한 자산(기업의 기술, 마케팅, 혹은 관리능력 등)과 결합하여 더 나은 가치를 찾아낼 수 있을 때 발생하는 우위라고 설명한다. Dunning(1988)의 주장의 예로 석유나 다른 광물자원 같은 특정 지역에 있는 특별한 자연자원을 들 수 있다.

절충이론은 수출, 라이선싱, 직접투자라는 대표적인 해외시장 진입방식을 모두 고려하는 상태에서 다른 두 대안이 아닌 직접투자를 선택하게 되

45) 박철순 외(역), 전게서, p.282.

46) K. Kojima, *Direct Foreign Investment: A Japanese Model of Multinational Operations*, Croom Helm, 1978, pp.9~15.

47) J. H. Dunning, *Toward an Eclectic Theory of International Production*, Journal of International Business Studies, Spring-Summer 1988, pp.10~12.

는 조건과 상황을 체계적으로 설명하고 있다. 이러한 종합적 성격으로 인해 절충이론이 해외직접투자의 일반이론이라는 주장도 제기되고 있으나 바로 종합성 때문에 비판도 제기되고 있다. 기존 이론들을 한데 모아 잘 포장한 것에 불과하다는 일부 지적이 그것이다.[48)]

이상에서 해외직접투자가 일어나는 이론적 배경을 논의하였으나 위의 이론들은 각각 서로 대립되는 학설이라기보다는 직접투자에 관해 서로 다른 측면을 강조하고 있으므로 어디까지나 상호보완적인 입장에 있다.

(3) 해외직접투자의 동기

해외직접투자는 어느 한 가지 이유만으로 이루어진다기보다는 여러 요인들이 복합적으로 발생하여 이루어진다. 하지만 일반적으로 해외직접투자는 전략적 동기, 행동적(비경제적) 동기, 경제적 동기 등으로 구분해 볼 수 있다.

1) 전략적 동기

전략적 동기는 다음과 같이 설명된다.

첫째, 시장 확보를 목적으로 한다. 가령 해외진출국에서 생산하여 현지국의 수요에 충당하거나 주로 본국이외의 국가에 수출할 목적으로 진출하는 경우의 해외직접투자로, 현지 생산은 고객서비스를 개선하고 고객에게 상품을 전달하는 비용을 줄일 수 있다. 현대 자동차가 미국 및 인도 등에서 자동차를 생산하여 현지에 판매하고 있는 것이 그 좋은 예이다.

둘째, 원자재 확보를 목적으로 한다. 즉 현지에서 원자재를 확보하여 해외에 수출하거나 본국에 수입하기 위하여 진출하는 경우의 해외직접투자로, 주로 석유 · 광물 · 농산물 · 삼림개발을 목적으로 이루어진다. 예를 들면 포도주 산업에서, 기업들이 포도를 재배하기에 적합한 지역에 진출하는 경우이다.

셋째, 생산의 효율성을 높이기 위해서이다. 즉 생산성보다 생산요소가격이 낮은 국가에 진출하여 생산효율을 높이기 위한 해외직접투자로, 상품공

48) 전용욱 외, 전게서, p. 278.

정에서 저렴한 노동력과 값싼 투입요소를 이용함으로써 조달 및 생산비용을 절감한다. 미국, 일본 등의 기업이 노동가격이 싼 대만, 홍콩, 멕시코 등에서 전자제품을 노동집약적 방식으로 조립하는 경우가 여기에 해당된다.

넷째, 새로운 노하우나 기술의 획득을 위해서이다. 즉 기술이나 경영지식을 습득하기 위한 것으로 삼성 등과 같은 우리나라의 반도체기업들이 기술을 입수하기 위하여 미국의 실리콘벨리에 해외투자를 하는 것이 좋은 예이다.

2) 행동적 동기

행동적 동기에 의한 해외직접투자는 예컨대 기업의 외부여건의 자극이나 개인적 편견, 필요 및 개인이나 그룹의 관심과 이해에 기초한 기업 내부요인 등을 들 수 있다. 외부요건에 의한 동기를 요약하면 다음과 같다.

첫째, 외국정부나 현지 판매점 및 고객으로부터 무시할 수 없는 진출요청을 받았을 때

둘째, 시장의 상실 가능성에 대한 두려움이 있을 때

셋째, 밴드웨건 효과(band-wagon effect)가 나타남으로써 경쟁기업이 해외에서 성공적으로 활동하거나 특수지역의 투자가 필요 불가결할 때

넷째, 국내시장에서 외국회사와 치열한 경쟁이 유발될 때 등이다.

3) 경제적 동기

앞에서 제시한 동기들은 결국 이윤의 확보라는 경제적 동기와 일치한다고 할 수 있다. 즉, 다국적기업은 전 세계적으로 회사전체의 장기적인 이익(순이익 혹은 현금흐름)과 주식의 시장가격을 극대화시키려 할 것이다. 따라서 현지국의 기업을 압도하면서 높은 투자수익률을 추구할 목적으로 직접투자가 이루어진다고 볼 수 있다.

2. 해외직접투자의 효과

해외직접투자는 기업의 생산요소 중 자본, 경영능력, 기술, 상표 등을

해외 현지국으로 이전하여 현지의 생산요소인 노동 및 토지와 결합하여 상품을 생산, 판매하는 기업 활동을 의미한다. 이러한 직접투자의 유출입은 자본의 이동에 의하여 외환 및 금융시장에 영향을 줄 뿐만 아니라 투자나 무역의 증감 등을 통하여 실물경제에도 영향을 줄 수 있다.

우리나라의 경우 외환위기 이전에는 외국인직접투자(외국인의 국내투자)보다 해외직접투자(내국인의 해외투자) 규모가 더 컸으나 외환위기 이후 정부의 외국인직접투자 활성화와 함께 수지가 반전되었다 2006년 이후에는 외환수급 조절 차원에서 해외직접투자를 촉진하여 다시 해외직접투자 규모가 상대적으로 더 크게 늘어나고 있는 추세이다.[49)]

오늘날 국제적 자본이동에 대해서는 자본 도입국에 미치는 효과만을 내세워 무조건 긍정적으로 받아들이는 자세로부터 그 폐해를 나열해 가면서 철저하게 부정적으로 보는 견해에 이르기까지 다양한 평가가 나오고 있다.

우선 국제적 자본이동의 효용을 강조하는 견해를 보면 해외직접투자는 간접투자 또는 공동원조가 가진 효과에 대하여 자본 도입국, 특히 개발도상국에 많은 이익을 제공한다고 강조한다. 즉, 외화부족이나 투자와 저축의 갭을 메워주는 자본을 제공함과 동시에 기술, 노하우, 경영관리능력, 판매망 등 여러 경영자원을 제공하며 세계경제와의 맥락 속에서 선진국이 주도하는 발전의 성과를 이용함으로써 공업화를 진전시킬 수가 있다는 것이다. 여기에 대해 외국인 직접투자는 신식민지주의의 도구 이외는 아무것도 아니며 정치적 지배 대신에 경제적 지배를 관철시키는 수단이라는 주장도 있다.

이 같은 주장에 대해 투자 수용국 정부는 외국인 직접투자가 주는 이익을 잘 관리하여 이용하면서 그 파괴적 영향을 억제하는 정책을 수립하여 실시해야 한다는 절충적인 입장도 있다.

최근에 와서는 국제적 자본이동, 특히 외국인 직접투자에 대한 이와 같은 입장의 차이를 전제로 해서 외국인 직접투자의 후생효과가 격렬한 논

---

49) 이규복, “해외직접투자 및 외국인 직접투자 현황과 시사점”, 주간「금융브리프」, 16(24), 2007, pp.3-4.

쟁의 대상이 되고 있다. 이제부터 외국인 직접투자가 수입국에 미치는 영향을 긍정적 측면과 부정적 측면으로 나누어 살펴보고자 한다.

(1) 해외직접투자의 긍정적 효과

직접투자가 투자 수용국 경제에 미치는 긍정적 효과로는, 첫째 생산의 증대, 둘째 국제수지의 개선, 셋째 고용의 증대, 넷째 기술이전효과 등을 예시할 수 있다.

우선 생산증대효과를 보면 외국인 직접투자는 자금 면에서 무상원조나 금융 및 간접투자와 마찬가지로 저축수준이 낮은 국가에 투자재원을 보충함으로써 국내자본부족을 해결하고 국민생산을 증대시킨다.

외국인 직접투자가 가져오는 국제수지효과는 외자의 도입, 원금의 회수, 과실송금, 기술 사용료 등의 직접적인 효과와 외국인 투자기업의 제품수출, 원재료수입, 수입대체 등 간접적인 효과가 있다. 우선 국제수지에 미치는 효과로서 단기에 있어 국제무역의 경우 투자 수용국의 국제수지가 개선된다는 것은 분명하며 교역조건도 개선될지 모른다. 그러나 장기에 있어서는 사정이 다르다. 즉 이윤의 송금 등으로 인하여 국제수지가 점점 악화될 소지가 있고, 만약 그 직접투자가 1회에 그치거나 그 투자액이 점점 감소하면 수입국의 국제수지 악화효과가 개선효과보다 커질 수도 있다.

다음으로 고용량 증대효과이다. 대부분의 개도국에서는 노동의 수급이 맞지 않아 심각한 실업문제가 존재하는데 외국으로부터의 직접투자는 이러한 실업문제를 어느 정도 해결하는 데 도움이 되고 있다. 이것은 농촌부문의 실업이나 불완전고용을 통하여 인구 압력이 간신히 해소되고 있는 우리나라와 같은 인구과잉 국가에서는 특히 중요하다.

외국인 직접투자의 또 하나의 이익은 기술이전효과이다. 그 구체적인 형태로는 기술지식, 시장정보, 경영기술, 조직경험 그리고 생산물 및 생산기술의 혁신 등이 있다. 새로운 기술은 외국으로부터의 투자에 수반되며, 외국인 투자기업에 의한 경영전반의 기술진보를 촉진시킬 수 있다.

(2) 해외직접투자의 부정적 효과

한편 외국인 직접투자의 부정적 영향은 외국인 투자기업의 기술도입에 따른 기술의존, 외국인 투자기업의 산업지배와 이중구조의 심화, 과잉보호에 따른 저임금 등 대부분 경제의 질적 측면, 즉 경제발전문제와 연결되어 있다. 우선 국제수지에 대한 영향으로 외국인 직접투자는 초기투자원금과 경영단계에서의 운영자금의 유입 그리고 해외로부터의 차입 등으로 개발도상국에 장기자본을 제공함으로써 개도국의 국제수지에 기여하고 있으나 반면 자금의 유출, 수출제한 등에서 부정적 측면을 내포하고 있다.

외국인 투자기업의 기술도입에 따른 부정적 영향을 살펴보면, 일반적으로 외국인 투자기업에 대한 기술이전효과는 전술한 바와 같이 투자수용국의 장기적인 경제발전을 위하여 필수적인 것으로 인정되고 있으나, 이 기술들이 모두 투자 수용국의 경제발전단계에 적합한 기술인가는 의문의 여지가 있다. 가령 이미 낡아버린 기술을 많은 기술사용료를 지불하면서 들여온다든지, 상대적으로 노동이 풍부한데도 고도의 자본 집약재 산업이 진출해 옴으로써 산업구조의 왜곡현상이 나타날 수도 있다. 더구나 기술을 통한 지배와 함께 우월한 기술력과 경영능력, 자본력, 제품차별화의 능력 등으로 국내 산업을 위축시키고 투자 수용국 시장에서 독과점을 형성하게 되며 나아가 산업의 지배와 함께 국민경제의 자립성을 상실케 하여 투자 수용국의 경제를 오히려 종속시키게 하는 경우도 있다.

또한 경쟁적인 측면에서 외국인 투자기업과의 경쟁을 위해 자체 경쟁력 향상을 강화해야 하기 때문에 구조조정, 기술혁신, 생산성향상, 기타 경영혁신을 통하여 투자수입국 현지기업들의 경쟁력이 실제로 강화되기도 하지만 경쟁력 강화에 실패한 투자수입국 기업들 중에는 외국인 투자기업과의 경쟁에 패배하여 도산하는 것들이 늘어날 수도 있다.[50]

---

50) 반병길 외, 전게서, p.308.

3. 국제합작투자전략

(1) 국제합작투자의 의의

세계화 시대에 살고 있는 우리는 개인 기업이든 법인기업이든 거래 영역을 국내에만 국한할 수 없는 시대에 살고 있다. 무한 경쟁시대에 살아남기 위해서는 돈이 되는 곳이면 국경이 있을 수 없다. 특히 통신혁명으로 인하여 더욱 국경의 개념은 무의미하게 되었다. 그러나 다른 나라에서의 영업활동은 만만치가 않다. 법률문제나 현지적응 문제 외에도 과세의 어려움과 노동환경의 변화에 대처하여야 할 어려움이 계속하여 대두되고 있다. 그렇다고 경제활동이 국내에서만 머물러 있을 수는 없다. 특히 우리나라의 경우 어떻게 해서라도 해외로 활동무대를 넓혀야 하는 시대적 상황에 처해 있다.

합작투자는 미국에서 처음 생긴 경영기법으로 공동의 이익을 추구하기 위한 단일사업을 수행하고 종사하기 위해 계약에 의한 사람들의 연합으로 정의되고 있다. 그러므로 합작투자는 명시적, 묵시적 계약에 의하여 서비스, 재산, 금전, 기술과 지식을 상호 제공하여 공동의 이익을 추구하기 위하여 단일의 사업을 행할 의사를 가진 2개 이상의 집단을 말한다. 국제합작투자와 관하여서는 통일된 특별법이 없으므로 합작계약에 의하고 있다.[51)]

국제합작투자(international joint investment)는 때로는 본사에 의해서 완전히 소유되지 않는 해외기업으로 정의되는데, 일반적으로는 투자공여국의 특정 기업이 현지의 기업과 협력하여 투자 수용국에게 자본, 기술, 경영을 제공함으로써 기존 사업에 참여하거나 공동사업을 수행하는 것을 의미한다. 즉 둘 이상의 국적을 가진 기업체나 개인이 협력관계를 통해 영구적인 기반 위에서 특정기업체에 참여하는 것을 의미한다. 그러므로 특정 기업이 합작투자 파트너로서 국제합작에 개입할 때에는 외국에 기반을 두고 있는 또는 외국국적을 지닌 하나 또는 그 이상의 합작투자 파트너들과 더불어 특정 해외합작 기업체에 대해 공동소유, 경영권을 행사하는 것을 말

---

51) 김동석, 국제합작투자의 문제점과 유의사항, 『경영법률』, 17(1-1), 2006, pp.377~379.

한다. 따라서 일시적인 영업상의 거래관계를 위한 공동사업이나 특정사업이 완료됨으로써 해체되는 경우 등은 제외된다.

국제합작투자를 할 때에는 서로 다른 국적을 가진 둘 또는 그 이상의 합작파트너들 사이에 존재하는 문화적 차이를 극복할 수 있는 상호이익, 상호보조 내지 보완적인 협력은 필수적이다. 왜냐 하면 국제합작투자를 하는 것은 합작 파트너들이 제각기 단독으로 경영활동을 할 때 보다 협동적으로 경영활동을 함으로써 더 큰 총체적 경영성과를 창출하는데 큰 목적이 있기 때문이다.[52]

그러므로 국제합작투자는 일방적인 기술이전계약과도 다르며 투자 수용국 기업에 대한 단순한 채권 및 증권취득(이윤 및 배당취득이 목적)과 같은 간접투자와도 차이가 있으며 또한 동일한 직접투자 가운데 전액투자와도 ① 계약절차, ② 파트너간의 이해상충, ③ 경영권 장악, ④ 현지의 내셔널리즘에 대한 반응, ⑤ 기술 및 자본 투입방법, ⑥ 조직과 통제문제 등에서 많은 차이점을 발견할 수 있다.

(2) 국제합작투자의 형태와 동기

1) 국제합작투자의 형태

국제합작투자는 분류하는 관점에 따라 여러 가지 형태로 분류할 수 있다.

첫째, 합작투자선의 수에 따라 특정기업체가 현지국 파트너 또는 1인의 제3국 파트너와 합작투자를 행하는 쌍무적 국제합작투자(bipartite international joint investment) 그리고 특정기업체가 둘 또는 그 이상의 현지국 및 제3국의 파트너들이 개입하는 합작투자로서 복수적 국제합작투자(multipartite international joint investment)가 있다.

둘째, 소유권 형태에 따라 ① 현지인 과반수 소유권과 외국인 소수 소유권, ② 현지인 소수소유권과 외국인 과반수 소유권, ③ 50:50의 동등 소유권, ④ 현지인 파트너와 외국인 파트너가 49/49 소유권을 차지하고, 나머지 결정적인 주식지분을 독립적인 독립적인 제3자가 소유하는 형태 등으로 구분되며,

---

52) 반병길 외, 전게서, p.351.

셋째, 합작국의 성격에 따라 수평합작(선진국 대 선진국, 개도국 대 개도국)과 수직합작(선진국 대 개도국)으로 구분되며,

넷째, 합작내용에 따라서 자본합작투자와 비자본 합작투자로 구분되고,

다섯째, 지분참여도와 파트너 기업 간의 몰입도에 따라 기능별 제휴와 합작투자로 나누는데, 기능별 제휴는 연구개발 컨소시엄, 기술제휴, 조달제휴, 생산제휴, 생산라이센스, 제품스왑 등으로 분류하고, 합작투자는 연구개발 합작투자, 생산 합작투자, 판매 합작투자, 핵심사업 합작투자 등으로 구분되고,[53)]

여섯째, 합작투자의 내용에 따라 제도형 합작투자, 서비스 제공형 합작투자, 자원개발형 합작투자, 판매종사형 합작투자 등으로 구분될 수 있다.

2) 국제합작투자의 동기

국제합작투자는 현지국 정부의 규제 때문에 단독 투자방식을 이용할 수 없는 경우나 필요로 하는 원료 및 자원을 현지 파트너가 생산하고 있어 원료 및 자원의 입수가 현지 진출을 위한 전제조건이 되는 경우 등 여러 가지 이유로 발생하게 된다. 이처럼 기업이 국제합작투자를 하는 동기는 기업의 환경에 따라 다르나 일반적인 경우 합작투자의 동기는 다음과 같다.

첫째, 해외투자를 통한 비용절감은 운송비, 인건비 그리고 세제상의 측면에서 가능하다. 수출업자가 해외시장에 진출하는 경우 상품의 유통경로에 대한 현지의 정보가 부족하여 유통업체의 탐색과 선택에 대한 비용 등이 높아질 수 있는데, 수출업자가 합작기업이나 현지 자회사를 설립하여 생산거점을 해외로 옮기는 경우에는 운송경로나 운송시간을 단축할 수 있다. 또 인건비가 낮은 합자 파트너와 함께 상ㅇ품의 생산이나 조립을 함으로써 원가를 낮출 수 있다. 그 밖에도 세제상의 혜택을 기대할 수도 있다.

둘째, 해외시장에서 자회사를 신설하거나 자본참여에 의한 시장진입은 기업의 촉진전략에 도움이 된다. 세계적으로 명성이 높은 상품을 다양한 국가에서 생산, 판매한다는 것은 세계 도처에 기업의 존재를 알릴 수 있

53) J. Bleeke and D. Ernst, *Collaborating to compete: Using strategic alliances ad acquisitions in the global marketplace*, John Wiley & Sons Inc. 1993.

는 계기가 된다.[54]

셋째, 국제합작투자는 현지자본이 좀 더 수익적이고 생산적인 기업 활동에의 참여를 가능하게 된다. 왜냐하면 외국기업체들은 가장 이익적인 사업기회만을 택하여 투자하기 때문이다.

넷째, 합작투자는 이익배당금의 송금과 외국자본의 상환을 최소한으로 감소시킴으로써 수용국의 국제수지 개선에 기여한다.

다섯째, 투자 수용국에 있어서의 국제경영 지식을 가진 새로운 기업가 계층의 등장이다.

여섯째, 합작투자의 증가경향은 금의 유출을 억제하려고 하는 미국 및 다른 선진국 정부의 최근 노력에 의해 고무되었다.

일곱째, 투자국에 있어서의 노동력 부족을 위시한 자원부족 현상을 들 수 있다. 선진국의 국제기업들은 개발도상국의 기업체와 합작투자함에 있어서 기술, 특허, 경영관리 및 마케팅, 노하우 등을 제공하고 투자 수용국은 공장, 시설, 노동력을 제공한다.

여덟째, 합작투자는 외국투자가에 의한 특정산업의 장악과 정치적 영향력 행사를 어느 정도 제거할 수 있다.

한편, 국제합작투자의 동기를 투자기업과 현지기업으로 나누어 설명하여 보면 다음과 같다.

첫째, 투자기업의 동기는 ① 투자자본의 절약, ② 수용국의 법률적 제약으로 기업의 완전소유가 불가능한 경우, ③ 투자 수용국의 각종 특혜를 향유하기 위하여, ④ 현지기업의 경영능력, 자금능력, 노동력, 판매능력의 활용, ⑤ 투자 수용국 국민감정의 완화, ⑥ 경영활동상의 위험분산 등을 들 수 있다.

둘째, 투자 수용국 기업의 동기는 ① 외자에 의한 자본력의 증가, ② 기업의 신용증대로 외국기업의 보증이나 신용제공으로 금융기관으로부터의 융자가 용이함, ③ 외국의 경영상 및 공학상의 선진기술을 효율적으로 습

54) 박기안, 전게서, p.185.

득, ④ 정부의 외자도입촉진정책에 의거한 법적, 행정적 각종 특혜를 받을 수 있다는 것 등이다.

(3) 국제합작투자의 장 · 단점

일반적으로 후진국의 경우 차관보다는 외국인 직접투자를 선호하며 직접투자 중에서도 외국인의 단독투자보다는 내 · 외국인 합작투자를 희망하는데 기업체들이 국제합자투자에 참여함으로써 얻을 수 있는 장점과 단점은 다음과 같다.

1) 국제합작투자의 장점

첫째, 합작투자를 행함으로써 국내의 자본을 이윤 내지 생산성이 높은 사업으로 이용함으로써 그 효용성을 도모할 수 있고, 나아가 합작투자는 자본 등 기업지출을 감소시키면서 대규모의 저비용 운영을 가능하게 한다.

둘째, 합작투자는 외국인 기업체가 자국이익과 현지국의 이익을 조화시키고, 외국인기업체에 대한 민족주의적 반발을 무마시키면서 특정 시장국에 진출할 수 있는 수단을 제공한다. 더구나 국유화를 사전에 방지하는 수단도 된다.

셋째, 단독투자와 달리 현지국 기업과 합작투자를 할 경우 현지국 정부로서는 자본조달의 편의, 차관의 지불보증, 세금의 감면 등에서 다양한 유인을 제공하는 경우가 많으므로 추가이익을 올릴 수도 있다.

넷째, 적절한 현지 파트너를 맞이함으로써 외국인 기업체로서는 필요로 하는 원자재, 노동력, 경영자, 마케팅능력, 장악하고 있는 유통기구, 원만한 대 현지정부로비 등을 확보하고 제공받을 수 있고, 나아가 비교적 기업자원이 부족한 기업체는 국제합작투자를 함으로써, 좀 더 많은 시장국에 진출하여 현지 마케팅, 현지생산 활동 등을 전개할 수 있다.

다섯째, 합작투자의 경우, 외국인 기업체는 투자 수용국 기업과의 합작투자계약에 관리계약 · 기술제공계약 · 라이선싱계약 등을 포함시킴으로써 로열티 · 기타 용역금 등의 추가적인 수입도 가능하다.

여섯째, 투자참여자들에게 간접책임의 범위에서 위험도 높은 사업에 투

자할 수 있도록 하는 장점이 있다. 대륙법계 국가의 유한책임회사나 미국에서 기업 활동을 하기에 가장 유리한 형태인 유한회사(Limited Liability Company : LLC)[55]나 유한조합(Limited Partnership : LP)[56] 등의 기업형태로 투자회사를 설립하여 경영부실 및 손실의 위험으로부터 투자자들을 보호하고 있다.

일곱째, 새로운 분야의 투자를 기업체의 존속 없이 할 수 있다는 장점이 있다. 합작투자회사의 설립 시 그 존속기간이나 투자자들의 의무기간 그리고 자본 투자기간 등을 별도로 정함으로써 장기적인 위험을 감소시킬 수 있다.[57]

2) 국제합작투자의 단점

국제합작투자는 위에서 설명한 바와 같이 장점이 많은 반면 단점 내지 문제점도 있다.

첫째, 분쟁해결에 대한 별도의 합의를 하더라도 투자자들 간의 투자 합작회사 경영에 대한 이견이나 투자환경의 변화 등이 경영의 효율성을 감소시키거나 합자투자 목적을 달성하지 못하게 할 수 있다는 확률이 다른 기업 활동 보다 좀 크다는 점이다.

둘째, 합작투자를 운영해 나가려면 무엇보다도 투자 수용국 기업이든 투자 공여국 기업이든 각기 자기의 의견, 의사결정, 행위 등을 상대방에게 흔히 외국어로 설명하고, 설득하고, 정당화시켜야 하는 문제도 무시할 수 없다.

셋째, 현지합자투자에 참여하는 외국인 기업체가 범세계적 경영을 하는 다국적기업일 경우에는, 그 다국적기업은 현지합작기업체를 완전통제하지 못함으로써 범세계적 경영전략을 수립, 집행, 통제할 때 여러 가지 제한과 제약을 받을 수도 있고, 더구나 합작투자를 하면 발생한 이익을 파트너들과 분할해야 하므로 배당받은 이익이 제한된다. 즉 완전히 통제하지 못하

---

55) LLC는 파트너십에 주식회사의 장점을 보완해서 만든 회사형태이다.

56) LP는 최소 1인 이상의 무한책임 파트너와 유한책임 파트너로 구성된다.

57) 김동석, 국제합작투자의 문제점과 유의사항, 『경영법률』, 17(1-1), 2006, pp.380~381.

고 파트너와 모든 것을 공유하고 분담해야 하기 때문에 이해관계가 상충될 수 있고 의사결정이 지연될 수 있다.

넷째, 합작투자의 또 하나의 문제점은, 어느 한쪽 파트너는 자기 지분 이상으로 합작기업체의 이익 및 성장에 공헌하더라고 소유권비율 한도내에서만 이익 배당을 받기 때문에 상호간에 불평불만이 나타나기도 한다.

다섯째, 합작투자 회사에 대한 공동 소유 및 공동경영을 하게 되어 의사결정 진행과정에서 문제가 발생할 확률이 높다.[58] 이는 곧 기업 활동의 비효율성으로 연결되어 합작투자를 통한 공동 목표달성을 저해하는 주요한 요소가 되고 있다.

여섯째, 둘 또는 그 이상의 서로 다른 국적, 민족, 경제, 문화적 배경을 갖고 있는 합작파트너들이 국제합작투자기업체의 경영에 참여하기 때문에 합작파트너들 사이에 관점·가치기준과 판단·문제점의 규명·해결대안의 창출·의사결정 등에 걸쳐 갈등이 빈번히 발생할 확률이 높다.[59]

4. 해외자원개발전략

(1) 해외자원개발문제의 발생배경 및 문제점

자원이 빈약한 우리나라는 에너지와 광물자원을 거의 해외에 의존하고 있기 때문에 국제적인 자원가격 변동과 자원보유국들의 정세불안에 그대로 노출되고 있다. 따라서 자원의 안정적인 확보는 우리의 경제와 사회를 안정시키고 발전시키는 중요한 요소이다. 해외자원개발은 자원을 안정적으로 공급하는 한 방안으로서 우리나라의 기업들이 자원보유국에 진출하여 직접 자원을 생산하는 것을 의미한다.[60]

우리나라의 석유, 가스 등 에너지 수입 의존도는 97%에 달한다. 금속광물자원 역시 99%를 수입에 의존하고 있어 세계 자원 수급 및 시장변동에 매우 취약한 경제구조를 갖고 있다. 우리나라가 공기업을 중심으로 해외

---

58) James A. Dobkin, *Transnational Joint Ventures: A Legal and Practical Overview*, 8(2), JPEOPR 3.

59) 반병길 외, 전게서, p.355.

60) 에너지경제연구원, 동북아 에너지협력 연구: 해외자원개발 전략연구, 2006, p.1.

자원개발 투자에 총력을 기울이는 것도 해외 자원 확보는 한국경제 생존의 필수 조건이기 때문이다.

해외자원개발이란 자원의 생산자와 소비자 사이에 적정생산과 적정배분의 필요성에 따라 자원의 개발, 유통, 이용이라는 메커니즘 속에서 일반적인 무역방식에 의한 단순한 수입과는 달리 해외에서 자본과 기술을 가지고 필요한 천연자원을 탐사 및 개발하여 나아가 그 생산물을 수입 또는 판매하는 것을 의미한다.

그런데 이 같은 해외자원은 세계적으로 산업화가 진행됨에 따라 유한성과 희소성의 문제가 나타났고, 더구나 생산이 대단히 비탄력적이고 대자본에 의한 과점적 지배의 성격을 띠고 있어 만약 자원민족주의가 야기되면 자원 개발국과 자원보유국 사이의 마찰뿐 아니라 세계적인 자원수급에도 혼란을 야기하게 된다.

이와 같은 현상은 1970년대에 들어오면서 OPEC을 위시한 중동 산유국의 가격카르텔 및 산유량 조절을 계기로 하여 철강석, 석탄, 가스, 우라늄, 보크사이드, 동 등의 지하자원이나 밀, 쌀, 보리, 고무, 사탕수수 등 지상자원에 대한 각종 자원파동에서 잘 나타나고 있다. 1960년대까지만 하더라도 세계의 자원개발은 구미계의 거대한 독점자본이 자원개발에 참여했으나, 1970년대 들어오면서 일본 그리고 중진국까지도 국제자원개발정책에 착수함으로써 국제자원개발의 패턴은 많은 변화를 나타내고 있다.

우리나라 최초의 해외 자원개발은 1977년 한국전력공사가 25%의 지분으로 참여한 파라과이 샌안토니오 우라늄 탐사사업이다. 정부차원에서 해외 자원개발을 추진한 것은 이듬해인 1978년부터다.

기업들의 해외 자원개발 투자도 증가했다. 1981년 5월 코데코에너지가 수출입은행 지원으로 우리나라 최초의 석유개발 사업인 인도네시아 서마두라 해상 광구에 진출했다. 1985년 9월부터 생산을 시작해 25년이 넘은 현재까지 하루 1만9,000배럴을 생산하고 있다. 1984년 3월 유공(현 SK이노베이션)을 주축으로 석유공사·삼환·현대가 참여한 예멘 마리브 유전 개발 사업은 당시 가장 성공적인 사업 중 하나였다.

1980년 중반 이후 의욕적으로 추진하던 탐사 사업이 대부분 실패로 돌아가자 각 기업들은 1990년대 초반부터 사업을 재검토하기 시작했다. 탐사 외에 개발·생산을 확대하는 포트폴리오 전략을 도입하고 미국·북해·서아프리카 등 참여지역 다각화도 추진했다. 그 결과 석유개발 사업은 1995년부터 외환위기가 발생한 1997년 말까지 3년간 10개 생산광구, 3개 개발광구, 28개 탐사광구 등 총 41개 사업에 참여하게 됐다. 대표적인 자원개발 사업이 리비아, 엘리펀드, 베트남 11-2광구다.

1997년까지 크게 발전한 해외 자원개발사업은 외환위기로 내리막길로 접어들었다가 2008년 이후 우리나라 해외 자원개발 투자는 양과 질에서 기존과 확연히 달라졌다. 사업 수는 2007년 286개에서 2010년 469개로 증가했다.[61)]

〈표 12-7〉 해외자원개발 진행사업 현황

(단위: 개)

1987년	1992년	1997년	2003년	2007년	2010년
20	54	118	154	286	469

자료: 산업자원백서, 지식경제백서

〈표12-8〉 해외 자원개발투자현황

(단위: 백만 달러)

1999년	2000년	2001년	2002년	2003년	2004년	2005년	2006년	2007년	2008년	2009년	2010년
503	447	394	503	652	773	1147	2179	2904	5808	6213	9093

자료: 산업자원백서, 지식경제백서

현재 해외자원시장의 구조를 보면 자원수출국, 자원수입국, 자원개발형 대기업으로 나누어 볼 수 있다. 1970년대 이후 국제자원전략은 큰 변화를 가져왔다. 즉, 이때부터 자원보유국이나 자원수출국이 동종자원을 중심으로 국제카르텔을 조직하기 시작했기 때문에 자원개발형 대기업들의 수직적 자원전략은 한계점에 이르고 대신 자원개발 수입형으로 전환되고 있다

61) Etnews, '우리나라 자원개발의 역사', 2011. 11.23.

는 점이다. 이와 같은 추세는 1990년대 이후에도 이어지고 있다.

해외자원개발의 문제점은 다음과 같다.[62)]

첫째, 경쟁국에 비해 해외자원개발 실적이 상대적으로 저조하다는 것이다. 즉 우리나라의 자원개발률이 경쟁국에 비해 극히 저조하다. 예를 들면, 비산유국인 일본과 프랑스와 비교해 규모면에서 미미한 수준이다. 또한 해외자원 개발 투자 규모 측면에서도 경쟁국에 비해 절대적으로 미흡한 실정이다.

둘째, 기업 규모의 영세성 및 자원개발 전문기업이 없다는 것이다. 특히 우리나라 석유개발 기업규모는 세계 40~50위권으로 독립계 상류기업의 5~10% 수준 밖에 되지 않는다. 그리고 민간을 선도해야 할 공기업의 자원개발 역량 또한 취약한 실정이다. 석유공사의 경우도 세계적 기업에 비교하면 자산, 인력 규모면에서 너무 미미한 수준이다.

셋째, 해외자원 개발 인프라 산업의 발전이 저조하다는 것이다. 중국의 국영석유회사나 국제 메이저급 석유회사의 전문인력 규모에 못 미침은 물론 비슷한 처지인 일본의 규모(3,000여명)와도 비교하기 어려운 열악한 환경을 지니고 있다. 또한 석유와 광물자원 부문에 대한 정보는 석유공사와 광업진흥공사의 정보망에서 다루고는 있으나 자체적인 전략분석은 시행하지 않고 있는 실정이다.

(2) 해외자원개발의 방식

해외자원을 개발 및 확보하는 방식은 다음과 같이 크게 융자형과 투자형의 두 가지로 대별된다.

첫째, 융자형은 소요자금을 상대방에게 융자해 줌으로써 자원을 개발하는 방식으로, 이는 다시 융자금의 상환을 장기수출계약으로 이행하게 하는 장기수입 계약방식과 융자금을 현금 결제하는 대신에 생산물의 일정량을 나누어 갖는 PS방식(product sharing)으로 나누어진다.

둘째, 투자형은 자기책임 아래 생산요소를 투입하여 자원을 개발하는

62) 에너지경제연구원, 전게서, pp.46~51.

방식으로 이에는 스스로 위험을 부담하여 개발 사업을 직접 영위하는 단독 또는 자주개발과 현지와 관련이 있는 국제기업과 합작하여 개발에 참여하는 합작 또는 협력개발의 두 가지 방식이 있다.

그동안 선진제국의 개발사례를 보면 대체로 구미기업은 투자형에서 단독투자방식을 주로 채택하고 있으며, 일본은 융자형의 장기수입계약방식에 치중하되 사업에 따라 투자형과 일부 병용하고 있다. 그리고 추세 면으로 보면 융자형에서 투자형으로, 그것도 단독개발에서 합작개발로의 전환과정을 밟고 있다.

〈표 12-9〉 자원개발방식별 장단점 비교

	장 점	단 점
융자형	① 자금 · 우험부담이 가장 적음 ② 자원민족주의와 대립 없음 ③ 기술부담이 없음	① 공급조절 불능 ② 개바이윤획득 불능
장기수입계약방식		품질 · 가격면에서 불리
PS방식	공급물량 · 가격의 안정	품질면에서 불리
단독투자형	① 공급의 자주 · 안정 · 장기성 확보 ② 개발이윤 독점	① 자금 · 위험 · 기술부담이 가장 큼 ② 민족주의와 대립
합작투자형	① 민족주의와 대립 완화 ② 자금 · 위험부담 분산	① 경영의 자주성 부족 ② 합작선과 의견대립 가능
협지합작방식	현지국과 경제협력기반 조성	기술부담
국제컨소시엄방식	① 선진국과 자원이해 동조화 ② 잉여분의 판매시장 확보가능 ③ 선진국의 경영 · 기술 · 노하우 습득	

(3) 해외자원개발의 전략

이상에서 본 바와 같이 해외자원개발은 그 이익도 큰 동시에 그에 따른 위험의 부담도 크다. 원래 소요자본 및 시설자본의 대형화, 회임기간의 장기성, 사업집행의 해외 및 국제성, 개발추진상의 높은 위험성뿐만 아니라 그 과정에서도 자원보유국의 자원민족주의(natural resources nationalism) 문

제에 직면해야 하고, 소비국간의 치열한 자원 확보경쟁을 헤쳐가야 하며 기존의 자원개발국의 기득권에 따른 불이익도 감수해야 한다. 따라서 자원개발을 성공적으로 추진할 수 있게 하기 위해서는 뚜렷한 기본전략과 실행계획을 사전에 마련하는 등 일정기간의 준비과정이 필요한바 일반적으로 다음과 같은 배려가 행해져야 할 것이다.

첫째, 우선 충분한 정보에 의한 실태파악을 통하여 대상품목을 선정하여야 하며, 나아가 자원수급상의 중요도와 기업적 채산성에 맞추어 단 · 중 · 장기적인 개발 사업을 추진해야 할 것이다.

둘째, 자원의 안정적 확보를 위하여 개발지역을 가급적 분산하고 확대해 나가야 한다.

셋째, 자원개발은 규모의 경제를 누릴 수 있는 고단위, 대규모가 보다 효율적이다. 왜냐하면 자원개발문제는 선행적으로 하부구조의 정비가 필요하기 때문이다.

넷째, 개발도상국에 있어서 자원내셔널리즘의 경향이 강화되고 있는바, 단독투자보다는 합작투자방식을 통해 현지자본과의 제휴를 적극적으로 모색해 나가야 할 것이다.

다섯째, 현지국의 경제발전을 지원하는 의미에서 현지 가공도를 높여나가는 노력이 필요하다. 왜냐하면 이것은 곧 공업화와 부가가치 증대를 위한 자원보유국의 요청이나 공해방지와 산업구조의 고도화를 위한 자원수입국의 이해와 일치되기 때문이다.

결국 1990년대에 들어와서 세계적인 추세는 경제성장과 수출신장이 현저한 둔화를 거듭하고 있는바 이는 따지고 보면 우리나라 경제뿐 아니라 세계의 모든 기업들이 수입하는 자원의 값과 공급의 안정성과 관련이 크다고 하겠다. 이러한 관점에서 볼 때 해외자원개발의 수입방법에는 여러 가지 위험과 장애가 있지만 우리 기업으로서는 필요해외자원의 저가 및 안정적 확보는 하나의 중대한 과제가 아닐 수 없다.

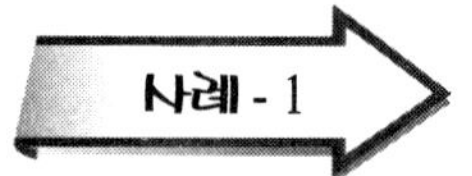

한국의 수출시장 점유율 1위 품목은

'석유아스팔트, 눈다랑어, 원자로, 벤젠, 세탁기….'

이들 사이에 어떤 공통점이 있을까. 고개를 갸우뚱하겠지만 모두 한국이 세계 수출시장에서 1위를 하는 품목들이다. 한국은 수출을 기준으로 하던 수입을 기준으로 하던 이미 오래 전에 세계 10대 무역국에 진입했다. 최근 몇 년 동안은 무역수지에서 큰 폭의 흑자를 냄으로써 글로벌 금융위기가 악화되는 상황에서도 경제를 안정적으로 유지하는데 큰 힘이 됐다.

한국 경제 발전에 크게 기여하고 있는 품목들을 들라면 대부분 자동차나 반도체, IT 기기 등을 생각할 것이다. 맞는 얘기다. 그렇지만 앞에서 보았듯이 일반인이 잘 알지 못하는 효자 품목도 수두룩하다. 특히 세계시장 1위 품목 가운데 일반인들이 알지 못하는 품목들은 널려 있다. 화학제품 중엔 한국이 세계 수출시장의 50% 이상을 지배하고 있는 품목만도 시안화물, 불소 및 염소만을 가지는 퍼할로겐화 기타 유도체, 텔레프탈산과 그 염 등이 있다.

무역협회가 최근 유엔의 상품무역통계(UN Comtrade)를 분석한 바에 따르면 한국은 지난 2009년 기준으로 세계시장 1위 품목을 74개 보유한 것으로 나타났다. 이는 2008년에 비해 16개 품목이 늘어난 것이다.

외면상으로는 개선됐으나 주요 경쟁국에 비해 한국의 세계시장 1위 품목은 그다지 많은 편은 아니다. 세계시장 점유율 1위 품목을 가장 많이 보유한 나라는 세계의 공장으로 불리는 중국으로 1239개 품목에서 세계 1위를 기록했다. 이어 독일이 852개로 2위이고, 미국이 633개로 3위를 차지했다. 이탈리아와 일본은 268개, 230개 등으로 4위와 5위를 차지했으며 홍콩조차도 한국보다 훨씬 많은 96개 품목에서 세계 1위를 차지했다. 한국은 교역 순위로만 보면 세계 7~8위를 오가고 있는데 시장점유율 1위 품목수에선 13위를 차지했다. 그만큼 특정 품목에 수출이 집중되고 있다는 얘기다.

업종별로 볼 때 한국이 세계시장에서 수출 1위를 차지하고 있는 품목은 주로 화학(17개)과 철강(16개), 섬유(14개), 비전자기계(8개)를 중심으로 구성된 것으로 나타났다. 기초 소재 중심의 화학은 2007년(12개) 이후 3년 연속 세계 1

위를 이어가 업종별로 가장 많은 세계 1위를 달성했다. 중국을 비롯한 개도국의 추월로 주춤했던 섬유도 2009년에는 14개 품목에서 1위를 차지해 여전히 우리나라 주력 수출 품목으로서의 면모를 과시했다.

2009년 기준으로 우리나라 수출 상위 10개 품목 가운데 세계 수출시장 1위를 한 품목은 탱커와 기타 액정디바이스, 메모리 반도체, 기타 자동차 부품 등 4개였다.

한국이 세계시장에서 1위를 하고 있는 74개 품목 가운데 세계 수출시장 점유율이 50%를 넘는 품목은 탱커와 기타 선박(조명선, 소방선, 기중기선, 발전선, 시추선 등), 눈다랑어, 시안화물 등 6개였다. 수출시장 1위 품목 가운데 생소한 게 많다는 것은 우리가 모르는 곳에서 한국 경제를 위해 일하는 일꾼들이 그만큼 많다는 얘기다.

자료: MK 뉴스, 2012.2.10

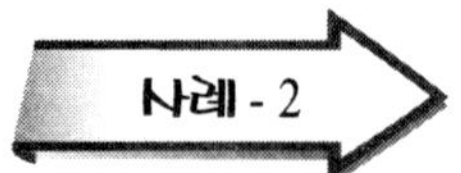

세계 1등 기업들의 비결

세계시장을 석권하는 기업들은 남다른 노하우나 전략을 갖고 있다. 대기업들은 당연히 품질과 기술로 승부하고 있다. 그러나 구체적인 부분에 들어가선 각국의 특성에 맞는 전략과 노하우가 작용했다. 특히 틈새시장을 공략하거나 세일즈 네트워크를 장악하는 등 중소기업들의 사례가 돋보였다. 한국이 한 단계 도약하기 위해 공유할 가치가 있는 1위 기업들의 노하우를 소개한다.

세일즈 네트워크를 장악하라 : 영안모자(모자)

지난 1959년 청계천 4가엔 모자 70개를 늘어놓은 노점 하나가 생겼다. 오늘날 세계적 모자업체로 성장한 영안모자의 출발점이다. 그렇게 모자를 팔던 영안은 이듬해 종로 4가로 자리를 옮겨 재봉틀 네 대와 성형기 한 대를 놓고 직접 모자를 만들기 시작했다. 그렇게 만든 모자를 국내에서 팔다가 1966년에 처음으로 일본에 수출했고 3년 후엔 미국에 수출해 4만 달러를 팔았다. 이후 청평을 거쳐 80년에 부천에 자리를 잡은 영안은 세계적 모자업체로 우뚝 섰다. 1992년엔 수출 1억 달러를 돌파하며 전 세계 야구모자의 40% 이상을 점유하게 됐다.

최첨단 제품조차 경쟁자가 넘치는데 모자 역시 경쟁이 없을 리 만무하다. 영안은 판매채널을 장악하는 전략으로 이를 극복했다. 어강욱 영안모자 영업팀 부장은 "우리는 천으로 만드는 모자는 모두 취급하는데 특히 고급 모자 종류에 강점이 있다. 제조보다 판매에 강점을 갖고 있는데 미국 전역에 영향력을 행사하는 세일즈 네트워크를 장악했기 때문이다"라고 설명했다.

영안은 미국에 도르프만-퍼시픽(캘리포니아)과 아웃도어캡(알칸소 등 중부), 밀라노 등, 캐나다에 AJM인터내셔널, 홍콩에 해트패시 등의 합작법인을 두고 있다. 미국 법인들의 경우 아웃도어캡이 헌팅캡 시장의 70%를 장악하고 있으며 도르프만-퍼시픽은 남성 드레스해트 시장의 40%, 밀라노는 카우보이모자 시장의 30% 정도를 차지하고 있다. 이외에 브라질에선 CDP헤드웨어, 독일에선 FWS, 호주에선 그린위치 등의 판매 법인들이 활약하고 있다.

원천기술로 승부한다: 크루셜텍(광학트랙패드)

지난 2011년 무역의 날 행사에서 크루셜텍이란 회사가 2억 달러 수출의 탑을 수상했다. 1년 전 7000만 달러 수출의 탑을 받은 회사가 한 해 만에 세 배나 많은 수출을 한 것이다. Kotra는 크루셜텍이 휴대 기기 입력장치 부문 세계 1위이며 시장의 90% 이상을 장악하고 있다고 밝혔다.

이 회사의 주력 품목은 광학트랙패드(OTP). PC의 광마우스 같은 구실을 하는데 모바일 환경에 최적화돼 움직이면서도 작동할 수 있으며 섬세하게 입력 가능할 뿐 아니라 작동이 편리하다는 장점이 있다. 게다가 크기도 작아 휴대전화에 쏙 들어간다. 크루셜텍의 강점은 원천기술을 갖고 있다는 데 있다.

안건준 크루셜텍 대표는 삼성종합기술원에서 나노기술을 개발하다 회사를 창업했다. 한국이 세계 두 번째로 광통신 핵심 부품인 초미세 세라믹 페룰을 상용화하는 데 핵심 역할을 담당한 나노기술 전문가이다. 그 기술력으로 광마우스 원천기술을 갖고 있는 미국의 HP가 개발하다가 실패한 OTP를 개발해낸 것이다.

OTP는 정밀한 나노기술이 없으면 만들 수 없는 제품이란 게 크루셜텍 측의 설명이다. 그 기술이 있기에 크루셜텍은 부품을 만들지만 대기업의 하청업체가 아니라 대등한 관계에서 협상을 하고 있다. 삼성전자와 LG전자는 물론이고 RIM이나 모토로라, HTC, 소니에릭슨, HP, 샤프, 교세라 등 내로라하는 업체들이 모두 이 회사의 트랙패드를 채택하고 있다. 자연히 세계시장의 90% 이상을 점유하고 있다.

여기엔 독보적인 기술과 344건이나 되는 지적재산권이 뒷받침하고 있다. 대만 업체들도 OTP를 개발하고 있지만 원천기술이 없어 경쟁 자체가 안 된다. 1위답게 이 회사는 글로벌 기업과 협력할 줄도 안다. OTP 원재료까지 직접 만들 수도 있지만 원재료를 HP에서 사다 쓰는 것. 잘할 수 있는 곳에 집중하면서 글로벌 기업과의 마찰 대신 협력관계를 구축한 것이다.

덧붙여 크루셜텍은 글로벌 기업들이 믿을 수 있을 정도로 프로세스를 시스템화했다. 이 회사 홈페이지를 들여다보면 미국 어느 기업의 홈페이지에 들어간 것 같다. 메이저 기업들은 순간의 기술보다 거래하는 회사가 향후 돌발적 손해를 끼칠 가능성이 있는지를 보는데 그들과 협력관계가 될 수 있도록 연구개발시스템이나 생산공정시스템, 품질관리시스템, 사후처리시스템, 조직관리시스템, 자재구매시스템 등 모든 프로세서를 시스템화 한 것이다.

계다가 가격경쟁력도 갖췄다. 크루셜텍은 2011년 6월 베트남 박닌성 옌퐁공단에 공장을 세워 생산능력을 대폭 늘리면서 인건비와 관리비를 절감하고 세제혜택까지 보고 있다. 이 회사는 최근 새로운 먹거리로 터치스크린 솔루션 개발에 나서 MS(Matrix Switching)-Touch Solution을 발표했다.

현지인을 타깃으로 하다 : 풀무원(두부)

두부하면 누구나 동양 음식이라고 생각한다. 실제로 미국에서도 두부는 한국인이나 일본인, 중국인이 주로 사가는 식품이었다. 그런데 풀무원은 이런 고정관념을 깼다. 풀무원은 1991년 미국에 진출했다. 두부를 팔려고 간 것이다. 그런데 미국 두부시장은 일본과 중국 업체들과 이미 50여 년 동안 지배해 왔다. 후발주자인 풀무원이 발을 붙이기가 쉽지 않았다. 게다가 한국 교민들을 대상으로 하기엔 시장이 너무 작았다.

여기서 풀무원은 미국인들을 겨냥해 맛을 바꾸고 제품을 고급화했다. 2002년 LA풀무원연구소를 열고 미국인의 입맛과 취향에 맞는 제품 개발에 주력한 것이다. 국내 두부보다 약 3배가량 단단하면서 치즈 느낌을 주는 두부와 콩 냄새에 민감한 서양인들을 생각해 개발한 시즈닝 적용 두부, 미국인들이 자주 먹는 햄버거의 고기 패티 형태를 딴 두부 등이 이런 현지화 전략으로 탄생했다.

자연주의 원칙도 고수했다. 풀무원 현지법인은 2004년 콩가공식품을 생산하는 '와일드우드 내추럴푸드(Wildwood Natural Foods, 이하 와일드우드)를 인수했고 2009년엔 냉장 파스타, 치즈, 소스 등 냉장제품을 생산하는 나스닥 상장기업 몬터레이 고메이 푸드(Monterey Gourmet Foods, 이하 몬터레이)를 인수했다. 와일드우드는 유제품 대체재 개발에 필요한 콩가공기술과 미국 서부지역 유통망을 보유하고 있어 풀무원USA가 콩가공식품 분야의 역량을 높이는 기반을 만들어줬다. 몬터레이는 풀무원USA가 냉장식품 영역으로 사업을 확장해 종합식품기업으로 도약하는 발판이 됐다. 특히 코스트코나 샘스클럽 등 미국 내 대형 회원제 매장이나 대형 소매점에 유통망을 넓힐 수 있게 해줬다. 풀무원은 인수한 회사에도 풀무원 수준의 엄격한 품질관리 기준을 적용해 단순히 천연재료 함량에 초점을 맞추는 기업들과 차별화했다.

지난 9월 공개한 '완전자연주의 원칙'(All Natural Principles)이 대표적. 인공보존료와 화학첨가물, MSG, 인공색소, 인공감미료 등의 합성첨가물을 사용하지 않고 경화유와 방사능조사식품, 성장호르몬(rBGH, rBST) 관련 유제품을 배

제하며, Non-GMO 프로젝트 안전심사인증을 획득한 원료 사용 등 식품 안전과 영양에 대한 8가지 원칙을 내세우고 있다. 유사한 사례가 없을 만큼 엄격한 기준으로 미국 소비자들의 눈길을 사로잡았다.

이를 통해 풀무원은 미국 진출 20년 만에 주력 제품인 두부류에서 미국 내 내추럴 마켓 점유율 1위를 달성했다. 풀무원의 미국 주류시장 브랜드 가운데 하나인 와일드 우드(Wildwood)가 미국 내 고급 건강식품 채널인 내추럴 마켓 채널에서 19.5%의 시장점유율로 1위를 차지한 것이다. 풀무원 USA는 지난 9월 말 1억5000만 달러(약 1600억원)의 매출을 올렸다.

원가보다 시장을 보았다 : 락앤락(식품보관용기)

세계의 제조업체들이 중국을 생산기지로 생각한다. 주요 자동차 회사들은 물론 첨단기술을 자랑하는 IT업체들까지 앞을 다퉈가며 중국에 공장을 지었다. 그래서 상하이 항에는 거대한 상선이 꼬리를 물고 드나든다. 그러나 락앤락은 애초부터 제조공장보다 중국이라는 시장에 관심을 뒀다.

김준일 락앤락 회장은 "흔히 중국을 13억 세계 최대 시장이라고 말하지만, 대개는 잉여 설비와 저임금 노동으로 비용을 줄이는 데 포커스를 맞추고 있다"며 "락앤락은 최고 설비와 기술, 인력으로 중국 시장에 임했다"고 밝혔다. 실제로 이 회사는 기질이 있고 근성이 있는 직원들을 다른 회사들보다 훨씬 많이 중국으로 보냈다. 금형설비도 헌 것이 아니라 새것만 보냈다. 철저히 중국에서 제대로 붙어보자고 나선 것이다. 최고 기술로 무장한 데다 영업까지 제대로 해보자며 나서니 중국에서도 통하기 시작했다.

락앤락은 중국 진출 2년만인 지난 2006년 8월에 실시된 '제4회 중국 시장 소비자 만족 브랜드 조사'에서 가정용품-식품 신선도 유지 제품 부문에서 타파웨어를 비롯한 외국 유명 브랜드들을 제치고 1위를 차지했다. 또 2006~2010년 연속으로 나이키나 필립스와 같은 세계적 브랜드들과 함께 '상하이 인기브랜드'로 선정되기도 했다. RI리서치가 900명을 대상으로 설문한 결과 북경과 상하이, 광저우에서 밀폐용기 부문 브랜드 인지도 1위를 차지했으며, 상하이의 경우 99%의 브랜드 인지도를 올린 것이다. 2011년 일본경제신문이 실시한 '중국 히트상품 베스트25'에서도 6위를 차지해 한국 브랜드로는 유일하게 상위 10개 브랜드에 선정됐다.

락앤락은 중국에 건너 간 후 6년 동안 연평균 102.6%의 높은 매출신장을 기록했다. 또 이 같은 높은 수준의 성장을 더욱 가속화하기 위해 한류스타나 현지 오피니언 리더를 활용하는 등 다양한 마케팅 활동을 전개해 중국의 인기 브랜드로 자리를 굳혔다.

락앤락은 향후 중국 내 유통망을 넓히기 위해 프랜차이즈 사업에 중점을 둘 계획이다. 현재 1000여 개에 이르는 유통 채널을 향후 50여 개 직영 매장과 프랜차이즈를 포함한 3000여 개로 확대해 중국이라는 거대한 소비시장을 장악할 계획이다.

최고의 제품으로 승부한다 : LG전자(드럼세탁기)

미국 나이아가라 폭포에서 강을 따라 하구로 가면 월풀이라는 곳이 나온다. 강물이 빙글빙글 돌면서 가는 곳인데 도는 정도가 하도 심해 세탁기 안의 물이 도는 것 같다. 미국엔 이곳과 같은 이름을 쓰는 세탁기 업체가 있다. 월풀은 아주 오랫동안 미국에서 세탁기의 대명사처럼 불렸다. 그런데 그 월풀이 맥을 추지 못하고 있다. 바로 LG전자 때문이다.

미국 드럼세탁기 시장에서 LG전자는 최근 4년 동안 압도적인 차이로 1위를 유지해 왔다. 미국의 시장조사업체 스티븐슨 컴퍼니에 따르면 2010년 LG전자의 드럼세탁기시장 점유율은 23.1%로 14.2%인 월풀을 한참 앞서고 있다. 2위인 삼성전자조차도 점유율이 15.0%로 차이가 많이 난다.

LG전자 관계자는 "미국 드럼세탁기 시장에서 (LG전자는) 매출액 기준으로 2007년 1분기부터 4년 연속 1위를, 수량 기준으로도 2008년 2분기부터 3년 연속 1위를 지켜 명실 공히 미국 내 드럼세탁기 대표 브랜드로 확고히 자리매김했다"고 밝혔다.

이 회사는 스팀 드럼세탁기나 알러지케어 드럼세탁기 등 신기술을 적용한 프리미엄 제품으로 미국 시장을 공략했다. 대부분의 집에 카펫이 깔려 있고, 또 애완동물까지 키워 유난히 알러지가 심한 미국인들의 니즈를 파악해 고급 제품으로 승부를 건 것. 특히 미국의 경우 지하실에서 세탁하는 집이 많다는 것을 감안해 세탁 과정을 부엌 등에서 모니터링 할 수 있는 원격점검장치까지 달아 소비자들의 구미를 당기게 했다.

여기에 기존 제품보다 에너지 효율을 높이고 '48시간 배송시스템'을 갖춰 미국 소비자들에게 크게 어필했다. 미국에선 에너지 효율이 높은 제품에 '에너지 스타마크'를 부여하는데 LG의 드럼세탁기는 모두 이 마크를 획득했다. 특

히 2009년부터 기술력에 대한 자신감을 바탕으로 'DD(다이렉트 드라이브) 모터 10년 무상 보증제'를 시행해 인기를 지속하는데 기여했다. 또 2010년엔 6모션 기능을 적용한 대용량 드럼세탁기를 내놓아 인기몰이를 지속하고 있다.

회사 측은 자사 제품이 인기를 끌면서 현재 북미 최대 가전 유통업체인 시어즈(Sears)와 시어즈 자체 브랜드인 켄모어 (Kenmore)에도 제품을 공급하고 있다고 밝혔다. 한편 LG전자는 인도 전체 TV시장에서 6분기 연속 1위를 지켰다고 밝혔다.

철저한 현지화 : 이랜드(의류)

한국이 중국과 수교한 지 한 해가 지난 1993년 박성수 이랜드 회장은 베이징대에 가서 강연을 했다. 청중들이 이대 앞 2평짜리 가게에서 시작해 1조원대 매출을 올리는 기업을 만든 박 회장의 성공스토리에 열광할 때 박 회장은 그 뒤 인민복 차림의 교수들을 보고 중국의 무한한 시장을 주목했다.

이듬해 상하이법인과 생산지사를 세운 이랜드는 지금 중국 내 외산 의류 중 최고의 점유율을 보이며 소비자들의 호평을 받고 있다. 그러나 이랜드는 현재 1조원대 매출에 만족하지 않고 10년 후 10조원대 매출의 중국 최대 패션 기업을 꿈꾸고 있다.

그 꿈은 가능할까.

상하이 중심부 빠바이빤 백화점엔 세계 명품 매장이 가득하다. 그런데 그곳에서 가장 붐비는 곳은 이랜드가 직영하는 매장이다. 이랜드는 현재 24개 브랜드를 론칭했는데 중국 소비자들에겐 모두가 고급 브랜드로 받아들여지고 있다.

성공의 뒤엔 우선 철저한 시장조사가 있었다. 최종양 이랜드 중국사업부 대표는 부임 전 중국 관련 서적 100권을 읽고 부임 후 6개월간 기차로 중국 여행을 한 인물로 유명하다. 이 같은 조사를 통해 이랜드는 중국이 지역마다 색깔이 있음을 파악하고 이에 따라 전략을 세웠다.

또 손쉽게 확장할 수 있는 대리점 전략 대신 전체 직영체제를 갖췄다. 이를 통해 2~3년 단위로 매장을 리뉴얼하고 경쟁이 치열하더라도 백화점에 입점하는 원칙을 지켜 브랜드 가치를 높였다. 그리고 비공식적인 관시를 지양하고 투명경영을 하면서 합당한 세금을 꼬박꼬박 내 중국 정부의 인정을 받았다.

특히 중국인들의 마음을 읽고 디자인도 현지인이 선호하는 전략을 짰다. 빨간색을 선호하는 중국인의 특성을 감안해 매장 로고를 빨간 색으로 했고, 중국인들의 귀에 편한 '衣戀(이리엔)'이라는 새 이름으로 다가갔다. 게다가 모든 직원들이 현지인들과 함께 생활했고 자녀들을 인민학교에 보내며 그들의 마음을 열었다. 그러면서도 프리미엄 브랜드란 점을 강조하기 위해 공항카트에 브랜드를 노출하고 아이비리그 테마를 살려 고급 브랜드의 이미지를 강조했다.

한편 이랜드는 중국 신화를 베트남과 인도로 이어가고 있다. 이미 베트남 탕콤을 인수한 이랜드는 2020년까지 베트남과 인도에서도 각각 1조원대 매출을 올린다는 구상을 갖고 있다.

자료: MK 뉴스, 2012.2.10

13 다국적기업과 국제마케팅

제1절 다국적기업의 등장

1. 다국적기업의 역사적 배경

지난 몇 십년 동안 세계 경제는 빠르게 변화하고 있다. 상품과 서비스, 자본의 자유로운 흐름을 방해하는 장벽들은 점점 더 낮아지고 있다. 국경을 넘어선 무역과 투자의 규모가 생산 규모보다 더 빠르게 증가하고 있다는 것은 국가경제가 하나의 경제에 가까워지고 있으며, 상호의존적인 세계 경제 시스템으로 통합되고 있다는 것을 보여준다.[1)]

1960년대 세계 비즈니스 활동은 미국의 대규모 다국적 기업들이 주도하였다. 미국기업들이 1960년대의 해외직접투자 중 2/3 가량을 차지하면서 대부분의 다국적 기업들은 미국기업이라고 여겨졌다. 하지만 이런 상황은 2000년대 후반에 들어서며 상황이 많이 바뀌었다. 즉 세계 경제의 세계화로 세계시장을 주도한 미국 기업의 상대적 감소를 가져온 것이다.

글로벌 전략은 이제 특수한 경영 전략이 아니므로, 기업들은 매출 확대, 선진역량 흡수, 자원 확보, 생산원가 절감, 규모의 경제 달성 등의 이유로 경쟁적으로 해외로 나아가고 있다. 이러한 현실 속에서 세계 어느 곳에서도 국내 기업들만이 경쟁하는 시장을 찾는 것은 매우 어려워졌다.[2)]

---

1) 박철순 외(역), 전게서, p.28.

특히, 제2차 세계대전 이후 국제무역환경의 변화와 함께 국제경제의 가장 중요한 발전 중의 하나는 다국적기업의 출현과 발전이다. 다국적기업이란 여러 나라에 산재하는 생산시설을 소유하고 관리하며 경영하는 기업을 말한다. 오늘날 다국적기업은 세계생산량의 25% 이상을 차지하고 있고, 모회사와 해외자회사간의 교역인 기업내 무역(intra-firm trade)은 제조업 분야의 경우 세계무역량의 30% 이상을 점유하고 있다. 가령 엑손(Exxon)이나 GE와 같은 일부 다국적기업들은 매출액이 연간 100억 달러를 넘어서고 있는데, 이 금액은 몇몇 국가들을 제외한 모든 국가들의 국민총생산을 능가하는 것이다. 더구나 오늘날 국제직접투자의 대부분은 다국적기업에 의해 행해지고 있다. 다국적 기업화를 추진하고 있는 주된 요인은 1980년대부터 1990년대 초반에 걸쳐 세계기업의 환경이 급격한 변화를 가져왔을 뿐 아니라 그 내용에 있어서도 복잡성, 다양성, 단절성, 불확실성 등을 내포하고 있기 때문이다. 특히 1980년대 후반 이후 세계경제의 구조적 변화에 따라 다국적기업을 생성하게 한 환경적 변화를 요약하면 다음과 같다.

첫째, 세계경제질서의 변화를 들 수 있다. 가령 경제통합의 촉진, 선진국과 개발도상국간의 경제적 의존성, 국민경제와 지역경제의 상관성의 증대가 나타났다. 둘째, 개발도상국의 자립화와 공업화를 돕기 위한 경제협력 체제를 들 수 있다. 셋째, 전후의 세계경제가 미국의 독점적 시장지배체제에서 1970년대 이후에 와서 서유럽이나 일본 등의 경제부흥과 급속한 경제성장에 따라 세계시장의 분할화가 시작되었다는 것이다. 넷째, 특히 각종 블록경제권의 발전과 비관세장벽이 강화됨으로써 EU, EFTA 등 지역경제권의 기능이 강화됨과 동시에 미국경제의 상대적 후퇴가 가시화되었다. 이러한 세계경제환경에 접하면서 세계의 수많은 기업들은 제각기 세계시장이 제공하는 종합적 이익 기회를 활용하고자 세계시장에 계속 개입함과 동시에 다국적화를 확대하기 시작한 것이다. 그런데 오늘날 다국적기업의 대부분은 미국, 일본, 독일, 프랑스, 캐나다, 스위스, 네덜란드 등

2) 감덕식, 다국적 기업과의 한판 승부에 대비하라, LG 주간경제, 2003, p.25.

선진국들의 소유물임을 부인할 수 없다. 그 중에서도 미국은 다국적기업의 시발국으로서 20세기 초부터 오늘날까지 수출입무역에서부터 해외직접투자를 통한 해외제조활동, 해외자원개발 등에 있어 다국적 경영 전반에 걸쳐 가장 선도적인 위치를 구축하고 있다. 더구나 미국기업들은 제1차 세계대전 이전부터 원자재확보, 판로확대 등을 위한 해외직접투자를 활발히 전개하였을 뿐 아니라 해외제조활동과 해외상사 활동에 걸쳐서도 두각을 드러내면서 오늘날에 이르고 있다.

한편 1990년대에 들어 EU의 대통합이 이루어짐과 동시에 서유럽제국이 하나의 대규모 지역시장으로 변하고 세계경제의 호황과 세계무역의 자유화 추세에 편승하여 미국의 기업들뿐만 아니라 서유럽국가들과 일본의 기업들도 다국적화와 국제경영을 계속 확대할 필요성을 느끼고 있다.

세계적 경제 불황으로 시작된 1970년대에는 몇 차례에 걸친 자원파동, 경제적 민족주의 및 지역주의의 강화에 따른 보호무역주의의 팽배, 스태그플레이션 등으로 그동안 무한정 확장을 거듭해 오던 미국을 비롯한 모든 나라의 다국적기업활동에 다소나마 일시적 제동이 걸린 것도 사실이다. 일반적인 견지에서 볼 때 1990년까지만 해도 다국적기업들은 세계의 경제성장률이나 무역성장률보다 더 빠른 속도로 다국적기업을 통한 해외직접투자활동을 확대하는 추세였다.

그럼에도 불구하고 우리나라 기업체들의 해외직접투자를 통한 다국적 기업화는 건수과 액수 및 그 규모면에서 대단히 부진한 상태이다. 다행이 1986년부터 국제수지흑자와 함께 해외직접투자가 활발히 이루어지기 시작하였고 1990년내부터는 본격직인 다국적 기업화를 시도히기는 히였으나 아직도 국제경영 인력의 부족과 그에 따른 국제경영능력의 불충분성, 투자대상지역 및 업종에 대한 노하우 부족, 정책적인 지원체제의 미흡 등으로 해외직접투자를 통한 다국적 기업화에는 상당한 한계를 노출시키고 있다.

2. 다국적기업의 정의

오늘날 세계경제의 두드러진 특징의 하나는 모든 나라가 자국의 이익을 위해서 국내시장에 만족하지 않고 국제시장으로 진출하여 보다 많은 이윤을 얻으려고 갖가지 노력을 경주한다. 즉 이념과 제도를 초월하여 여하한 국가와도 상호협조를 확대시켜 보다 큰 실리를 획득하려는 추세가 증가하고 있다는 것이다. 이와 같은 국제경제 양상은 경영적인 측면에서 두드러지게 나타나고 있는데, 경제의 국제화 무드를 타고 해외직접투자의 형태, 특히 다국적기업이 세계시장에 활발히 진출하고 있다는 것이다.

기업의 국제화가 진전되면서 국내 기업은 다국적 기업으로 변모해 나가고 있다. 오늘날처럼 기업의 해외직접투자가 활발한 경우 대기업뿐만 아니라 중소기업 또는 창업한지 얼마되지 않은 벤처기업도 해외직접투자를 하게 되면 다국적기업이 될 수 있다. 해외 자회사를 1개 이상 보유하면 기업의 국적이 2개 이상이 되기 때문에 다국적기업이라고 할 수 있다.[3)]

다국적기업은 전 세계를 하나의 시장으로 하여 기술의 우위와 자본의 거대성을 기반으로 생산능률의 제고와 세계자원의 합리적 배분에 기여해온 반면, 통화불안 등 세계경제가 흔들릴 때마다 범인으로 지목되는가 하면 본국정부로부터는 조세포탈의 피의자로서, 개도국으로부터는 상품의 이전가격을 조작하여 이익증대에만 몰두한 나머지 조세 수입 감소와 생산구조의 파행성 조장이라는 비난을 받기도 한다.

다국적기업(multinational corporation : MNC)이란 용어의 개념은 일반적으로 세계기업, 국제기업, 초국적 기업, 초국가 기업 등과 같은 여러 가지 의미로 사용되고 있다. 현대적 의미에서 다국적 기업에 접근한 용어로 1952년말 미국의 매킨지사(McKensey Co. Ltd.)의 Clee and Diescipio (1959)[4)]가 공동집필한 세계기업의 창조라는 논문에서 세계기업이란 용어를 사용하였다. 그 후 Lilienthal(1960)이 다국적 기업이란 용어를 처음으로 사용하였으며 다음과 같이 정의를 내리고 있다. 그는 다국적기업이란, 첫째로 어떠한 형태로든지 해외직접투자를 하여 외국에 적어도 하나 이상의 자회사를 가지고 생산활동을 수행할 수 있는 기업이며, 둘째로 그 기업의 경

3) 전용욱 외, 전게서, p.34.
4) G. H. Clee and A. Diescipio, *Creating a World Enterprise*, Harvard Business Review, Nov. - Dec, 1959.

영자가 범세계적 시야를 가지고 시장개발, 연구, 생산 등의 의사결정을 할 수 있는 기업이라고 정의하였다.

한편 싱거(Singer) 주식회사의 사장이었던 Kircher(1964)는 Lilienthal (1960)의 견해[5]를 보다 체계화하고 세분하여 초국적 기업이란 용어를 사용하였는데 다음과 같은 조건을 충족시켜 주는 기업을 초국적기업이라고 정의하였다.[6]

① 주식은 다수국의 주주에 의하여 소유될 것,

② 다수국의 경영인에 의해 경영되고 그것이 통일적으로 경영될 것,

③ 전 세계를 단일경제단위로 파악할 수 있는 훈련과 경험을 쌓은 경영자에 의하여 운영될 것,

④ 그 기업에 특유한 조직을 형성하는 통일 원리와 그 기업의 목표이익을 훼손하지 않고도 다수의 상품분야로 다각화되어 있을 것이다.

또한 UN에서는 다음과 같은 광의의 정의를 내리고 있다. '다국적기업이란, 그 기업의 본국 국가 이외의 외국에 생산 내지 서비스 시설을 소유 또는 지배하는 기업이다. 이러한 기업은 반드시 주식회사나 개인회사의 형태에 한정되는 것은 아니며, 협동조합 또는 국영기업일 수도 있다'라는 정의를 제시하였다. 또한 다국적 기업의 중요한 특징으로서는 기업의 대규모화, 집중화, 과점화 등을 들고 있다.

그 밖에 다국적 기업을 보는 관점에 따라 Fayerweather(1969)[7]는 다국적 기업을 세계경제 차원에서 자원배분을 효율적으로 수행하는 기업이라고 정의하였고, Vernon(1973)[8]은 제품의 수명주기에 착안하여 그 제품의 수명주기에 따라 공장입지가 이동하면서 다국적기업이 발생한다고 하였다. 또한 Kindleberger(1967)[9]는 시장의 형태면에서, Sweezy(1965)[10]는 생산관계

5) David E. Lilienthal, "Management of Multinational Corporation", in Melvin Anshen and G. L. Bach Editors, *Management and Corporation*, New York, McGrawHill Book Company, 1960, p. 119.

6) D. P. Kircher, *Now the Transnational Enterprise*, Harvard Business Review, March-April, 1964.

7) J. Fayerweather, *International Business Management: A Conceptual Framework*, McGraw-Hill, 1969.

8) R. Vernon, Sovereignty at Bay, New York, 1973.

라는 측면에서, Kolde(1973)[11]는 국적상이라는 관점에서 각각 다국적기업을 정의하고 있다. Aharoni(1966)는 구조적 측면, 성과 측면, 행태 측면 등 세 가지를 종합적 기준을 제시하며 다국적 기업의 정의를 내렸다(<표 13-1> 참조).[12]

〈표 13-1〉 다국적 기업의 개념과 기준

구분	기준
구조적 측면	- 2대국 이상에서 활동하는 기업 - 주주의 국적이 2개국 이상인 기업 - 최고경영진의 국적이 2개국 이상인 기업 - 대기업으로서 해외제조법인이 6개 이상인 기업 - 세계 경영활동을 반영한 조직구조를 갖춘 기업
성과 측면	- 해외매출액, 이익, 자산 및 종업원이 일정비율 이상인 기업 - 해외자산 규모 - 총매출액 규모
행태 측면	- 세계적인 관점에서 자원배분을 하는 기업 - 세계중심적인 사고방식을 가진 기업 - 세계적인 배치와 조정을 하는 기업 - 국적과 관계없이 활동하는 기업

자료: 전용욱, 전게서, p.34. 재인용.

다국적 기업 관련 지표로서 세계의 외국인 직접 투자 유입과 유출을 <표 13-2>와 <표 13-3>을 보면 해외직접투자 유입이 많은 나라에는 2010년을 기준으로 미국, 중국, 벨기에 및 영국 등은 지속적으로 유입되고 있지만 우리나라와 일본은 감소 추세인 것으로 나타났고, 해외직접투자 유출이 많은 나라에는 2010년을 기준으로 미국, 독일, 프랑스 및 중국 등은 유출되고 있는 것으로 나타났다. 특히 우리나라의 해외직접투자 현황(<표 13-4>를 보면, 해외직접투자 유입은 최근에 증가추세를 보이는 반면에 유출은 상대적으로 줄어들고 있는 것으로 보인다.[13]

---

9) C. P. Kindleberger, *The Multinational Corporation*, M I T Press, 1967.
10) P. M. Sweezy, "Foreign Investment", American Business Review, Jan, 1965.
11) E. J. Kolde, *International Business Enterprise*, Prentice Hall, 1973.
12) Aharoni, Yair., *The Foreign Investment Decision Process*, Cambridge, Mass.: Harvard University, Graduate School of Business Administration, 1966.
13) 지식경제부, 국가통계포털 자료

이상의 정의들을 종합하여 다국적 기업의 개념을 정의해 보면 다음과 같다고 볼 수 있다. 즉, 다국적기업이란, 국경과 국적을 초월하여 수개의 국가내에 자회사를 설립한 후, 현지 국민의 주식소유와 경영참여조건하에서 생산 · 판매 · 무역 · 연구개발 · 서비스 등 모든 분야에 걸쳐 사업활동을 하는 기업을 의미한다. 이 다국적기업은 Robinson이 구분한 세계적 기업형태의 4단계설 중에서 제2단계에 해당된다. 로빈슨은 국제화되는 과정을 4가지 단계로 구분하고 있다. 즉 세계적인 기업형태의 진로를 국제기업(international firm), 다국적기업(multinational firm), 범국적기업(trans national firm), 초국적기업(supernational firm)이라는 4단계로 구분했다. 그러나 기업의 자본구성이 다국화되고, 본부의 경영진까지 다국적화 되더라도 현실적인 국제경제의 여건 하에서는 기업이 초국적 기업으로 발전될 가능성은 매우 어렵다.

〈표 13-2〉 세계의 외국인 직접투자(유입) 단위: 100만달러

국가별	2008	2009	2010
아시아			
한국	3,311	2,249	−150
중국	175,100	114,200	185,000
인도	43,407	35,597	24,616
이스라엘	10,877	4,438	5,153
일본	24,417	11,938	−1,670
터키	19,504	8,409	9,258
북아메리카			
캐나다	57,147	21,438	23,412
멕시코	26,948	15,575	19,627
미국	310,091	158,581	236,227
남아메리카			
브라질	45,058	25,949	48,459
유럽			
오스트리아	6,845	9,304	3,837
벨기에	193,575	56,023	71,960
체코	6,449	2,929	6,788
덴마크	2,228	2,966	−340
핀란드	−1,136	356	6,935
프랑스	64,060	34,029	33,907
독일	4,063	37,629	46,136
그리스	4,490	2,435	2,188
헝가리	6,313	1,552	1,811
아이슬란드	917	86	476
아일랜드	−16,421	25,961	26,331
이탈리아	−10,814	20,078	9,498
룩셈부르크	11,195	22,478	9,211
네덜란드	4,540	36,046	−13,526
노르웨이	10,766	14,070	11,856
폴란드	14,833	12,936	8,861
포르투갈	4,656	2,707	1,453
러시아	75,002	36,500	42,868
슬로바키아	4,685	−50	526
스페인	76,843	9,136	24,548
스웨덴	37,120	10,673	6,026
스위스	15,137	27,484	4,342
영국	91,132	71,208	44,696
아프리카			
남아프리카공화국	9,007	5,696	1,553
오세아니아			
오스트레일리아	46,633	26,036	33,435
뉴질랜드	4,984	−1,293	636

자료: 국가통계포털(kosis.kr)

〈표 13-3〉 세계의 외국인 직접투자(유출)

단위: 100만달러

국가별	2008	2009	2010
아시아			
한국	20,251	17,197	19,230
중국	53,500	43,900	60,100
인도	19,257	15,928	14,649
이스라엘	7,210	1,695	7,960
일본	127,981	74,698	56,276
터키	2,549	1,554	1,464
북아메리카			
캐나다	79,752	41,728	38,583
멕시코	1,157	7,019	13,570
미국	329,080	303,605	351,350
남아메리카			
브라질	20,457	−10,084	11,500
유럽			
오스트리아	29,395	10,007	8,399
벨기에	220,595	3,687	48,844
체코	4,322	950	1,704
덴마크	14,134	6,882	3,150
핀란드	9,279	4,917	10,525
프랑스	154,747	102,955	84,117
독일	76,992	78,205	106,961
그리스	2,413	2,055	1,269
헝가리	2,230	1,826	1,236
아이슬란드	−4,206	2,286	−2,506
아일랜드	18,912	26,617	17,803
이탈리아	66,870	21,277	21,011
룩셈부르크	11,737	7,213	15,124
네덜란드	68,202	26,821	49,990
노르웨이	25,954	28,615	12,194
폴란드	4,413	4,701	5,488
포르투갈	2,736	817	−8,377
러시아	55,594	43,666	52,476
슬로바키아	529	432	328
스페인	74,573	9,737	21,600
스웨덴	31,298	26,300	31,841
스위스	45,312	27,867	38,263
영국	160,425	44,424	11,016
아프리카			
남아프리카공화국	−3,134	1,151	450
오세아니아			
오스트레일리아	33,455	16,260	25,788
뉴질랜드	−239	−308	591

자료: 국가통계포털(kosis.kr)

〈표 13-4〉 우리나라의 해외직접투자 유입과 유출

단위: 100만달러

해외직접투자 (FDI)	06	07	08	09	10
FDI stocks 유출	–	74 777	97 910	120 440	138 980
FDI stocks 유입	–	121 956	94 680	117 730	127 050
FDI 유입	11 175	19 720	20 251	17 197	19 230
FDI 유출	3 586	1 784	3 311	2 249	–150

자료: 지식경제부

3. 다국적기업의 진출동기

1960년대 초부터 본격적으로 등장 · 성장 및 활동하기 시작한 다국적기업은 무엇보다도 규모의 거대성과 국제적인 경영활동의 수행이라는 데서 그 특징을 찾을 수 있다. 물론 이러한 경영활동의 주된 동기는 이윤극대화를 기초로 하고 있다. 즉, 이윤을 발생시키는 곳이면 국경이나 국가주권을 초월하게 된다.

최근 기업들이 해외시장개척에 관심을 가지고 국제경영을 확대하는 것은 국내경영의 경우와 마찬가지로 기업 소기의 목적을 추구하기 위함이다. 물론 그러한 목적의 구체적 표현은 다양할 것이나, 광의의 표현을 쓴다면 결국 '이익과 시장을 찾아서', '힘과 이익을 위해서' 또는 '생존 · 이익 · 성장을 위해서' 등으로 표현된다.

그러나 이러한 기업진출의 목적과 동기를 좀 더 구체적으로 살펴본다면, 물론 해외진출기업의 성격 · 투자지역과 시간에 따라 그 목적이 상이할 것이므로 어떤 통일적인 체계화가 곤란하겠으나, 대체로 다음과 같은 일반적 동기가 있을 수 있다.

첫째, 시장의 확보 및 확대이다. 즉, 다국적 기업은 해외시장을 확대시키고 그 시장을 확보하기 위하여 외국으로 진출한다. 외국에서 자회사의 설립을 통하여 생산 및 판매거점을 확보한다면 시장확대와 그 확보가 용이하다.

둘째, 관세 및 비관세장벽의 회피를 위해서이다. 예컨대, 다국적기업은 관세 및 비관세장벽 등 무역장애를 피하기 위하여 외국으로 진출한다. 전후 선진제국에서 추진되고 있는 무역자유화의 물결 속에서도 상품의 자유

로운 이동을 방해하는 무역장벽이 그대로 도사리고 있기 때문에 대규모 기업의 생산 및 판매활동은 상당한 제약을 받고 있다. 따라서 기업은 이러한 제한을 피하기 위하여 관세 및 비관세장벽을 뛰어넘어 현지국에서 활동을 추진하고 있다.

셋째, 각국 간의 경제발전수준의 격차이다. 즉, 다국적기업은 각국 간의 경제발전수준의 격차를 이용하여 이윤을 극대화시키려고 외국으로 진출한다. 일반적으로 자본의 한계생산력은 경제발전 수준이 높은 나라에 비하여 낮은 나라에서 큰 경우가 있다. 그러므로 기업이 개발도상국으로 진출하면 이윤의 극대화를 추구할 수 있다. 그러나 다국적기업은 선진국에 몰려 있는 것에 주의해야 한다. 선진국 간에도 특정 산업부문 간에 발전상의 격차가 존재한다.

넷째, 낮은 노동원가를 들 수 있다. 다국적 기업은 노동의 저원가를 이용하기 위하여 해외로 진출한다. 선진국 내에서는 임금수준이 높으므로 제품 원가에 압력을 준다. 그러나 임금수준이 비교적 낮은 외국에서 생산한다면 상품 코스트의 압력을 피할 수 있으므로 당해상품의 비교우위가 강화된다.

다섯째, 조세상의 이점이다. 다국적기업은 외국에서 일정한 기간 동안 조세상의 혜택을 받을 수 있기 때문에 이 혜택을 얻기 위하여 외국으로 진출한다. 일반적으로 일부 개발도상국에서는 외국의 기업을 유치하기 위하여 일정한 기간 동안 외국기업에 대하여 조세상의 특전을 부여한다. 따라서 다국적 기업의 진출 동기는 조세상의 특혜에서도 찾아볼 수 있다.

여섯째, 관계정부의 적극적인 장려정책이 있을 수 있다. 다국적기업은 관계정부의 장려책에 의하여 외국으로 진출한다. 자본이 부족하고 기술수준이 낮은 일부 개발도상국에서는 자국의 경제적 곤란을 해결하기 위하여 외국기업의 진출을 장려하는 경우도 있다.

그 외에도 다국적기업의 해외진출동기로서 해외시장에 대한 상품의 운송비 절약, 공장건설비용의 절약, 원자재의 확보 및 그 비용의 절약, 자사제품에 대한 현지국민의 저항배제, 해외시장조사의 용이, 재고의 축소, 전략상의 이점 등을 들 수 있다.

제2절 다국적기업의 영향

오늘날 다국적기업은 전 세계에 널리 분산되어 하나의 새로운 국제경제기구로서 국제사회에서 뚜렷한 역할과 기능을 담당하고 있다. 그러나 다국적기업은 세계경제에 있어서 생산 · 고용 · 기술효과 등 긍정적인 면이 있는 반면에, 정치적 압력 및 경제적 침략, 국내산업의 위축 등 부정적인 면 또한 존재한다. 더구나 다국적기업은 국제통화불안의 요인이라는 주장도 대두되고 있다.

1. 세계경제에 대한 영향

다국적기업이 세계경제의 효율성제고와 후생증진에 미치는 영향에 대해서는 긍정적인 견해와 부정적인 견해가 제기되고 있다.

(1) 다국적기업에 관한 긍정적 견해

다국적기업의 경영은 상대국은 물론 세계경제에 다음과 같은 몇 가지 점에서 크게 공헌하고 있다.

첫째로, 다국적기업의 경제활동은 세계전체의 투자규모를 증대시켰다고 볼 수 있다. 즉, 다국적기업의 존재는 세계 전체의 실질투자율을 증가시키는 것을 의미한다. 특히 수출기지형태의 투자는 대체로 국내투자를 보완하는 것으로 보고 있다. 그러나 자원의 재분배효과가 고려되어야 하기 때문에 세계의 투자수준의 증대가 반드시 세계의 후생 증진을 의미한다고 할 수는 없다.

해외직접투자를 주장하는 가장 기본적인 이유는 투자 수용국의 저렴한 생산요소와 직접투자가 결합되어 국제적인 자원배분을 개선시키고 경제의 효율성을 높이기 때문이다. 이 경우 해외직접투자는 상품의 흐름이 아니

라 생산요소의 흐름을 통해 무역과 동일한 기능을 수행한다고 볼 수 있다.

둘째로, 다국적기업은 불완전한 시장을 내부화함으로써 국제적인 자원배분을 보다 효율화하여 그들이 갖고 있는 범세계적인 정보망을 통하여 자원배분을 개선시킨다는 것이다.

셋째로, 다국적기업은 다음과 같은 것들을 세계경제의 효율성 제고에 기여한다고 본다. 즉, ① 투자 수용국 고용원훈련을 위한 효율적인 프로그램, ② 현지 공급자 및 구매자를 통한 기술이전, ③ 투자 수용국 시장에서의 경쟁 유발, ④ 경영능력 및 R&D에 있어서 규모의 경제 실현 등이 그것이다.

(2) 다국적 기업에 관한 부정적인 견해

전술한 바와 같이 다국적기업의 이점이 세계경제 내지 세계 각국에 공헌하는 바가 큰 반면 다음과 같은 몇 가지 점에서 비판이 제기되고 있다.

이러한 비난은 대체로 국가 간의 이익이 상반되는 데서 발생되는 것으로서, 다국적기업이 해결해야 할 가장 큰 과제이기도 하다. 그것은 ① 현지국의 인력 및 자원에 대한 착취, ② 다국적 기업 본국과 현지국간의 이익의 불일치, ③ 다국적기업 본사의 경영의사결정권에 의한 과도한 중앙집권화, ④ 연구 및 기술의 본국집중화, ⑤ 현지국 법률과 관습에 대한 무감각, ⑥ 현지국 대외경제의 교란 등 여섯 가지로 집약되고 있다.

2. 투자국에 미치는 영향

다국적기업은 생산을 효율적으로 조직화하고 세계적인 유통구조를 통하여 세계 전체의 산출품과 후생을 증대시킬 수 있는 반면에 투자국과 투자 수용국에 심각한 문제를 야기했다. 우선 투자국에 미치는 영향을 보면 다음과 같다.

(1) 국내고용기회의 감소

투자국에 미치는 다국적기업의 폐해 중 가장 논란의 여지가 많은 것은 해외직접투자로 인한 국내 고용기회의 감소이다. 국내에서 일부 일자리가 상실된다는 점은 의심의 여지가 없다. 이러한 일자리들은 투자국이 비교열위를 가지고 있는 미숙련 및 반숙련 생산직종이다. 이러한 이유로 미국이나 기타 투자국의 노동조합은 다국적기업의 해외직접투자를 반대한다. 그러나 해외직접투자의 결과 사무직, 관리직, 기술직과 같은 일부 일자리는 투자국의 본부에 새로이 생겨난다. 따라서 투자국의 입장에서 보면 고용기회가 전적으로 감소되는 것만은 아니다.

(2) 기술우위성의 상실

다국적기업이 투자에 미치는 또 하나의 문제는 기업이윤을 극대화시키기 위해 외국의 저렴한 여타 생산요소와 결합되는 선진기술의 수출에 있다. 이것은 투자국의 기술적 우위 및 투자국의 장래에 악영향을 미치는 것으로 주장되고 있다. 그러나 다국적기업은 모국에 연구 · 개발을 집중시키는 경향이 있기 때문에, 이러한 악영향과는 반대로 기술적 우위는 계속 유지될 수도 있다. 신흥공업국(NICs)이 평균적으로 투자국의 기술적 우위성을 잠식하는가 하는 점에 대해서는 논쟁이 치열하게 전개되었지만, 현재로서 논란의 여지가 많다.

(3) 조세수입의 감소

다국적 기업이 투자국에 미치는 세 번째 문제는 조세전가정책으로 조세표적의 희석이다. 다국적기업은 조세전가정책이나 유사한 제도를 통해서 과세부담을 경감시키고, 본국의 과세대상으로부터 벗어날 수 있다. 뿐만 아니라, 다국적 기업은 국제자본시장에 용이하게 접근할 수 있기 때문에 국내의 금융정책을 회피할 수 있으며, 투자국 경제에 대한 정부의 통제를 벗어나는 방법이 되기도 한다.

다국적기업이 투자국에 끼치는 이러한 부정적 효과는 미국과 같은 국가에서 특히 중요한 의미를 지닌다. 그 이유는 전 세계의 다국적 기업의 과

반수 이상이 미국에 본사를 두고 있기 때문이다. 일반적으로 투자국은 국제수지상의 이유나 혹은 고용상의 이유 때문에 다국적기업의 활동에 일련의 제약을 가하고 있다.

3. 투자 수용국에 미치는 영향

오늘날 투자 수용국은 선진국으로부터 다국적 기업이 진입함에 따라 투자국보다 더 심각한 국내문제를 가져오게 되었다. 투자 수용국에 다국적 기업의 진입에 따라 발생하는 문제점을 정리하면 다음과 같다.

첫째, 다국적 기업의 투자 수용국에 미치는 영향은 투자 수용국의 경제를 지배한다는 것이다. 특히 제조업부문의 총자본 중에서 많은 비율이 외국기업에 의해서 소유되거나 지배되는 경우이다.

둘째, 투자 수용국에 미치는 또 다른 악영향은 다국적 기업이 연구 · 개발자금을 투자국으로 이전해 간다는 것이다. 이것은 다국적 기업과 세계 전체로 보아서는 더욱 효율적일지 모르지만 이로 인하여 투자 수용국은 기술적 의존상태에 머물게 된다. 그리하여 선진국이 개발도상국을 경제적으로 종속시키는 결과가 초래된다.

셋째, 다국적 기업이 투자 수용국의 현지저축과 경영기업을 흡수하여 기업경영을 보다 합리화함으로써 투자 수용국은 국가성장과 발전을 위해 중요한 국내기업을 육성할 수 없게 되며, 경제성장과 발전에 심각한 타격을 입게 된다는 것이다.

넷째, 다국적 기업이 해외투자로부터 얻는 이이의 대부분은 투자 수용국으로부터 획득한 것이거나 법인세나 관세의 감면 등을 이용해서 얻은 것이다. 따라서 소득이 투자 수용국으로부터 투자국으로 이전된다.

다섯째, 다국적 기업이 개발도상국의 지하자원이나 원자재를 획득하기 위해 진출하여 개발도상국의 자원을 고갈시키거나 국제가격보다 더 싼 지하자원이나 원자재를 습득하여 개발도상국을 착취할 수도 있다는 것이다.

여섯째, 외국의존도의 심화를 들 수 있다. 즉 다국적기업에 의하여 현지국은 외국의존도가 심화될 우려성이 있다. 다국적 기업은 생산 활동에 필요한 자본이나 기술을 주로 기업본부가 있는 모국에서 가져오기 때문에 현지국의 경제는 그 모국에 얽매일 우려성이 없지 않다. 현지국의 외국의존도는 그 나라의 경제발전상태, 정치적 이념, 다국적 기업의 비중에 따라 다를 것이다. 외국의존도가 심화되면 자국경제의 자주적 성장이 저해된다.

이상에서 살펴본 바와 같이 다국적 기업은 투자 수용국에 대하여 어느 정도 기여를 하는 동시에 폐해를 주고 있다. 따라서 투자 수용국에서는 다국적 기업의 공헌을 극대화시키고 그 폐해를 극소화시키지 않으면 안 된다. 한편, 다국적 기업은 현지국민의 감정과 위신, 이해관계 등을 충분히 고려하여 쌍방의 이익을 조화시켜야 한다.

제3절 국제 마케팅의 전개과정

1. 국제 마케팅의 정의

국제마케팅을 효과적으로 수행하기 위해서는 먼저 마케팅에 대한 이해가 전제되어야 한다. 마케팅이란 개인 및 조직의 목표를 달성하는 교환을 창조하기 위해 아이디어, 상품 및 서비스의 개념 정립, 가격결정, 촉진 및 유통경로에 대한 계획수립 및 이를 수행하는 과정으로 정의된다. 하지만 국제마케팅 관점에서 보면, 마케팅의 기본 원리 및 개념은 세계 모든 국가들에게 보편적으로 적용될 수 있지만 구체적인 실행방법은 각 국 마다 다를 수 있다.

현재 우리는 시장의 세계화로 대표되는 글로벌 시대에 살고 있다. 각국의 소비자 기호가 유사해지고 국가 간의 무역장벽이 철폐되고 시장개방이 가속화되면서 세계시장이 하나의 시장처럼 되는 시장의 글로벌화 시대에 살고 있는 것이다.[14] 이러한 글로벌 시대에서 기업이 생존하고 번창하

14) 이철 외, 『글로벌 시대의 국제 마케팅』, 학현사, 2006, p.6.

기 위해서는 각 국가에 적합한 환경을 파악하고 그에 맞는 국제마케팅 전략을 수립할 필요가 있다.

국제 마케팅(international marketing)은 일반적인 마케팅 개념과 함께 시장의 제반 환경을 규정하는 국경선의 존재와 정부가 영리의 주체가 될 수 있다는 국제경영의 개념이 복합적으로 작용하는 마케팅 특수 분야 중의 하나이다. 더구나 국내기업들이 여러 가지 기업기능 가운데서 마케팅 기능을 중요시하듯이, 국제기업 또는 다국적기업들도 마케팅 기능을 중시하는 경향이 증대되고 있다. 따라서 오늘날 국제경영에 종사하는 대부분의 기업들은 현지 시장환경에 알맞은 마케팅계획을 적용시키려고 하고 있고, 목표시장의 특성에 적합한 마케팅프로그램을 개발 · 실천하고 있는 것이다.

국제마케팅에 관한 정의는 다양하다. 예를 들면, Toyne and Walter (1989)는 국제마케팅은 사람, 자금 등 유형적 자산과 조직의 자원을 조직의 목적과 일치되게 해외시장 기회의 선정 및 활용에 집중하는 과정으로 정의하고 있다.[15] Czinkota and Ronkainen(1996)은 국제마케팅을 개인과 조직의 목적을 충족하기 위해 국경을 넘어 이루어지는 거래활동을 계획하고 집행해 나가는 과정으로 정의하고 있다.[16]

이와 같이 학자에 따라서 국제마케팅의 정의가 약간씩 다르기는 하나 그들이 공통적으로 주장하는 관점에서 국제마케팅의 개념을 보다 구체적으로 정의한다면 '국제기업의 마케팅활동'으로서 마케팅의 활동이 단지 한 나라에서 뿐 아니라 다수 국가에서 동시에 전개되는 마케팅활동을 의미한다. 따라서 국제마케팅을 광의의 측면에서 볼 때 상품이나 서비스의 수출 이외에도 외국기업에 대한 특허, 상표, 기타의 소유권 및 노하우를 제공하거나 사용권을 허가해주는 국제라이선싱이나 현지시장에서 자사상품의 생산 판매체제 등을 구축하는 국제 사업 활동 등도 이러한 국제마케팅의 개념에 포함시킬 수 있다.

15) B. Toyne and P. Wlater, *Global Marketing Management: A Strategic Perspective*, Boston: Allyn and Bacon, 1989.

16) M. Czinkota and I. Ronkainen, *Global Marketing*, Orland: The Dryden Press, 1996.

2. 국제 마케팅의 전개과정

일반적으로 넓은 의미에서 국제마케팅은 수출마케팅(export marketing), 외국마케팅(foreign marketing), 해외마케팅(oversea marketing), 좁은 의미의 국제마케팅 등으로 세분되어지기도 하는데 이러한 국제마케팅의 개념은 국내마케팅과의 비교를 통하여 더 명확해질 수도 있다. 통상 국내마케팅에서 국제마케팅으로 이행하는 과정은 국내기업이 수출기업, 다국적기업 그리고 세계기업으로 발전하는 단계에 따라 국내 마케팅단계, 수출마케팅 단계, 다국적 마케팅 단계, 글로벌 마케팅 단계로 구분된다.

① 국내마케팅 단계란 국제마케팅이 시작되기 전 단계로 주로 국내시장만을 대상으로 국한시켜 상품이 국내시장의 수요에 적합한 형태로 개발되고 또한 국내시장이 기업마케팅활동의 주요의사결정 대상이 됨으로써 해외시장과는 수동적인 접촉만 이루어지는 단계이다.

② 수출마케팅이란 국내시장뿐만 아니라 해외시장까지 마케팅활동이 확대되어 전개되는 단계로 본국이 중심이 되어 해외시장을 향하여 마케팅 활동을 수행하는 것이다. 따라서 마케팅활동의 기초는 여전히 국내시장에 있게 되고, 기업조직과 운영자의 관점 및 상품라인에는 근본적인 변화가 일어나지 않는다. 더구나 상품에 있어서도 국내 상품의 내용과 형태 그리고 품질을 그대로 유지하거나 경우에 따라 약간의 가공만을 시도할 뿐이다.

국내마케팅만 수행하던 기업이 수출마케팅으로 발전하기 위해서는 여러 자극이 필요하다. 이러한 자극요인으로 크게 네 가지 즉 경쟁기업이 해외시장으로 진출하는 경우, 해외 경쟁기업이 국내시장에 진출하는 경우, 예상치 않은 구매 주문이 해외로부터 발생하는 경우 및 최고경영자의 강한 국제화 의지에 의해서 해외시장을 대상으로 수출마케팅을 전개하는 경우 등을 들 수 있다.[17)]

---

17) Y. Aharoni, *The Foreign Investment Decision Process*, Boston: Division of Research, Graduate School of business Administration, Harvard University, 1969.

③ 다국적 마케팅은 각 해외시장 내에서 현지 마케팅 활동을 수행하는 것으로 이 단계에서 기업들은 일반적으로 해외시장에 현지 판매법인 또는 마케팅 자회사를 세워 현지 시장의 마케팅활동을 총괄하게 한다.[18)]

④ 글로벌 마케팅이란 한 나라 이상의 소비자나 사용자에게 기업의 상품이나 서비스의 흐름을 관리하는 기업 활동의 수행이라고 정의하였다(Cateora, 1990).[19)] 즉 글로벌 마케팅은 각 국가의 독특한 기업환경과 소비자환경에 적응해가며 통일된 마케팅 전략을 수행하는 것을 말한다.

국내마케팅과 국제마케팅의 차이는 근본적으로 해외시장과 국내시장의 차이에 기인하는데, 구체적인 차이는 <표 13-5>와 같다.[20)]

〈표 13-5〉 국내 마케팅과 국제 마케팅의 비교

국내 마케팅	국제 마케팅
• 하나의 언어와 민족	• 다수의 언어와 다수의 민족문화적 요소
• 비교적 동질적인 시장	• 세분화된 다양한 시장
• 마케팅 자금의 조달 용이	• 마케팅 자금의 조달이 어려움
• 정치적 변수 낮음	• 정치적 변수 중요
• 정부의 간섭 적음	• 현지정부의 간섭과 경제개발 등에 영향
• 개별기업체가 기업환경에 미치는 영향 적음	• 대기업들의 영향이 큼
• 국수적인 태도가 도움	• 국수적 태도가 방해됨
• 기업환경이 비교적 안정	• 상이한 기업환경이 기회와 위험의 양면성
• 금융제도가 일원적	• 금융제도가 다양
• 단일통화권	• 다수통화권
• 기업규칙이나 윤리가 확립되어 일반적 이해	• 규칙이 다양하고 불분명하며 변화 용이
• 경영 시스템이 발달로 합리적 경영	• 경영관리 시스템이 고도로 발달 또는 낙후

자료: V. Terpstra, *International Marketing*, 3rd ed., Hinsdale, Dryden Press, Illinois, 1988, p.553.

3. 국제 마케팅의 전략적 개발

국제마케팅 관리의 본질은 해외시장의 기회를 성공적으로 실현시킬 수

18) 이철 외, 전게서, p.15.
19) Philip R. Cateora, *International Marketing*, Seventh ed., Richard D. Irwin, Inc., 1990.
20) V. Terpstra, *International Marketing*, 3rd ed., Hinsdale, Dryden Press, Illinois, 1988, p.553.

있는 적절한 전략 개발이다. 세계시장은 끊임없이 변화하고 그 변화가 가속화되고 있으므로 국제 마케팅의 명확한 전략 설정이 필요하다.

국내 기업들이 여러 기업기능 중에서 마케팅기능을 가장 중요시하는 것과 마찬가지로 국제기업 내지 다국적 기업들도 마케팅기능을 가장 중요시하고 있다. 따라서 전략의 수립에 있어서도 마케팅적인 사고가 기본전제가 되고 있다. 그렇기 때문에, 대부분의 국제기업들은 국제경영을 행하고 그에 따른 경영전략을 개발함에 있어서도 우선 마케팅 전략의 개발을 선두로 하여 생산과 로지스틱스, 재무, 인사, 투자 등에 대한 전략을 개발하는 접근방법을 선택하는 경향이 많다. 대부분의 국제기업들이 마케팅전략을 수립 및 결정할 때 <그림 13-1>과 같은 시스템적 과정을 활용하고 있다.

〈그림 13-1〉 국제마케팅전략의 수립 및 결정과정

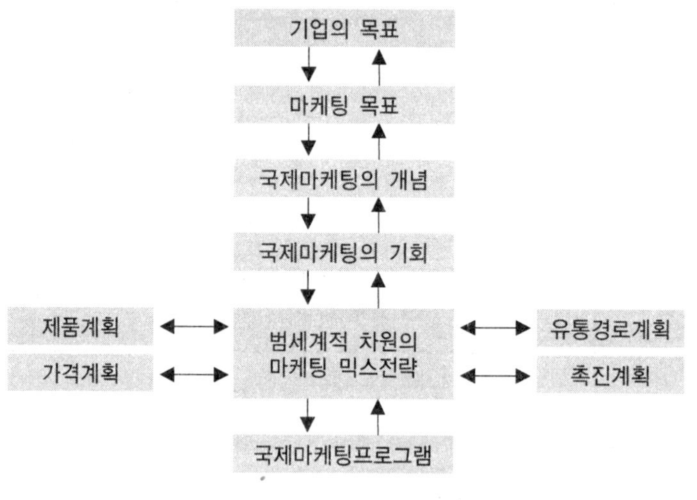

① 먼저 각 기업은 기업과 마케팅의 목표를 전제로 하여 자체의 국제마케팅 개념을 명확히 규정하여 국제 마케팅 전략을 수립하기 위한 기반을 조성한다.

② 세계 각국의 마케팅상황과 잠재수요를 분석하여 국가별, 상품별로 각

기업에 적합한 마케팅의 최적기회를 포착한다.

③ 그런 다음 국제 마케팅 기회에 효과적으로 적용하기 위한 마케팅 믹스전략을 범세계적 차원에서 수립, 결정하는데 이 경우 기업으로서는 통제가능한 요인 즉 제품계획, 가격계획, 유통계획 및 촉진계획을 유기적으로 조정하는 과정이 필요하다.

④ 그리하여 수립된 마케팅 믹스전략을 효과적으로 수행하기 위하여 마케팅전략을 구체적으로 수립한다. 이상에서 제시하고 있는 단계의 개발전략들이 모두 중요한 것이 사실이나 여기서는 그 중에서도 국제마케팅활동의 해외시장조사와 국제마케팅 믹스전략에 관해서만 고찰한다.

제4절 국제 마케팅의 시장조사

1. 국제 마케팅 조사의 개념

급변하는 시대에 있어서 기업의 의사결정은 경험이나 직관이 아닌 마케팅 조사에 기반한 의사결정이 상당히 중요하다. 마케팅 조사는 기업이 처한 마케팅 문제를 해결하는 데 도움을 주는 정보를 제공하기 위한 것이다. 마케팅 조사란 마케팅의사결정을 위한 실행가능한 정보의 제공을 목적으로 자료를 체계적으로 획득, 분석, 해석하는 객관적이고 공식적인 과정이라고 할 수 있다.21)

반면에 국제 마케팅조사란 해외시장의 개척과 해외시장에서의 활용가치가 있는 정보를 획득하기 위해서 해외시장, 즉 표적시장의 환경 및 동향에 대한 모든 자료와 정보를 제도적으로 수집, 기록, 분석, 평가하는 것이라고 정의할 수 있다. 국제 마케팅조사와 일반 마케팅조사와의 차이점은 그 역할은 동일하나 조사영역과 조사방법이 더 복잡하고 광범위하다. 이

21) 채서일, 『마케팅조사론』, 학현사, 2004.

는 국제적 사업활동의 형태가 단순 수출에서부터 다국적기업에 이르기까지 다양할 뿐만 아니라 사업환경이 나라마다 다르기 때문이다.

조사의 범위와 형태를 보면 국제 마케팅조사에서는 조사목록이 엄청나게 많다. 몇 가지 중요한 조사목록을 열거하면 ① 시장의 경제, 정치, 무역, 유통구조, 소비유형, 관습, 언어, 경영상태, 해당산업에 대한 자료, ② 최종소비자와 사용자의 유형에 대한 자료, ③ 상품, 유통경로, 가격, 촉진 등 마케팅믹스에 관련된 자료, ④ 수송문제, 광고방법, 신용판매제도, 애프터서비스 등의 부대적 자료를 그 대상으로 한다.

이와 같은 조사를 통해서 장기적 전략계획과 단기적 전술계획을 수립하고 집행하며 특히, 기업이 처음 해외에 진출할 때는 ① 국제화에 대한 결정, ② 외국시장의 선택, ③ 시장의 진출방법, ④ 시장의 잠재수요, ⑤ 경쟁상태, ⑥ 정치, 경제, 무역상태에 대한 중요한 자료 등을 제공하게 된다. 오늘날 조사업무는 대개 정보관리조직을 확대하고 전세계에 퍼져 있는 정보망을 최대한 활용하여 전산처리하는 1일 정보처리시스템을 활용하고 있다. 이와 같은 정보시스템은 본사의 대형컴퓨터를 해외의 각 생산 및 판매거점과 온라인 시스템으로 연결하여 송/반출정보를 당일 처리함으로써 국제경영전략에 신속하게 적용할 수 있게 된다.

특히 해외시장은 정치, 경제, 무역, 유통구조, 소비유형, 관습, 언어, 경쟁상태, 시장의 구조나 조직, 법체계나 거래관습 등의 시장환경이 국내시장과는 크게 다르고 복잡하므로 보다 의식적이고 조직적인 시장조사가 요구된다. 또한 이러한 성격 때문에 국제 마케팅조사의 경우 마케팅 조사담당자도 앞에서 이야기한 복잡한 상황을 극복해 나갈 수 있는 효과적인 자료를 구해야 하므로 국내 시장 조사에서는 생각하지 않아도 될 많은 문제점에 봉착하게 된다.

이러한 국제 마케팅조사의 특징을 요약하면 다음과 같다.[22)]

① 복수 국가, 복수 문화 그리고 복수 언어 환경으로 인해서 조사 설계가 더 복잡해지는 경향이 있다.

22) 문병준 외, 『국제마케팅』, 비즈프레스, 2007, p.87.

② 많은 국가에서 2차 자료가 존재하지 않거나 부족함으로 인해서 자료의 정확도 및 신뢰성에 문제가 있을 수 있고 또한 최근 자료의 수집이 어려운 경우가 많다.
③ 해외시장에서 1차 자료수집에 추가적 시간과 비용 부담의 문제가 발생하고 현지 시장의 인프라 부족으로 어려움에 직면한다.
④ 여러 국가에서 조사를 실행하고 자료를 수집함에 따른 국가 간 조사활동의 조정문제가 발생한다.
⑤ 다양한 환경과 조건 하에서 수집된 자료의 국가별 비교가 어려운 경우가 많다.

2. 국제 마케팅 조사의 대상

국제마케팅조사의 대상과 범위는 그 시장과 필요성에 따라 달라질 수 있으나 통상 국내마케팅 조사에 비해 광범위하고 복잡하다. 왜냐하면 국제마케팅환경의 분석에 있어서는 정치, 경제, 사회, 문화와 같은 일반적인 환경뿐만 아니라 시장 환경과 같은 별도의 환경까지도 국가 간에 차이가 있기 때문이다. 일반적으로 국제마케팅조사를 통하여 파악해야할 중요한 조사대상은 ① 특정회사 및 지역시장에 대한 일반적 정보를 수집하는 데 목적을 두는 '일반적 시장조사'와, ② 특정제품의 마케팅과 연관된 제품개발, 가격정책, 유통경로, 촉진정책 등의 문제해결에 목적을 둔 구체적이고 특수한 정보를 목적으로 하는 '마케팅 조사'로 구분할 수 있다. 국제마케팅조사와 관련한 구체적인 사항들은 다음과 같다.[23)]

(1) 일반적 시장조사

1) 일반적 전략적 이슈

① 해외시장에서의 추구 목표
② 해외 세분시장을 만족시키려는 노력
③ 해외시장에서 최적의 마케팅 전략

23) M. R. Czinkota and Ilkka, A. Ronkaninen, 1996, op. cit.

④ 해외시장 기회 활용을 위한 상품-시장-기업 믹스

2) 해외시장 평가 및 선택

① 자사 상품의 해외시장의 존재 여부
② 해외시장의 전망 및 잠재력
③ 기업의 잠재고객 및 현재 고객 분석
④ 구매하는 장소
⑤ 구매하는 이유
⑥ 구매와 소비패턴과 행동
⑦ 잠재적 및 직접 경쟁자
⑧ 기업의 강점과 약점
⑨ 해외무역의 장려와 장벽 여부
⑩ 기업에 대한 정부 규제 여부
⑪ 해외시장의 일반 환경
⑫ 해외시장의 유통 경로
⑬ 고객의 일반적 특성
⑭ 핵심 구매의사결정자
⑮ 경쟁자의 특성
⑯ 해외 유통업체의 특성
⑰ 각 정부의 국제기업에 대한 태도
⑱ 해외시장의 규모
⑲ 해외시장의 재정, 금융 정책
⑳ 해외시장의 기회와 위협 등등

(2) 마케팅 조사

1) 상품

① 해외시장에 제공되는 상품 종류
② 상품의 특성(디자인, 색상, 크기, 포장, 상표 등)
③ 해외시장의 신상품 개발 여부

④ 상품의 해외 경쟁력
⑤ 상품의 수명주기 단계
⑥ 상품의 이미지
⑦ 브랜드
⑧ 특허와 상표 등과 관련한 규제
⑨ 기업의 상품 사명 및 철학
⑩ 상품의 철수 시기
⑪ 해당 상품에 대한 현재의 수요와 장래의 예측
⑫ 현지국의 생산품과 수입품의 품질비교
⑬ 현지국의 생산량, 수입량, 수출양의 현황 및 예측 등등

2) 가격

① 해당상품의 연도별 가격추이
② 현지 생산품과의 가격비교
③ 관련 상품과 대체상품의 가격
④ 계절, 유행 등에 따른 가격변동의 추이
⑤ 시장별 가격라인

3) 유통

① 국제마케팅과 관련된 유통기구 및 경로
② 해당상품의 상거래 관습
③ 운송수단
④ 유통비용
⑤ 매개수단의 특성과 기능성 등등

4) 촉진

① 촉진예산
② 광고대행사 선택 및 이용
③ 경쟁 광고에 대한 해외 법규

④ 촉진 방법
⑤ 해외 광고 매체 등등

3. 국제 마케팅 조사의 과정

마케팅조사과정은 마케팅 조사를 수행하기 위하여 거쳐야 하는 단계를 말한다. 마케팅 조사는 시장에 대한 과학적이고 체계적인 조사를 수행하게 되고 조사의 각 단계는 상호 밀접한 관련이 있다.

국제 마케팅조사의 의의는 주어진 시간, 비용 및 가능한 기법을 가지고 최대한으로 정확하고 신뢰할 만한 자료를 수집, 분석하는 데 있다. 즉 오랜 시간과 비용이 소요되는 정밀한 시장조사가 반드시 훌륭한 것은 아니다. 왜냐하면 시장조사의 목적이 조사결과를 마케팅 프로그램에 활용하기 위해서인데, 시장기회의 활용에 따른 기대수익과 비교하여 너무 많은 비용과 시간이 소요된다면 그러한 조사는 그 경제성을 상실하기 때문이다. 국제마케팅시장조사자는 이와 같은 제약조건하에서 최적의 기법 및 조사방법을 이용할 줄 알아야 한다.

(1) 문제의 정의

마케팅조사의 첫 단계는 문제점을 인식하여 정의하는 과정이다. 즉 어떠한 정보를 필요로 하고 어떠한 문제점에 대한 해결책을 강구해야 하며, 구매자가 누군가, 구매량이 얼마인가, 구매시점이 언제인가, 어떻게 구매하고 있으며, 어디서 구매하게 될 것인가, 상품에 대한 인식은 어떻게 변화할 것인가, 누가 의사결정을 할 것인가, 실제로 누가 구매하게 될 것인가 등 일련의 구매의사 결정관계 및 기타 환경요소에 대한 문제점을 정의하는 단계이다. 일단 정의된 문제점은 마케팅 조사 계획수립 시 잘 반영되어야 한다.

조사문제를 잘못 정의하거나 너무 광범위하게 정의함으로써 시장조사를 올바로 수행하지 못하는 경우가 흔히 있다. 너무 광범위한 문제 정의는 오랜 조사시간이 소요되어 의사결정시기를 놓칠 수 있으며, 너무 협소하

게 정의된 조사문제는 필요한 자료를 누락시켜서 잘못된 조사결과를 발생시킨다. 이 같은 실수를 범하기 않기 위해서 기존에 조사된 자료의 검토나 전문가 인터뷰를 실시하여 조사의 문제를 보다 명확하게 정의하고 차후에 심층조사에 필요한 시간과 노력을 줄일 수 있다.[24)]

(2) 자료의 수집 및 분석

자료의 수집과 분석은 첫 단계에서 밝힌 문제의 정의에서 제기된 각종 문제에 대한 해결책을 제시할 수 있는 성격의 모든 자료를 실제로 수집하고 그리고 일단 수집된 자료를 대상으로 하여 최신의 기법을 동원하여 합리적인 마케팅 의사결정에 도움이 될 수 있도록 분석하는 단계이다.

하지만 이 단계는 가장 비용이 많이 소요되고 오류가 가장 많이 발생할 수가 있으므로 신중한 접근을 해야 하는 단계이다. 자료 수집은 2차 자료와 1차 자료로 구분하는데, 2차 자료는 다른 목적을 위해 수집되어진 자료로서 이미 어느 곳인가에 존재하는 정보를 말한다. 2차 자료활용에 있어 선진국의 경우에는 자료가 너무 방대해서 어떤 정보를 선택해야 되는지에 대한 선택의 문제가 있고, 후진국의 경우는 자료의 양이 너무 부족하고 자료가 있더라도 신빙성에 문제가 되는 경우가 많다.

반면에 1차 자료는 조사자가 현재의 당면한 문제를 해결하기 위해 직접 수집하는 것으로 일반적으로 2차 자료에 비해 정확성과 시기성 측면에서 장점을 가지고 있지만 비용과 시간이 많이 소요되는 단점을 가지고 있다. 1차 자료를 해외에서 수집할 때 응답자들의 응답기피 문제, 표본추출 문제, 언어 장벽 문제, 표본 세품의 기능적 동일성 문제, 측정척도의 동일성 문제 및 표본이 비교 가능성 문제 등에 대해 유의해야 한다.[25)]

자료 수집은 기업의 담당자가 직접 할 수도 있고, 각 해외시장에 있는 현지 조사기관에 의뢰할 수도 있다. 다국적 기업이 국제마케팅조사를 외부에 의뢰할 때 세 가지 대안이 있다. 첫째 유형은 현지 지역에 전문화된 조사 회사를 이용하는 방법으로 기업이 특정 지역 혹은 나라에 대해 친숙

---

24) 문병준 외, 전게서, p.90.
25) 이철, 『글로벌경영』, 북넷, 2012, pp.268-270.

하지 않을 때 사용하는 것이 좋고, 둘째 유형은 업종에 전문화된 조사회사를 이용하는 방법으로 국가 간 수요가 비슷할 때 사용할 수 있고, 셋째 유형은 글로벌 전략과 네트워크에 전문화된 조사회사를 이용하는 방법으로 글로벌 전략의 수립 시에 사용이 불가피해진다. 이러한 경우 여러 국가간 자료가 필요하기 때문에 이를 총괄적이며 일관성 있게 관리할 수 있는 조사회사가 필요하게 된다.26)

(3) 모형의 설정과 결과의 적용

분석된 자료를 구체적으로 마케팅활동에 활용할 수 있도록 기술적(Descriptive) 또는 계량적(Quantitative)으로 모형화하는 단계이다. 모형화 단계에 있어서는 제 변수간의 인과관계뿐만 아니라 어디서 어떤 자료를 어떤 방법으로 구할 것인가를 면밀히 검토하여야 한다. 즉 이 마지막 단계의 활동은 새로운 자료조사를 필요로 하거나 새로운 모형의 설정을 필요로 한다.

국제마케팅조사에 있어서도 실행 절차는 국내마케팅조사와 비슷하나 첫 번째 단계에 있어서 문제의 정의에 따라 필요한 정보와 그 정보의 획득가능성을 추정하는 예비작업을 포함하게 되는 점이 다르다. 계획사업의 출발 시부터 구체적이고 자세한 조사계획을 수립하는 것은 거의 드문 일이며 오히려 의사결정을 행하는 과정에서 필요로 하는 정보를 정확하게 지적하고 그것을 정보의 획득가능성과 결부시키기 위한 약간의 실험적 조사가 요구된다는 점에서 국내마케팅 조사와 다르다. 대부분의 경우 예비적 조사는 2차적 자료에 기초를 둔 간접적인 조사의 형태로 이루어진다.

그러나 여기에서 유의해야 할 점은 이와 같은 실험적 조사에 부여되는 시간과 노력은 주어진 환경하에서의 조사경험과 조사예산에 의거하여 결정된다는 점이다. 조직 운용적 측면도 조사의 예비적 단계에서 고려되어야 하는데 국제마케팅조사는 <그림 13-2>에서 볼 수 있듯이 국내마케팅조사에 비해 훨씬 복잡하다.

---

26) Lee. D. Dahringer and H. Mhlbacher, *Global Marketing: A Global Perspective*, Reading, MA: Addison-Wesley, 1991(이철 외, 전게서, pp.151-152. 재인용).

〈그림 13-2〉 국제마케팅 시장조사과정

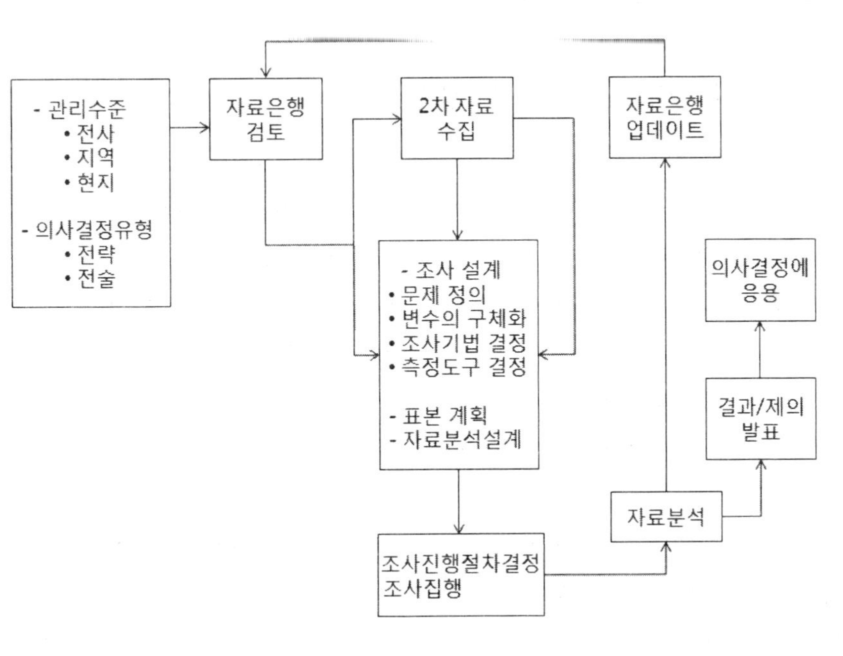

조사계획의 설계단계에서는 우선 행해져야 하는 의사결정의 내용이 상세히 규정되어야 하고 필요정보를 결정하기 위하여 문제가 정확히 정의되어야 한다. 다음은 관리자가 이용할 수 있는 정보시스템 내에 있는 정보원천이 이러한 조사를 조사전문회사에 맡길 것인가, 아니면 회사조직에 의해 행할 것인가를 결정하는 것이다. 일반적으로 이것은 그 조직의 크기와 그 조직의 조사요원의 수와 질에 따라 결정되어야 할 문제이다. 조사계획의 설계는 조사기구, 사용될 의사소통기법, 표본계획과 조사운영설치 및 분석기술 뿐 아니라 수정되어야 할 자료의 규정을 가능하게 한다. 조사과정에 있어서 최종단계의 내용은 정보의 분석과 관리자에게 대한 보고이다. 이 단계에서는 조사된 내용이 재검토되어야 하며 결론이 도출되어야 한다.

제5절 국제 마케팅 믹스전략

1. 국제 마케팅 믹스전략의 개념

국제 마케팅 활동에 있어서의 국제 마케팅 믹스도 그 본질적 개념은 국내 상황에서의 마케팅믹스와 동일하다. 국제시장에서 마케팅 목표를 달성하기 위해 기업이 선택하는 마케팅 정책 수단이 국제 마케팅 믹스인 것이다. 그러나 국내시장과 다르고, 국내에 비해 훨씬 복잡하지만 국제 마케팅 환경에 구체적으로 대응해야 한다는 점에서 선택의 폭이 달라질 수 있으며 사전 준비와 검토 노력이 더 많이 요구된다.[27)]

국제 마케팅전략의 수집과정에서 가장 중요한 비중을 차지하는 것이 바로 국제 마케팅 믹스전략이다. 각 해외시장의 마케팅기회 및 목표시장의 시장잠재력을 포함하고 평가한 후에는 국제마케팅 믹스전략을 수립하게 된다. 마케팅 믹스란 통제가능한 전략요소를 유기적으로 조정, 통합하는 활동을 의미한다. 이때 일반적으로 기업의 통제가능한 전략요소는 대체로 상품계획, 가격계획, 유통경로계획, 촉진계획 등의 4요소로 대별하며 그 기본적인 체계는 <그림 13-3>에 나타난 것과 같다.

일반적으로 기업이 국제마케팅 믹스전략을 개발함에 있어서의 유의점은 첫째, 현지국의 정치, 경제, 법률, 사회, 문화적 요인의 변동에 적절히 대응할 수 있도록 하고 또한 마케팅관습, 소비자의 특성 등도 고려되어야 한다. 둘째, 현지시장에서의 실질 경쟁은 물론 잠재적 경쟁에도 적용되도록 전략이 수립되어야 한다. 즉 해외시장 환경의 계속적인 변화 등을 마케팅전략의 수립에 고려함으로써 탄력적인 전략을 추진해 가야한다. 셋째, 기업 및 상품계열간의 차이가 있다는 점이 고려되어야 할 것이다.

2. 국제 마케팅 믹스전략의 표준화와 적응화

국제 마케팅 믹스전략 수립에 있어서 반드시 고려하여야 할 과제가 바로

27) 이승종 외, 전게서, pp.489~490.

〈그림 13-3〉 마케팅 믹스전략

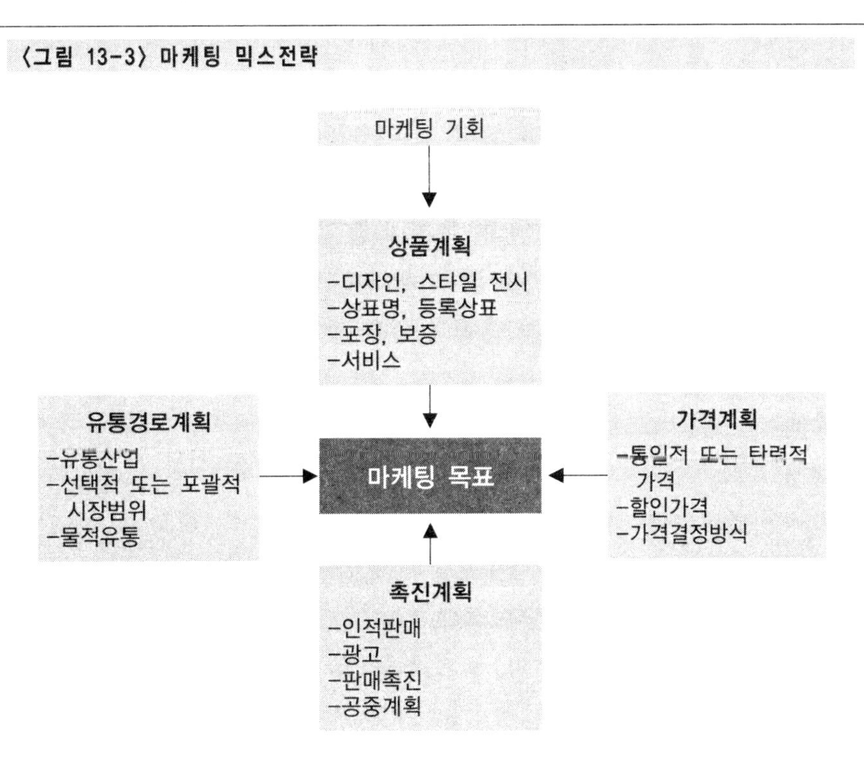

표준화(standardization)와 적응화(localization)의 문제이다. 국제마케팅 전략을 세계적으로 통일시키는 표준화 전략에 따라 모든 국제시장에 차별없이 동일하게 이를 적용하게 되면 여러 가지 이점을 얻을 수 있다. 표준화의 가장 큰 이점은 통일적인 기업의 이미지를 확립할 수 있고, 생산입지를 한 곳에 집중함으로써 생산량이 증대됨에 따라 단위당 비용이 감소하는 규모의 경제를 누릴 수 있으며, 연구개발비가 낮아지며, 상품 판매에 있어서도 본사 또는 다른 해외자회사와 공동보조를 맞추어 보다 적극적인 입장을 취할 수 있다는 점 등이다. 그러나 이러한 이점에도 불구하고 국제마케팅전략과 프로그램을 완전히 표준화하는 것은 사실상 불가능하다. 각국의 시장별로 사회/문화적 특성과 마케팅의 제도, 관습, 제품수명주기, 경쟁상황 등이 각기 다르기 때문이다. 그렇다고 국제마케팅의 전략을 각국의 특수한 사정을 모두 고려하여 완전히 적응화하는 것도 사실상 불가능하다. 따라서 국제기업은 마케팅 전략을 어느 정도 적응화할 것인가를 결정하여야 한다.

표준화 마케팅 방식은 여러 나라 간 시장 세분화가 유사할 때, 소비자가 상품과 서비스에서 추구하는 바가 유사할 때, 전 세계적으로 범용적인 상품일 때, 및 사업소비자가 호환적 기대가 있을 때 가장 적합하다.[28] 예를 들면 미국 면도기회사인 Gillette는 해외에 진출해 있는 각 나라에서 같은 상품을 종종 전 세계적 동시 출시 등과 같은 동일한 마케팅을 전개하고 있다.

적응화는 상품이 각 나라의 소비자에게 수용할 수 있도록 해야 한다. 예를 들면 대우전자가 중동지역에 수출하는 냉장고에는 자물쇠가 달려있다. 중동지역의 경우 자물쇠가 없는 상품은 아예 팔리지도 않을 정도이다. 자물쇠를 채우는 이유는 냉장고 안에 보관되는 물은 사막과 태양의 땅에서 생명과도 같은 것이기 때문이다.[29]

최근에는 통신기술의 발달 및 매스커뮤니케이션 미디어의 세계화 및 여행의 보편화 등을 통해 세계 소비자들의 욕구가 점점 동질화되어 가고 있다. 이러한 글로벌 마케팅의 영향으로 새로운 글로벌 마케팅 믹스 개발의 접근방법이 생겨나게 되었다. 즉 글로컬라이제이션(glocalization) 전략이다. 글로컬라이제이션은 본질적인 전략적 요소에서 표준화를 추구하고 필요에 따라 전술적 요소에 적응화 혹은 현지화를 사용하는 것이다. 예를 들면 국내 유통업체들의 해외진출이 증가하고 있다. 롯데마트와 이마트의 경우 중국진출에서 실적이 부진한 원인으로 글로벌화에 진입하는데 실패했다.[30] 맥도날드 역시 'Think Globally Act Locally'라는 사명을 통해 브랜드와 매장 인테리어, 색상 등을 동일하게 사용하되 햄버거의 원료인 패트는 각 국가의 고객기호를 반영하여 개발하였다. 대표적으로 쇠고기를 먹지 않는 인도 시장에 진출할 때에는 소고기 대신 양고기와 치킨을 사용하였으며, 채식주의자가 많은 시장 특성을 반영하여 채소버거를 출시하였다.

---

28) 조영곤 외(역), 전게서, p.521.

29) 박의범 외, 『글로벌 경영 CASE 100』, 청람, 2011, p.227.

30) Newstomato, '유통업 해외진출, 성공키워드는 글로컬라이제이션', 2012.9.20.

3. 국제 마케팅 믹스전략

(1) 국제 상품전략

상품은 마케팅 믹스의 여러 요소들 중에서 가장 중요한 요소 중 하나이다. 오늘날 기업이 존속하고 성장하기 위해서는 기업에서 대표적으로 잘 팔리는 상품을 잘 선정해야 한다. 즉, 상품의 성공 없이는 기업의 성공이 있을 수 없다는 것이다.

상품은 기업의 마케팅 표적 면에서 개인 혹은 집단에게 이점을 제공해주는 유형 제품과 무형 서비스 혹은 아이디어의 집합이라고 정의한다.[31) 물론 학자들의 관점에 따라 차이는 있을 수 있다.

상품전략이란 일반적으로 상품을 목표시장에 대하여 적절한 시기에 적정한 가격으로 판매하기 위한 제반 정책, 기획 및 그 실천 등을 의미한다. 더구나 마케팅활동에 있어서 소비자의 욕구를 충족시킬 수 있는 상품의 개발이야 말로 가장 중요한 것이며 이와 함께 어떤 상품을 생산, 판매할 것인가에 따라 가격결정, 유통경로, 촉진 등 마케팅믹스의 기본요소별 전략이 정해진다. 더구나 국제마케팅을 할 때는 국가별, 지역별로 시장의 성격이 상당히 이질적이고 장거리 수송이 필수적이다. 그러므로 취급부주의로 상품이 도난, 파손, 변질될 가능성 등 많은 문제가 발생할 수 있기 때문에 상품계획을 수립할 때는 세심한 주의를 요한다. 즉, 국제기업의 상품계획은 국내기업의 상품계획과 동일한 원리 하에서 이루어지나 그 내용면에서 좀 더 복잡한 양상을 띤다고 하겠다.

상품전략을 실행할 때 가장 기본이 되는 것 중의 하나가 자사가 생산하는 모든 상품계열과 품목을 하나의 표로 작성하여 자사의 상품구성을 쉽게 파악할 수 있도록 해야 한다. 상품계획 하에서의 중요한 과제는 상품믹스의 폭(width)과 깊이(depth)를 결정하는 일이다. 상품믹스의 폭이란 한 기업이 시장에 내놓는 상품계열수를 의미하며 또한 상품믹스의 폭이 넓으면 상품의 다양화(product diversification) 전략이라 한다. 상품의 깊이란 품질면에서

31) Glenm C. Walter, Wayne D. Norvell and Sam J. Brune, *Basic Marketing: A Situational Orientation*, 1988, p.267.

상이한 정도로 깊이가 깊으면 상품의 차별화(product differentiation) 전략이라 한다.

한편 상품믹스전략은 일관성을 가져야 한다. 가령 상품믹스상의 다양한 상품계열이 최종용도, 생산시설, 배급경로 및 기타의 측면과 잘 조화되어야 한다는 것이다. 상품믹스의 일관성이 높을수록 비용절감의 효과, 나아가 높은 명성에 의한 매출증대의 이익을 기대할 수 있다. 예를 들면, 신라면의 경우 품질, 중량, 재료 등이 표준화되어 있어 세계 어디서나 동일한 품질과 맛을 유지하면서 판매되고 있다.

최근에 다국적 기업들은 소비자들이 글로벌 브랜드 상품을 선호하는 경향에 발맞추어 상품의 얼굴에 해당되는 글로벌 브랜드의 개발 및 브랜드 자산 구축에 상당한 노력을 기울이고 있다. 브랜드는 상품이나 서비스를 경쟁자와 차별시키기 위해 사용하는 문자, 그림, 숫자 혹은 이들의 결합으로 정의할 수 있다. 강력한 글로벌 브랜드는 마케팅 프로그램의 효율성과 효과성을 향상시키고, 브랜드 충성도를 자극하고 비싼 비용을 부담하도록 소비를 촉진하고, 중간도매상과 기업의 영향력을 높이고 글로벌 시장 내 전반적인 기업의 경쟁우위를 향상시킨다.[32)]

국제 마케팅관리자가 현지에서 어려운 점 중 하나는 외국 상품에 대한 현지 소비자들의 편견이다. 즉, 원산지 효과(effect of the country-of-origin)는 상품의 원산지(제조국 혹은 상표국)가 현지 소비자들의 상품평가나 구매에 미치는 영향을 말하는 것이다.[33)] 소비자들은 종종 원산지를 가지고 상품을 평가하기도 한다. 특히 상품에 대한 세부 지식이 부족한 경우 이런 경향이 더욱 크게 나타난다. 예를 들면, 우리나라의 소비자들은 프랑스의 샴페인에 대해 상당히 호의적이므로 좋은 이미지로 인해 상당히 높은 가격이 책정되어도 판매가 잘 되고 있는 경우이다.

해외에서 기업활동을 수행할 때 부정적인 원산지 효과가 존재한다면 상품의 우수한 품질을 강조하는 광고나 판촉활동을 통해 이러한 효과를 줄이

---

32) David A. Aaker, *Managing Brand Equity*(New York: The Free Press, 1991); J. Gregory & J. Wiechmann, *Branding Across Borders*(Chicago: McGraw-Hill, 2002).

33) 이승종 외, 전게서, p.495.

기 위해 노력해야 한다. 예를 들어 현대는 자사상품을 고급승용차와 비교하는 광고를 내보냄으로써 미국 내 자사 자동차 품질에 대한 부정적인 인식을 극복하고자 하였다.[34)]

(2) 국제 가격전략

마케팅 믹스 중 수익을 창출하는 것은 가격뿐이고 다른 요소들은 모두 비용이다. 더욱이 가격결정과 가격 경쟁은 1980년 중반부터 기업이 당면한 문제 중 가장 중요한 부분이 되고 있다.[35)] 영리 기업 혹은 비영리 기업이든 간에 기업들은 상품 및 서비스에 대해 가격을 설정해야 한다. 가격이란 거래 발생 시 교환의 매개체로서 상품, 서비스 및 아이디어에 대한 지각된 가치를 말한다.[36)]

가격전략이란 생산 및 판매업자가 기업의 목표를 달성하고자 상품의 가격을 의식적으로 결정하는 제반관리 활동을 의미한다. 이러한 가격계획은 해외사업 활동을 영위하는 기업의 최고 경영층이나 마케팅관리자에게는 가장 힘들면서도 더없이 중요한 의사결정과정의 하나이다. 국제경영을 행하는 기업에 있어서 상품과 서비스에 대한 효율적인 가격계획은 기업의 성공적 운영이란 측면에서 중요한 요인이 된다. 모든 기업에 있어서 가격계획에 영향을 미치는 기본적 요소(예컨대, 원가, 수요, 이윤, 경쟁 등)가 동일하다 하더라도 가격은 이들이 결합된 결과에 따라 상품단위당 원가가 달라질 수 있다.

글로벌 소비자를 향한 가격책정에 영향을 주는 요소는 다음과 같다.[37)]

첫 번째로 상품과 산업의 성격이다. 전문상품 또는 기술우위에 있는 상품의 경우 기업으로 하여금 가격책정에 많은 유연성을 가져다준다.

두 번째 요소는 생산설비의 위치이다. 노동비가 저렴한 나라에서 생산하면 저렴한 가격의 책정이 가능하다. 국내 기업들이 초기에 인건비가 저

34) 박철순 외(역), 전게서, p.561.
35) Marketing News, "Segmentation strategies create new pressure among marketers", *Marketing News*, 28 March, 1986, p.1.
36) Glenm C. Walter, Wayne D. Norvell and Sam J. Brune, 1988, op. cit., p.549.
37) 조영곤 외, 전게서, p.529.

렴한 중국에 진출하여 공장을 설립했던 이유이다.

세 번째 요소는 유통시스템의 유형이다. 수출기업은 해외에 있는 독립적 유통업체(도매상, 판매상)에 의존하는데 유통업체가 주로 그들의 수익목표를 위해 수출가격을 조정한다.

네 번째 요소는 해외시장의 상황에 대한 고려이다. 기후나 다른 자연조건과 같은 해외시장의 요소는 기업이 상품이나 유통의 조정에 따른 비용지출을 필요로 한다. 해외정부의 개입 또한 중요한 요소이다.

가격전략은 다른 마케팅전략과 상호보완적으로 이루어져야 하므로 그것은 매우 복잡하고도 중요한 문제이다. 가격은 기업의 자원과 구매자의 수요와 공급을 조화시키는 데 중요한 고려사항이며, 상품계획, 촉진계획, 유통계획과는 달리 수요와 공급의 변동을 조화시키기 위해 신속히 그리고 빈번히 조정되는 성격을 지니고 있다.

한편, 가격은 시장에서 중요한 경쟁수단이므로, 다른 마케팅믹스의 요소들과 관련하여 가격계획을 수립하여야 한다. 즉 시장침투를 위해 가격경쟁에 중점을 둘 것인가 아니면 비가격경쟁, 다시 말해 상품의 품질, 상표명, 광고 등에 중점을 둘 것인가를 결정하여야 한다. 대부분의 기업들은 안정된 가격을 유지하고 현지시장에서 경쟁기업의 가격수준과 비슷하게 가격을 설정하려 하나, 가격에 민감한 상품이 크게 차별화되지 않는 시장에 침투하는 경우에는 가격의 소폭적 인하도 효과적이다.

대부분의 다국적 기업들은 전 세계적으로 자회사의 네트워크를 갖고 있으며, 이들 본사와 지사 간에도 원재료와 완성품, 서비스 등의 거래가 활발히 일어난다. 이 과정에서 나타난 개념이 이전가격이며, 이전가격의 책정이 중요한 문제로 부각되고 있다. 이전가격이란 본사와 자사 혹은 자사간의 거래에 적용되는 가격을 말한다.[38] 이전가격이 문제가 되는 것은 시장가격과 다를 수 있기 때문이다.

다국적 기업의 내부가격의 관리는 주로 두 가지 이유 즉 본국으로 이익송금을 금지하는 나라에서의 이익금 송금을 위해 사용되기도 하고, 이전

38) 문병준 외, 전게서, p.272.

가격은 다국적기업의 이익극대화를 위해 소득세가 높은 나라에서 낮은 나라로, 계열사로 이익금을 증가시킴으로써 절세를 위한 자금의 이동수단으로 사용된다.

다국적 기업 본사는 해당상품에 대한 높은 관세, 기업이익의 산출 시 우호적인 회계기준, 정치적 안정성, 본국 송금에 대한 제한이 매우 작거나 없는 경우 및 다국적 기업에게 전략적 중요성 등과 같은 특징을 보일 때 이전가격을 조정한다.[39]

(3) 국제 유통전략

생산자와 소비자 사이에 존재하는 공간적 및 시간적 간격을 없애고 효용을 창출하는 것이 유통활동의 본질이며, 유통경로는 상품이나 서비스가 사용 또는 소비에 이용될 수 있도록 하는 과정과 관련된 일체의 상호의존적인 조직으로 인식된다.[40]

국제 유통전략이란 수출업체나 다국적기업이 해외시장에 공급해야 할 상품 및 서비스를 수출하거나 현지생산품을 본국이나 제3국시장으로 이동시킬 때 가장 적절한 판매경로를 최적으로 이용함으로써 유통속도를 가속화시키는 동시에 비용을 극소화시키기 위한 총체적 마케팅 믹스전략 중의 하나이다.

그러므로 궁극적으로 유통경로의 결정은 목표시장에 기업이 어떻게 도달할 것인가를 결정하게 되며 어떠한 유통경로전략을 수립, 집행하느냐에 따라 판매수량, 판매의 계속성, 유통코스트, 장래의 판매방법과 판매정책에 중요한 영향을 미치므로 여타의 마케팅 믹스전략과 함께 중요한 하나의 전략이 되는 것이다.

국제마케팅 관리자가 유통전략을 설계할 때에는 무엇보다도 각국 시장의 소비자특성, 상품특성, 각국 시장의 마케팅구조, 경제적 특성, 기업의 내부자원 등을 고려하여 사업의 장기적 목표와 일치되도록 조정하여야

---

39) 조영곤 외(역), 전게서, pp.533-535.

40) Louis W. Stern and Adel I. EL-Ansary, *Marketing Channels*, 3rd ed., Englewood Cliffs, N.J.: prentice-Hall, 1976, p.263.

한다. 특히 유통구조는 국가에 따라 상당히 다른 형태를 보이므로 그 시장의 적절한 경로를 선정하여야 한다. 일반적으로 유통경로가 길면 길수록 중개업자가 많이 개입하게 된다. 따라서 그만큼 수출시장에서의 통제가 어려워져 본사가 유통경로상의 의사결정을 수행 · 감독하기가 어렵게 된다.

한편 기업이 국제화 전략에 의거해 표준화된 상품을 마케팅 할 때 만약 시장 간 가격차이가 심하면 회색시장(grey market) 또는 병행시장(parallel market)이 발생하게 된다. 회색시장은 해외시장 간의 가격차이에 편승하여 특정 기업의 상품을 저가시장에서 구입해서 이를 고가시장에서 정상적인 유통경로 구성원들이 내놓은 가격보다 낮은 가격에 판매함으로써 이익을 추구하는 인가되지 않은 유통업체들로 구성된다. 회색시장은 합법적인 경로 구성원들 간의 매출액을 떨어뜨리는 한편 기업의 유통 및 가격전략에 혼란을 초래하기 때문에 국제 기업들은 이에 대한 깊은 관심을 기울어야 한다.[41]

제조업체는 회색시장에 대해 네 개의 전략을 수행할 수 있다.[42] 첫 번째 회색시장 브로커들이 목표로 하는 나라나 지역에 상품가격의 인하를 단행하는 것이고, 두 번째 시장 내 상품 유통에 대해 저극 제어함으로써 회색시장 마케터가 상품을 구하지 못하게 하는 것이고, 세 번째로 제조회사가 회색시장 경로의 한계성을 알리는 것이고 마지막으로 소비자에게 강하게 어필되도록 상품을 매우 특징적으로 만드는 것이다.

국제 유통전략의 패턴에는 ① 모든 시장국에 일률적으로 적용할 것인가 국가별로 적용할 것인가에 따라 국제적, 국가별 유통패턴으로 구분할 수 있으며, ② 직접유통경로(direct channel)를 택할 것인가 또는 간접유통경로(indirect channel)를 택할 것인가에 따라 직접 대 간접유통으로 구분되며, ③ 모든 도 · 소매상에게 상품을 제공할 것인가 또는 그 시장지역 내에서 원하는 특정 유통업체에만 상품을 판매할 것인가에 따라 집약적 대 전속

41) 문병준 외, 전게서, p.303.
42) S. Tamer Cavusgil and Ed Sikora, "How Multinationals Can Counter Gray Market Imports", *Columbia Journal of World Business*, 23, 1988, pp.75-86.

적 유통으로 구분된다.

(4) 국제 촉진전략

촉진은 과거에 비해 상대적으로 그 중요성이 증가하고 있다. 제조업체들과 유통업체들은 자사의 상품과 서비스를 판매하기 위해 경쟁자와 차별화된 촉진전략을 채택해야 한다. 여기서 촉진이란 소비자에게 정보 제공을 통한 설득과정을 통해 기업의 매출액을 향상시키려는 마케팅활동을 말한다.

촉진전략이란 기업의 해외시장기회를 보다 수익적으로 활용하고 자사의 상품과 서비스에 대한 해외고객의 수요를 활기 또는 자극함으로써 판매촉진에 유리한 영향을 주기 위한 전략적 시도이다. 이러한 촉진계획으로서 활용될 수 있는 주요 수단으로는 광고(advertising), 인적 판매(personal selling), 판매촉진(sales promotion), 홍보와 공중관계(publicity and public relation) 등이 있다.

우선 광고란 광고주가 신문, 잡지, 라디오, 영화, 간판 등과 같은 대량전달매체를 통하여 비인적(非人的) 유형으로 대량수요를 유발시키는 판매촉진활동으로서 앞의 여러 가지 판매촉진수단 중에서 가장 중요한 전략이다. 광고비는 예상매출액의 일정비율로 관례적으로 책정되기도 하지만 경우에 따라서는 해당국에서의 광고의 상대적 중요성과 역할 등을 고려하여 복잡하게 책정될 때도 있다. 즉, 도입기 상품의 경우에는 오히려 초기에 광고비를 많이 필요로 한다. 따라서 먼저 광고목표를 설정한 다음. 그 과입을 수행하는 데 필요한 광고비를 책정하는 것이 순서이다.

광고계획의 수립에 있어서 고려하여야 할 중요한 요소는 선택이 가능한 광고매체를 파악하여 목표시장의 특성에 맞게 최적으로 결합시키는 일이다. 이렇게 함으로써 목표시장내의 잠재구매자에게 효과적으로 상품에 관한 제반사항을 전달할 수 있으며 소비자의 구매 욕구를 환기시킬 수 있는 것이다. 한편, 이때 메시지 전달의 수단인 언어와 그 문화적 환경이 국내에 비해서 국제광고의 경우 그 전략의 수립과정이 한층 복잡해 질 것이다. 왜냐하면, 각 현지시장이 일률적이지 않고 국가마다 가치관의 태도와 관습이 상이한 문화적 배경을 가지고 있기 때문이다.

하지만 많은 다국적 기업은 비교적 표준화된 방식의 해외광고를 성공적으로 시행하고 있다. 예를 들면, 이탈리아 의류업체인 Benetton은 'united colors of Benetton'이라는 다인종간 화합을 의미가 담긴 내용의 동일한 광고를 전 세계적으로 시행하였다. 이처럼 세계적으로 표준화된 광고에 대해 찬성하는 사람들은 세 가지 이유 즉 경제적으로 큰 이점이 있고, 창의성을 가진 인재가 부족할 경우 각각의 국가에 적합한 캠페인을 수행하기 어렵기 때문에 개개인의 능력을 모아서 전 세계적으로 표준화된 캠페인을 수행하는 것이 더 좋은 결과를 얻을 수 있다고 믿으며, 여러 브랜드 이름이 이미 세계적으로 널리 알려져 있기 때문 등을 들고 있다.[43]

인적 판매는 해외시장에서 판매원이 고객과의 개인적 접촉을 통하여 판매를 실현하는 방법으로 여타의 촉진수단과는 달리 대인적인 것이다. 고객의 반응을 직접 확인할 수 있으므로 융통성을 발휘할 수 있다. 인적 판매는 인적 대면성을 전제로 하므로 가장 효과적인 방법이긴 하지만 비용이 지나치게 많이 소요되는 단점이 있다. 그리고 신문, 잡지, 영화, 라디오 등의 통신매체를 이용하는 광고와는 달리 대량구매를 위한 촉진수단으로서는 미흡하다는 단점을 지닌다.

한편 판매촉진은 광고, 인적판매, 홍보 등을 제외한 일체의 판매촉진활동으로서 소비자의 구매와 판매점의 효율을 촉진시키는 비 반복적인 일련의 촉진활동을 의미한다. 주로 판촉활동은 상품의 초기매출, 즉시매출, 매출증대, 중간적 효과 및 협력증진을 위해 사용되는 단기적 마케팅활동이다. 여기에는 쿠폰제, 포인트 적립, 시연, 견본, 경연 등과 같은 수단이 있다.[44] 각 국 마다 판촉수단에 대한 규제에 차이가 있을 수 있으므로 사전에 파악할 필요가 있다. 이러한 판매촉진 수단은 인적 판매와 광고를 보충, 강화시켜 주기도 한다.

마지막으로 홍보와 공중관계가 있다. 홍보는 상품, 서비스 또는 기업단위에 대한 수요를 언론매체의 방법으로 환기시키고 자극하는 활동이며,

---

43) 박철순 외(역), 전게서, p.565.
44) 조용곤 외(역), 전게서, p.538.

공중관계는 소비자 대표를 견학시키든지, 자사의 선전영화를 상영한다든지, 자사의 자동차에 시승시켜 줌으로써 상품의 판매를 촉진시키는 홍보방법이다. 이와 같은 촉진 전략들은 특히 개발도상국이 국제기업의 활동과 관련하여 부정적인 태도를 취하는 경우 기업홍보활동, 즉 특정상품의 판매보다도 기업의 이미지를 강조하려 할 때 이 방법이 중요한 수단으로 등장한다.

중국을 홀린 이랜드의 비결

연평균 매출성장률 60% 직영매장만 5000개
시장을 얻은 타이밍, 개방 초기에 진출…현지화시스템 구축
마음을 얻은 진정성, 10년 이상 봉사활동…사회공헌賞 받아

★ 생각열기

세계 최대 인구 대국인 중국은 글로벌 기업들의 치열한 전쟁터가 된 지 오래다. 현지에서 인기를 모았던 한국 브랜드들도 아차하는 사이 시장에서 사라졌다. 유럽 업체도 자라 등 몇 개 업체를 제외하면 모두 고전하고 있다. 반면 한국에서 중저가 브랜드로 알려진 이랜드의 의류 제품은 `중고가 포지셔닝`에 성공해 승승장구하고 있다. 10년째 매년 30% 이상 매출 성장률을 보였다.

지난해 중국 매출은 1조6000억원이며, 최근 10년간 연평균 매출 성장률은 61.6%나 된다. 올해 중국 매출은 국내 매출을 넘어설 전망이다. 현재 5000여 개인 중국 내 매장 수도 올해 7000개를 목표로 하고 있다.

치열한 중국 시장에서 10년 연속 매년 30% 이상 성장한 글로벌 의류 기업은 이랜드가 유일하다. 중국에서 고전하고 있는 몇몇 외국 기업들이 중국 기업이 아닌 이랜드에 합작을 제의할 정도로 이랜드는 중국 현지화가 잘된 기업으로 인정받고 있다. 그 비결은 어디에 있을까.

◆ 상품 현지화와 직접 생산 시스템

이랜드는 현지에서 인기 있는 제품 위주로 포트폴리오를 짠다. 특히 곰 캐릭터가 두드러지는 `티니위니` 브랜드는 곰을 유난히 좋아하는 중국인의 사랑을 받으며 연매출 3000억원의 `메가 브랜드`로 성장했다. 이 여세를 몰아 이랜드는 여성용 캐주얼 제품뿐 아니라 남성용 캐주얼 제품으로 제품군을 확대하고 있다.

이랜드의 중국 진출 성공 비결 중 하나는`선점 효과`다. 중국의 개방 초기였던 1994년부터 적극적으로 진출을 시작했다. 물론 이게 전부는 아니다. 이들 기업과 이랜드의 운명을 가른 것은 직접 생산 시스템이다. 현지 사정에 맞는 제품을 현지에서 빠르게 공급함으로써 납기 문제를 해결했다. 직접 생산 시스템은 품질 관리와 원가 절감에 유리했다. 중국 정부가 의류에 부과하는 관세는 무려 40%나 되기 때문이다.

◆ 직영체제 고수와 지속적 재투자

이랜드가 지속적으로 성장할 수 있었던 것은 직원 교육과 매장 관리에 과감한 투자를 했기 때문이다. 매년 20~30명의 중국인 직원은 한국어와 한국 문화를 교육받으러 한국에 온다. 지금까지 200명의 중국인 직원이 한국을 방문했다.

지속적으로 고성장을 하기에 이랜드는 중국 젊은이들에게 인기가 높은 직장으로 꼽힌다. 이랜드의 대부분 직원이 중국 10대 명문 대학 출신일 정도다. 이랜드에 우수한 인재들이 몰리면서 중국 법인은 더욱 성장하고 있다. 성장에 따른 선순환이 이뤄지고 있는 것이다.

이랜드의 중국 내 5000여 매장은 모두 100% 직영 매장이다. 직영 체제는 프랜차이즈보다 매장을 확대할 때 비용이 많이 들지만, 고급 브랜드 이미지를

유지하기 위해 과감히 투자하고 있다.

임채운 서강대 경영학과 교수는 "브랜드를 중고가로 포지셔닝하기 위해서는 세심한 매장 관리가 필요한 만큼 프랜차이즈 형태보다 직영 체제가 낫다. 이랜드가 다른 한국 브랜드보다 중국 시장에서 성공한 이유는 바로 직영 체제에 있다"고 말했다.

기존 매장에도 투자를 아끼지 않고 있다. 의류 시장 특성상 매장 인테리어가 구매 의욕에 영향을 미치는 만큼 최신 트렌드에 맞게 매장을 꾸미는 것은 중요하다. 이랜드는 2년마다 기존 매장을 리뉴얼하면서 경쟁사의 신규 매장에 고객을 빼앗기지 않도록 노력하고 있다.

◆ 중국과 함께 성장하겠다는 `진정성`

중국의 법 체계는 복잡하기 때문에 철저하게 준수하기 어렵다. 이를 노려 위법 사실을 고발하고 상금을 노리는 `파파라치`들이 극성이다. 중국 공무원들은 목표 실적을 달성하기 위해 종종 중국인들에게 부정적으로 비쳐지는 기업들에 법을 엄격한 잣대로 적용한다. 이를 극복하기 위해 이랜드는 `진정성 전략`을 펴고 있다. 중국 시장과 함께 성장하겠다는 의지를 말로만 표명하는 것이 아니라 행동으로 옮기고 있다.

1997년 외환위기 때와 2002년 중국에 중증급성호흡기증후군(SARS)이 창궐했을 때 이랜드의 노력은 빛났다. 당시 중국 경제에 불안감을 느낀 많은 글로벌 기업이 중국에서 철수했지만 이랜드는 계속해서 중국에 남았다.

이랜드는 중국 내 자선활동에도 열심이다. 중국법인에 별도로 홍보실을 두지는 않았지만 2000년부터 11년째 상하이에 있는 나병원에서 자원봉사활동을 했고 2002년부터 장애인 의족 지원 활동을 하고 있다.

지난해에는 중국에서 약 150억원을 들여 사회공헌활동을 전개했다. 이러한 노력을 인정받아 지난해 7월 중국 민정부(보건복지부에 해당)가 주관하는 중국 내 사회공헌 분야 최고 권위의 중화자선상(中華慈善賞)을 수상했다. 2009년 삼성에 이어 한국 기업으로 두 번째다.

이랜드는 중국에서 세금을 정직하게 내는 기업으로 꼽힌다. 이랜드 본사가 위치한 상하이시 민항구에는 세계 500대 기업 중 100개 기업이 본사를 두고 있다. 이랜드보다 규모가 훨씬 큰 기업이 많지만 이 지역에서 이랜드

는 코카콜라 다음으로 세금을 많이 내는 회사다. 외자기업 중 납세액 순위로 상하이시에서 10위권 내, 중국 전체에서도 30위권 내에 들어가는 것으로 추정된다.

◆ 정확한 타이밍에 시장 진입

이랜드는 중국의 경제성장 단계보다 한 박자 빠른 타이밍에 진입해 효과를 봤다. 이랜드가 처음 중국에 진출하던 1990년대 대부분 중국인은 인민복 차림이었다. 대부분 기업은 중국에서 아직 패션 시장이 성립하지 않았기 때문에 좀 더 기다렸다 시장에 진입하는 것이 효과적이라고 생각하고 관망했다. 반면 이랜드는 이때야말로 시장을 선점할 수 있는 기회라고 판단하고 과감하게 중국 시장에 들어갔다. 현재 이랜드는 중국에서 패밀리레스토랑 사업을 계획하고 있다. 중국의 소비 수준이 빠르게 성장하고 있는 만큼 지금이 적기라는 판단에서다.

최근 중국인의 위생 관념이 빠르게 향상되고 있음을 감안해 패밀리레스토랑의 커피는 100% 정수된 물을 사용한다는 점을 강조하고, 커피 볶는 모습도 고객에게 공개할 예정이다.

자료: 매일경제, 2012.1.6.

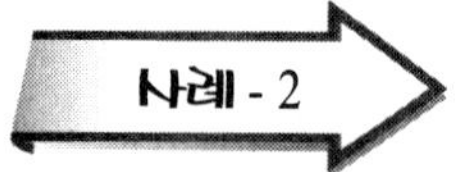

M&A와 현지화로 중국 식문화 사로잡아

지난달 23일 중국 상하이 홍차오 국제공항. 이곳에서 30분 정도 차로 이동하면 공업단지인 소주공업원구가 나온다. 이곳에는 중국 밀폐용기 업체 1위인 락앤락 공장이 자리잡았다. 락앤락은 중국에 진출한 지 얼마되지 않아 전세계 500대 기업 중 100여개 기업이나 입주해 있는 이곳에 생산기지를 마련하고 본격적인 생산을 하고 있다. 락앤락은 중국인에 '락구락구'로 불리며 시장 점유율 절반 이상을 기록하며 국민 브랜드로 자리 잡고 있다.

비가 추적추적 내린 지난달 24일 중국 베이징 롯데마트 양차오점. 입구에 들어가니 약 30여명의 현지 주부들이 매장 내 어린이 놀이방에 앉아 놀고 있는 아기를 지켜보고 있는 모습이 눈에 띄었다. 한층으로 올라가니 신선식품이 진열된 대규모의 식음료 매장이 눈길을 끌었다. 한국과 달리 돼지고기 등 신선식품들이 포장돼 있지 않았고, 대형 식용유와 설탕 등 코스트코에서 팔 만한 대형 식자재 판매대가 별도로 설치돼 있었다. 박석재 중국 롯데마트 과장은 "하루에 약 3000명 이상이 방문하며 주말에 최대 6000명까지 방문하고 있다"고 말했다.

◆ M&A+현지화 투트랙 전략으로 현지 유통시장 흔들어

롯데마트가 중국에 진출한 건 2007년 12월. 2006년부터 현지 시장 진출을 위해 내부적으로 고민했던 롯데마트는 네덜란드계 현지 유통업체인 매크로를 인수하며 중국 시장에 진출했다. 당시 베이징 6개, 톈진 2개 등 8개 매장을 인수해 터전을 잡은 뒤 칭다오와 베이징에 차례로 매장을 오픈했다. 자체 점포 개점 방식과 M&A를 병행한 방법으로 현지 시장을 공략하는 방법을 택한 것. 롯데마트는 2009년 10월 현지 대형마트인 타임스의 점포 65개를 인수하면서도 매달 1개 정도의 매장을 오픈하며 단기간 큰 성장을 이뤄냈다. 롯데마트는 4월말 기준 중국에 약 96개의 점포를 운영하고 있다.

이러한 매장 확대 정책과 함께 현지인의 특성에 맞는 매장 콘셉트 전략은 중국 소비자를 롯데마트로 오게 한 원동력이다. 모든 점포의 점장을 현지 고

객 성향 및 영업환경을 잘 아는 현지인으로 채용했다. 실제 롯데마트 양차오점은 붉은색을 좋아하는 현지인들의 특성에 맞게 매장 내 안내물이 대부분 붉은색을 띄고 있었다. 또 닭고기 등 신선식품의 조리대 매장을 공개해 신선하다는 걸 강조했고, 포장 없이 진열하는 벌크 진열로 철저히 현지화에 맞는 콘셉트를 유지했다.

박종두 롯데마트 베이징법인장은 "지역별 특성에 맞는 상품 진열과 직원 배치 등 철서한 현시화를 수구한 것이 주효했다"며 "중소 도시를 거점으로 개점해 주변 지역으로 점포망을 확대하는 '도미넌트 전략'을 통해 양적 성장뿐만 아니라 실적 성장도 동시에 가져갈 것"이라고 말했다.

◆ 중국 식음료 패러다임 바꾼다

락앤락과 오리온은 현지 생산 시설을 기반으로 소비자 공략에 성공했다는 점에서 공통점을 갖고 있다. 락앤락은 웨이하이, 완산, 쑤저우 등 3곳에, 오리온은 베이징과 상하이, 광저우 등 4곳에 생산 시설을 보유하고 있다. 락앤락과 오리온은 이 시설을 바탕으로 현지에서 사랑받는 한국 기업의 대표적인 사례로 꼽힌다.

중국 쑤저우의 락앤락 공장의 경우 연간 1억2000만개의 밀폐용기를 만들 수 있다. 이중 97%가 중국 현지에 공급되는 제품이다. 일정하게 제품을 찍어내는 사출기만 약 58대. 24시간 가동을 통해 불량률 제로(0)에 가까운 제품을 생산한다. 최근 공장 내 종합물류센터도 오픈해 생산에서 물류까지 한곳에서 이뤄져 효율화를 높였다. 장병현 락앤락 쑤저우법인장은 "올해 유리제품까지 만들면서 매출 증가를 기대하고 있다"며 "최근엔 까다롭기로 유명한 중국 암웨이로부터 약 480만개의 제품 수주를 받는 쾌거를 올렸다"고 말했다.

락앤락 쑤서우 공장에서 자를 타고 30여분을 가면 가장 큰 상권인 시대광장 거리가 나온다. 락앤락은 지난달 이곳에 1818m² 규모의 대형 매장을 오픈했다. 락앤락 제품뿐 아니라 커피 등 국내 식품업체의 제품과 해외업체의 수입 제품도 판매한다. 종합생활기업이라는 모토를 내세워 주방에서부터 일상생활에 필요한 모든 제품을 판매한다. 매장의 한 현지 관계자는 "퇴근 시간이 임박하면 손님들이 물밀듯이 방문할 정도로 락앤락의 인기는 대단하다"고 말했다.

오리온(001800)의 초코파이는 중국의 '국민 간식'으로 분류된다. 초코파이류 시장에서 오리온의 초코파이 시장 점유율은 60%에 달한다. 초코파이의 중국

명칭인 '하오리여우파이'는 현지 어느 매장에서도 쉽게 찾아볼 수 있다.

오리온 역시 중국 시장에 진출하며 철저한 중국인의 관점으로 사업성을 검토했다. 중국인들이 인간관계에서 가장 중요시하는 가치가 인(仁)이라는 점에 착안해 제품 포장지에 이 글자를 삽입했다. 이런 글자가 중국 사람드의 공감대를 일으키며 폭발적인 구매로 이어졌다. 오리온은 이 같은 브랜드 선호도를 바탕으로 초코파이 이외에 껌, 초코송이, 고래밥 등을 연이어 히트시켰다.

1993년 베이징 사무소를 설립하면서 처음 해외시장에 진출한 오리온은 1997년 중국 베이징에 생산기지를 구축했고, 이후 2002년 상하이 공장, 2006년 베이징 스낵공장, 2010년 광주 공장을 완공하며 중국 시장의 지배력을 높여나가고 있다. 2014년에 심양에도 공장을 설립해 동북지역 공략에 나선다는 계획이다. 오리온의 작년 중국 매출은 7100억원으로 전체 매출의 절반을 차지했다.

강기명 오리온 중국법인 마케팅 총괄은 "신시장이 아무리 매력적이어도 역량이 없으면 무용지물"이라며 "적절한 시장을 선정하고 나서 성공을 위한 다양한 방안 구축과 함께 성공 사례를 만들고, 이를 지속적으로 확대하는 전략을 구사할 필요가 있다"고 말했다.

자료: 조선비즈(2012.5.21.)

제6부 국제상학

14 무역관리와 무역계약의 체결

제1절 무역관리제도

1. 무역관리의 기본개념

(1) 무역관리의 의의

대부분의 국가들은 자국 내의 경제에서 무역이 차지하는 비중이 높아감에 따라 국가간에 정도의 차이는 있으나 나름대로 무역의 조정과 규제를 강화하고 있다. 수출의 경우 시장규모의 확대에 따른 생산규모의 확대를 도모함으로써 국제수지효과와 더불어 고용 등의 유발효과가 매우 높아 그 의미가 크다. 그리고 수입의 경우 역시 그 자체는 국제수지를 악화시키는 요인이 되고 있지만 자본재 및 원자재의 수입은 국내투자를 증대시켜 경제발전을 촉진시키는 요인이 된다.[1] 이와 같이 국가의 이익을 위하여 무역거래가 일정한 방향으로 전개될 수 있도록 국가공권력을 통한 규제 내지 간섭 또는 지원작용의 총체적인 부분을 무역관리(trade control)라고 한다.[2]

무역이란 물품을 대상으로 하여 국가와 국가 사이에 이루어지는 개별기업간의 상거래를 말하며, 이러한 무역에 대하여 어느 국가를 막론하고 정도의 차이는 있지만 그 나라의 경제 또는 산업정책에 부응하기 위하여 무

1) J. R. Hicks, *Essays in World Economics*, 1959, pp.180~188.
2) 최해범 외, 전게서, pp.275~308.

역에 대하여 일정한 관리를 하게 된다. 이에 각국 정부는 국제무역거래의 질서 및 원활화, 국제수지개선 및 균형유지, 국내유치산업의 보호, 환율안정 및 재정수입확보, 물가안정, 국민의 보건, 미풍양속의 보전 등 다양한 목적[3])을 달성하기 위해 무역관리를 실시하고 있다.

(2) 무역관리의 주요형태

오늘날 대부분의 국가가 그 정도의 차이는 있으나 무역을 관리하는 방법으로 수출입거래에 대하여 어떠한 형태이든 규제 또는 지원하고 있으며, 우리나라의 경우에 있어서도 수출입의 단계마다 각종 법규에 의해서 제한과 금지 또는 우대조치를 취하고 있다. 각국이 행하고 있는 무역관리 정책상 주요 일반적 형태는 다음과 같다.

1) 수출입금지 또는 제한

오늘날 세계 각국은 필요한 경우에 따라 국내산업의 보호 또는 정치적 이유 등에 의하여 특정물품 · 특정국가와의 수출입거래를 법령에 의하여 금지 또는 제한하고 있는데, 국제간의 거래에서 주로 문제가 되는 것은 수입의 금지 또는 제한이라고 할 수 있다.

2) 수량제한

수량제한(quantitative restriction)은 수출 또는 수입물품의 수량을 일정한 기준에 따라 국가별 또는 품목별로 일정한 한도(quota)를 설정하고 그 한도 내에서만 수출 또는 수입이 허용되는 제도로서, 1931년 프랑스가 대맥(大麥)의 수입에 대하여 동 제도를 이용하였던 것이 그 효시였다. 수량제한은 보호무역주의 정책 중 가장 강력한 수단으로서 GATT는 수량제한에 대하여 일반적 금지의무를 부과하며, 다만 제한적으로 그 예외를 허용하고 있다.

3) 수출입허가제

---

3) 송용종, 『국제통상개론』, 두남, 2008.8., p.91.

오늘날에 있어서 각국은 일정한 물품에 관하여 수출입허가제를 실시하고 있다. 수출입허가제(export-import license system)는 일정한 물품의 수출입에는 정부의 허가를 필요로 한다는 제도로서, 동 제도 아래에서는 정부의 허가가 없는 한 수출입은 불가능하며 경우에 따라서는 잠정적 수출입 금지에 대용되고 있다.

4) 바터무역제도

1930년대 이후의 무역거래의 동향은 세계경제 공황의 심화에 따른 구매력의 감소와 금 수출금지에 의한 외국환시세의 동요 즉 국제금융부문의 혼란으로 경제적 약소국들은 딜레마에 빠지게 되었다. 따라서 이들 가운데서 어떤 국가들은 궁여지책으로 외국에 대한 지급을 외국환에 의하여 행하던 것을 중지하고, 두 국가 사이에 수입물품의 대금을 화폐로 결제하지 않고 그에 상응하는 만큼의 물품으로 수출하거나 수출한 것에 상응하는 물품을 수입하는 방법으로 무역을 균형시키는 물물교환방식의 거래를 실시했는데 이것을 바터무역제도(barter trade system)라고 한다.

5) 수출입링크제도

수출입링크제도(export-import link system)는 수출과 수입을 연계시켜 일정한 수출(또는 수입)과 교환할 것을 조건으로 하여 수입(또는 수출)을 허용하는 제도로서, 이 제도는 특정지역과의 수출입의 균형을 유지하기 위한 지역별 수출입링크와 특정물품의 수출입을 연계하여 특정물품의 수출을 증대시키기 위한 상품별 수출입링크로 나누어진다.

6) 수입담보금제도

수입담보금(import deposits)은 물품을 수입하고자 하는 자에 대하여 미리 수입금액의 일정한 비율에 상당하는 담보금을 적립하게 하는 제도로서, 수입상으로 하여금 수입대금의 결제 이전에 일정한 담보를 제공하게 하여 자금 부담을 가중시켜 수입을 억제하기 위한 무역관리수단으로 활용되기도 한다.

7) 수출보조금제도

전술한 수출입금지 및 수입담보금제도 등은 대표적인 무역 제한적 관리수단에 속하나 수출보조금제도는 대표적인 무역 진흥적 관리수단에 속한다. 수출보조금(export subsidy)이란 자국생산품의 수출에 대하여 정부가 특히 그 수출업자에게 교부하는 보조금을 총칭하는 것으로써 주요 목적은 해외시장의 개척 및 확장에 있다.

(3) 국제무역관리기구

국제간에 있어서 개별기업간의 상거래라고 할 수 있는 무역거래는 일반적으로 언어 · 관습 · 법률이 다르며, 역사적 · 경제적 · 사회적 배경이 상이한 국가 간에 이루어지기 때문에 각국은 국제무역관련기구와 협조하여 세계무역의 자유화와 효율성을 제고시켜야 한다.

무역관리와 관련된 주요 국제기구로는 세계무역기구(World Trade Organization : WTO), 국제통화기금(International Monetary Fund : IMF), 세계은행으로 불리는 국제부흥개발은행(International Bank for Reconstruction and Development : IBRD), 유엔무역개발회의(United Nations Conference on Trade and Development : UNCTAD) 및 관세협력이사회(Customs Cooperation Council : CCC), 경제협력개발기구(Organization for Economic Cooperation and Development : OECD) 등이 있다.

(4) 무역관련 국내법규

무역거래 그 자체는 개별기업간의 상거래이며, 다만 그것이 국경을 달리하는 외국기업간의 거래라는 점에서 국내의 상거래와는 다르다고 할 수 있다. 이에 외국기업간의 무역거래를 성립시키고 있는 법은 시민법으로서 사법이라고 할 수 있다.[4)]

---

4) 일반적으로 무역거래를 제한하고 있는 법률은 시민법으로서 사법에 입각하고 있지만 무역거래에 관계되는 당사자가 국경을 달리하기 때문에, 여기에는 어느 나라의 사법이 적용되는가라는 국제사법상의 문제와 국제상관습법의 적용문제가 발생할 수도 있다.

하지만 무역이라는 경제현상을 둘러싸고 있는 법관계는 매우 복잡하며, 그것은 공법과 사법뿐만 아니라 국내법과 국제법에도 영향을 미쳐 이들 전부가 총체적으로 무역거래에 대한 법질서를 형성하고 있다.

한편 오늘날 무역거래는 완전한 자유무역 형태로는 이루어지지 않고 있지만 기본적으로는 당사자 자치의 원리에 근거하여 거래되고 있다. 그러나 현실적으로는 각국들이 무역이 국민경제에 미치는 영향을 깊게 인식하고 있어 각국 경제의 발전 정도의 차이에 따라 나름대로 규제를 가하고 있는 실정이다.

우리나라의 경우 역시 비록 무역정책의 영향이 규제완화주의로 흘러가고 있지만 대외무역에 대해서는 법률로서 여러 가지 간섭을 하고 있다. 이처럼 복잡한 무역거래에 대한 규제로서 작용하고 있는 국내법규로서는 대외무역에 관한 일반법 · 기본법인 대외무역법[5]과 기타 대외무역과 관련되는 대표적인 국내 법규로서 관세법(관세의 부과징수 및 수출입물품의 통관을 적정하게 하여 국민경제의 발전에 기여하고 관세수입을 확보하기 위한 법규)과 외국환거래법[6](외국환과 그 거래 기타 대외거래를 관리하여 국제수지의 균형, 통화가치의 안정과 외환자금의 효율적인 운용을 기하기 위한 법규)을 들 수 있다. 즉, 국내법으로서 무역거래의 행위에 규제를 가하고 있는 대외무역법, 관세법, 외국환거래법을 대외무역관련 국내법률이라고 한다.

---

5) 대외무역과 관련하여 가장 중요한 일반법이며 기준법인 대외무역법은 무역행정의 주무관서인 산업자원부가 무역활동을 촉진 · 규제하기 위한 법적인 근거이며 무역거래에 관한 기본법이 되고 있다. 대외무역법 제1조에서는 우리나라 무역관리의 목적에 대하여 "이 법은 대외무역(이하 무역이라 한다)을 진흥하고 공정한 거래질서를 확립하여 국제수지의 균형과 통상의 확대를 도모함으로써 국민경제의 발전에 이바지함을 목적으로 한다"라고 규정하고 있다.

6) 외국환거래법은 IMF 구제금융시대를 맞이하여 미국정부가 자금지원 조건으로 '외국환관리법'의 폐지를 추가요구해 옴에 따라 우리나라 외국환관리체제의 기본골격이 외국환관리라는 엄격한 체제에서 완화된 외국환거래형태로 크게 변화되었다.

2. 무역주체의 관리

(1) 무역거래자의 관리

대외무역법에서는 "무역거래자라 함은 수출 또는 수입을 하는 자, 외국의 수입자 또는 수출자의 위임을 받은 자 및 수출 · 수입을 위임하는 자 등 물품 등의 수출 · 수입행위의 전부 또는 일부를 위임하거나 행하는 자를 말한다"라고 규정하고 있다. 여기에서 수출 또는 수입을 하는 자는 무역업자를 의미하고, 외국의 수입자 또는 수출자의 위임을 받은 자는 무역대리업자(무역대리점)를 의미한다.

한편 국제간의 거래대상이 되는 물품의 매매행위인 무역거래는 전문적인 지식이나 상이한 상관습 그리고 대외적인 신용유지 등 국내거래와는 많은 차이점을 나타내고 있다. 이에 우리나라 법률상의 경우에는 일정한 자격을 갖추고 있는 자들이 자격요건을 갖추어 신고를 하여 무역기업을 영위할 수 있도록 하고 있다.

1) 무역업자

우리나라는 2000년 1월 1일부터 무역업이 완전 자유화되어 누구나 사업자등록증만 있으면 무역거래를 할 수 있다. 무역업자란 수출 또는 수입을 하는 자를 말한다. 즉, 영리를 목적으로 수출과 수입행위를 계속적으로 반복하여 행하는 것으로서 자기 명의로 자기책임하에 수출입업무를 영위하는 자를 말한다.

2) 무역대리업자

무역대리업자는 무역거래자 중에서 외국의 수입업자 또는 수출업자의 위임을 받아 수출 또는 수입을 대신해주는 업자를 뜻한다. 우리나라의 경우 관습적으로 오퍼상, 구매대리업자 등으로 불리는 무역대리업자들이 활동하고 있다. 무역대리업도 무역업과 마찬가지로 2000년 1월 1일부터 완전 자유화되었다.

① **구매대리업자** : 해외의 수입업자의 위임을 받아 해외의 수입업자의

명의와 계산으로 구매계약(국내의 입장에서는 수출계약)을 체결한 후 국내에서 물품을 구매하는 자를 말한다.

② **오퍼상 :** 해외의 수출업자의 위임을 받아 국내수입업자들에게 물품매도확약서를 발행하고 부수적으로 수입업무를 대행해주는 무역대리업자를 말한다. 물품매도확약서를 무역거래에서는 통상 오퍼(offer)라고 하기 때문에 이런 무역대리업자들을 오퍼상이라고 부르고 있다.

3) 무역대행업자

무역업자가 대행위탁자와의 "대행계약"에 따라 일정한 수수료를 받고서 자기명의로 거래하는 것을 말한다. 무역대행업자는 자기명의로 거래한다는 점에서 무역대리업자와 구별된다. 따라서 무역대행업자는 대외무역법 및 금융(은행거래)상 무역업자로서의 책임을 부담한다.

한편, 수출입을 위임 또는 위탁한 자도 대외무역법상 무역거래자에 포함되어 특허권 등을 침해하거나, 원산지를 허위로 표시하거나, 품질을 허위로 표시하거나, 고의로 클레임을 야기시키는 등 수출입질서를 저해한 경우 과징금 부과 등의 조치를 받을 수 있다.[7)]

4) 종합무역상사

1975년 우리나라는 일본에서 일찍이 시작한 종합무역상사제도를 도입하여, 수출규모가 큰 업체를 일반무역업체와 별도로 관리하기 위하여 종합무역상사 지정제도를 운용하고 있다.

종합무역상사는 대규모의 자본력을 갖춘 무역업자로서 무역거래 이외에 자원개발, 현지생산판매, 합작투자, 첨단기술연구개발 등을 수행하는 대형무역상사를 말한다. 현재 우리나라는 해외시장의 개척 및 무역기능의 다양화를 기하고 중소기업과의 계열화 등을 통한 중소기업의 무역활동을 지원하기 위해 무역거래자 중에서 일정요건을 갖춘 자를 종합무역상사로 지정하고 있다(대외무역법 제9조 2).

---

7) 송용종, 『국제통상개론』, 두남, 2008.8., pp.99~100.

5) 전문무역상사

2003년 9월 및 12월의 대외무역법령의 개정에서의 전문무역상사제도를 새롭게 도입하였다. 즉, 첨단산업제품의 수출활성화를 위해 전문무역상사를 지정하여 해외마케팅 능력이 부족한 첨단제품의 수출활성화를 위해 생산기업의 무역마케팅을 대행한다. 최소한의 건전 재정능력을 담보하기 위해 자본금의 규모를 70억 이상으로 하였으며, 첨단산업제품과 타사제품의 비율이 수출비중의 50%가 넘도록 하여 "첨단산업제품"의 종류를 대외무역관리규정에서 구체화하였다(대외무역법 제9조 2).

〈표 14-1〉 무역주체의 분류

구분	내용	
무역 업자	- 자기명의로 자기책임하에 물품의 수출과 수입을 업으로 영위하는 자를 말한다. - 상품의 소유권이전을 전제로 한다는 의미에서 무역대리업과 구분된다. - 대행수출, 대행수입의 위탁자는 무역업의 범주에 포함되지 않는다.	
무역 대리업자 (무역대리점)	오퍼상	외국의 수출업자의 위임을 받은 자가 국내에서 수입계약의 체결과 이들에 부대되는 행위를 업으로 영위하는 것으로서 계약대리권만 행사한다.
	구매 대리점	외국의 수입업자의 위임을 받은 자가 국내에서 수출품의 구매와 이들에 부대되는 행위를 업으로 영위하는 것으로서 계약대리권만 행사한다.
	- 자기명의로 소유권이전을 전제로 한 수출입을 할 수 없다는 점에서 "무역업"과 구분된다. - 물품매도확약서발행 및 수출품의 구매알선, 시장조사 등으로 영업범위가 한정된다는 점에서 무역중개업과 구분된다.	
무역 대행업자	무역대행의 위탁자	무역업자에게 그 무역업자의 명의로 수출입을 대행하여 줄 것을 위임 또는 위탁하는 자를 말한다.
	무역 대행업자	무역대행위탁자의 대행계약에 따라 일정한 수수료를 받고서 자기명의로 거래하는 무역업자를 말한다.

자료 : 송용종, 『국제통상개론』, 두남, 2008.8., p.100.

6) 무역업고유번호제도

2000년 1월 1일부터 규제완화의 차원에서 무역업 및 무역대리업 신고제를 폐지하고 무역업 신고제 대신에 무역통계작성을 목적으로 무역업고유번호를 부여하도록 개정하였다. 따라서 무역업을 영위하고자 하는 자는

한국무역협회에 무역업고유번호의 부여를 신청함으로써 고유번호를 부여받을 수 있다.

〈그림 14-1〉 무역업고유번호신청서

무역업고유번호신청서
APPLICATION FOR TRADE BUSINESS CODE

처리기간(Handing Timae)
즉시(Immediately)

① 상호 (Name of Company)			② 무역업고유번호 (Trade Business Code)	
③ 주소 (Address)				
④	전화번호 (Phone Number)		⑤ 이메일주소 (E-mail Address)	
	팩스번호 (Fax Number)		⑥ 사업자등록번호 (Business Registry Number)	
⑦ 대표자 성명 (Name of Rep.)			⑧ 주민등록번호 (Passport Number)	

대외무역법 시행령 제30조 제1항 및 대외무역관리규정 제3-5-1조의 규정에 의하여 무역업고유번호를 위와 같이 신청합니다.
I hereby apply for the above-mentioned trade business code in accordance with Article 3-5-1 of the Foreign Trade Management Regulation.

신청일 : 년 월 일*
Date of Application Year Month day*
신청인 : (서명)*
Applicant Signature*

사단법인 한국무역협회 회장
Chairman of Korea International Trade Association

유의사항 : 상호, 대표자, 주소, 전화번호 등 변동사항이 발생하는 경우 변동일로부터 20일 이내에 통보하거나 무역업 데이터베이스에 수정 입력하여야 함.

(2) 수출입거래에 대한 일반적 관리

1) 수출입공고제도

오늘날 세계의 모든 국가들은 정도의 차이는 있으나 대외무역거래활동을 자유방임하지 않고 정부가 직접 · 간접으로 규제 관리하고 있다. 이는 국민경제의 건전한 발전이라는 경제적 목표하에 수출을 진흥하고 수입을 조정하기 위해서이다.

수출입공고제도란 직접규제방식의 하나로서 개별적인 수출 · 수입물품에 대한 수출 · 수입의 제한여부에 관한 종합계획을 말한다. 즉, 지식경제부장관은 필요하다고 인정하는 경우에 수출입승인대상 물품의 품목별 수량 · 금액 · 규격 및 수출 또는 수입지역 등을 제한할 수 있으며, 이러한 경우 이를 공고하여야 한다.

따라서 우리나라의 수출입업무는 수출입공고가 허용하는 범위내에서 이루어지고 있으며, 수출상품 대금결제방법 및 절차가 모두 관계법의 범위내에서 이루어지고 있다. 또한 대외무역법 이외의 법령에 의하여 물품의 수출 또는 수입요령을 정한 것이 있는 경우에 지식경제부장관은 그 법령에 의하여 정한 물품의 수출 또는 수입요령을 통합하여 공고(이를 통합공고라 한다)하여야 하며, 공고한 사항(통합공고)을 변경하고자 할 때도 또한 공고하여야 한다.

2) 수출입공고의 표시방법

수출입공고의 표시방법은 크게 포지티브 리스트 시스템(positive list system)과 네거티브 리스트 시스템(negative list system)으로 구분할 수 있다. 포지티브 리스트 시스템이란 수출입공고에 수출입이 허용되는 수출(입) 자동승인품목만을 표시하고, 여기에 표시되지 않은 품목은 원칙적으로 수출(입)이 금지되도록 하는 수출입공고의 표시방법이다. 반면에 네거티브 리스트 시스템이란 수출입공고에 수출 또는 수입의 제한 내지 금지품목만을 표시하고 여기에 표시되지 않은 기타 품목은 수출 또는 수입이 허용되도록 하는 수출입공고의 품목표시방법으로서 이는 ① 무역자유화의 폭을 넓히고, ② 외국의 값싸고 품질 좋은 상품을 수입하여 국내상품을 이

들 외국제품과 경쟁하게 함으로써 국내산업의 체질을 개선하고, ③ 일반대중의 소비생활을 향상시키는데 목적을 두고 시행되고 있다.

우리나라의 수입관리는 1967년 GATT가입과 함께 수출입허가제가 수출입기별공고제도로 개편되어 운용되다가 1987년 7월 대외무역법 발효와 더불어 현재와 같이 공고의 명칭이 수출입공고로 개칭되고 공고시기도 필요시마다 공시토록 하는 등 수출입관리의 탄력적 운용을 기할 수 있도록 변경되었다.

따라서 네거티브 리스트 시스템은 어느 정도 국내산업이 외국과 경쟁체제를 갖춘 국가에서 실시되고 있는데 비하여, 포지티브 리스트 시스템은 국내산업이 아직 타국과의 경쟁상태에 이르지 못한 국가 등에서 자국의 산업보호를 위한 목적으로 실시되고 있다.

3) 품목분류기준

국제적으로 많이 사용되었던 품목분류기준은 SITC와 CCCN이었다. 그러나 두 가지로 이원화된 상품분류상의 불편을 해소하기 위해 CCCN을 골격으로 하여 신국제통일상품분류체계인 HS(Harmonized system)를 만들었는데 우리나라를 비롯하여 세계 주요 무역국가들이 1988년 1월 1일부터 수출입공고의 품목분류방법으로 채택 · 사용하고 있다.

국제통일 상품분류체계인 신국제통일상품분류(Harmonized Commodity Description and Coding System)는 통상 Harmonized System, 약칭 HS라고도 하는데, 이는 ① 수출입인증 · 통관 등 무역절차의 집행에 명확한 품목분류가 가능하도록 하고 탄력관세 · 수입감시품목 등 정책추진에 필요한 품목을 구체화시키기 위해서, ② 앞으로의 산업구조 및 무역구조의 변화에 부응할 수 있도록 기존의 물품 중 무역규모나 산업비중을 감안해서 중요한 비중을 차지하는 물품은 가능한 한 세분화하기 위해서, ③ 신규개발물품과 첨단산업물품을 특게시키기 위해서, ④ 보험 · 운송 · 보관 등에 사용되는 상품분류기준도 무역상품분류와 통일시킬 필요성이 대두되었기 때문에 현재의 다양화된 상품분류체계인 SITC · CCCN · TSUSA 등을 통일적으로 적용하기 위하여 CCCN을 골격으로 한 새로운 상품분류체계이다.

〈표 14-2〉 CITC, CCCN 및 HS의 기본구조 비교

SITC	CCCN	HS
10 section	21 section	21 section(부)
67 division	99 chapter	96 chapter(류 : 2단위)
261 group	1,011 heading	1,241 heading(호 : 4단위)
3,199 basic item		5,019 subheading(소호 : 6단위)
총 대상 45,000 품목	총 대상 60,000 품목	총 대상 무한정

그리고 HS는 CCCN에 비하여 무역통계의 수집 · 비교 · 분석을 용이하게 하고 국제교섭에 필요한 정확하고 비교 가능한 데이터 수집을 용이하게 하여 원활한 국제무역을 증진시킬 수 있다.[8)]

제2절 무역계약의 체결

일반적으로 국제매매계약이란 매도인(seller)이 매수인(buyer)에게 물품의 소유권(property in good)을 양도하여 물품을 인도할 것을 약속하고, 매수인은 이를 수령하고 그 대금을 지급할 것을 약정하는 계약이다. 이처럼 국제거래를 수행하고자 하는 자는 취급하고자 하는 물품에 대하여 국내무역 관련법률에 의해 수출입이 허용되는 물품인지 여부를 확인한 다음, 거래시장을 탐색하여 이를 결정하고 시장조사단계를 거쳐 그 시장에서 가장 적절한 거래선을 물색한 후 그와의 거래를 제의하여 거래선의 동의를 얻게 되면 거래관계 개설을 위한 수출입계약을 체결하게 된다. 이러한 수출입계약은 거래상대방이 확정되면 신용조회를 거쳐 거래상대방에게 거래제의를 하고 이에 대한 상대방의 승낙이 있으면 계약이 성립된다.

8) 최해범 외, 전게서, p.286.

1. 해외시장조사

(1) 해외시장조사의 의의

무역거래에서는 국내거래와 달리 지역적인 격리성, 상이한 문화와 법체계, 종교, 상관습, 언어 등의 차이 때문에 거래당사자들이 극복해야 할 어려운 점이 많다. 그러므로 무역거래에 따르는 위험을 감소시키고, 이윤을 극대화하기 위해서는 정확한 시장조사가 선행되어야 한다. 이에 브레드포드(E.S. Bradford)는 시장조사의 효과와 시장조사의 중요성을 강조하고 있다.[9]

이상의 시장조사의 중요성에서 살펴보았듯이 해외시장조사(foreign market research)란 특정시장에 있어서 어떤 상품의 판매가능성(selling possibility) 또는 구매가능성(purchasing on buying possibility)을 조사하는 것을 말한다. 일반적으로 해외시장은 국내시장과 달리 지역적인 격리성, 상관습, 언어, 종교 및 기후 등의 차이로 인해 국내시장의 개척보다 훨씬 어렵고 복잡하기 때문에 여러 분야에서 전문성을 요구하고 있다. 즉 해외시장조사는 목적시장의 전반적인 개황(정치, 경제, 문화, 사회, 기후 등)을 조사한 다음 취급상품에 대한 세부적인 내용(시장특성, 유통구조, 경쟁대상, 무역관리제도, 거래처 등)을 조사하는 일련의 전문적인 단계를 거치게 된다. 이러한 전문성의 요구 때문에 해외시장의 조사를 위해서는 경제지리학(geoeconomics)과 시장분석(market analysis)을 응용하여 국제상품 및 국제시장을 연구할 필요가 있다.

이상의 해외시장조사에 있어서 특히 주의하여야 할 점은 첫째, 우연이나 단편적인 지식에 의존하지 말고 구체적이고 철저한 조사를 행하여야 하며 둘째, 목적시장에 대하여 주관이나 편견을 버리고 전체시장을 객관적으로 통찰할 수 있어야 하고 셋째, 조사 · 분석은 언제나 새롭고 과학적인 자료를 이용해야 한다.

뿐만 아니라 중요한 것은 해외시장의 동향은 시시각각으로 변화하고 있기 때문에 상당한 장기간에 걸쳐 유력한 거래선을 가지고 있는 시장이라

---

9) E. S. Bradford, *Marketing Research*, 1951, p.12.

할지라도 시장의 동향에 대하여 끊임없는 조사와 분석이 진행되어야 한다는 것이다.

(2) 해외시장조사의 방법

해외시장을 조사하는 방법에는 무역거래당사자 스스로 조사하는 자체 현지조사방법과 공적 기관 등을 이용하여 조사하는 방법이 있다.

1) 자체 현지조사

무역거래당사자 자신이 해당 지역에 출장을 가서 직접조사 · 확인하는 방법이나 언어 · 풍속 등이 다르므로 많은 성과를 거두기 어렵고 비용이 많이 든다. 하지만 가장 신빙성이 높은 조사방법으로 현지를 방문하면 먼저 우리나라의 공관, 대한무역투자진흥공사의 현지 무역관 또는 현지의 상업회의소를 방문하여 일반적인 시장현황을 청취하고 최대한의 협조를 구할 필요가 있다. 다음으로 보다 구체적인 자료를 수집하기 위해서는 현지에 진출한 동업자 및 백화점, 도매상, 소매상 등을 방문하여 필요한 사항을 조사하는 것이 바람직하다.[10)]

2) 타기관을 통하여 조사하는 방법

우리나라의 기관을 통하여 조사하는 방법과 타국의 기관을 통하는 방법이 있다.

먼저 시장조사를 취급하는 우리나라 기관으로는 대한무역투자진흥공사(KOTRA), 한국신용보증기금, 무역협회, 금융기관 등이 있다. 이외에도 영국의 수출진흥국, 일본의 무역진흥회, 미국의 Duns & Bradstreet Inc., 주한대사관, 외국의 금융기관 등 타국의 기관을 통하여 해외시장을 조사하는 방법이 있다. 해외시장조사의 방법은 해당기업의 능력과 여건을 충분히 고려하여 가장 효율적인 방법을 찾아서 하는 것이 바람직하다.

---

10) 구종순, 『무역실무』, 박영사, 2007, p.62.

2. 거래처의 선정

해외시장조사가 합리적으로 이루어지고 나면 다음 단계에서는 합리적인 조건을 보유한 거래처를 발견하여야 한다. 국제거래를 성공적으로 수행하기 위해서는 무엇보다도 좋은 거래처 선정이 중요하며, 다수의 거래 후보를 물색하여 그 가운데에서 가장 적합한 상대를 선정하여야 한다. 좋은 거래처를 선정하기 위한 방법으로 개별적인 선정방법과 공공기관에 의뢰하는 방법 등이 주로 이용되고 있다.

한편 오늘날 정보통신의 발달로 인해 손쉽게 관련정보를 획득할 수 있는 물적 토대가 마련되어 있다. 이에 기존의 거래선 발굴 방법과 컴퓨터를 통한 거래선 발굴 방법을 잘 활용하면 최적의 거래상대방을 저렴한 비용과 짧은 시간 안에 발굴할 수 있는 기회를 가질 수 있다.

〈표 14-3〉 거래선 발굴방법

구분	주요 거래선 발굴 방법
국내 기관	- 한국무역협회
	- 대한무역투자진흥공사
	- 해외발간매체
	- 각국의 상공회의소 및 수출입관련기관에 거래알선의뢰 Circular Letter 발송
국외 기관	- 미국경제전문지 : The Wall Street journal
	- 영국경제전문지 : The Financial Times
인터넷 국내 사이트 운영기관	- 대한무역진흥공단(KOTRA) : http://www.koreaexport.org
	- 한국무역정보통신(KTNET) : http://www.ktnet.co.kr http://www.eckorea.net
	- 한국무역협회 : http://www.kotis.net http://www.kotra.or.kr.KOBO
인터넷 국외 사이트 운영기관	- Global Trade Center : http://www.tradezone.com/busops.htm
	- WTC Network : http://www.wtca.org
	- Swiss Info Import-Export Bulletin Board : http://trade.swissinfo.net
	- NAFTA NET Buy/Sell : http://www.nafta.net/buysell.htm
	- Trade Compass : http://www.tradecompass.net
	- Trade Point USA : http://www.tpusa.com

3. 거래의 제의

목적시장 내에서 거래처가 선정되면 다음 단계로 거래관계를 권유해야 한다. 거래를 권유하는 방법으로는 거래제의장 또는 권유장(circular letter)이 가장 널리 이용되고 있는데, 이 Circular Letter는 일반통지(general announcement)와 상품안내장(trade circular)으로 구분된다. 일반통지라 함은 회사의 신설 또는 해체, 지점 · 대리점 등의 설치 및 폐지, 조직변경, 합병, 중요한 인사이동, 기타 영업상으로 상대방에 주지시킬 필요가 있는 사항을

〈그림 14-2〉 Circular Letter의 예시

Circular Letter

Pan-America Trading Co., Ltd. **June, 10, 200×.**
234 Broadway
New York U. S. A.

Gentlemen :

Your name has been recommended to us by the New York Chamber of Commerce as one of the reliable and large importers of Korean Cotton goods.

We are, therefore, writing you with a keen desire to enter into business connection with you.

In introducting ourselves to you, we have been engaged in shipping cotton goods of all description to all over the world enjoying a good reputation because of the A_1 quality, quick delivery and competitive price of our goods.

We are in a position to supply you with A_1 goods at competitive price on the following conditions.

1. Price in US Dollar, CIF New York, per Yard, delivered quantity
2. Irrevocable Letter of Credit to be opened by cable
3. Quality to be A_1 quality

In regard to our credit standing and business standing please refer to the Bank of Tokyo.

We are sending you a sample.

Yours very truly,
Seoul Exporting Co., Ltd.
Johnson Kim
President

통지하는 것을 말한다. 그리고 Trade Circular는 기존 또는 미지의 고객으로 하여금 구매의욕을 자극하는 권유장이다. 이 권유장에는 일반적으로 상대방을 알게 된 경로, 거래개시의 희망, 거래상품의 명세, 업계에서의 자기상사의 지위, 신용조회처, 거래조건 특히 가격 및 결제조건의 개요, 주문에 응할 수 있는 양 등이 기재된다. 그리고 취급상품의 목록, 가격표(price list) 등을 첨부하는 경우도 있고 견본(sample)을 송부하는 경우 더욱 효과적일 수 있다.

4. 거래관계의 조회

거래관계의 권유를 받은 자가 그 물품에 대한 관심 또는 구매할 의사가 있게 되면 그에 대한 조회(inquiry)를 하게 되는데 이를 문의라고도 한다. 일반적으로 조회는 조회서(letter of inquiry) 또는 전신으로 행해지는데, 그 내용은 ① 정가표나 카탈로그(catalogue) 또는 견품의 송부를 요청하는 경우, ② 예비적으로 국제매매계약조건(특히 가격조건)을 알아보려는 경우, ③ 구체적인 Offer Sheet(청약서)를 사용한다.

한편 국제거래에서 거래되는 상품의 종류 및 규격 그리고 가격 등이 매우 복잡 · 다양하기 때문에 오퍼를 발행할 경우 오퍼의 기재사항에 상당한 주의를 기울여야 한다. 원산지(origin), 발행일자 및 유효기간(offer date, validity), 선적일(shipping date), 포장방법(packing method), 수량(quantity), 단가(unti price), 대금결제방법(payment condition) 등에 대하여 세심한 주의를 요한다.

5. 거래의 승낙

청약자의 오퍼와 결합하여 그 오퍼의 내용대로 계약을 성립시키려는 피청약자의 수락의 의사표시를 승낙이라 하며, 따라서 계약(contract)은 청약(offer)에 대하여 승낙이 있음으로써 성립된다. 승낙은 원칙적으로 오퍼의 모든 조항에 대하여 무조건으로 동의하는 것이어야 하며, 오퍼의 내용에 어떠한 추가나 제한 기타의 변경을 가한 승낙은 사실상으로 승낙이 아니

〈그림 14-3〉 Offer Sheet 예시도

Offer Sheet

Nansei Industrial Co., Ltd.
C. P. O. BOX NO. 140
Tokyo, Japan

Cable Address :
"CONEYKUN TOKYO"
Telephone (241) 3790

OFFER SHEET

Date :
Your Ref. No. :
Our Ref. No. :

Messrs --

Gentlemen :
We have the pleasure to offer you the following merchandise on the terms and conditions hereunder mentioned subject to reply here by_____ Subject to our final confirmation.

Sample No. (Code-Word)	Commodity & Description	Unit Price	Quantity	Amount (Remarks)

PACKING :
SHIPMENT :

PAYMENT :

OTHERS :

Yours very truly,
Nansei Industrial Co., Ltd.

____
Director

고 오퍼에 대한 거절이며 새로운 오퍼인 반대오퍼이다.

승낙은 청약자가 승낙기간을 정한 경우에는 그 정한 기간 내에, 이러한 기간을 정하지 아니한 경우에는 상당한 기간 내에 청약자에게 도달하여야만 유효하다. 그러나 기간 후에 도달한 경우라도 그 승낙이 보통 기간 내에 도달할 수 있었을 시기에 발송된 것이라면 예외적으로 승낙으로서 유효하여 계약이 성립된다. 또한 승낙의 경우는 ① 물론 유효기간 이내에 하여야 하며, ② 오퍼의 모든 조건에 대한 완전한 또는 무조건의 승낙이여야 하고, ③ 오퍼에 승낙의 방법이 명시된 경우 그 방법에 따라야 한다.

6. 거래계약서 작성

거래당사자간에 조회와 청약 그리고 승낙의 단계가 끝나면 거래의 이행을 구체적으로 확실하게 하는 계약절차가 수반되어야 한다. 이와 같은 계약은 원칙적으로 문서로 작성할 필요는 없지만 거래 당사자간에 분쟁의 소지를 없애기 위하여 Offer와 Acceptance가 전신이나 서신으로 왕래하여 계약이 성립되면 지체 없이 양당사자가 계약조항을 확인하고 서명한 계약서(written contract)를 작성하는 것이 좋다. 즉, 무역계약은 불요식계약이기 때문에 구두로도 성립되지만 가능한 한 양 당사자가 거래조건들을 확인하고 서명한 계약서를 작성하는 것이 바람직하다. 무역거래에서는 판매서(Sales Note), 구매서(Purchase Note), 청약서(Offer Sheet), 각서(Memorandum) 등의 계약서가 주로 사용된다.

한편 국제거래계약의 내용에는 품질, 가격, 수량조건 등의 상품자체에 대한 조건과 선적조건, 대금결제조건 등 계약이행을 위한 조건 그리고 보험조건 및 포장조건, 신용장조건 등이 있다. 또한 계약내용을 국제무역거래조건인 정형거래조건 및 계약의 이행이나 위반에 대비한 불가항력조건이나 분쟁해결 및 중재조항 등도 추가하여야 한다.

제3절 정형무역거래조건

1. 정형무역거래조건의 의의

정형무역거래조건(typical trade terms)이란 국제거래에서 발생하는 각종의 문제를 효율적으로 이용하기 위하여 각국 관행의 최대공약수를 정형화시켜 표시함으로써 매매 당사자가 간단한 정형거래조건으로 국제거래를 할 수 있게 하는 국제거래조건이다. 국제간 거래에서 매매당사자들은 동일한 계약을 여러 번 반복하여 이용하게 되면 일상적으로 많이 사용하는 조항을 인쇄한 계약서식에 의하여 계약을 체결하고자 한다. 이는 계약서 작성시간을 절약하여, 특히 국제거래에서 표준화된 계약서식(standard contracts)을 이용하게 되면 매매당사자는 거래를 간소화 및 합리화할 수 있을 뿐 아니라 자기가 원하는 계약조항을 상대방에게 승낙시킴으로써 자기의 입장을 유리하게 그리고 안전하게 할 수 있다.

오늘날 국제거래는 주로 FOB나 CIF와 같은 정형무역거래조건에 의하여 수행되고 있다. 이러한 정형무역거래조건은 매매당사자간에 명시적으로 체결된 국제거래계약에 대한 보완적 기능과 매매당사자간 복잡한 법률문제의 해석기준으로서의 기능을 가지고 있다. 그러나 이 같은 정형무역거래조건은 모두 동시에 발생한 것이 아니고 각 시대의 제 제도에 따라 발생하는 동시에 그 제도는 진보와 변화에 따라 변하게 된다. 따라서 정형무역거래조건의 내용의 변화와 새로운 거래관습에 의해 매매거래가 수행된다.

즉, 국제거래관습과 이에 기준한 각종 경제단체가 작성한 통일규칙은 다 같이 국제상거래의 질서를 유지한다는 목적하에서 유사성을 지니고 있으나 양자간의 성질은 다르다. 먼저 국제상관습은 그 시대의 제 제도를 배경으로 계속 발전 · 변화하므로 그 내용이 고정된 통일규칙과는 다르다.[11] 국제상관습은 그 실태조사의 시점에서 통일규칙 가운데 고정되어

11) I.C.C., *Incoterms 1953*, The purpose § 3, p.6.

10-20년씩 이용되므로 세월이 흐름에 따라 실제의 상관습과 통일규칙간에는 괴리현상이 생긴다. 이에 통일규칙은 일정한 기간이 지난 후에는 변화된 거래 관습의 해석기준에 맞추어 변경되어야 한다.[12)]

2. 국제통일규칙

국제거래계약은 일반적으로 언어 · 관습 · 법률이 다르며, 역사적 · 경제적 · 사회적 배경이 상이한 국가간에 이루어지므로 국내거래에서 고려할 수 없는 여러 가지 위험이 야기된다. 그런데 무역조건은 실제의 거래에서 용어나 관용이 국제적으로 통일되어 있지 않기 때문에 매매당사자 사이에 여러 가지 오해가 발생하여 분쟁이 야기되는 경우도 많아, 이와 같은 오해와 분쟁을 회피하기 위하여 해석기준으로서의 국제적 통일규칙이 몇몇의 국제기관에 의하여 제정되었다.

국제적 해석기준으로서의 통일규칙은 상관습법의 경우와 마찬가지로 그 안에 채용된 거래관습은 그 시점에서 통일규칙으로 고정화된다. 따라서 상거래의 배후에 있는 여러 제도의 발달에 의해서 부단히 변화하고 발전하는 성질이 있는 거래관습과는 별개의 것이다. 그러나 국제거래계약의 근간이 되는 FOB, CIF 등에 관한 거래관습이 국제무역에서 국제적 적용력을 가짐으로써 정형거래조건화하게 된 것은 이에 대한 국제적인 통일규칙이 제정됨으로써 가속화되었다고 할 수 있다.

이와 같이 국제거래계약조건의 정형화는 민간수준의 국제기관이나 동업자조합에 의하여 제1차 세계대전 후인 1920년 이래 계속하여 기획 · 추진되어 왔으며, 그 결과 ① Incoterms(International Rules for the Inter pretation of Trade Terms)와 ② 개정 미국무역정의(Revised American Foreign Trade Definition, 1941) ③ Warsaw-Oxford Rules for CIF Contract, 1932 등이 주요 국제거래규칙으로 탄생된 것이다. 하지만 여기에서는 국제거래에서 일반적으로 가장 널리 통용되고 최신의 내용을 담고 있는 Incoterms 2010에

12) 주의해야 할 것은 통일규칙이 과거시점에서 거래관습의 해석기준이지, 변화되고 있는 현시점에서의 해석기준이 아니라는 점이다. 옥선종, 『무역관습론』, 법문사, 1984, pp.45~47.

의한 정형무역거래조건을 중심으로 살펴보고자 한다.

3. INCOTERMS 2010

(1) Incoterms 2010의 의의

Incoterms란 국제거래에 있어서 각국 거래관행상의 차이에 따른 무역조건 해석상의 상이로 발생하는 국제거래분쟁을 없애고 국제거래의 관습과 용어의 통일을 위하여 제정한 국제통일규칙이다. 1920년 국제상업회의소(ICC)가 창립된 후 최초의 사업으로 착수한 것이 정형무역거래조건의 통일이었다. 파리의 ICC본부 안에 정형무역거래조건위원회(Trade Terms Committee)를 설치하여 우선 각국에 관용되고 있는 정형무역거래조건에 대한 실태조사를 요청, 정형무역거래조건의 해석에 관한 국제적 통일규칙의 초안을 만들었는데 이것이 'International Rules for the Interpretation of Trade Terms'(무역조건의 해석에 관한 국제규칙)−약칭 'Incoterms 1936'이다.[13)]

Incoterms 1936은 제정된 이후 새로운 국제무역환경의 변화에 적극적으로 대응하고자 그동안 제1차(1953년), 제2차(1967년), 제3차(1976년), 제4차(1980년), 제5차 개정(1990년) 및 제6차 개정(2000년)을 거쳐 2년 반 동안의 개정작업을 마치고 2010년 9월에 공포되었고 국제상관습위원회(Commission on International Commercial Practice)에 의하여 공식적으로 채택되어 2011년 1월 1일부터 Incoterms 2010으로 거듭나게 되었다.

Incoterms 2010에서 규정된 정형무역거래조건은 구성면에서 실무적으로 식별하기 쉽게 11개의 무역조건을 E, F, C 및 D그룹으로 그룹화하여 분류하였고, 거래조건을 운송수단에 따라 모든 운송방식용과 수상운송방식의 2개 부류로 분류하였다. 첫째 부류는 모든 운송방식에 이용이 가능하고 또한 운송방식이 두 개 이상인 경우도 이용이 가능하고, 해상운송이나 내수로 운송이 포함되지 않은 경우에도 이용이 가능하다. 첫째 부류의 거래조건에는 EAW, FCA, CPT, CIP, DAT, DAP, DDP 등 7개가 있다. 둘째 부류는 해상 및 내수로 운송에만 이용이 가능한 거래조건으로 물품인도지

---

13) 上篇西三, 『貿易慣習』, 東洋經濟新報社(東京), 1959, p.44.

점과 매수인에게 운송되어져야 하는 장소가 모두 항구인 경우에만 이용이 가능하다. 둘째 부류에는 FAS, FOB, CFR, CIF 등 4개가 있다. 또한 Incoterms 2010에서는 이용이 적은 거래조건 DAF, DES, DEQ, DDU 등 4개를 삭제하고, 현행 무역관행을 반영하여 관행에 맞는 거래조건 DAT, DDP를 추가하였다. 이에 따라 전체 거래조건의 수는 13개에서 11개로 축소되었다.14)

〈표 14-4〉 Incoterms 2010

구 분	자격 조건		전신약호
	모든 운송형태가 가능한 조건	내륙수운/해운운송에만 가능한 조건	
출발지 인도조거 (Group E)	작업장인도(E Works)		EXW
운임미지급 인도조건 (Group F)	운송인인도 (Free Carrier)		FCA
		선측인도 (Free Alongside Ship)	FAS
		본선인도 (Free On Board)	FOB
운임지급 인도조건 (Group C)	운임지급인도 (Carriage Paid To)		CPT
	운임 · 보험료지급조건 (Carriage and Insurance Paid To)		CIP
		운임포함인도 (Cost and Freight)	CFR
		운임 · 보험료포함인도 (Cost, Insurance and Freight)	CIF
도착지 인도조건 (Group D)	관세지급인도 (Delivered Duty Paid)		DDP
	도착터미널인도 (Delivered at Terminal)		DAT
	도착장소인도 (Delivered at Place)		DAP

(2) Incoterms 2010의 내용

Incoterms 2010에서는 국제거래조건을 다음과 같이 4가지 세분하여 규정

14) 김상만, "Incoterms 2010의 개정내용에 대한 법적 고찰", 홍익법학, 제12권 제2호, 2011, pp.64-65.

하고 있다. 첫 번째 유형은 오직 상품을 제조하기만 하는 수출자에 의해 붙여진 유형으로 E-terms인 EX works 조건이다. EX works 조건에서 수출자는 자신의 공장이나 건물 안에서 직접 수입자에게 상품을 매매한다. 두 번째 유형은 수입자가 지명한 운송인에게 수출자가 상품을 인도하는 것으로 F-terms인 FCA, FAS 및 FOB 등이 있다. 세 번째 그룹은 G-terms인 CFR, CIF, CPT 및 CIP들로 매도인인 수출자가 운송계약을 체결하지만, 선적 및 출항 후 발생하는 물품의 멸실이나 훼손 그리고 추가비용들에 대해서 수출자가 부담하지 않는다. 네 번째 유형은 DAT, DAP 및 DDP 등과 같은 D-terms들로 매도인인 수출자가 물품을 바이어의 국가까지 운송하는데 따른 모든 위험과 비용을 부담하는 조건이다.[15)]

1) 출발지인도조건(Group E : Departure)

매도인 자신의 작업장 구내에서 매도인이 매수인에게 물품을 인도하는 유일한 조건

① Ex Works(작업장인도조건 : EXW)

EXW는 매도인이 계약물품을 매도인의 건물(예 : 작업장, 공장, 창고 등)에서 인도가 가능하도록 매수인의 임의처분상태로 준비하는 것만이 매도인의 인도의무를 다하는 것이다. 특히, 별도의 합의가 없는 한, 매도인은 매수인이 준비한 차량에 계약물품을 적재하여야 할 책임은 없다. 매수인은 계약물품을 매도인의 건물에서 원하는 목적지까지의 운송과정에서 발생하는 모든 비용과 위험을 부담하게 됨으로써 매도인에게는 최소의무를 부담시키는 조건이다.

2) 운임미지급조건군(Group F : Main Carriage Unpaid)

매도인은 매수인이 지명한 운송인에게 물품을 인도하도록 요구되는 조건들

---

15) 송채헌 외, 『무역경영론』, 두남, 2011, p.159.

① Free Carrier(운송인인도조건 : FCA)

FCA조건은 매도인이 지정장소 또는 지정지점에서 매수인이 지정한 운송인의 관리하에 수출통관된 계약물품을 인도할 때 매도인의 인도의무가 완수되는 무역거래조건이다. FCA는 복합운송에 많이 이용된다.

② Free Alongside Ship(선측인도조건 : FAS)

FAS조건은 물품이 지정선적지항의 부두에서 또는 부선으로 선측에 점유 · 이전될 때 매도인의 물품인도의무는 종료되며 이 시점에서 그 이후의 계약물품에 대한 모든 비용과 위험이 매수인에게 이전되는 거래조건을 의미한다. FAS조건은 해상 및 내수로 운송에 사용되며, 일반화물의 수출입에는 별로 이용되지 않고 주로 본선에 선적하는데 비용이 많이 드는 원목 · 원면 · 곡물 등 대량의 화물에 주로 이용된다.

〈표 14-5〉 인도장소가 매도인의 구내인 경우 EXW규칙과 FCA규칙의 차이점16)

비용의 내용	EXW 규칙	FCA 규칙
① 매도인의 구내에서의 수취용 차량에의 적재비용	매수인	매도인
② 수출행정절차와 관련된 다음의 공적 비용		
㉮ 매수인의 요청에 따라 수출허가 또는 공적인가의 취득에 협조를 제공하기 위하여 매도인이 부담한 비용	매수인	-
㉯ 수출허가 도는 기타 공적인가의 취득비용	매수인	매도인
㉰ 수출통관절차의 수행비용	매수인	매도인
㉱ 수출관세 · 조세 및 기타 요금	매수인	매도인
③ 수출국 당국이 명령한 선적전 검사의 비용	매수인	매노인

자료: 전순환, Incoterms 2010의 비용분배조항에 관한 연구, 「통상정보연구」, 제14권 3호, 2012, p.490.

③ Free on Board(본선인도조건 : FOB)

FOB조건이란 물품이 지정선적항에서 본선의 난간을 통과할 때 매도인의 의무가 종료되는 것을 말한다. 즉, 이 지점에서부터 계약물품의

16) 전순환, "Incoterms 2010의 비용분배조항에 관한 연구", 통상정보연구, 제14권 3호, 2012, p.490.

멸실 또는 훼손의 모든 비용과 위험을 매수인이 부담하여야 하는 거래조건을 말한다.

즉, 이 조건은 매도인이 선적항에서 계약물품을 매수인이 지정한 본선상(on board)에 인도함으로써 그 때부터 비용과 위험의 부담으로부터 면제되며, 매수인이 그 후 발생하는 제 비용과 위험을 부담하는 조건이다. Incoterms 상의 여러 조건들 가운데 가장 많이 채용되고 있는 국제매매관습의 하나로서, CIF계통의 매매조건과 함께 수출항에서 물품인도를 조건으로 하는 '선적지매매'의 대표적인 거래조건으로 해상 및 내수로 운송에 이용된다.

3) 운임지급조건군(Group C : Main Carriage Paid)

매도인이 목적지까지 운임이나 보험료를 부담하지만 그 책임은 선적지항의 본선이나 운송인에게서 끝나도록 하는 조건들

① Cost and Freight(운임포함조건 : CFR)

CFR조건에서는 매도인은 계약물품의 대금과 그 물품을 목적지항까지 운송하는데 필요로 하는 운임을 지급하여야 하며 운송 중의 멸실과 훼손에 대한 위험부담 및 기타 비용의 증가분에 대한 책임은 계약물품이 선적지항에서 본선의 난간을 통과할 때 매도인으로부터 매수인에게 이전되는 거래조건이다. CFR조건은 선적지항에서의 계약물품의 선적원가(cost), 목적지항까지의 운임(freight)을 병산한 복합가격으로 계약을 체결하는 조건으로 해상운송 및 내수로운송에 이용된다.

② Cost, Insurance and Freight(운임보험료포함조건 : CIF)

CIF조건이란 매도인이 도착항까지의 운임과 보험료를 부담하는 조건이다. 즉 CIF조건은 계약가격이 선적항에서의 계약물품의 선적원가(cost), 목적항까지의 보험료(insurance) 및 운임(freight)으로 구성되는 것을 의미하며, 전술한 FOB조건과 함께 가장 많이 이용되는 정형거래조건이다. 동조건에서는 매도인은 단지 최소의 담보범위로 보험을 부

보할 것이 요구되며, 본 조건은 매도인이 수출품을 통관할 것을 요구하는데, 단지 해상운송 또는 내륙수로운송에만 사용될 수 있다.

또한 CIF계약은 계약물품 그 자체의 매매계약이 아니고 계약물품과 관련된 서류의 매매계약이다. 즉, 계약물품이 도착될 것이라는 계약이 아니고 다만 매매계약에 일치하는 계약물품을 선적하고 별도의 특약이 없는 한, 목적지까지의 일반적인 운송계약을 체결하고 항해 중 계약물품에 대한 일반적인 보험계약을 체결하여 이들 서류를 계약물품의 대금지급과 상환으로 제시할 것을 약정하는 계약인 것이다. 그러므로 일반적인 CIF계약에서 매도인의 물품인도의무는 그 계약물품을 표시하는 선하증권을 제시함으로써 완수되는 것이다.

③ Carriage Paid To(운임지급조건 : CPT)

CPT조건은 매도인이 지정목적지까지의 운임을 지급하는 거래조건이다. 그러나 일체의 비용증가는 물론 계약물품의 멸실 또는 훼손에 대한 위험은 본선상의 난간에서가 아니라 운송인(carrier)에게 또는 후속운송인이 참여하게 되는 경우 최초의 운송인에게 인도완료되었을 때 매도인으로부터 매수인에게로 이전되는 것이다. 그리고 본 조건은 매도인이 수출품을 통관할 것을 요구하는데, 이는 복합운송을 포함한 여하한 방식의 운송이 될 수 있다.

④ Carriage and Insurance Paid To(운임보험료지급조건 : CIP)

CIP조건은 CPT조건과 동일한 것이지만, 단지 매도인이 운송 도중 계약물품의 멸실 또는 훼손에 관한 매수인의 위험에 대하여 적하보험을 수배하여야 한다. 그러므로 본 조건은 보험에 관한 조항을 제외하고는 전술한 CPT조건과 동일하다. CIP조건에서는 매도인이 보험계약을 체결하고, 보험료를 지급하여야 하며, 매수인은 CIP조건하에서 매도인이 단지 최소의 담보범위로 보험을 부보할 것이 요구된다는 점에 유의하여야 한다.

또한 본 조건은 매도인이 수출품을 통관할 것을 요구하는데, 이는 복합운송을 포함하여 여하한 방식의 운송에 사용될 수 있다.

4) 도착지인도조건군(Group D : Arrival)

매도인이 목적국가까지 물품을 운반하는 데 소요되는 모든 비용과 위험을 부담하여야 하는 조건들

① Delivered At Terminal(터미널인도조건 : DAT)

DAT조건이란 매도인이 지정목적항 또는 지정목적지에 소재하는 지정터미널까지 운송하여 그 지정터미널에서 매수인의 임의처분상태에 놓는 거래조건이다. 여기서 '터미널'은 부두, 창고, 컨테이너 야드, 도로·철도·항공터미널 등을 포함하며, 지붕의 유무를 불문한다. 매도인은 지정목적항 또는 지정목적지까지 운송하는 주운송수단에서 하역하고 나아가 지정터미널까지 다시 운송하여 지정터미널에서 하역해야 한다. 매도인은 물품을 운송하고 지정항구나 목적지의 터미널에서 양하하는데 필요한 모든 위험을 부담한다.[17] 지정목적항까지만 운송하고 하역하지 않은 상태로 매수인에게 인도하는 Incoterms 2000의 DES, 또는 지정목적항에서 하역까지 하는 Incoterms 2000의 DEQ 보다는 매도인의 의무가 더 크다.[18]

② Delivered At Place(도착인도조건 : DAP)

DAP조건이란 매도인이 지정목적지(또는 지정목적지의 합의지점)에서 도착운송수단의 하역준비상태로 매수인의 임의처분상태에 놓는 거래조건이다. 지정장소까지의 모든 위험은 매도인이 부담한다. 매도인이 수입통관 없이 지정목적지에서 인도한다는 점에서 Incoterms 2000의 DDU와 유사하다. DAP는 매도인이 수입통관을 하지 않는다는 점을 제외하고는 DDP와 동일하다.[19]

③ Delivered Duty Paid(관세지급인도조건 : DDP)

DDP조건이란 매도인이 계약물품을 수입지국의 지정장소에서 매수인

---

17) 송채헌 외, 전게서, p.177.
18) 김상만, 전게서, p.74.
19) 김상만, 상게서, p.76.

이 인수가능하게 될 때 매도인은 그의 인도의무를 완료하게 되는 거래조건이다. 매도인은 계약물품을 그 지정장소에 매수인이 인수가능하게 될 때까지의 관세, 조세 및 기타 물품인도비용을 포함하여 모든 위험과 비용을 부담하야야 한다. 물론 본 조건에서는 매도인이 수입통관도 하여야 한다.

본 조건은 만약 매도인이 직 · 간접적으로 수입허가의 취득이 불가능한 경우에는 사용되어서는 안 된다. 또한 당사자들이 매도인의 의무로부터 물품의 수입에 지급되는 일부비용(부가가치세 VTA 등)을 제외하기를 원한다면 'Delivered Duty Paid. VAT unpaid, . . .(named place of destination)'와 같이 이러한 효과를 가지는 용어를 추가함으로써 이를 명백히 하여야 한다.

본 조건 운송방식에 관계없이 여하한 경우에도 사용할 수 있으며, '작업장인도조건(EXW)'이 매도인측에서 볼 때 최소의 의무를 나타내고 있는데 반면 '관세지급인도조건(DDP)'은 최대의 의무를 나타내고 있다.

15 국제운송 · 보험 · 결제

제1절 국제운송

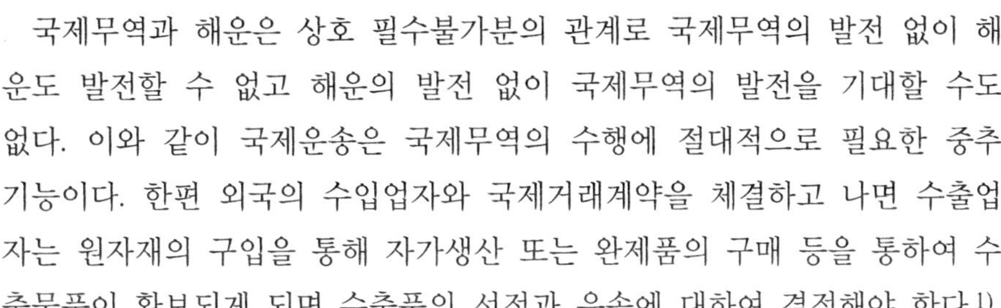

국제무역과 해운은 상호 필수불가분의 관계로 국제무역의 발전 없이 해운도 발전할 수 없고 해운의 발전 없이 국제무역의 발전을 기대할 수도 없다. 이와 같이 국제운송은 국제무역의 수행에 절대적으로 필요한 중추 기능이다. 한편 외국의 수입업자와 국제거래계약을 체결하고 나면 수출업자는 원자재의 구입을 통해 자가생산 또는 완제품의 구매 등을 통하여 수출물품이 확보되게 되면 수출품의 선적과 운송에 대하여 결정해야 한다.[1]

1. 해상운송

(1) 해상운송의 의의와 형태

운송(transportation)이란 '사람이나 상품을 어떤 장소에서 다른 장소로 이동시키는 것으로서, 그 사이 상품의 형태나 성질을 물리적 또는 화학적으로 변화시키지 않는 것'[2]이 운송의 가장 기본적인 개념이다. 따라서 국제운송(international transportation)이라 하면 사람이나 상품의 이동이 국제간에 이루어지는 것을 의미한다.

---

1) 최해범 외, 전게서, pp.348~357.
2) 임석민, 『국제운송론』, 유천서원, 1992, p.5.

전통적인 국제물품운송에는 해상 · 육상 및 항공운송이 있으나 이중에서 오늘날까지 국제물품운송을 주도하고 있는 운송형태는 해상운송이라고 할 수 있다. 해운의 기원은 수세기 이전부터 발전하고 있는데, 이는 수산업과 국가 간의 교역이 이루어짐에 따라 필연적으로 발전하였다고 볼 수 있다. 역사적으로 상선항로는 기원 전 30세기경에 이집트인이 레바논과 곡물, 파피루스지, 목재 등의 해양무역을 영위하면서 시작되었다고 볼 수 있다.[3] 해운은 그 특성상 비교적 안전 · 정확 · 신속성이 있고 대량의 화물을 염가로 운송할 수 있기 때문에 국제거래에서 중요한 운송수단의 위치를 차지하고 있으며, 특히 3면이 바다로 둘러싸인 우리나라의 경우 수출입화물은 일부의 항공운송을 제외하고 거의 전부를 해상운송에 의존하고 있기 때문에 해상운송의 중요성은 더욱 크다고 할 수 있다. 그러나 최근에 들어와서 항공기의 발달로 항공운송이 증가일로에 있을 뿐만 아니라 해상운송의 컨테이너화를 계기로 복합운송 또한 비약적인 발전을 하고 있다.

한편 해상운송은 선박의 운송형태에 따라 정기선운송, 부정기선운송 및 특수전용선운송 등으로 구별되는데 이들 운송에 투입된 선박을 각각 정기선 · 부정기선 및 특수전용선이라고 한다. 먼저, 선박회사가 동일 항로에 정기적으로 선박을 운항할 경우를 정기선(liner)운송이라 하며, 정기선은 운송품의 과소에 상관없이 운송을 하므로 고정비용이 많이 소요되어 부정기선에 비하여 일반적으로 운임이 높다.

이에 반해 부정기선(tramper)은 고정된 운항일정과 항로가 없기 때문에 항로의 자유선택 가능과 곡물 · 광석 등을 비롯한 일반원료공급을 주요대상으로 하고 있다. 그리고 운임은 그 당시의 수요와 공급에 의하여 선주와 화주간의 협의로 결정된다.

특수전용선운송은 광의로는 부정기운송의 일종이나 특수전용선에는 특정 종류의 화물의 운송에 적합한 특수한 시설이 갖추어져 있다. 특수전용선에는 수산물과 청과를 운송하는 냉동선(refrigerated ship), 유류를 수송하

---

3) 岡庭博, 『海運成長の理論』, ダイヤモイソト社, 1978, p.16.

는 유조선(tanker), 곡물에 쓰이는 전용선, 목재전용선(log carrier, lumber carrier), 자동차수송전용선(car carrier) 등이 있다. 이러한 특수전용선은 그 대상 화물에 관한 한 일반화물선에 비해서 운송비용의 저하와 운송의 질적 향상을 가져온다.

(2) 해상운송의 특징

해상운송이란 물품을 옮겨줌으로써 효용을 극대화시킬 수 있는 장소적 효용을 창출하는 생산행위이며[4], 바다를 그 활동무대로 하고 있기 때문에 독특한 성격을 지닌다.

첫째, 해상운송의 가장 현저한 특징은 화물의 대량운송과 관련된 것인데, 한 번에 대량의 화물을 운반할 수 있는 운송수단으로는 선박을 필적할 만한 운송수단이 없다.

둘째, 해상운송의 운송비는 다른 운송수단의 철도 · 항공 등의 운송비와 비교할 때 굉장히 저렴하다고 할 수 있다. 선박은 바다라는 천연의 통로를 비교적 저속으로 운항하여 철도 및 도로와 같이 막대한 투자를 요구하지 않을 뿐 아니라, 항공기처럼 극도로 정밀한 것을 요구하지 않기 때문에 상대적으로 운송원가가 낮아서 저렴한 운송서비스를 창출해 내고 있다.

셋째, 대부분의 해상운송은 대륙을 잇는 장거리운송에 이용되고 있다. 물론 항공기에 의한 항공운송 또한 주로 장거리운송에 사용되고 있다는 점에서 해상운송과 공통성을 지니고 있다고 할 수 있다.

넷째, 해상운송은 철도 · 자동차와 같이 일정한 통로의 제약을 받지 않는 바다라는 천연의 통로를 자유로이 이용할 수 있다는 것도 해상운송의 중요한 특징 중의 하나로 지적할 수 있다.

다섯째, 물론 국내에서의 연안해운도 존재하지만 대부분의 해상운송은 국제간에 이루어진다고 할 수 있다. 이를 해상운송의 국제성이라 한다. 이는 철도나 자동차가 주로 국내만을 활동무대로 하고 있음에 비추어 해상운송과 항공운송이 지니는 공통적인 특징이라고 할 수 있다.

4) 전외술, "한 · 일 해운업의 국제경쟁력에 관한 실증적 연구", 경희대학교, 1994, p.14.

여섯째, 오늘날 운항되고 있는 대부분의 선박은 저속으로 운항되고 있는데, 항공기뿐만 아니라 자동차, 기차에 비교해서도 가장 느린 운송수단이 해상운송이다. 이와 같이 속도가 느리기 때문에 다른 운송수단에 비해 운임이 저렴해서 경쟁력을 유지할 수가 있다.

(3) 해상운송계약

국제매매계약에서 수출입화물을 해상운송하기 위해서는 수출입화물을 적재할 선복(船腹)을 확보하여야 한다. 이러한 선복을 확보함에 있어서는 화물의 종류와 수량에 따라 선박회사와 화물의 운송을 의뢰하는 송화인 사이에 체결된다.

개품운송계약은 선박회사가 다수의 화주로부터 화물을 개별적으로 집화·인수하여 화물운송계약을 각 화주와 개별적으로 체결하는 것을 말하며 많은 화물을 여러 화주로부터 인수하여 혼적(混積)하므로 주로 정기선에 의하는 경우가 많다. 운송계약의 증거로 선하증권(Bill of Lading : B/L)이 통상 발행된다. 오늘날에는 물류자동화시스템인 KL-Net가 구축되어 있어 화주와 선주 간의 운송계약절차가 간소화되었고, EDI 시스템 등을 이용하여 시간과 비용도 많이 절약할 수 있다. 주요 정기 선박회사들은 중·단기 운항계획을 자사의 홈페이지에 고시하거나 화주들에게 정기적으로 제공하기 때문에 화주는 선박의 운항계획을 쉽게 알 수 있고 표준화된 선적신청서를 사용하기 때문에 적합한 선박을 인터넷으로 자동 예약할 수 있다.[5)]

이에 반해 용선운송계약(contract of carriage by charter party)은 송화인이 선박회사로부터 선복의 전부 또는 일부를 빌려 화물을 운송하는 경우에 사용되며, 이는 개품운송계약과는 달리 계약서의 작성형식을 취하는데, 이를 용선운송계약서(Charter Party : C/P)라 한다.

2. 컨테이너운송

(1) 컨테이너운송의 의의

5) 구종순 외, 『무역개론』, 박영사, 2007, p.318.

컨테이너(container)란 물적 유통(physical distribution) 부문의 포장, 수송, 하역, 보관 등 모든 과정에서 육 · 해 · 공로상의 세 가지 원칙인 경제성, 신속성, 안정성을 최대한으로 충족시키고 화물운송 도중 화물의 이적 없이 일관 운송을 실현시킨 혁신적인 운송도구를 말한다. 따라서 이러한 컨테이너라는 운송도구를 사용하여 국제물품을 운송하는 경우를 컨테이너 운송이라 한다.

컨테이너 운송은 세계경제의 성장과 함께 교역량의 증대에 따른 원활한 수송을 위하여 화물운송의 고도화, 전문화, 대형화와 함께 이를 뒷받침할 기술의 혁신을 필요로 하게 되어 Door to Door Service라는 획기적인 운송혁명이 이룩됨에 따라 화주와 선박회사에 제반 편의를 제공하고 있다.

컨테이너 운송은 복합일관 수송을 전제로 하여 문에서 문으로(Door to Door)란 복합어가 된 것이므로 운송수단도 해상운송만의 것이 아니라, 트럭이나 철도 등의 육상운송, 항공기에 의한 항공운송도 당연히 그 일익을 담당한다.

(2) 컨테이너운송의 장단점

컨테이너운송은 물적 유통과정에서 운송의 3대 원칙인 경제성, 신속성, 안전성을 최대한 충족시킴으로써 화주, 선박운송업자, 도로운송업자, 철도운송업자, 항공운송업자 등 여러 부문의 이용자에게 상당한 이점을 제공하고 있다.

첫째, 화물포장비, 해상운임, 육로수송비, 창고비, 하역비, 인건비, 사무비 등의 절감과 안전성에 의한 보험조건이 안화되어 경제성을 가진다. 둘째, 컨테이너선은 최근에 고속엔진으로 제조되었기 때문에 일반운송에 비하여 하역이나 운송시간을 단축할 수 있고 사무절차의 간소화에 따른 업무의 능률화를 기할 수 있어 신속성을 제공한다. 셋째, 모든 화물이 안전하고 견고하며, 밀폐된 용기에 의해서 운반되므로 하역작업 및 수송에 있어서 파손 및 도난의 염려없이 안전하게 관련 작업을 전천후적으로 할 수 있다.

그러나 컨테이너 운송은 이상과 같은 장점에도 불구하고 컨테이너 운송기구 준비에 따른 거대 자금의 필요와 컨테이너의 내적화로 인한 규격화되지 않은 화물의 이용 곤란성 그리고 컨테이너선 갑판적 이용에 따른 갑판적재 화물에 대한 높은 할증보험료적용으로 인한 단점도 동시에 가지고 있다.

(3) 컨테이너 화물의 운송형태

컨테이너 화물의 운송형태는 화물의 양, 목적지, 집하방식 및 운송형태의 범위에 따라 다르며, 운송형태에 따라 운임구조 및 책임한계 등이 다르다.

1) CFS/CFS[6] 운송

선적항의 CFS로부터 목적항의 CFS까지 컨테이너에 의해서 운송하는 방법으로서 가장 초보적인 이용방법이다. CFS/CFS 운송은 Pier to Pier 또는 LCL/LCL[7] 운송이라도 부르며 운송인이 여러 화주로부터 컨테이너에 가득 채울 수 없는 소량화물(LCL 화물)은 목적지별로 분류하여 한 컨테이너에 혼재운송하여 목적항의 CFS에서 여러 수화인에게 화물을 인도하는 운송방법이다.

2) CFS/CY[8](LCL/FCL[9]) 운송

운송인이 지정한 선적항의 CFS로부터 목적지의 CY까지 컨테이너에 의해서 운송되는 화물운송형태로서 운송인이 여러 송화인들로부터 화물을 선적항의 CFS에 집하하여 컨테이너에 적입한 후 최종목적지의 수화인의

---

6) CFS(Container Freight Station)란 컨테이너 화물조작장으로 선박회사나 그 대리점이 선박할 화물을 화주로부터 인수하거나 양하된 화물을 화주에게 인도하기 위하여 지정한 장소를 말한다.

7) LCL이란 Less than Container Load의 약자로서, 컨테이너 혼재용 소량화물을 말한다.

8) CY(Container Yard)란 컨테이너 야드로서 한 개의 컨테이너에 완전히 채울 수 있는 분량의 화물, 즉 FCL Cargo의 경우에 선박회사나 그 대리점이 화주에 의하여 화물이 내재된 컨테이너를 선적하기 위하여 화주로부터 인수하거나 양륙된 컨테이너를 화물이 적재된 상태로 화주에게 인도해 주기 위하여 지정된 장소를 말한다.

9) FCL이란 Full Container Load의 약자로서 컨테이너 만재화물을 말한다.

공장 또는 창고까지 화물을 운송한다. 이 운송형태는 CFS/CFS에서 한 단계 발전한 운송방법으로서, 일반적으로 대규모 수입업자가 여러 송화인들로부터 각 LCL 화물들을 인수하여 일시에 자기 지정창고까지 운송하고자 하는 경우에 이용하기 좋으며, 현재 우리나라에 가장 많이 보급되고 있다.

3) CY/CFS(FCL/LCL) 운송

CY/CFS 운송형태는 적양지를 뒤바꾼 형태로서 선적지의 운송인이 지정한 CY로부터 목적항의 지정 CFS까지 컨테이너에 의한 화물운송방식이며, 한 사람의 송화인과 여러 사람의 수화인으로 구성되고 있다. 이 방법은 한 수출업자가 수입국의 여러 수입업자에게 일시에 화물을 운송하고자 할 때에 많이 이용된다.

4) CY/CY(FCL/FCL : door to door) 운송

컨테이너의 장점을 최대한도로 이용한 운송방법으로서, 수출업자의 공장 또는 창고에서부터 수입업자의 창고까지 육 · 해 · 공을 연결하는 컨테이너에 의한 일관운송형태로 수송되는 방법이며, 운송 도중 컨테이너의 개폐없이 운송된다. 이것은 운송의 3대 원칙인 신속성 · 안전성 · 경제성을 최대한으로 충족시켜 컨테이너의 목적을 완전하게 달성시키는 운송형태로서, 수입업자의 창고까지 상품을 운송하고자 하는 경우에 이용된다.

3. 국제복합운송

(1) 복합운송의 의의 및 요건

복합운송(combined transport)[10)]이란 특정화물을 해상운송 · 내수운송 · 항공운송 · 철도운송 · 도로운송과 같은 운송형태 중에서 두 가지 이상의 운송형태(운송수단)를 복합적으로 이용하여 출발지에서 최종목적지까지의 운송구간을 일관수송하는 것을 말한다. 이러한 국제복합운송은 1960년대

---

10) UNCTAD, *United Nations Convention on International Multimodal Transport of Goods*, 1980, Article 1. & UNCTAD/ICC, *Rules for Multimodal Transport Documents*, 1991, Rule 2-1.

이후 컨테이너가 해상운송에 본격 도입되면서 육상과 해상을 중심으로 괄목하게 성장하여 왔는데, Door to Door수송을 목적으로 출발지에서 도착지까지의 일관수송을 특히 복합일관수송이라 부르고 있으며 화물포장의 간이화, 하역의 합리화, 수송의 정확 · 신속화, 화물사고의 감소, 비용의 절감 등 많은 이점을 가지고 있다.

복합운송에서는 반드시 이종(異種) 운송수단의 결합에 의하여 이루어져야 하고 복합운송인 1인에게 전운송구간의 책임을 집중시킬 수 있으며, 복합운송증권(Combined Transport Document : CTD)이 발행된다.

한편 이상에서 살펴본 복합운송의 개념을 종합하여 볼 때 복합운송은 ① 운송에 대한 모든 책임에 있어 복합운송인이 전 연결운송에 대하여 운송중개인이 아닌 주체로서 전구간 단일책임(uniform liability)을 부담, ② 반드시 두 가지 이상의 서로 다른 운송방법의 이용, ③ 단일운임의 청구권, ④ 복합운송증권(Combined Transport Document : CTD) 발행과 같은 몇 가지 요건을 지니고 있어야 한다.

(2) 복합운송인과 책임형태

복합운송서류를 발행하는 자를 복합운송인(Combined Transport Operator : CTO, Multimodal Transport Operator : MTO)이라고 한다. 복합운송인은 VOCTO(Vessel Operating Combined Transport Operator)와 NVOCTO (Non-Vessel Operating Combined Transport Operator)로 구분된다. VOCTO란 자신이 직접 운송수단(선박, 항공기 등)을 보유하면서 복합운송인의 역할을 수행하는 자, 즉 실제운송인(actual provider of transport) 형태의 복합운송인을 말한다. 이에 반하여 NVOCTO란 실제 운송수단을 보유하지 않으면서 복합운송인의 역할을 수행하는 자, 즉 계약상의 운송인(contractual carrier)으로서 운송중개인을 말한다.

한편 여러 가지 운송방식의 결합으로 이루어지는 복합운송의 전 구간에 대하여 책임을 지는 복합운송인의 책임문제는 많은 경우에 분쟁을 초래하기 때문에 중요하다고 할 수 있다. 이러한 복합운송인의 책임체계와 관련해서는 단일책임체계와 복수책임체계로 구분하여 살펴볼 수 있다. 단일책

임체계(uniform liability system)란 송화인이 최초의 운송인인 복합운송인과 전 운송구간에 대하여 운송계약을 체결하고 이 운송인이 모든 책임을 지며 후속운송인은 하청운송인으로서 운송하는 것이다. 즉, 전구간운송 중에 물품의 멸실이나 손상 등 손해가 발생하면 처음의 운송인이 책임을 지는 형태이다. 이에 반해 복수책임체계(network liability system)는 이종책임체계라고도 하며, 이 제도는 송화인이 최초의 운송인인 복합운송인과 전운송구간에 대하여 운송계약을 체결하고 후속운송인은 최초의 운송인과 송화인 간의 전구간운송계약을 증명하는 한 통의 운송증권으로서 순차적으로 운송물품을 계승하면서 연계 또는 연대운송을 한다. 이 제도하에서는 운송 도중에 물품의 멸실이나 손상 등 손해가 발생하면 각 운송인이 각자 운송한 구간에 있어서의 손해만을 책임지게 된다.

(3) 복합운송증권

복합운송증권(Combined Transport Document : CTD)이란 복합운송계약을 증명하기 위해서 복합운송인이 발행한 증권이다. 복합운송증권은 발행자인 복합운송인(Combined Transport Operator : CTO)이 증권에 기재된 화물의 종류, 수량, 상태 등을 수탁지로부터 목적지까지의 운송을 위하여 자기의 지배하에 수취하였음을 증명하는 공식적 수취증(formal receipt)이며 그 증권의 발행 이전에 이미 체결한 계약의 내용과 조건을 구체적으로 입증하는 운송계약증서이므로 유통성 복합운송증권은 수화인(consignee)의 배서 또는 인도에 의하여 물품의 처분권이 주어지는 물권증권으로서 유가증권의 성격을 띠고 있다.[11] 이러한 복합운송증권의 종류는 그 형태에 따라 "Bill of Lading(B/L)"이라는 말이 붙은 선하증권형식의 복합운송권, 복합운송증권에 적하보험이 명시되어 있는 보험부 복합운송증권, 신용장상에 국제상업회의소(ICC)의 복합운송증권 통일규칙에 준하는 증권을 요구하는 복합운송증권 통일규칙에 의한 증권 등이 있다.

---

11) UNCTAD, *United Nations Convention on International Multimodal Transport of Goods, 1980*, Article 1 Paragraph 4, Article 10.

4. 항공운송

(1) 항공운송의 의의

최근 교통기술의 발달로 인하여 항공수송의 비중은 매년 증가하고 있다. 항공화물수송의 특징은 무엇보다도 고속수송인데, 세계 주요 도시의 공항이 정비되어 내륙지역까지의 직송범위가 확대되고, 동시에 컨테이너 수송체계가 개발되어 적양 · 하역이 간편화되어 화물의 손상률이 뚜렷하게 감소한 것도 그 이점이 되고 있다. 고속수송은 금리, 즉 자금부담을 감소시키고 손상률의 감소는 보험률을 내리게 하였다. 따라서 이러한 이점을 최대한으로 살린 상품, 예컨대 활선어, 동식물, Fashion제품, 고급 잡화, 정밀기기, 전기제품 등의 항공수송에 대한 의존도가 급격하게 증가되었다.

(2) 국제항공운송관계법의 발달

국제협약의 결과로 물품의 항공운송을 규제하는 법령체계가 확립되어 있는데, 항공운송업은 다음의 세 가지로 구분된다.

① 1929년 Warsaw에서 체결된 국제항로운송에 관한 규칙의 통일화를 위한 원협약(the Original Convention for the Unification of Certain Rules Relating to International Air Carriage) Original Warsaw Convention

② 1955년 Hague에서 개정된 Warsaw Convention-Amended Warsaw Convention

③ 비협약운송(non-Convention Carriage)

위의 원협약과 개정협약은 '국제운송의 개념'에서 동질성을 띠고 있으며, 운송계약당사자간의 합의에서 출발지 및 목적지가 협약에 가입된 당사국의 영역에 속해 있는 두 지점 사이의 국제운송에 적용된다. 이때에 제3국의 영역에 있는 지점에 기착할 것을 합의하고 있는 경우에도 마찬가지이다.[12)]

한편, 물품이 한 나라에서 다른 나라로 운송되었을 경우에도 그 나라가

12) Paul Engels, *International Carriage of Goods*, ed., by Julian D. M. Lew, in International Trade : Lawand Practice, Euromoney, 1983, p.31.

협약당사국이 아닐 때에는 원협약 또는 개정협약에서 정의한 국제운송의 범주에 포함되지 않으므로 비국제운송(non-international carriage)이라고 하며, 그 운송계약은 본 협약에 의하여 규제되지 아니한다.

(3) 항공운송계약

항공운송에 있어서도 해상운송과 마찬가지로 개품운송계약 및 항공기전세계약(charter)이 있다. 개품운송계약의 경우 통상 국제항공운송협회(International Air Transport Association : IATA)의 국제통일운임에 따르는데, Charter 운송에서는 협정운임이 없고 각 항공회사가 정부의 승인을 얻어 운임을 설정하고 있다.

항공화물의 운송계약은 항공회사 또는 그 대리점을 통하여 체결하는 경우와, 혼재업자(混載業者)인 운송대리점을 통해서 체결하는 경우가 있다. 혼재업자은 여러 화주로부터 소량화물을 수집하여 대량화물로 만들어 운임이 소량화물의 운임보다 싼 대량화물 운임률로 항공회사 또는 그 대리점과 운송계약을 체결하여 그 차액을 수취하는 업자이다. 항공회사는 화물을 항공기에 적재하고 항공화물운송장(air-way bill)을 발행한다.

제2절 해상보험

1. 해상보험의 개념

(1) 해상보험의 의의

해상운송의 화물은 각종 위험에 항상 노출되어 있는데, 이처럼 해상운송에 부수해서 발생하는 각종 위험에 의해 화물 또는 기타의 재산이 손해를 입을 경우에 보험을 인수한 보험자(insurer or assurer)가 그 손해를 보상할 것을 약속하고 보험계약자, 즉 피보험자(insured or assured)가 그 대가로서 보험료를 지불할 것을 약속하는 손해보험의 일종이 해상보험(marine insurance)이다. 여기에서 말하는 해상위험(marine perils)이란, 항해

중 발생하는 우연한 사고를 말하며, 우연이란 그 발생이 가능하지만 불확실한 것을 말한다.[13)]

이처럼 해상보험이란 국제무역거래에 있어서 화물의 해상 운송시 항해 중에 사고를 당할 우려가 있는 재산권을 가지는 다수인이 위험의 정도에 따라 합리적인 기금을 각출하여 공동의 준비재산을 형성하고, 사고가 발생하여 손해를 입었을 때 이를 보상함으로써 경제상의 불안을 제거 · 경감하기 위한 경제제도로서 해상보험계약(contract of marine insurance)의 체결당사자는 보통 CIF조건인 경우에는 수출업자가, FOB 및 CFR조건의 경우에는 수입업자가 되며, 보험체결 당사자는 보험가입조건, 보험료율을 검토한 후에 보험청약서를 작성하여 보험회사에 해당 적하보험가입을 요청하면 보험회사는 해상보험증권을 발행함으로써 보험계약이 성립되게 된다.

(2) 해상보험의 종류

해상보험은 피보험이익, 보험기간, 보험금액 등에 따라서 여러 가지로 분류될 수 있다. 이와 같은 해상보험에는 선박보험(hull insurance), 적하보험(cargo insurance), 운임보험(freight insurance), 희망이익보험(profits insurance), 항해보험(voyage insurance), 정기보험(time insurance), 확정보험(definite policy) 및 예정보험(open policy) 등이 있으나 국제거래에 관련되는 보험은 다음과 같다.

1) 적하보험(cargo insurance)

적하란 상품의 성질을 가지는 화물을 의미하며, 이처럼 보험의 목적인 적하(화물)의 소유자로서의 피보험이익에 관한 보험을 적하보험이라 한다.

---

13) 영국의 1906년 해상보험법(Marine Insurance Act, 1906 ; 이하 MIA라 칭함) 제1조에도 다음과 같이 해상보험은 보험자가 '항해사업에 수반하는 손해의 보상을 약속하는 계약'이라고 정의하고 있다. *The Marine Insurance Act*, 1906, Marine Insurance defined 1.

2) 희망이익보험(profits insurance)

보험의 목적인 적하의 도착에 의하여 얻은 이익 또는 보수의 주체로서 피보험이익에 관한 보험이다. 희망이익은 일반적으로 적하의 10%이다.

3) 항해보험(voyage insurance)

항해를 단위로 하여 보험기간을 정하는 보험인데, 보험기간이 어떤 일정항해의 완료로 정해지는 보험이다.

4) 확정보험과 예정보험(definite policy and open policy)

보험계약체결 당시에 보험증권에 기재할 보험계약요건이 확정되어 있지 않거나 당사자에게 알려지지 않은 보험을 예정보험이라고 하며, 이에 반하여 요건이 확정된 상태 하에서 보험을 확정보험이라 한다.

2. 해상보험계약

(1) 해상보험계약의 법적 성질

해상보험계약은 당사자의 일방(보험자)이 항해와 관련한 어떤 우연한 사고(보험사고)의 발생에 의해 피보험자가 입게 될 손해를 보상할 것을 약속하고 상대방(보험계약자)은 이에 대한 반대급부로서 보험료를 지급하겠다는 약속을 함으로써 성립하는 계약이다.

따라서 해상보험계약은 일반보험계약과 마찬가지로 다음과 같은 법적 성질을 가지고 있다.

1) 낙성 · 불요식계약성

보험계약의 청약은 일정한 형식의 청약서(proposal form)에 따르는 것이 일반적이나 이것 때문에 법률상 요식계약으로 되는 것은 아니다. 즉, 보험계약은 당사자 사이의 의사표시의 합치만으로 효력이 발생하고, 그 성립을 위하여 별도의 반대급부 등을 필요로 하지 않는 낙성계약성과 그 성립요건으로서 당사자간의 합의 외에 별도의 특별한 요식행위를 요구하지 않는 불요식의 계약성을 동시에 지니고 있다.

2) 유상계약성

보험계약은 당사자의 일방(보험자)이 우연한 일정한 사고(보험사고)가 발생하였을 때에 손해를 보상할 것을 약속하고, 상대방(보험계약자)이 이에 대한 반대급부로써 보수(보험료)를 지급할 것을 약속하는 계약이므로 해상보험계약은 유상계약성의 성질을 지닌다.

3) 쌍무계약성

해상보험계약에서 보험자의 보수지급은 보험사고의 발생에 의하여 하게 되는 점에서 불확정적이기는 하지만 이것이 보험계약자의 급여의무와 대가관계에서 법률상의 구속상태에 있으므로 쌍무계약성의 성질을 지닌다.

4) 사행계약성

보험계약에 있어서 보험자는 어떤 우연한 사고의 발생에 의해 초래된 손해를 보상하므로 보험금의 지급이 보험사고의 발생에 좌우된다는 점에서 보험계약에 대해서는 도박과 마찬가지로 사행계약성(aleatory contract)[14]이 인정된다고 할 수 있다. 다만 보험계약은 대수의 법칙에 의하여 사고의 개연율을 측정함으로써 합리적인 운영에 그 기초를 두고 있기 때문에 법률상 허용되고 있지만 도박은 공서양속(public policy and good morals)에 반하여 법률상 허용되지 않고 있다.

이처럼 보험계약이 개별적으로는 사행계약이면서도 사회적으로 인정받고 있는 근거는 보험제도의 특성에서 찾을 수 있다.[15]

5) 최대선의의 계약성

보험계약이 선의(good faith) 또는 최대선의(utmost good faith)에 기초를 둔 계약이라는 원칙은 연혁적으로는 보험계약의 사행계약성에 따른 도박

---

14) 일반적으로 계약을 실정계약(commutative contract)과 사행계약(aleatory contract)으로 구분하는 경우에 있어서, 실정계약은 어떤 우연적인 사실의 발생과는 관계가 없는 계약을 의미하고, 사행계약은 계약당사자의 일방이 받게 되는 이익 또는 손해에 관한 계약의 효력이 불확실한 사건의 발생과 관련을 갖는 계약을 의미한다. 이러한 사행계약의 유형으로는 보험계약, 모험대차, 도박 등이 있다.

15) 이은섭, 『해상보험론』, 신영사, 1994, pp.34~35.

화를 방지하기 위한 데서부터 시작한다. MIA의 제17조에서 "해상보험계약은 최대선의에 기초를 둔 계약이다"라고 규정한 것도 바로 이와 같은 최대선의의 계약성을 강조하기 위한 것이다.

(2) 해상보험계약의 당사자

해상보험계약의 당사자는 이해관계에 따라 다음과 같이 구분된다.

1) 보험자

보험사업은 공공의 이익과 밀접한 관계를 맺고 있으므로 다수의 보험계약자를 상대로 위험을 인수하여 이를 효율적으로 관리해야 하는 성격 때문에 법률은 보험자의 자격에 대해 엄격한 제한을 가하고 있다. 즉 우리나라의 경우 회사(주식회사 또는 상호회사) 조직이 아니면 보험업을 영위할 수 없으므로 보험자는 곧 보험회사이지만, 외국에서는 개인업자도 적지 않아 보통 Underwriter라고도 부르고 있다.

즉, 보험자(insurer, assurer, underwriter)는 보험계약자로부터 보험료를 대가로 하여 보험기간 중 발생하는 보험사고로 인한 손실을 보상하기 위하여 보험금을 지급할 것을 약속한 자를 말한다.

2) 보험계약자

보험계약자(policy holder)는 보험자와 보험계약을 체결하고 보험료를 지급하기로 약속한 자를 말한다. 물론 법률상 보험계약자의 자격에 대하여 별도의 제한은 없다.

3) 피보험자

손해보험계약에 있어서 피보험자(insured, assured)[16]는 보험계약의 당사

---

16) 영국에서는 일반적으로 보험계약자와 피보험자를 개념상 구별하지 않고 있으므로, 보험계약을 체결하고 보험료의 지급의무를 부담하며 또한 피보험이익에 대한 권리를 가지고 있음으로써 사고발생으로 인한 손해에 대하여 보상받는 자를 Assured라고 하고 있는 데 반하여 우리나라와 일본 등에서는 보험계약자와 피보험자를 각각 구별하고 있다.

자는 아니지만 피보험이익의 주체로서 보험계약에 의해서 보호되는 자, 즉, 보험사고가 발생한 경우에 보험자로부터 손해의 보상을 받는 자를 말한다. 피보험자는 보험계약의 체결에 직접적으로 관여하는 계약당사자가 아니기 때문에 보험자에 대하여 손해보상청구권을 갖는 것 이외에 다른 권리 · 의무를 갖지 않는 것이 원칙이다.

국제거래조건에 따라 보험계약자와 피보험자는 계약조건에 따라 동일인이 되는 경우와 다른 사람이 되는 경우가 있다. 즉, CIF조건에서는 매도인이 보험계약자가 되고 매수인이 피보험자가 되지만, FOB조건에서는 원칙적으로 매수인이 보험계약자인 동시에 피보험자인 것이다.

4) 보험대리상

보험대리상(insurance agent)이란 어떤 특정한 보험자를 위하여 계속적으로 보험계약의 체결을 대신하거나 매개하는 것을 업(業)으로 하는 독립된 상인으로서, 해상보험계약의 간접 당사자이다. 그리고 보험대리상이 가지는 대리권의 범위는 보험자와 보험대리상의 계약에 의하여 정해지는 것이 일반적이다.

5) 보험중개인

보험중개인(insurance broker)이란 불특정한 보험자를 위하여 보험자와 보험계약자 사이의 보험계약의 체결을 중개하는 것을 업(業)으로 영위하는 독립된 상인이다. 이러한 보험중개인은 특정한 보험자에 종속되지 않는 것이 특징인데 이것이 중개대리상과 구별되는 점이다. 한편 보험중개인의 권리 · 의무는 중개계약 및 중개업에 관한 상법의 규정에 따라 정해진다. 해상보험거래의 중심시장인 London, Rotterdam, Hamburg 등에서는 보험거래소의 이용과 함께 보험중개인에 의한 보험중개가 널리 이용되고 있다.

(3) 대위 및 위부

대위(subrogation)란 보험자가 보험금을 지급한 경우, 피보험자가 보험의 목적물에 대하여 가지는 권리 및 제3자에 대하여 가지는 권리를 피보험자

를 대신하여 보험자가 취득하는 것을 말한다. 대위를 인정하는 이유는 부당이득(이중이득)을 방지하려는 데 있다.

이에 반해 위부(abandonment)는 보험의 목적이 전부 멸실한 것과 동일시하여도 좋은 경우, 즉 추정전손이 발생한 경우에는 피보험자는 보험의 목적에 대한 모든 권리를 보험자에게 취득시키고 보험금액의 전부를 청구할 수 있다. 즉, 보험의 목적이 전부 멸실한 것이 확실하지만 이를 입증하기가 곤란하거나 또는 선박의 행방불명 등과 같이 전부 멸실한 것과 동일시도는 경우에 피보험자가 부보물건에 대하여 소유하는 일체의 권리(all rights and remedies)를 보험자에게 이전하여 보험금의 전부를 취득하게 됨에 따라서 앞에서 말한 부보불건에 대하여 소유하는 일제 권리의 양노행위를 의미한다. 위부는 손해보험 가운데서도 해상보험의 특유한 제도이다.[17]

(4) 피보험이익

1) 피보험이익의 의의 및 요건

피보험이익(insurable interest)이란 보험의 목적물이 멸실 또는 손상됨으로써 경제적 손실을 입는 특정인과 그 보험의 목적물 사이에 존재하는 이해관계를 말한다. "이익 없는 곳에 보험 없다"는 원칙에 따라 이러한 피보험이익 없이는 해상보험은 성립되지 아니한다.

해상보험의 대상이 되는 것은 단지 선적물품이나 선박 그 자체에만 국한되지 아니하고 사고발생으로 인한 손해를 금전으로 견적할 수 있는 것은 모두 해상보험의 대상이 되며, 피보험이익에 따라 하나의 보험의 목적물에 대해서도 여러 가지 보험계약이 성립될 수 있는 것이다.

따라서 피보험이익이 없는 보험계약은 무효이며, 해상보험계약이 유효하게 존립하기 위해서는 피보험이익은 적법성(피보험이익은 적법한 것이어야 함)과 경제성(피보험이익은 금전으로 산정할 수 있는 이익, 즉 경제적 이익이어야 한다. 피보험이익이 금전으로 산정될 수 없는 경우에는 손해액을 산정할 수가 없으며, 또 보험의 남용에 의하여 실손해 이상의 보

17) 서돈옥, 『상법강의』, 법문사, 1981, pp.275~276. ; 손주찬, 『상법(下)』, 박영사, 1979, pp.113~114.

상을 받을 염려가 있기 때문) 및 확정성(피보험이익은 반드시 계약체결 당시에 확정되어 있어야 하며, 그렇지 않은 경우에는 적어도 보험사고 발생시 까지는 이익의 존재 및 귀속이 확정될 수 있는 것이어야 한다. 피보험이익이 확정되지 않으면 손해도 확정될 수 없고 따라서 보험금의 계산도 불가능하기 때문)과 같은 요건을 갖추어야 한다.

2) 보험가액과 보험금액

보험가액(insurable value)이란 일정한 피보험이익에 대하여 발생할 수 있는 경제적 손실의 최고한도액 또는 그 견적액을 말한다. 환언하면 피보험이익의 경제적 가치 또는 금전으로 평가한 가액을 보험가액이라 한다. 그리고 보험가액(insured amount, sum insured)이란 손해발생시에 보험자가 부담하는 보상책임의 최고한도로서 미리 당자사간에 약정한 금액이다.

한편 보험금액이 협정가액과 동액인 경우를 전액보험(full insurance)이라 하며, 전자가 후자보다 적은 경우를 일부보험(partial insurance)이라 하고, 이와 반대의 경우를 초과보험(over insurance)이라고 한다.

3. 해상적하보험의 담보조건

(1) 협회적하약관

해상손해에는 여러 가지 종류가 있으나 보험자가 모든 해상손해를 보상해 주는 것은 아니다. 즉, 다음의 보험조건들 중에서 피보험자는 취급하는 화물과 상황에 적절한 보험조건을 선택하여 보험자에게 부보하여야 하며, 보험자는 부보된 보험조건에서 부담하는 해상손해에 대해서만 보상을 하게 된다.

현재 국제무역거래에서 이용되고 있는 해상보험증권양식은 영국해상보험법(Marine insurance Act, 1906 : MIA)에 규정되어 있는 1779년 Lloyd's S.G. Policy이다. 우리나라 보험회사의 영문적하보험증권양식도 런던보험업자협회(Institute of London Underwriters)가 이 Lloyd's S.G. Policy를 기초로 제정한 적하보험증권의 Companies Combined Policy를 모방한 것이다. 그

러므로 해상보험증권은 고어체와 난해한 문장으로 되어 있고 각종 약관(협회적하약관 : Institute Cargo Clause : 이하 ICC라 한다)이 겹쳐서 이해하기가 어려웠다.

그러나 지난 1978년 11월 유엔무역개발회의(UNCTAD)가 발표한 해상보험에 관한 보고서에 의해서 런던보험업자협회와 로이드보험협회(Lloyd's Underwriter' Association)의 합동작업반이 중심이 되어 신보험증권양식과 일련의 새로운 협회적하약관을 작성하였으며 1982년 1월 1일부터 시행하기에 이르렀다.

보험증권의 신양식은 증권양식에 있던 본문약관(body clause)의 일부를 적하보험 특별약관인 ICC에 통합시키고 이탤릭서체약관 번부와 본문약관의 나머지 대부분을 삭제시킴으로써 매우 간결하게 되었다. 우리나라에서도 1983년 3월 1일부터 종래의 보험조건과 ICC의 개정에 따른 새로운 보험조건을 병행하여 사용하고 있다. 그러나 머지않아 보험조건만이 사용될 것이다.

(2) 개정된 현행의 보험조건

종래의 보험조건은 보험자의 담보범위에 대해 각종 면책위험의 불명확성 때문에 분쟁의 소지가 있었으며, 특히 단독해손부담보조건(ICC[FPA])과 분손담보조건(ICC[WA])간의 담보범위에 있어서 그 차이가 불분명했기 때문에 피보험자들이 보험조건을 선택하는 데 어려운 점이 많았다. 따라서 해상보험증권양식과 협회적하약관이 개정됨에 따라 우리나라 보험회사도 1983년 3월 1일부터 신양식을 사용하고 있다.

신양식에 의한 보험계약의 기본조건은 ICC(A), ICC(B), ICC(C)의 세 가지 종류가 있다.

ICC(A)는 약관에 의하여 면책되는 것이 아닌 한 피보험화물에 발생한 모든 위험을 담보하며 종래의 All Risks 조건과 동일하다. 그러나 ICC(B)와 ICC(C)는 종래의 FPA조건이나 WA조건과 그 내용이 크게 바뀌었다. 특히, 종래의 FPA 나 WA 조건에서는 단독해손에 대하여 상당한 제한이 있었지만, 신약관에서는 전손 · 분손에 관계없이 보상된다. 따라서 ICC(B)

와 ICC(C)의 차이점은 담보위험뿐이다. 여기서 ICC(B)와 ICC(C)의 담보위험은 <표 15-1>과 같다.[18)]

〈표 15-1〉 협회적하약관의 담보위험 비교

담보위험(1조)	각 약관에서의 담보 여부		
	(A)	(B)	(C)
화재, 폭발	○	○	○
본선 · 부선의 좌초, 교사, 침몰, 전복	○	○	○
육상운송용구의 전복, 탈선	○	○	○
본선, 부선, 그 밖의 운송용구의 물 이외 타물체와의 충돌, 접촉	○	○	○
피난항에서 화물의 하역	○	○	○
지진, 화산의 분화, 낙뢰	○	○	×
공동해손희생손해	○	○	○
투하	○	○	○
갑판유실	○	○	×
본선 · 부선 · 선창 · 운송용구 · 컨테이너 · 리프트밴 · 보관장소에의 해수, 호수, 하천수의 유입	○	○	×
본선 · 부선에서 선적 · 하역 작업 중 바다에 떨어지거나 갑판에 추락한 매포장 단위당 전손	○	○	×
그 밖의 모든 위험에 의한 멸실, 손상	○	×	×

제3절 수출보험

1. 수출보험의 의의

수출보험은 국제무역거래에서 발생하는 여러 가지 위험 가운데서 주로 수출대금의 결제와 관련된 위험을 담보해주는 보험으로서 1920년대부터 각국에서 수출진흥을 위해 정책적으로 실시되고 있는 비영리 정책보험이다. 우리나라는 1969년부터 수출진흥정책의 일환으로 수출보험제도를 운

18) 구종순, 『무역실무』, 박영사, 2007, p.234.

영해 오고 있다.

즉, 국제간의 거래에는 언어 · 관습 · 가치관 등이 서로 상이하기 때문에 많은 위험이 내포되어 있다. 이러한 위험들은 ① 매매계약의 상대방에게 수출상품을 운송하는 과정에서 발생되는 위험과, ② 수출상품에 관한 대금결제면에서 발생하는 위험으로 크게 나눌 수 있는데, 이와 같은 불안이 누적되면 수출업자들의 활발한 국제거래활동을 기대할 수가 없다. 따라서 수출보험제도는 국제간의 상거래에서 발생하기 쉬운 여러 가지 위험 가운데서 해상보험제도 등 통상의 보험제도로서 담보될 수 없는 위험, 즉 수입국의 전쟁, 수입제한, 환거래제한 등으로 인한 비상위험(political risk)과 수출계약상대방의 파산, 대금지급지연 또는 거절 등으로 인한 신용위험(credit risk) 및 수출자, 생산자 또는 수출자금을 융자한 금융기관 등의 경영상의 실패로 발생하는 기업위험(management risk) 등으로 인한 손해를 보상해 줌으로써 수출업자의 불안을 제거하고 안전한 수출을 보장하여 수출진흥을 도모하기 위한 비영리 정책보험제도이다.

2. 수출보험의 담보위험

수출보험은 해상보험과는 그 대상과 성격이 다르다. 수출보험에서 담보하고 있는 위험은 비상위험, 신용위험 및 기업위험 등이 있다.

(1) 비상위험

비상위험(political risk)이란 수입국 정부의 외환부족으로 인한 환거래의 제한 및 금지, 수입국에서의 수입금지 및 제한조치, 외국에서의 전쟁 · 내란 · 정변과 같은 비상사태로 말미암아 수출계약당사자에게 책임을 지울 수 없는 사유로 발생하는 위험이다.

(2) 신용위험

신용위험(credit risk)이란 수입업자가 수출계약에 의한 대금을 지급할 능력이 없거나 대금지급을 지연시키는 등 당연히 이행하여야 할 채무 또는 의무를 이행하지 않음으로 인하여 발생하는 위험이다.

(3) 기업위험

수출보험에서 담보하는 기업위험(management risk)이란 판매예상, 경영예측이 어긋나는 등 기업이 활동과정에서 발생하는 위험을 말한다.

3. 수출보험의 기능

(1) 불안제거기능

수출보험은 수출계약 이행불능 또는 수출대금 회수불능의 위험으로 인해 수출업자, 금융기관 등이 입게 되는 손실을 보상해 줌으로써 무역거래에 따른 불안을 제거해 준다.

(2) 금융창출기능

수출보험은 금융기관에 대해 지급보증을 해 줌으로써 금융기관으로 하여금 적극적으로 수출업자들을 지원해 주도록 유도하며 또한 보험사고가 발생했을 때 수출업자가 입은 손실을 보상함으로써 자금의 유동성을 제고시키는 금융창출의 기능이 있다.

(3) 수출진흥기능

수출보험에 의해 수출거래에 따른 불안이 제거되고 수출에 필요한 자금이 원활히 지원됨으로써 수출증대를 기대할 수 있다. 수출업자들은 수입업자가 선호하는 D/A, D/P와 같은 결제방식을 활용하고 해외무역전시회에 적극 참여하여 신시장을 개척하며 또한 선박, 산업설비와 같은 고가의 자본재 상품을 중장기 연불조건으로 수출하는 등 수출보험의 보호아래 과감한 수출활동을 전개한다.

(4) 무역관리제도로서의 기능

수출보험은 담보위험의 범위, 보상률, 보험료율 등을 조정하여 특정 수

출거래를 활성화시키거나 제한시킬 수 있어 무역거래를 간접적으로 통제할 수 있다. 또한 수출보험은 개발도상국가에 대한 경제협력수단으로도 활용된다. 민간 수출업자들은 위험도가 높은 개발도상국가와의 거래를 단독으로 추진할 수 없기 때문에 수출보험이 이를 인수하여 자금 및 신용이 약한 개발도상국의 수입업자에게 신용을 제공하고 우리나라와의 거래를 가능하도록 해 준다. 이에 따라 수출보험은 사전에 수출보험 인수방침을 국가별로 선정하여 대외무역채권의 부실화를 방지한다.

(5) 신용조사기능

수출보험은 보험사고를 사전에 방지하기 위해서 수입국의 정치 · 경제적 사정, 수입업자의 재정 및 신용상태 등을 조사 · 분석하는 신용[19]조사의 기능을 수행한다. 수출보험공사에서 운영하고 있는 수출신용정보센터에 가입하면 수입업자, 지급보증기관의 신용상태, 수입국의 상황 및 향후 전망 등 수출거래주진에 필요한 정보를 무료로 얻을 수 있다.

제4절 대금결제

1. 신용장의 개요

(1) 신용장의 정의

언어와 법률, 상관습 그리고 역사적인 배경과 문화 등 이질적인 환경인 국가와 시장 및 당사자들 간에 이루어지는 매매행위인 국제거래는 대부분 국내거래와는 달리 여러 가지 복잡한 위험을 내포하고 있다. 그 중에서도 거래상대방의 신용상태의 변화로 야기되는 위험이 가장 크다고 할 수 있다.

이러한 신용상태의 변화 등에 의해 수출업자측에서 계약물품을 선적 하고도 대금회수가 불가능하게 되는 위험, 즉 신용위험(credit risk)과, 수입업

---

19) 구종순, 『무역실무』, 박영사, 2007, pp.476~477.

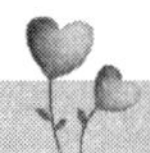

자측에서 대금을 지급하고도 계약물품입수가 불가능하게 되는 위험(mercantile risk)을 해소함으로써 국제무역거래가 원활하게 수행되도록 하는 것이 신용장제도이다.

신용장은 영어로 Letter of Credit 또는 단순히 Credit라고도 하며 통상 약칭해서 L/C라고도 부르는데, 국제간의 무역거래에서 주로 사용되는 것은 상업신용장(Commercial L/C)이다. 이것은 무역거래의 대금지급 및 상품의 수입을 원활히 하기 위하여 수입상의 수입지거래은행이 자기의 거래처인 수입상을 위하여 자기 은행의 신용을 내외에 제공하는 일종의 여신행위이다. 즉 본질적으로 신용장은 수입상인 매수인의 거래은행인 신용장발행은행(issuing bank)이 신용장 제 조건에 일치되고 약정된 기간 내에 신용장상에서 요구된 서류가 제시되었을 때 수익자(beneficiary)인 수출상에게 대금지급을 확약하는 발행은행의 약정서이다.[20] 따라서 신용장이란 한 마디로 '은행의 조건부 지급확약'(conditional bank undertaking of payment)이라고 규정할 수 있다.

신용장에 관한 현재 성문법의 규정은 세계에서 유일하게 미국 통일상법전이 있으나, 국제적인 해석규칙으로서는 국제상업회의소(International Cham ber of Commerce : ICC)가 제정하는 통상 '신용장통일규칙'으로 약칭되고 있는 '화환신용장에 관한 통일 규칙 및 관례(Uniform Customs and Practice for Documentary Credit)'가 있다.[21] 신용장통일규칙(통상 UCP라고 약칭함)이 적용되는 대상은 동 규칙이 신용장의 본문에 수록되어 있는 화환신용장이다.[22]

즉, 신용장거래에서는 필연적으로 수출업자와 수입업자인 매매당사자와 은행이 개입되기 때문에, 상호 간의 의무와 권리를 규정해 둘 필요가 있다. 특히 국가간의 거래에서 문제가 발생할 경우 각 당사자는 자국의 법을 중심으로 이를 유리하게 해결하려는 경향이 있기 때문에 신용장거래에

20) M. A. Davis, *The Documentary Credits Handbook*, Woodhead-Faulkner, New York, 1989, p.3.
21) 新堀聰, 『貿易取引入門』, 일본경제신문사, 1992, p.278
22) 相容芳和, 『信用狀統一規則の 解說』, 경제법령연구회, 1993, p.5.

는 반드시 준거법이 있어야 한다.

이에 따라 1933년 국제상업회의소에서 처음으로 신용장통일규칙을 제정하였다. 그 후 상관습의 변모에 따라 몇 차례의 개정작업을 거쳐 현재 사용되고 있는 것은 2007년에 개정된 ICC Publication No.600인 제6차 '화환신용장통일규칙'(Uniform Customs and Practice for Documentary Credits : UCP)이다.

오늘날 발행되는 모든 신용장에는 국제상업회의소가 제공한 2007년의 신용장통일규칙이 신용장의 준거법임을 명백히 하고 있다. 따라서 달리 명시적인 규정이 없으면, 신용장거래의 모든 당사자들은 이 신용장통일규칙의 구속을 받게 된다.

정보통신 기술의 발달로 신용장의 개설, 통지, 매입 등 관련 주요 업무가 점차 전자적으로 처리되고 전자신용장 시스템을 갖추려는 여러 가지 방법이 시도되고 있다. 그러나 현행 화환신용장통일규칙(UCP)은 주로 종이문서에 기반을 둔 진통적인 신용장을 위한 규정이기 때문에 이런 기술적 변화를 수용하는 데는 한계가 있다고 볼 수 있다.

이에 따라 현행 화환신용장통일규칙을 보완하고 전자신용장에 관한 통일규칙을 마련하기 위해 국제상업회의소의 은행위원회에서는 'eUCP'를 제정하여 2002년 4월 1일부터 적용될 수 있도록 하였다. 전자신용장통일규칙은 정확한 번역은 아니지만 현행 화환신용장통일규칙과 명확하게 구분하기 위해 편의상 표현한 것이다. 이것은 종이문서 위주의 신용장에 갈음하는 전자신용장의 처리에 관한 내용을 주로 규정하고 있으며 현행 화환신용장통일규칙을 보완하고 있다.[23)]

(2) 신용장의 기능

신용장은 국제거래시 위험을 제거하고 거래가 종결되기까지의 발생 가능한 모든 위험요인을 해소함으로써 국제거래가 원활하게 수행되도록 하는 것이 그 목적이라고 할 수 있다. 이와 같은 목적을 지닌 신용장은 다음과 같은 기능을 수행하고 있다.

---

23) 구종순 외, 『무역개론』, 박영사, 2007, pp.354~355.

1) 대금결제수단

국제간의 무역거래서 수출상은 대금회수에 관하여 많은 위험을 느끼게 된다. 즉 상품인수의 거절과 이로 인한 대금지급 거절과 같이 수출상이 수입상에 대하여 계약불이행에 대한 상사중재나 소송을 제기한다면 번잡스러우며 경비와 시간도 많이 소요하게 된다. 그러나 일단 신용장이 발행되며 그 대금에 대한 지급을 발행은행이 보증함으로써 수출대금의 회수가 확실하기 때문에 신용장은 대금결제의 가장 확실한 수단이 되고 있다.

2) 금융수단

국제간의 매매거래 시 수출상이 수출상품을 선적하고 운송서류를 첨부한 환어음을 발행하여 거래은행에 매입을 의뢰할 경우, 신용장에 의한 수출거래가 아닌 경우에 은행은 보통 추심에만 응하게 되어 대금회수에 상당한 시간이 소요된다. 따라서 은행은 신용장에 의한 거래가 아닌 경우 수출상이 별도로 확실한 담보를 제공하지 않는 한 환어음의 매입을 거절하게 된다. 그러나 신용장에 의한 수출의 경우에는 상대방 신용장발행은행이 그 대금의 지급 등을 보증한 것이기 때문에 매입을 의뢰받은 은행은 환어음이 신용장조건에 일치하는 한 안심하고 매입을 하여 주기 때문에 신용장은 수출상에게 유리한 금융수단이 되고 있다.

3) 상품입수수단

수출상의 경우와 반대로 국제간의 무역거래시 수입상은 확실한 상품입수에 관하여 많은 위험, 즉 수입대금만 지급하고 상품입수를 못할 위험을 느끼게 된다. 그러나 신용장에 의한 거래의 경우에는 수입대금을 선급하지 않고 어음에 첨부된 선하증권 등의 운송서류와 상환으로 수입대금을 결제하게 되므로 수입상품의 입수를 보장하여 준다.

(3) 신용장거래의 특성

신용장은 인간사회에서 오랫동안 사용되어 온 상관습에 근거한 독특한 상업수단의 하나로 신용장 그 자체가 지불수단이 될 수 있는 것은 아니

다. 즉 상거래를 이행하는 과정에서 매매계약당사자들을 돕기 위하여 사용된 것이 신용장이다.

이와 같은 신용장 거래에서는 은행으로 하여금 보다 적극적인 신용장의 기능, 즉 지급보증기능과 금융기능을 수행하게 함으로써 원활한 거래를 도모할 수 있도록 하기 위하여, 보통 독립 · 추상성의 원칙, 완전성과 정확성의 원칙 및 서류거래의 원칙 등 주요한 거래의 원칙이 존중되고 있다.

1) 신용장의 독립 · 추상성

상업거래를 수행하는 과정에서 매매당사자들을 도와주기 위해서 사용되던 것이 신용장이지만, 일단 신용장이 발행되면 매매계약의 당사자가 아닌 은행이 개입하게 되므로 신용장은 그 자체로서 어떤 독립성을 지니고 있어야 한다. 이와 같은 신용장의 독립성(independence)에 의하여 매매계약상의 당사자가 아닌 은행이 신용장의 당사자가 되어 신용장거래의 범위 내에서 독특한 권한과 의무를 지게 되는 것이다.

즉, 신용장은 그 성질상 어떤 특정한 매매계약 및 기타 계약에 근거를 두고 있는 경우일지라도 일단 신용장이 발행되면 이전의 모든 계약과는 아무런 관계가 없는 별도의 독립된 거래로서 독자적인 법률성을 지니게 되며, 은행은 신용장의 당사자인 매도인과 매수인 간의 계약과는 아무런 관계가 없으며 또한 구속되지 않는다는 것이다. 이는 은행이 신용장거래에 있어서는 신용장의 한 측면만 취급해도 좋다는 것을 의미한다.[24)]

이처럼 은행이 어떠한 경우에도 매도인과 매수인 간의 매매계약 또는 기타 신용장 발행에 근거가 되는 계약상의 이유에 의한 항변으로 권리침해를 당하거나 책임과 의무를 지지 아니한다는 신용장의 독립성은 신용장의 본질을 규정하는 가장 중요한 조건으로 간주되고 있다. 그리고 신용장에 의한 거래가 매매계약으로부터 법률적인 독립성을 지니고 있기 때문에 은행은 제시된 서류를 발행한 운송회사, 수출상 등으로부터 직접 확인을 하지 않고 지급 · 인수 · 매입을 가능하게 하여 국제간의 상거래를 원활하게 하는 데 결정적인 역할을 하고 있다.

---

24) 최해범 외, 전게서, p.330.

한편, 신용장통일규칙에서는 "In credit operations all parties concerned deal with documents, and not in goods, service and/or other performances to which the documents may relate"라고 규정하여, 신용장거래에서 모든 관계당사자는 물품이나 서비스에 의한 매매거래가 아닌 서류상의 거래라고 하는 신용장의 추상성을 강조하고 있다.

다시 말해 신용장의 추상성(abstraction)이란 매매계약서상에 명시된 물품 또는 실제로 매수인에게 인도된 물품에 상관없이 은행은 신용장상에서 요구하는 서류만을 가지고 대금지급 여부를 판단한다는 것이다. 즉, 은행은 매매계약물품에 대한 전문적인 지식이 없기 때문에 단순히 신용장상에 명시된 서류만을 가지고 대금지급의 이행여부를 판단할 수밖에 없다.

2) 완전성과 정확성의 원칙

신용장거래에서 완전성과 정확성의 원칙(doctrine of completeness and preciseness)이란 신용장 발행을 위한 지시, 신용장에 대한 여하한 조건변경 등 신용장 자체가 완전하고 정확해야 한다는 것을 의미한다. 그러나 신용장상에 너무 지나치게 상세한 명세를 삽입하는 것은 혼란과 오해를 유발할 염려가 있기 때문에 신용장 발행은행은 신용장 발행의뢰인을 설득하여 이를 금하도록 당부하고 있다.

따라서 실제적으로 신용장 발행의뢰서에 기재되는 신용장조건은 거래관계당사자에게 중요한 영향을 끼칠 수 있기 때문에 특히 신용장 발행의뢰인과 발행은행 간에는 이러한 표현이 완전하면서도 정확하여야 한다.[25)]

3) 서류거래의 원칙

전술한 것처럼 국제거래시 신용장은 신용장발행은행과 신용장발행의뢰인 그리고 수익자 간의 특정관계를 구성하기 때문에 매매계약과 구분되는 독립된 것이다. 이러한 신용장거래의 특수성으로 인하여 비록 매도인과 매수인이 매매계약을 체결했지만, 은행이 개입하여 신용장을 발행했을 때에는 신용장거래의 대상은 계약물품이나 서비스 그 자체에 관한 계약의

---

25) 강원진, 『무역실무』, 박영사, 1995, pp.257~258.

이행이 아니고 서류라고 할 수 있다.

이에 신용장통일규칙에서는 신용장거래에서 모든 관계당사자는 서류를 취급(deal with documents)하는 것이며, 그러한 서류가 관계될 수도 있는 물품, 서비스, 기타 등의 이행에 의하여 거래하지 아니한다고 규정함으로써 서류거래 원칙을 강조하고 있다.

따라서 은행이 신용장조건에 일치하는 서류와 상환으로 대금을 지급하여야 할 의무는 계약물품이나 서비스 또는 계약이행이 실제 내용과 일치하지 않는다는 통지에도 별다른 영향을 받지 않는다. 또한 만일 발행은행이 서류접수 후 그것이 문면상 신용장 조건에 일치하지 않는 경우에 그러한 서류를 수리할 것인가 또는 이를 거절하고 문면상 신용장의 조건과 일치하지 않는다는 클레임을 제기할 것인가의 여부도 서류만을 근거로 하여 결정하여야 한다. 이는 은행이 서류가 일반적 상태의 형식과 법률상 완전한 효력을 지니고 있는가 등을 판단할 수 있는 전문적인 지식이 부족할 뿐만 아니라, 신용장거래에서는 서류의 이면에 있는 물품을 알 수 없기 때문에 오직 서류만을 검토하고 서류에 의한 거래를 하는 신용장거래의 특수성을 나타내 주는 것이다.

2. 신용장의 관계당사자

신용장 거래에 직접 또는 간접적으로 관계되는 자를 총칭해서 신용장관계당사자(concerned parties)라 한다. 그러나 이들 관계당사자들은 동일한 신용장거래에 모두가 다함께 등장하는 것이 아니고, 신용장거래의 유형 및 기능에 따라 기본 당사자와 기타 당사자로 구분된다.

(1) 기본당사자

1) 신용장발행은행(개설은행)

신용장발행의뢰인(applicant)의 신청과 지시에 따라 매매계약의 당사자인 수익자(beneficiary) 앞으로 신용장을 발행하는 은행을 신용장발행은행(issuing bank) 혹은 신용장개설은행(opening bank)이라고도 한다. 신용장거

래에 있어 발행은행은 거래당사자의 주축이 되고, 다른 당사자들은 발행은행의 대외공신력을 믿고 거래하는 것이므로 신용장을 받은 수익자는 지급의 확약을 하고 있는 발행은행의 신용도에 관심을 가지게 되며 따라서 매매계약에 당초부터 발행은행을 지정하는 경우도 있다.

2) 확인은행

신용장은 발행은행의 대외공신력을 바탕으로 한 지급확약만으로 발행되는 것이 일반적이나, 발행은행의 공신력이 미약할 경우 등의 사정으로 수익자가 발행은행의 지급확약에 대하여 의문을 가질 경우에는 발행은행 이외의 은행에 의한 신용장의 확인(confirmation)을 요구하는 수가 있다. 즉, 신용장에 의하여 발행되는 환어음에 대하여 인수 또는 지급을 틀림없이 이행하겠다는 신용장발행은행의 확약에 추가하여 수익자의 요청에 따라 제2의 은행이 그 환어음에 대한 인수 · 지급 혹은 매입을 틀림없이 이행하겠다는 추가적인 확약을 하는 경우가 있는데 이를 확인이라고 하며, 신용장을 확인하는 은행을 확인은행(confirming bank)이라고 한다.[26]

3) 수익자

신용장의 수취인을 신용장거래에서 가장 많은 편익을 얻는다 하여 수익자(beneficiary) 또는 수혜자라고도 하며 수출상(exporter)이 신용장거래시에 수익자가 된다. 신용장을 받은 수익자는 수출대금을 회수하려면 상품을 선적한 후에 신용장에서 요구한 대로 환어음을 발행하고 이에 신용장에서 요구하는 운송서류를 첨부하여 수출지에 소재하는 외국환은행에 제시하여 매입을 받게 된다.

---

26) 확인은행은 세계의 일류은행이 되는 것이 일반적이며 발행은행과 corres 계약관계에 있고 corres 계약 중에 신용장의 확인에 관한 사항이 약정되고 있다.

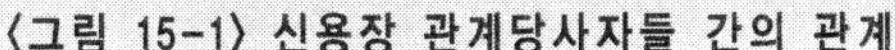
〈그림 15-1〉 신용장 관계당사자들 간의 관계

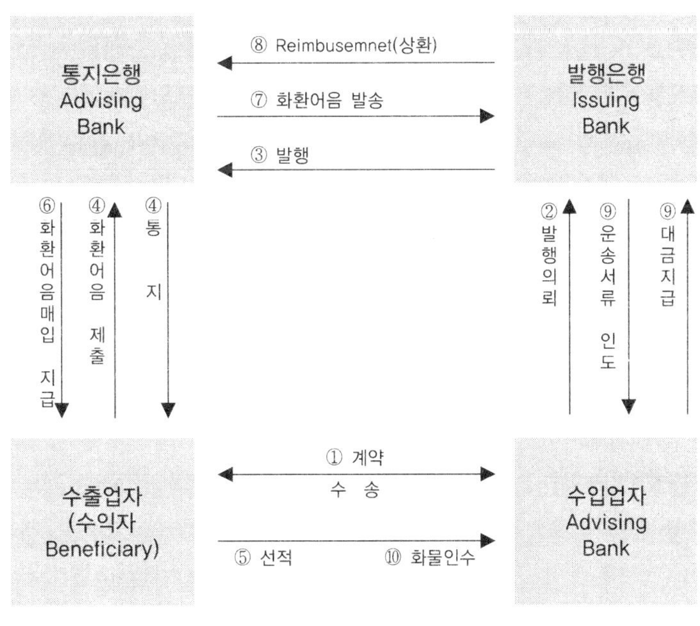

(2) 기타 당사자

1) 신용장발행의뢰인

매매계약의 당사자인 매수인(buyer)은 매매계약에 의한 대금지급조건이 신용장결제조건인 경우 수입상(importer)으로서 자기 거래은행에 신용장의 발행을 신청하게 된다. 이와 같이 실질적인 구매자이든 대행업자이든 간에 신용장거래에 있어 수입상의 지석으로 은행에 신용상의 발행을 의뢰하는 자를 신용장발행의뢰인(applicant)이라고 한다.

2) 통지은행

수입지에 있는 신용장발행은행은 신용장을 발행하면 그 사실과 내용을 외국에 있는 수익자에게 통지하여야 한다. 이처럼 발행은행의 요청을 받아 신용장을 통지하여 주는 수출지의 환거래은행을 신용장통지은행(advising bank, notifying bank, transmitting bank)이라 한다. 물론 통지은행은 전달해

주는 신용장에 관계된 여하한 책임을 지지 아니한다.

3) 매입은행

수익자는 상품선적을 완료한 후 신용장에서 규정하고 있는 바에 따라 신용장발행의뢰인(applicant) 또는 발행은행 앞으로 환어음을 발행하고 신용장에서 요구하고 있는 운송서류를 첨부하여 자기의 거래은행에 환어음의 매입(negotiation)을 신청하는데, 이에 따라 수출환어음을 매입하는 은행을 매입은행(negotiating bank)이라고 한다.

4) 기타은행

신용장거래에서 수익자가 발행하는 환어음이 기한부어음(usance bill)일 경우에는 은행이 지급에 앞서 인수를 하게 되는데, 이처럼 기한부어음을 인수하는 은행을 인수은행(accepting bank)이라고 한다. 그리고 양도은행이란 양도가능신용장에서 먼저 신용장을 받은 원수익자(first beneficiary)의 요청에 따라 제3자(second beneficiary)에게 신용장을 양도하는 은행(transferring bank)을 말한다.

이외에도 신용장에 관계된 기타 당사자로서 발행은행의 지시에 따라 매입은행에 신용장대금을 결제해 주는 결제은행(setting bank)이 있다.

3. 신용장의 종류와 신용장 실무

(1) 신용장의 종류

신용장은 그 분류상 국제적으로 통일된 기준이 존재하지 않기 때문에 보편적인 분류방법을 설명하기가 매우 어렵다. 그리고 신용장은 한 가지 기능만을 갖는 것이 아니고, 여러 가지 기능을 복합적으로 가지고 있기 때문에 신용장의 종류는 취소여부, 제3의 은행에 의한 확인여부 그리고 수출대금의 지급기일 등에 따라 여러 가지로 구분할 수 있다.

1) 상업신용장과 Clean신용장

상업신용장(commercial letter of credit)이란 국제거래에서 대금결제를 위하여 사용되는 신용장을 의미하며 상품의 국제적 이동을 수반하게 된다. 상업신용장은 다시 화환신용장(documentary credit)과 무화환신용장(documentary clean credit)으로 나눈다. 전자는 수출업자가 선적 후에 발행한 환어음에 첨부된 운송서류가 신용장조건과 일치하면 수입상의 거래은행인 발행은행이 그 어음의 지급 · 인수 또는 매입할 것을 확약하는 보증장임에 반해, 후자는 신용장에 의하여 발행되는 환어음에 운송서류가 첨부되지 않아도 어음의 지급 · 인수 또는 매입할 것을 확약하는 신용장이다. 일반적으로 우리가 신용장이라고 하면 상업신용장을 뜻하고 상업신용장이라고 하면 화환신용장을 의미한다.

한편 운임, 보험료, 수수료 등 용역거래의 결제나 해외의 입찰보증금, 차입금의 상환을 위한 보증장(stand-by credit) 등과 같이 상품 이외의 국제간의 거래에 사용되는 신용장을 통틀어서 Clean신용장 혹은 무담보신용장이라고 한다. 그리고 이외에도 해외여행에 이용되는 여행자신용장(traveller's letter of credit)[27]도 Clean신용장 혹은 무담보신용장이라고 한다.

2) 취소불능신용장과 취소가능신용장

신용장이 발행된 후 취소여부에 따라 취소가능신용장과 취소불능신용장으로 구분된다. 취소불능신용장(irrevocable credit)이란 신용장이 일단 발행되어 수익자에게 통지된 이상 신용장관계당사자를 수고하여 신용장상의 유효기간 내에는 신용장관계당사자 전원의 합의 없이는 신용장을 취소하거나 신용장의 조건변경이 불가능한 것을 말한다. 이에 반해 취소가능신용장(revocable credit)이란 신용장을 발행한 은행이 수익자에게 사전통지 없이 일방적으로 신용장 자체를 취소하거나 신용장의 내용을 변경할 수 있는 것으로서 이는 신용장으로서의 가치가 거의 없다고 할 수 있다.

---

27) 여행자신용장은 교통과 통신이 발달하지 못하였던 시대에 많이 시대에 많이 사용되었으나 교통과 통신이 발달한 오늘날에 와서는 주로 여행자수표(traveller's check : T/C)로 대체되어 사용되고 있다.

한편 제5차 개정 신용장통일규칙에 의하여 신용장은 취소불능 또는 가능의 표시를 하여야 하며, 취소여부에 대한 아무런 표시가 없으면 취소불능신용장으로 간주하고 있다.

3) 확인시용장과 미확인신용장

어음지급에 대하여 발행은행 이외의 제3의 은행에 대한 확인여부에 따라 구분한 것으로, 확인신용장(confirmed credit)이란 신용장에 신용장 발행은행 이외의 국제적으로 신용이 있는 제3은행의 확인, 즉 수익자가 발행하는 어음의 인수, 지급 또는 매입에 대한 제3은행의 추가적 확약이 있는 신용장을 말한다. 미확인신용장(unconfirmed credit)이란 이러한 제3은행의 확인이 없는 신용장을 말한다.

4) 상환청구가능신용장과 상환청구불능신용장

환어음의 부도가 발생할 경우 매입은행 또는 지급은행 등 환어음의 소지은행이 환어음의 발행인인 수익자에게 상환청구를 할 수 있는지의 여부에 따라 구분하는 것이다. 신용장 조건에 의하여 발행된 환어음을 매입한 은행이 발행은행 또는 확인은행으로부터 대금을 상환받지 못하거나 신용장 조건과 불일치하게 환어음을 발행하여 지급거절을 당하였을 때 선의의 어음 소지인인 매입 또는 지급은행이 환어음 발행인인 수익자에게 구상권을 행사할 수 있는 신용장을 상환청구가능신용장(with recourse credit)이라 하며, 구상권을 행사할 수 없는 신용장을 상환청구불능신용장(without recourse credit)이라 한다.

5) 매입신용장과 지급신용장

신용장에 의해서 발행되는 어음의 매입을 허용하느냐 않느냐에 따라 매입신용장과 지급신용장으로 구분된다. 매입신용장(negotiation credit)이란 신용장에 의해서 발행되는 어음이 매입될 것을 전제로 하여 어음발행인은 물론이고 어음의 배서인(endorser)이나 선의의 어음소지인(bona fide holder)에게도 지급을 확약하고 있는 신용장이다. 이에 반하여 지급신용장(straight credit)

은 신용장에 의한 환어음의 매입여부에 대하여는 아무런 명시가 없이 신용장발행은행 또는 그가 지정하는 은행에 환어음을 제시하면 지급하겠다고 확약하고 있는 신용장을 말한다.

6) 현금신용장

현금신용장(cash credit)이란 수입업자의 의뢰에 의하여 수입업자 거래은행이 수출지의 자기지점 또는 환거래은행(correspondent bank)에 사전에 결제자금을 송금하여 예치해 두고 그 자금에 의하여 수출지의 그 은행이 일정한 운송서류의 첨부를 조건으로 하여 수익자가 그 은행 앞으로 어음을 발행하였을 때에 그 어음의 지급을 확약하는 것이다.

7) 보통신용장과 특정신용장

신용장에 의하여 발행되는 어음의 매입을 특정은행의 제한여부에 따라 구분한 것으로 특정신용장(special credit)이란 신용장상의 수익자가 선적을 완료한 후 수출대금의 회수를 위하여 발행하는 환어음의 매입은행을 신용장에서 금융관계, 자금의 수배 또는 업무상의 연락 등으로 특정은행에 한정하고 있는 것을 말한다. 이에 반해 보통(일반)신용장(general credit)이란 신용장에서 어음의 매입을 일정한 은행에 제한하지 않고 아무 은행에서나 매입할 수 있는 조건의 신용장을 말한다.

8) 기탁신용장

기탁신용장(escrow credit)이란 수입업자가 수입신용장을 발행할 때에 신용장의 한 조건으로 그 신용장에 의해 발행되는 어음의 매입대금을 수익자(수출업자)에게 지급하지 않고, 수익자 명의의 Escrow 계정(escrow account)에 기탁하여 두었다가 그 수익자가 원신용장 발행자로부터 수입하는 상품의 대금결제에만 사용하도록 규정한 신용장을 말한다. 기탁신용장은 구상무역신용장과 마찬가지로 양국의 수출입균형을 이루기 위한 구상무역에서 사용되는 신용장이다.

9) 동시발행신용장(back to back credit)

동시발생신용장이란 한 나라의 수입상이 일정액의 수입신용장을 발행할 경우 그 신용장은 상대방에게 동액의 수입신용장을 발행하여 오는 경우에만 유효하다는 조건이 붙는 신용장을 말한다. 기탁신용장과 마찬가지로 국가간에 수출입의 균형을 유지하기 위한 구상무역을 위해서 주로 사용되는 신용장이다.

10) 일람출급신용장과 기한부신용장

일람출급신용장(sight credit)이란 수출지의 매입은행으로부터 운송서류가 내도하면 발행의뢰인이 발행은행으로부터 수입대금과 상환으로 운송서류를 인도 받는 현금거래 형태의 신용장을 말한다. 그러나 기한부신용장(unsance credit)에서는 수출지의 매입은행으로부터 운송서류 내도 시에 발행의뢰인은 일정기일이 경과한 후에 수입대금을 지급할 것을 약속하면 발행은행으로부터 운송서류를 인도받을 수 있다.[28] 따라서 기한부신용장 거래에서는 수입상이 수입물품을 판매하여 그 대금으로 수입대금을 상환할 수 있는 시간적 여유를 가지게 된다.

11) 양도가능신용장과 양도불능신용장

신용장상의 수익자가 신용장을 제3자에 대한 양도여부에 따라 구분한 것으로, 양도가능신용장(transferable credit)이란 수익자가 신용장금액의 전부 또는 일부를 제3자(제2의 수익자)에게 양도할 수 있는 권한을 부여한 신용장을 말한다. 이에 반해 수익자가 신용장을 제3자에게 양도할 수 없는 신용장을 양도불능신용장(non-transferable credit)이라고 한다. 양도가능신용장에는 반드시 'transferable'이라는 문구가 표시되어 있어야 하며 신용장에 별도의 명시가 없는 한 동일 국내 또는 타국을 막론하고 양도할 수 있다.

---

28) 예를 들어 60 days after sight이면 발행의뢰인은 환어음 인수일로부터 60일 되는 날에 대금을 지급하면 된다.

12) 내국신용장

내국신용장(local credit)이란 외국의 수입상으로부터 수출신용장을 받은 국내의 수출상이, 즉 원수출신용장(master L/C)의 수익자가 그에 따른 수출품 또는 원자재 등을 국내에서 조달할 경우 동 수출품 또는 원자재 등의 국내공급자에 대한 대금지급을 보증하기 위하여 수출신용장에 의한 청구권을 담보로 해서 원수출신용장의 통지은행 또는 자기의 거래은행에 의뢰하여 수출품 또는 원자재 등의 국내공급자를 수익자로 하는 제2의 신용장을 발행하는데 이를 내국신용장이라고 한다.

13) 보증신용장

보증신용장(stand-by credit)이란 수입물품대금의 결제를 목적으로 발행되는 신용장이 아니고 금융을 위한 담보 또는 보증의 수단으로 발행되는 일종의 무담보신용장(clean credit)을 말한다.

14) 회전신용장과 비회전신용장

일정한 기간 내에 계속적인 거래가능 여부에 따라 구분한 것으로, 회전신용장(revolving credit, self-continuing credit)이란 일정한 기간 동안 일정한 범위 내에서 신용장금액이 자동적으로 갱신되도록 되어 있는 신용장을 말한다. 이는 동일한 거래처와 동일상품을 일정기간에 걸쳐 계속적으로 거래를 하는 경우 발행 의뢰인측의 시간 · 노력 및 비용의 편의를 주기 위한 것이다. 이에 반해 신용장금액이 매입과 동시에 자동적으로 갱신되지 않는 신용장 즉, 아무런 갱신문구가 없는 신용장을 비회전신용장(non-revolving credit)이라고 하는데 대부분의 신용장은 비회전신용장이다.

15) 전대신용장

전대신용장(red clause credit)이란 수출상에게 수출에 따른 수출물품의 생산, 가공, 집하, 선적 등에 필요한 자금을 수입상이 미리 융통해 주기 위하여 매입은행으로 하여금 일정한 조건하에 신용장금액의 일부를 수익자 앞으로 전대하여 줄 것을 허용하고 그 전대금의 상환을 보증하는 신용장을 발행할 수 있는데, 이와 같이 수출전대를 인정하고 있는 신용장을 수입상의 입장에서 보아 전대신용장이라 하고 수출상의 입장에서 보아 선수금신용장이라고도 한다.

(2) 신용장 거래의 실무

신용장의 형식은 국제상업회의소에서 표준양식을 제정하여 각국의 은행이 채택할 것을 권고하고, 신용장통일규칙을 준수한다는 공통점을 지니고 있으나 신용장은 발행은행과 신용장의 종류에 따라서 약간씩 그 형식을 달리하고 있다. 그러나 거래은행의 신용장발행신청서에 그 내용을 기재할 때에는 그 기재내용이 곧 신용장의 조건이 되고, 나중에 어음매입의 조건이 되므로 신중히 다루어야 한다. 여기에서는 국제거래에서 가장 많이 사용하고 있는 취소불능화환신용장을 중심으로 살펴보고자 한다.

1) 무역계약과 대조

신용장 기재내용과 무역계약을 상호 대조 · 검토하여야 한다. 특히 상품의 규격 · 단가 · 선적기일 · 포장조건 · 보험조건 · 대금결제조건 · 분할선적여부 등의 사항을 검토하여 내용이 상이하거나 그 조건을 변경할 필요가 있는 경우에는 그 변경을 요청하여야 하며, 신용장내용이 계약내용과 일치하면 관계대장에 기입 · 정리하고 필요한 만큼 사본을 준비해야 한다.

2) 발행은행의 신용확인

신용장은 발행은행이 수출대금에 대한 지급을 보증하는 증서이므로 그 은행의 신용상태를 파악하는 것은 매우 중요한 일이다. 따라서 신용상태에 의문이 있을 경우에는 통지은행을 통해서 조회해야 한다.

3) 발행은행의 서명확인

신용장을 접수하면 그 서명을 확인하여야 한다. 수입업자가 수출업자에게 발행은행을 통하여 직접 송부하여 왔을 경우에는 거래은행에 의뢰하여 서명 등을 조회하고, 환거래가 없는 신용장의 경우에는 가능한 한 확인하

여 보고 확인이 곤란할 경우에는 그 내용을 밝혀 반송하고 새로운 지시를 받아야 한다.

4) 취소불능의 표시확인

취소불능의 표시가 없으면 신용장통일규칙에 의거 취소불능으로 간주된다. 취소가능의 표시가 있는 신용장은 발행은행이 수익자의 동의를 받지 아니하고 신용장을 일방적으로 취소하거나 조건을 변경할 수 있기 때문에 신용장으로서의 기능을 제대로 발휘할 수 없다.

5) 신용장종류의 확인

전술한 바와 같이 신용장의 종류는 다양하다. 그러므로 접수한 신용장이 어떤 종류의 신용장인지, 즉 확인신용장인지 미확인신용장 또는 보통신용장, 특정신용장인지 등을 확인해야 한다.

6) 특수조건의 확인

신용장의 효력에 대한 특별한 유보조건(물품의 수량 또는 선적기일의 별도통보) 등의 기재여부와 신용장문언 중에 동 신용장의 조건이행에 불가능하다고 인정되는 문언의 유무 등을 확인 · 검토해야 한다. 왜냐하면 신용장에 명기된 조건을 수익자가 충실히 이행하지 않으면 수익자는 그 신용장에 의거해서 수출대금을 회수할 수 없게 되기 때문이다.

7) 신용장통일규칙의 적용확인

신용장에 모든 조건을 빠짐없이 명시하는 것은 불가능하므로 신용장에 명시되지 않은 사항에 대하여는 신용장통일규칙에 따른다는 “This documentary credit is subject to the Uniform Customs and Practice for Documentary Credits(2007 Revision) International Chamber of Com merce Publication No. 600.” 준거문언의 기재 여부를 확인해야 한다.

16 수출입업무의 이행

무역계약이 체결되면 수출업자는 무역 관련 법령에 따라 승인을 요하는 것은 승인을 받고 수출물품을 생산 확보하여 수출통관을 준비한다. 한편에서는 운송계약을 체결하고 필요에 따라 보험계약도 체결한다. 수출통관이 완료되면 수출물품을 선적하여 선하증권을 발급받아 다른 운송서류와 함께 거래은행에 매입을 의뢰하여 수출대금을 회수한다. 한편 본격적인 수입활동은 수입신용장의 개설로 시작된다. 신용장의 개설로 수출업자가 수출물품을 생산하여 선적하면 일정기간 후 관련 은행을 통해 수입물품을 입수할 수 있는 운송서류가 수입업자에게 전달된다. 수입업자는 수입대금을 지급한 후 물품을 입수하여 수입통관절차를 거쳐 반출함으로써 수입은 종료된다. 이처럼 국제거래절차는 많은 복잡성을 내포하고 있기 때문에 국제거래를 수행하고자 할 경우에는 이에 대한 절차와 과정을 숙지해야만 한다.

제1절 수출업무의 이행

수출거래에 관련된 수출계약의 체결로부터 대금회수까지의 일련의 절차는 외국과의 거래이기 때문에 국내거래에 비하여 그 절차와 내용이 다소 복잡하다.[1)]

---

1) 최해범 외, 전게서, pp.309~326.

1. 신용장과 무역결제

수출계약이 이루어지고 수입상이 개설한 신용장이 내도하게 되면 본격적인 수출절차가 이행되게 된다. 신용장은 요청의 의하여 수입상의 거래 외국환은행이 수출상에게 신용장 조건과 일치하는 운송서류의 제시가 있으면 그 수출화물의 대금을 틀림없이 지급하겠다는 발행은행의 확약이기 때문에 수출상의 입장에서 볼 때 신용장은 수출대금의 회수에 관한 하나의 보증장적인 성격을 띠게 된다. 그러므로 수출품을 선적하기 위해서는 우선 현재의 수출 정상결제방식에 합치하는 신용장의 접수가 제일의 요건이 되므로 수출상은 이 점을 계약시부터 수입상에게 잘 이해시켜 가능한 빨리 신용장을 수취할 필요가 있다.

신용장은 송달을 확실하게 하기 위하여 보통 발행은행에서 발행한 후 수출지의 통지은행을 통하여 수출상에게 통지되는데, 그 기간은 지역에 따라 다르지만 약 10일이 소요된다.

2. 수출승인

물품의 수출은 원칙적으로 자유롭게 할 수 있지만 대외무역법에서 정하고 있는 특정물품에 대해서는 개별수출에 대한 사전승인을 받아야 하는데 이를 수출승인이라 한다. 수출승인기관의 장은 지식경제부장관이지만 수출절차를 간소화하기 위해 이러한 권한은 현재 지식경제부장관이 지정하여 고시하는 관계 행정기관 또는 단체의 장에 위탁되어 있다. 그리고 수출승인의 유효기간은 수출을 승인한 날로부터 1년 이내이며 필요에 따라 20년 범위 내에서 연장될 수 있다. 한편 모든 수출입거래가 동일한 성격을 지니고 있는 것이 아니고 물품의 이동, 대금의 결제 등에 따라 다양한 특성을 지니고 있기 때문에 수출입거래형태 중 특정 거래형태를 지정하고 여기에 해당될 경우에는 이에 대한 별도의 인정절차를 받도록 하고 있다.[2)]

---

2) 구종순 외, 『무역개론』, 박영사, 2007, p.364.

3. 수출상품의 확보

수출상품이 확보는 수출상이 해당 거래를 계약서의 내용대로 이행할 수 있는지의 여부를 좌우하는 매우 중요한 절차과정이다. 특히 신용장에는 유효기일 및 선적기일과 같은 시간적 제약이 있으므로 수출상은 수출상품의 조달에 만전을 기하여 선적지연이 되는 일이 없도록 해야 한다.

일반적으로 수출물량 확보를 위해서는 수출상이 계약상품을 전부 자사의 제고로 이미 확보하고 있는 경우를 제외하고는 국내의 공급자 또는 외국의 공급자로부터 상품을 구입하거나 원자재 및 중간재를 구매하여야 한다. 즉, 수출물품을 확보하는 방법은 수출업자가 자가공장에서 수출물품을 직접 제조 · 생산하는 경우와 타사에서 제조 · 생산한 수출물품(완제품)을 국내에서 구매하는 경우 그리고 외국으로부터 수출용 원자재를 구입하는 경우로 나눌 수 있다.

〈그림 16-1〉 수출품의 조달방법

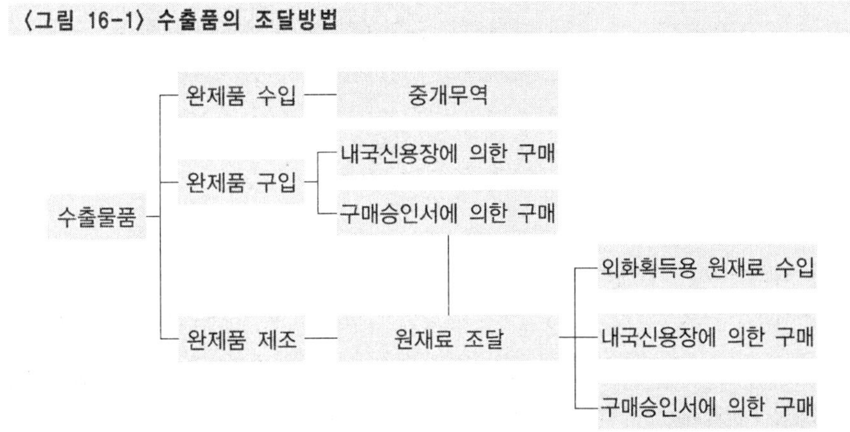

(1) 내국신용장에 의한 구매

내국신용장(Local L/C)이란 수출용 원자재 또는 완제품을 조달할 때 외국환은행이 그 물품대금 지급을 보장하는 지급보증서로서 국내수출업자가 수출계약상 합의한 사항을 이행하는데 필요한 완제품이나 원자재를 국내에서 효율적으로 구매하기 위한 제도이다. 수출업체의 경우 수출용 원자재를 내국신용장에 의해 조달하면 원자재 구매자금을 지원받아 결제할 수 있고 부가가치세 영세율이 적용되어 물품구입가격상의 이점이 있다. 또한 내국신용장의 수혜자 즉, 국내공급업자는 당해 내국신용장을 근거로 해당 물품제조에 소요되는 원자재의 구입자금 및 제조, 가공자금을 융자받을 수 있으며 동 내국신용장에 의한 물품공급실적은 당해 업체의 수출실적으로 인정된다.

(2) 구매확인서에 의한 구매

일반적으로 수출용원자재나 수출용완제품을 국내에서 구매하고자 하는 경우에는 내국신용장을 이용하는 것이 가장 바람직하다. 그러나 수출이 수출신용장방식이 아닌 송금방식인 경우 또는 내국신용장 개설한도가 부족한 경우, 국내상거래 관례상 현금에 의하지 않고는 거래가 곤란한 때에는 내국신용장을 이용할 수 없다. 이처럼 구매확인서는 국내에서 생산된 수출물품(완제품 및 원재료)을 내국신용장에 의하지 않고 구매하는 경우에 외국환은행이 국내신용장에 준하여 발급하는 것으로서 단순송금방식수출, 무역금융부족 등으로 내국신용장을 개설할 수 없는 상황에서 외화획득용 원료 등의 구매를 원활하게 하기 위하여 활용되고 있다.

(3) 외화획득용 원재료 수입

수출상품의 조달 시 필요한 원자재는 가능한 한 국산원자재의 사용을 적극 장려하고 있지만, 국내공급이 원활하지 못하거나 불가능한 경우에는 외국에서 원자재를 수입할 수밖에 없다. 우리나라는 수출 진흥을 위하여 수출 등 외화획득을 위한 물품의 생산에 소요되는 원료, 시설, 기계 및 제품을 확보 · 조달하는 데 대하여 각종 수출지원제도가 운용되고 있다. 이러한 수출지원제도의 대표적인 것으로는 대외무역법상의 외화획득용 원료 등의 수입과 관련한 지원제도, 무역금융 관련규정에 의한 무역금융지원, 관세환급특례법에 따른 관세환급 등이 있으며, 기타 관세법상의 관세징수 유예, 연지급 수입기간의 차등적용 등 여러 가지 지원제도가 탄력적으로

운용되고 있다. 따라서 수출상품 조달시 상기와 같은 수출지원제도를 최대한 활용함으로써 수출상품의 경쟁력을 제고하고 기술개발과 기업의 계속적인 발전을 도모할 수 있을 것이다.

4. 수출금융(무역금융)의 활용

수출계약이 성립되면 수출품은 자가 공장에서 제조하거나 국내에서 매입 또는 외국에서 원자재를 수입 · 가공하게 되는데, 이에는 막대한 자금이 소요될 뿐만 아니라, 실제로 수출대금이 회수될 때까지 수개월이 소요되므로 그 동안 은행으로부터 융자를 받을 필요가 있다. 이처럼 자금조달면에서 불리한 위치에 있는 무역업자들에게는 수출에 관한 금융을 원활하게 지원해 줌으로써 수출증대에 기여하도록 취급하는 여신(與信)을 총칭하여 수출금융이라고 한다. 수출금융의 대표적인 방법으로는 수출전대어음에 의한 차입, 내국신용장에 의한 보증, 농수산물 수출준비금 대출제도, 연불수출금융, 수출전대에 의한 차입 등이 있다.

원래 수출은 한 나라의 국제수지에 미치는 영향이 크고, 따라서 국제경쟁이 격심하기 때문에 국가는 다양한 수출금융(무역금융)제도를 활용하여 수출업자에게 지원하는 정책을 사용하고 있다. 특히, 우리나라와 같이 무역상사의 자본력이 부족한 경우에는 수출산업에 대해서는 융자 순위나 금리면에서 다른 산업보다 특혜적인 금융상의 지원이 절대적으로 필요하다.

5. 수출검사와 포장

신용장이 내도하면 수출상은 수입상이 만족할 수 있는 물품, 특히 품질면에서 철저한 검사를 끝내고 포장과 필요한 화물표지(marking)를 해서 선적해야 한다. 외국의 수입상은 실제로 계약상품을 받기 전에는 안심할 수 없으며, 다만 수출상을 신뢰하여 계약물품을 계약기간 내에 보내 주리라고 믿을 수밖에 없다. 이에 우리나라는 그 동안 수출상품의 대외성가와 품질의 유지향상을 도모하여 건전한 수출무역을 조장하기 위하여 실시되어 오던 법적 강제검사인 수출검사법에 의한 수출검사제도를 폐지하고 민간에게 자율적으로 수출검사를 이양함으로써 무역업자의 부담을 들어주고 있다. 즉, 수출물품의 제조가 완료되면 수출품품질향상에 관한 법률에 의하여 수출품에 대한 검사(수출검사)를 무역업자 등이 자율적으로 수출품의 품질 · 재료 · 제조 · 포장 등을 면밀히 검사하여 그 물품이 검사기준에 적합한지의 여부를 확인하여야 한다.

한편 수출상품이 생산지에서 외국의 수요지까지 수송되는 데에는 여러 가지 해상과 육상의 수송기관을 이용해야 하고 또 경우에 따라서는 수송 도중에 다른 회항선(ocean going vessel)이나 철도에 환적(transshipment)되기도 한다. 이에 수출포장은 상품의 성질, 종류, 운송방법, 수송수단 또는 도착지의 기후, 환적, 항만의 설비 등과 포장비 및 운임 등을 고려해서 수출물품에 가장 알맞은 이른바 내항성(seaworthy)이 있는 포장을 해야 한다. 즉 수출포장(export packing)의 목적은 최소한도의 자재 및 비용으로 안전하고 확실하게 수출화물을 포장하고 그 포장으로 하여금 장거리의 해외수송 중 화물보호의 임무를 완수하게 하는 것이다. 이런 의미에서 수출품의 포장은 견고함을 제일목표로 삼아야 한다.

〈그림 16-2〉 화물표지의 설명

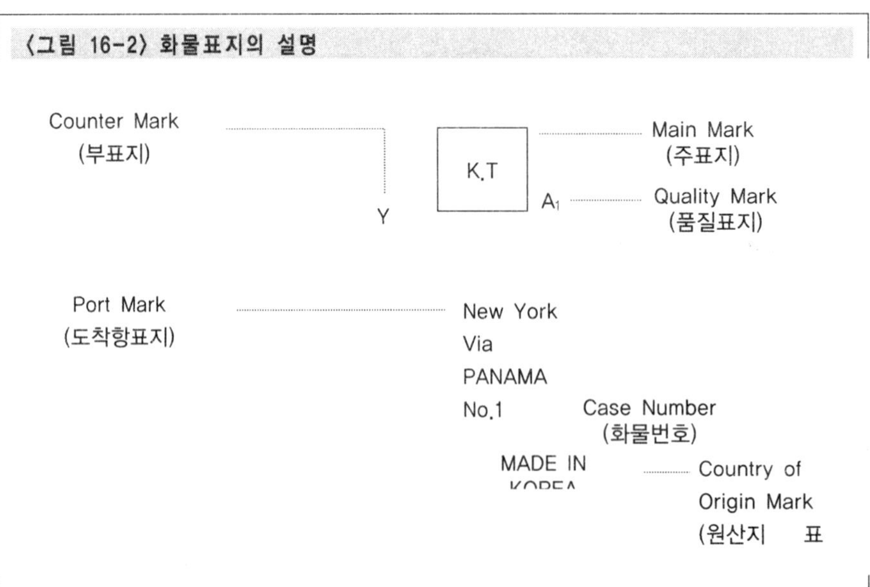

6. 수출상품의 운송과 보험부보

수출상품의 물량확보가 끝나고 나면 다음 단계로 수출상품을 수입업자에게 선적하기에 앞서 운송계약과 보험에 관한 사항을 점검하고 검토해야 한다. 즉 수출업자는 화물의 준비 및 수출검사의 수속을 진행시키면서, 다른 한편으로는 효율적인 운송수단을 결정하고 적합한 운송인을 수배하여 운송계약을 체결하여야 한다. 운송인을 선정할 때에는 최종 목적지까지의 운송가능여부, 운송서비스의 질, 운송시간, 운송비용, 운송스케줄 등의 요인을 충분히 감안하여 운송계약을 체결하여야 한다.

그리고 또한 운송 중에 발생하는 위험에 대비하고 손실을 보전하기 위하여 거래계약에 따라 보험계약을 체결해야 한다. 예를 들어 보험조건이 CIF인 경우에는 수출상이 해상보험에 부보하게 된다. 이 경우 보험내용은 신용장 또는 계약서에서 약정된 보험금액, 보험조건 등을 충족시켜야 하며, 보험계약은 화물을 본선에 선적하기 전까지 체결해야 한다.

7. 수출통관

물품의 국제간 이동에는 국내의 각종 법령이 정하는 바에 따라 소정의 절차를 거쳐야 하는데 이 절차 중에서 최종적으로 거쳐야 할 단계가 수출통관절차이다. 즉, 우리나라에서 수출하고자 하는 물품은 반드시 관세법상의 절차를 거쳐야 하는데 이를 수출통관절차라 한다. 수출통관절차는 수출하고자 하는 물품을 세관에 수출신고를 하고 신고수리를 받은 후 물품을 우리나라와 외국 간을 왕래하는 운송수단에 적재하기까지의 절차를 말한다. 수출통관을 의무화하는 것은 대외무역법, 관세법, 외국환거래법 등 각종 수출관련법규의 이행사항을 최종적으로 확인하여 불법수출이나 위장수출 등을 방지하기 위한 것이다.

따라서 수출하고자 하는 자는 수출물품을 적재하기 전까지 해당 물품의 소재지를 관할하는 세관장에게 수출신고를 하고 수리를 받아야 한다. 수출물품에 대해서는 원칙적으로 검사를 생략하고 있으나, 전산에 의한 발췌검사 또는 필요한 경우에는 예외적으로 검사를 실시하는 경우도 있다.

관세법에서 의미하는 수출은 내국물품을 외국으로 반출하는 것을 의미하기 때문에 내국물품은 반드시 수출통관절차를 필해야 외국물품으로 간주되고 비로소 선적이 가능하게 된다. 현재는 전자문서교환 수출통관 자동화시스템에 의하여 수출업자는 세관에 직접가지 않고 컴퓨터로 신고를 끝낸 뒤 수출물품을 바로 선적할 수 있다.

수출통관절차는 서류와 화물로 구분하여 행하고 있는데, 그 절차는 다음과 같다.

① 수출신고, ② 세관검사 및 감정, ③ 수출신고필증교부, ④ 보세구역반입

8. 수출화물의 선적

세관으로부터 수출신고필증이 교부된 수출화물은 선적되어 목적지에 운송되어야 한다. 선적이란 송화인이 수출화물을 본선 상에서 적재하는 것을 의미하는데, 여기에서는 일반적으로 가장 많이 이용되고 있는 해상운송을 중심으로 살펴보고자 한다. 수출화물의 선적순서는 먼저 선박회사가 본선의 선장 앞으로 해당 화물의 선적을 지시한 선적지시서를 교부받아 S/O(Shipping Order) : 선적지시서)는 선장에게, 수출신고필증은 세관원에게 제출하고 선적을 한다.

선적이 끝나면 본선으로부터 화주(shipper)에게 화물의 수령을 증명하는 본선화물수령증(Mate's Receipt : M/R)을 교부받고, 동시에 선적을 입회한 세관원(승선관리)은 수출신고필증에 '선적을 인정함'이라는 증명을 해서 화주에게 돌려준다. 이 본선화물수령증을 선박회사에 제출하고, 운임선급의 경우에는 운임을 지급하고 이것과 교환하여 선하증권을 발급받는다.

선적이 끝나면 즉시 수입상에게 계약번호나 품명, 수량, 선적일 또는 출항일 등을 알려 준다. 만약 해상보험을 수입상이 부보해야 할 경우에는 선적일 전에 알려 줄 필요가 있다.

9. 무역서류의 정비와 수출대금의 회수

물품을 수출한 자는 승인된 대금결제방법에 의하여 당해 물품의 대금전

액을 회수하여야 한다. 오늘날 국제물품거래에 있어서 대금의 결제는 대부분 화환어음(documentary bill)에 의하여 이루어지고 있는데, 수출상은 선적이 완료되면 아직 구비되지 않은 무역서류를 준비하여 이것에 수출신고필증을 첨부하여 거래은행에 매입을 의뢰한다. 상품대금 결제수단인 환어음에 첨부하는 각종 서류를 운송서류(무역서류)라 한다.

즉, 수입상 또는 신용장발행은행 앞으로 된 환어음을 발행하고 그 담보로서 선적화물을 대표하는 선하증권(Bill of Lading : B/L)과, 상품의 운송도중의 사고로 있을 수 있는 우발적인 손해를 보상할 것을 약속한 해상보험증권(marine insurance policy) 및 선적화물의 명세서인 상업송장(commercial invoice) 등 신용장에서 요구하는 운송서류를 첨부하여 외국환은행에 어음을 할인하여 수출대금을 회수하는 것이다.

10. 관세 등의 환급 및 사후관리

통상의 수출절차가 이상과 같은 과정을 거쳐 일단 끝나면 수출용원자재를 수입할 때에 세관에 납부한 관세 및 내국소비세(부가가치세 제외)를 정액 또는 개별환급의 방법에 의하여 세관 또는 외국환은행에서 환급 받는다. 이 밖에 수출금융 등을 수혜받은 경우 결제대금에서 수출금융을 상환해야 하며, 외화획득용원료의 수입은 동 원료의 외화획득 이행여부에 대한 사후관리를 받게 되는데, 사후관리란 수출상이 물품을 수출하고 수출된 물품대금이 인정된 결제방법에 의거, 정당하게 결제되었는지 여부와 수출물품의 제조 · 생산을 위하여 원자재를 수입하였을 경우 당해 수입된 원료가 수출에 이행되었는지 여부 등을 관리함으로써 수출입질서를 유지하고 나아가 국내산업의 보호와 물자의 국내수급을 원활이 하고자 하는 것이다.

제2절 수입업무의 이행

수입에 관해서는 여러 가지 법률상 그 법률이 목적하는 바에 따라서 각

각 그 정의를 달리하고 있으나, 일반적으로 수입(import)이라 함은 외국에서 생산 및 가공된 물품을 우리나라 세관을 통과하여 들여오는 과정을 말한다. 즉 수입절차는 수출과정과 비교해볼 때 이전되는 상품을 기준으로 반대방향에 속하는 국제거래를 의미하는 것이라 할 수 있다.

수입계약은 매도인(수출상)이 매수인(수입상)에게 물품의 소유권을 양도하여 인도할 것을 약속하고 매수인은 반대급부로 대금을 지급할 것을 약정하는 국제간에 발생되는 거래계약이다. 이와 같은 수입절차는 국내거래에 비해 그 절차와 내용이 다소 복잡하나 일반적으로 수출입공고에 의하여 수입이 허용되는 물품을 선정하여 수입계약을 체결하고 난 후, 물품매도확약서(offer sheet)를 수취하여 필요시 수입승인을 받고 수입신용장을 발행한 후에 수입화물과 무역서류가 내도하면 수입대금을 결제하고 수입물품을 통관하는 일련의 과정을 거친다.

1. 수입승인

수입업자가 특정상품을 수입하고자 할 때에는 당해상품에 대한 수입승인(Import License : I/L)의 필요여부를 판단해야 한다. 즉 수출입공고에서 정하는 바에 따라 수입자동승인 또는 수입제한승인 여부(수입지역 · 수입자격 · 수입방법 · 수입대금의 결제 · 특별법과의 관계 등)를 검토한 후, 수입제한품목인 경우 관련기관으로부터 수입승인 또는 사전수입허가를 받아야 한다.

현재 수입승인과 관련하여 대외무역법에서는 헌법에 의하여 체결 · 공포된 조약과 일반적으로 승인된 국제법규에 의한 의무의 이행, 생물자원의 보호 등을 위하여 지정하는 물품 및 무역의 균형화를 촉진하기 위하여 대통령령이 정하는 기준에 따라 지정하는 물품을 수출입하고자 하는 자는 지식경제부장관의 승인을 얻도록 하고 있어, 수입승인과 관련된 권한은 지식경제부장관에게 있다고 할 수 있다. 그러나 국가정책상 지식경제부장관의 직접 인 · 허가의 필요성이 있는 업무를 제외하고는 수입승인업무를 위임받은 관련협회나 조합 등 관계기관들이 수입승인 업무를 대행하고 있다.

2. 수입신용장의 발행

수입업자는 매매계약의 내용에 따라 유효기간 내에 거래은행을 통하여 신용장 발행을 신청해야 한다. 일반적으로 수입대금결제방법에는 신용장, 송금결제, D/P, D/A, International Factoring 등의 방법이 있으나, 수입계약에서 대금결제를 신용장에 의한다고 약정되어 있는 경우에는 수입업자는 거래은행에 신용장발행을 의뢰하여야 한다.

신용장이란 수입업자(발행의뢰인)의 요청에 의하여 수입업자의 거래외국환은행(발행은행)이 상대방 수출업자(수익자)에 대하여 신용장조건과 일치하는 무역서류의 제시가 있으면 그 수출화물의 대금을 틀림없이 지급하겠다는 발행은행의 확약을 의미한다. 이처럼 신용장발행은행은 신용장의 수혜자에게 대금지급을 확약하고 있으므로 신용장발행은행은 수입업자와 신용장발행에 관한 전반적인 사항을 규제하는 신용장거래약정서(Commercial Letter of Credit Agreement)에 의한 약정을 맺어 신용장거래와 관련된 일체의 채무와 제 비용을 발행의뢰인이 부담한다는 것과 신용장에 의하여 발행된 어음이 결제될 때까지 관계 수입화물은 발행은행이 담보로서 그 은행의 소유로 한다는 점을 명확히 한다.

그리고 수입상은 자기의 거래은행에 신용장발행신청서(Application and Agreement for Irrevocable Documentary Credit)를 제출하게 된다. 그런데 이 신용장발행신청서에 기재될 내용이 해당거래의 신용장 조건이 되므로 그 작성에 있어 정확하고 간결한 표현을 써야 하며 특히 거래계약서의 내용과 신용장 조건이 일치하는지를 유의해서 작성해야 하는 등 각별한 주의가 요구된다.

3. 무역서류의 내도와 수입대금의 결제

신용장이란 신용장발행은행이 신용장조건에 일치하는 무역서류의 제시에 대하여 그 대금을 지급하겠다는 약속이므로 해외매입은행에서 지급 또는 매입된 어음과 무역서류가 내도하게 되면 발행은행은 당해 무역서류가 발행된 신용장조건과 일치하는가를 정확히 확인하여야 한다. 또한 환어음의 필수적 기재사항과 임의적 기재사항이 명확히 기재되었는지의 여부를 확인하고 기타 무역서류의 요식성과 하자가 있는지의 여부를 검토해야 한다. 무역서류의 심사결과 신용장조건과 일치하여 하자가 발견되지 않을 경우 무역서류는 신용장발행의뢰인, 즉 수입상에게 인도된다. 무역서류의 내도는 원본(original documents)과 부본(duplication documents)이 각각 별도로 내도되므로 그중 먼저 도착한 것에 의하여 인도가 이루어지면 다른 하나는 그 효과를 상실하게 된다.

그리고 화환어음과 이에 첨부된 무역서류의 심사가 끝나면 발행은행은 발행의뢰인에게 대금의 결제를 청구하게 된다. 발행은행은 화환어음이 신용장조건에 의하여 발행의뢰인 앞으로 발행되도록 된 경우에는 동 지급인에게 관계무역서류의 명세를 기입한 통지서와 함께 어음을 제시하여 지급 또는 인수를 청구하게 된다.

4. 수입통관

우리나라로 들어오는 모든 외국물품은 관세법에서 규정하고 있는 수입통관절차를 거쳐야 한다. 외국물품은 곧 수입물품을 의미하지만 관세법에서는 우리나라에 도착된 물품으로 수입신고가 수리되지 않은 물품과 수출신고가 수리된 물품을 외국물품으로 간주하고 있다. 이러한 외국물품은 수입신고수리를 위한 통관절차를 필해야만 내국물품이 되어 국내로 들어올 수 있다.

우리나라는 1996년부터 전자문서교환(EDI) 수입통관 자동화시스템을 운영하여 수입통관절차가 매우 간소화되었다. 수입물품을 적재한 선박이 입항한 후 부두를 배정받아 물품을 하역하고 동시에 수입업자는 해당 세관에 수입신고를 한다. 현품을 확인하거나 검사할 필요가 있으면 보세구역 등에 물품을 장치하고, 필요한 경우 수입신고 서류심사와 물품검사를 거친 후 수입신고가 수리된다.

수입신고가 수리되면 수입물품에 대한 관세 및 내국세를 납부한 후 물품을 국내로 반입한다. 이 과정에서 수입신고, 수입신고 서류심사 및 물품

검사, 수입신고수리 등이 수입통관절차에 해당된다.

우리나라의 통관제도는 수출입신고제이므로 납세의무자는 원칙적으로 수입신고수리 후 15일 이내에 관세 및 내국세를 납부하도록 되어 있어 통관절차와 과세절차가 분리되어 있다. 그리고 수입화물 선별검사시스템(cargo selectivity system : C/S)을 도입하여 전체 수입화물 모두를 검사하지 않고 C/S를 통해 미리 등록된 기준에 따라 우범 가능성이 높다고 예상되는 물품을 골라 집중적으로 검사함으로써 검사의 효율성을 높이고 있다.[3)]

5. 사후관리

대외무역법에서는 수출을 진흥하여 대외무역의 건전한 발전을 촉진하기 위하여 수출입의 거래방법, 거래지역, 거래가격 등에 관한 사전관리와 함께 수입이 법령대로 실시되었는지의 여부를 심사하는데 이를 수입의 사후관리라 한다.

사후관리의 실시는 수출입질서를 확립할 수 있고 결과적으로 수입관리의 목적을 달성할 수 있다. 즉 우리나라는 수출의 증대를 통하여 국제수지균형과 안정적인 국민경제성장을 도모하고자 외화획득용원료의 수입 시에는 금융, 외환, 관세 등의 측면에서 각종의 혜택을 부여하고 있다. 이와 같은 외화획득원료에 대한 차별적인 혜택은 수입업자가 수출용으로 수입된 원자재를 제조 · 가공하여 정하여진 기간 내에 대응수출을 이행할 것을 전제로 하고 있어 수입업자가 이러한 조건들을 성실히 이행하는지의 여부를 사후관리 할 필요가 있기 때문이다.

〈그림 16-3〉 수입통관절차

입항 → 보세운송 → 보세구역반입 → 수입신고 → 통관심사 → 수입신고처리 → 화물반출 → 관세납부 → 사후관리

3) 구종순 외, 『무역개론』, 박영사, 2007, pp.377~378.

17 무역클레임의 해결과 상사중재제도

제1절 무역클레임의 해결

1. 무역클레임의 의의

국제무역은 본질적으로 경제적 · 사회문화적 · 정치적 제도 및 상관습이 상이한 외국과의 거래이기 때문에 국내거래에 비하여 분쟁이 발생할 소지가 많다고 할 수 있다. 또한 무역클레임은 매도인과 매수인 사이는 물론이고 선박회사, 보험회사, 외환은행, 창고회사 등 무역관련 당사자들 사이에도 발생할 수 있다는 특징을 가지고 있다. 이와 같은 무역거래분쟁은 거래당사자가 클레임을 제기할 때 당사자 간에 어떤 해결의 실마리를 찾지 못하면 분쟁으로 발생하게 된다.

무역클레임 또는 무역분쟁은 국제거래에서 상당히 광범위한 범위로 사용되고 있으나, 일반적으로 구상(求償) 또는 손해배상청구라고 번역되고 있다. 따라서 클레임(claim)이란 정당한 권리를 요구하는 것(a demand for something due as aright)으로서, 무역계약당사자의 일방이 계약이행을 하지 않아서 입은 손해의 배상을 청구하거나 계약이행을 촉구하는 불평(complaint), 경고(warning) 및 분쟁(dispute) 등을 총칭하는 것으로서[1], 고객의 단순한 불평 또는 불만과 같은 주관적인 것이 아니고 객관적 타당성에서 출발한 권리의 주장이라고 할 수 있다.

---

1) 협의의 무역클레임이란 수출입거래에서 발생한 물품이나 기회비용 등의 손해를 구체적으로 배상할 것을 청구하는 것을 말한다.

2. 무역클레임의 발생원인

(1) 무역클레임의 종류

무역클레임은 매도인과 매수인간에 체결한 무역계약의 불성실 이행으로 인하여 발생하는데, 일반적으로 무역계약상 발생하는 클레임이 대부분이다(<그림 17-1> 참고).

〈그림 17-1〉 무역계약상 발생하는 클레임의 종류

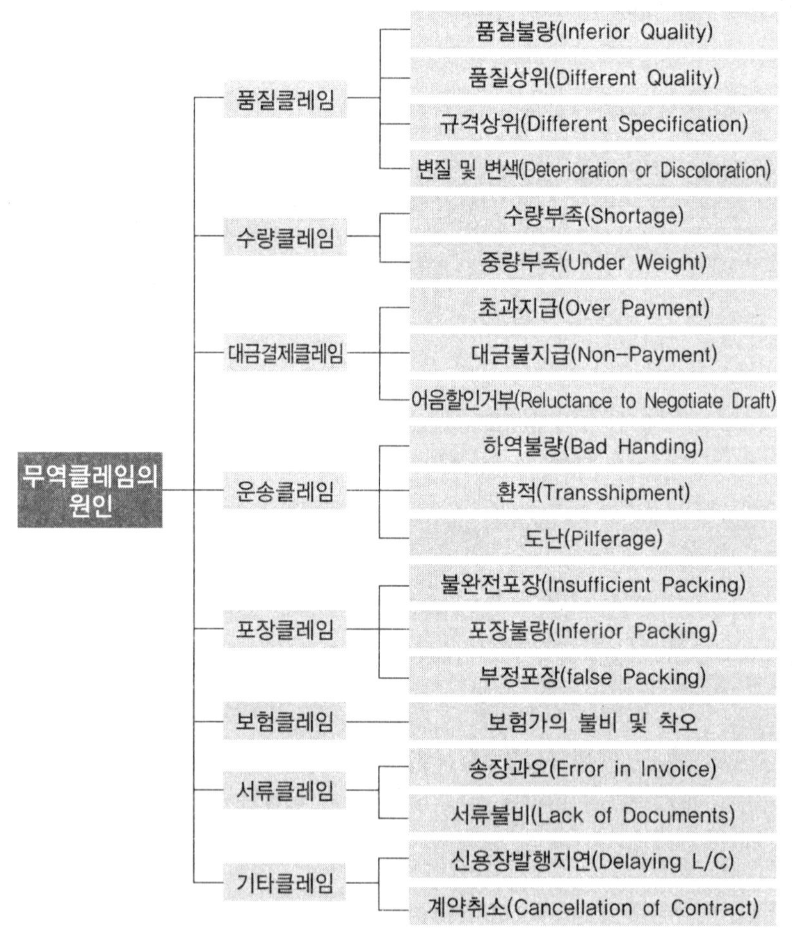

기타 무역클레임의 종류는 무역거래의 성격상 발생하는 클레임으로서 ① 일반적 형태로 일어나는 클레임, ② 감가의 구실로 행하여지는 시장클레임(market claim), ③ 부당한 의도하에 행하여지는 계획적 클레임 능이 있다.

첫째, 매매당사자간에 어느 일방의 과실이나 태만에 따라 계약을 위반하였을 때 발생되는 클레임으로, 이는 거래를 수행하는 과정에서 일어나는 일반적인 클레임을 의미한다.

둘째, 시장클레임(market claim)으로서는 이는 매도인에게 책임이 있는 클레임이 아니라, 매수인이 물품을 인수하기 싫거나 가격할인을 요구하고자 하는 의도가 있는 경우 문제를 트집 잡아 계약전체를 취소하거나, 반품 혹은 가격할인 등을 강요하는 클레임을 말한다. 일명 마켓클레임이라고도 하는 시장클레임은 상품의 시황이 좋을 때에는 거의 발생하지 않으나, 시황이 나빠질 때 자주 발생한다.

셋째, 계획적 클레임으로서 이는 당초부터 매매당사자의 어느 일방이 계획적인 술책으로 클레임을 제기하는 의도적인 클레임을 말한다. 이러한 클레임은 신용도가 낮은 악질적인 수출입업자에 의하여 제기되므로 주의하여야 한다.

(2) 무역클레임의 발생원인

국제간의 상거래란 언어와 관습이 상이하고 법률이나 경제, 사회의 모든 제도가 서로 다른 국가 간에 오직 당사자 자치의 원칙에 따라 국경을 넘어서 이루어지는 물품의 매매현상이므로 거래당사자간에 이견이 발생할 소지가 항상 내재하고 있다.[2] 뿐만 아니라 국경을 넘어선 외국과의 거래에 있어 분쟁은 불가피하며, 국제거래가 활발해지면서 그에 비례하여 클레임도 증가된다.

따라서 무역클레임을 예방하고 또한 이를 해결하기 위해서는 근본적으로 그 원인과 발생형태를 정확하게 알아두어야 한다.

---

2) G. Hooper, *The Law of International Trade*, Sweet & Marwell Co., Oxford, 1970, p.45.

먼저, 무역클레임발생의 직접적 원인으로서, 이는 무역거래 당사자 간에 이루어지는 개별계약에 의해 발생되는 클레임이다. 여기에는 계약성립 과정상의 원인, 계약내용의 미비로 인한 원인, 계약이행의 불완전 또는 계약 불이행 원인 등이 속한다.

다음으로 무역클레임발생의 간접적 원인으로, 이는 사전 신용조사의 미비에서 발생하는 문제점과 상대국의 상관습, 문화적 배경, 법률 및 정치적 배경 등 주로 상이한 환경적인 측면에 기인하는 경우를 들 수 있다. 무역클레임발생의 간접적 원인은 ① 언어 사용의 차이, ② 신용조사의 불충분, ③ 국제상관습과 국제조약에 대한 무지, ④ 운송 중의 위험, ⑤ 무역사무지식의 부족, ⑥ 도량형 및 규격의 상이, ⑦ 상대국 법규에 대한 무지, ⑧ 시세의 변동, ⑨ 경쟁의 격심, ⑩ 불가항력 등으로 세분할 수 있다.

3. 무역클레임의 제기와 해결

국제간의 거래는 민간에 의해서 이루어지는 것이므로 뜻하지 않은 과실이 일어날 수 있다. 즉, 아무리 상세하고 완벽하게 매도인 · 매수인간에 매매계약을 작성하여 이행한다 하더라도 무역클레임은 발생하게 마련이기 때문에, 클레임이 발생했을 때의 그 해결방법을 명확하게 협정하여 그대로 꼭 이행하도록 하는 것이 좋다.

(1) 무역클레임의 제기

무역클레임은 합의된 기간 내에 적절한 절차에 따라 제기되어야만 법률적인 보장을 받을 수 있다. 무역계약을 체결할 때 클레임의 해결에 관한 사항을 약정했을 경우에는 약정된 사항에 따르지만 그렇지 않은 경우 클레임은 국제상관습, 국제규칙, 국내법 등에 따른다.[3)]

일반적으로 계약서의 이면에는 클레임에 관한 조항이 인쇄되어 있어 정식무역계약을 체결하고 거래를 할 경우에는 이 조항에 따라 클레임이 처리된다.

3) 구종순 외, 『무역개론』, 박영사, 2007, p.384.

〈그림 17-2〉 클레임의 제기절차

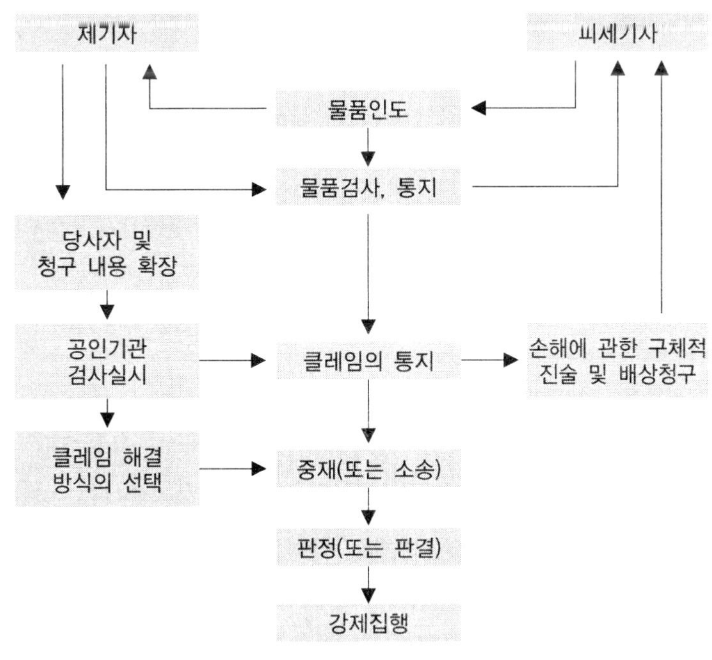

(2) 무역클레임의 해결

무역거래에 있어서는 처음부터 클레임이 발생하지 않도록 노력을 하는 것이 최선의 방법이지만, 만일 불행히도 클레임이 발생하게 되면 가능한 한 당사자 간에 우호적인 협의에 의해 해결하는 것이 가장 바람직하다. 그렇지 못한 경우에는 제3자를 통해 해결을 하게 된다.

1) 매매당사자 간의 해결

① **청구권의 포기** : 경미한 클레임에 대해서는 클레임을 포기하고 단순 경고를 함으로써 다음부터는 그렇게 하지 않도록 주의를 촉구하는 방법이다. 이 경우는 손해를 입은 피해자가 가해자로부터 동 손해를 보상받을 수 있는 권리인 청구권을 철회함으로써 청구권의 포기(waiver of claim)가 이루어진다.

② **타협과 화해** : 매매당사자가 직접 협의를 통하여 상호평등의 원칙하에 당사자가 납득할 수 있는 타협점을 찾는 방법으로서, 클레임이 발생할 경우 가급적 양 당사자간에 타협을 통하여 클레임을 종결짓는 것이 가장 바람직한 방법이다.

2) 제3자를 통한 해결

만일 매매당사자간에 클레임문제가 해결되지 못했을 경우에는 제3자를 통하여 알선이나 조정 또는 중재, 소송의 단계로 해결하게 된다.

① **알선** : 알선(intermediation)이란 클레임 해결을 위하여 공정한 제3자적 기관이 당사자의 일방 또는 쌍방의 의뢰에 의해 사건에 개입하여 원만한 타협이 되도록 돕는 방법을 말한다.

알선은 당사자간 협력이 필요하며, 강제력은 없으나 알선을 담당하는 기관이 당사자에게 영향력을 줄 수 있는 경우에는 실효성을 거둘 확률이 많다.

② **조정** : 조정(conciliation)이란 양당사자가 공정한 제3자를 조정인으로 선정하고 이 조정인이 제시하는 구체적인 해결안, 즉 조정안을 수락함으로써 클레임을 해결하는 방법이다. 이 경우 중요한 것은 쌍방은 물론 일방의 당사자라도 조정안을 수락하지 않을 때에는 조정은 성립할 수 없다. 바꾸어 말하면 조정안은 어디까지나 안(案)이며 구속력이 없다.

그러나 조정은 원래 당사자 쌍방이 서로 양보하여 분쟁을 해결하는 것을 기본으로 하고 있고, 특히 당사자 간의 장래의 거래를 고려하여 어느 정도의 양보에 의해서 해결되는 경우가 많다.

또한 절차가 간단할 뿐만 아니라 공정한 제3자인 조정인이 조정안을 제시하여 주었다는 점에서 비교적 클레임 금액이 소액인 경우에는 조정에 의해서 해결하는 경우가 많다.

③ **중재** : 중재(arbitration)라 함은 분쟁당사자간의 합의에 의하여 사법상

의 권리 또는 기타 법률관계에 관한 분쟁을 소송에 의하지 않고 사인(私人)인 제3자를 중재인으로 선정하여 그 중재인의 판정에 위임함으로써 분쟁을 최종적으로 해결하고자 하는 것을 말한다.

중재는 조정과 같이 제3자에 의한 해결방법이기는 하나 그의 결정은 구속력을 갖는다. 만약 당사자의 일방이 중재의 판정에 따르지 않을 때에는 법원에 신청하여 상대방에 대하여 강제집행을 할 수 있으므로 중재는 재판과 동일한 효력을 갖게 된다.

④ **소송** : 앞에서 설명한 클레임 문제가 해결되지 않을 때에는 소송(litigation)에 의해서 해결하는 수밖에 다른 방법이 없다. 그러나 소송은 가능한 한 회피하는 것이 좋다. 왜냐하면 소송에 의하여 문제를 해결하자면 오랜 시일이 걸리고 소송비용, 변호사의 보수, 증인의 비용 등 많은 경비를 지불하게 된다. 뿐만 아니라 클레임을 제기한 사람과 클레임을 받는 사람의 국적 및 법의 영역이 다른 경우에는 소송의 기술적인 면에서 여러 가지 곤란한 문제가 발생하기 때문이다.

따라서 비용이 적게 들고 시간적으로 빨리 해결될 수 있는 실제적인 해결수단으로서는 상사중재제도를 활용하는 것이 좋은 방법이라고 할 수 있다.

제2절 상사중재

1. 상사중재의 개념

(1) 상사중재의 의의

국제무역 거래시 필연적으로 발생하게 되는 분쟁을 해결하는 방법은 여러 가지가 있으나, 당사자에게 중요한 것은 해결결과에 대한 구속력의 여부이다. 무역클레임 발생시 구속력을 지닌 가장 확실한 해결방법은 법원에 제소하여 법관의 법률에 의한 판단으로 분쟁을 최종적으로 해결하는 방법과 차선적인 구속력을 지닌 방법으로 중재가 있다.

중재는 국가경제의 일상 과정에서 발생하는 무수한 분쟁을 해결하는 한 수단으로서, 중재는 당사자들이 소위 중재인(arbitrator)이라고 부르는 공평한 제3자를 스스로 선정하고 그에게 자진하여 그들의 분쟁해결을 부탁하는 절차이다.

이 때 중재인은 중재판정부(arbitration tribunal)를 구성하고 회부된 분쟁을 증거와 쟁의에 의거 판정(award)하게 된다. 물론 당사자들은 사전에 중재인의 결정인 판정에 최종적으로 구속받기로 하는 합의가 있어야 한다.

다시 말해 "중재란 당사자들이 처분할 수 없는 사법상의 분쟁을 합의에 의하여 법관이 아닌 제3자(arbitrator)에게 그 해결을 위탁하고 그의 판정에 복종함으로써 분쟁을 최종적으로 해결하는 법적 절차(legal process)"이다.

이처럼 중재에 의하여 클레임을 해결하려면 반드시 양당사자간의 계약상에 중재계약(arbitration agreement)이 있어야만 한다. 중재계약은 체결시기가 분쟁의 발생 전이냐 후이냐에 따라 중재조항(arbitral clause)과 중재합의로 구분할 수 있다. 전자는 무역계약체결시에 장차 발생할지도 모르는 클레임에 대비하여 무역계약상에 중재에 관한 별도조항을 둔 경우를 말하고, 후자는 중재조항이 없는 상태에서 분쟁이 발생하였을 때에 당사자가 그 분쟁을 중재에 회부하여 해결하기로 합의하는 것을 말한다. 그러나 일단 분쟁이 발생한 후에는 합의하기 어려운 경우가 많으므로 중재계약은 주로 전자의 방법을 이용하는 것이 좋다. 따라서 중재계약에는 중재인 또는 중재기관 · 중재장소 · 중재절차 · 준거법 등이 명시되어야 유효하므로 계약서 작성시에 이 점을 유의하여야 한다.

(2) 상사중재의 장점

상사중재는 다른 해결방법, 특히 재판과 대비하여 다음과 같은 장점을 지니고 있다.

① 중재는 재판보다 신속하게 끝난다. 즉, 재판은 3심이나 중재는 단심이므로 신속히 종결되고 절차도 간략하다.

② 중재는 재판에 비하여 소송비용이 훨씬 적게 든다.

③ 중재는 판정인을 자기가 선정하므로 유익하다. 즉, 당사자들은 당해 사건에 관하여 전문적인 지식과 경험을 가진 인사들에게 중재를 부탁할 수 있는 선정권을 가지고 있기 때문에 전문가에 의한 판단을 받을 수 있다.

④ 중재는 절차가 공개되지 않으므로 기업의 명성이나 사업상의 비밀이 보장된다.

⑤ 중재판정은 외국에서도 집행된다. 즉, 법원의 판결은 주권침해문제 때문에 타국에서의 집행이 불가능하지만, 중재는 사적 계약에 의한 분쟁해결방식이며 중요국가 간에 중재협약이 체결되어 있기 때문에 이에 의하여 타국 내에서도 강제집행이 가능하게 된다.

이에 반해 중재는 다음과 같은 단점 또한 지니고 있다.

① 소송의 경우 판사는 법과 판례에 구속되므로 법적 안정성이 확보되지만, 중재의 경우 중재인은 법률에 구속됨이 없이 자기의 양식에 따라 판정하므로 판정기준이 애매하여 때로는 객관성이 결여되어 주관이 가미될 위험성이 있다.

② 중재는 단심으로 상소수단이 없기 때문에 불안요인이 된다.

③ 중재에서는 당사자가 각각 1명씩 중재인을 선임하는 것이 일반적이기 때문에 선임된 중재인은 선임해준 당사자에 대한 일종의 의리감에서 그의 이익을 위해 행동할 위험이 있다.

④ 중재에서는 한 당사자가 결석하여도 심리가 진행될 수 있기 때문에, 결석한 당사자의 입장이 완전히 무시될 위험이 있다.

하지만 중재의 이와 같은 단점에도 불구하고 중재가 지닌 많은 장점으로 인하여 국제거래의 분쟁해결방법으로 중재를 선호하고 있다.[4)]

4) 최해범 외, 전게서, pp.377~378.

2. 상사중재절차

무역클레임의 중재기관으로는 각국의 상공회의소가 그 업무를 담당하고 있으며, 우리나라에서 상사중재를 전담하고 있는 기관으로 대한상사중재원이 있다. 이 중재원은 우리나라 상사중재법에 근거를 두고 설립된 기관으로서 상사중재규칙에 의하여 중재를 맡고 있다.

대한상사중재원에 의한 중재절차는 다음과 같다.

(1) 중재계약

중재에 의하여 국제거래분쟁을 해결하고자 할 때에는 당사자 간에 중재계약(arbitration agreement)이 선행되어야 한다. 중재계약은 당사자가 중재를 합의한 서면에 기명날인, 계약서의 중재조항 기재, 서신 또는 전보에 중재조항 등이 기재되어야 한다.[5)]

(2) 중재의 신청

중재는 중재기관에 다음의 서류를 제출하여 신청하게 된다.

① 중재계약의 원본 또는 사본
② 중재신청서
③ 청구근거를 입증하는 서류
④ 대리인이 신청하는 경우에는 그 위임장의 원본
⑤ 중재요금, 비용 및 중재인 보수의 예납

(3) 중재의 수리 및 통지

중재신청인이 중재를 담당하는 기관의 사무국에 소정의 구비서류(보통 각5부)를 제출하면 사무국은 이를 접수하여 신청요건의 적정여부를 심사, 확인한 후 그 사실을 당사자 쌍방에게 서면으로 통지하게 된다.

---

5) 뉴욕협약 제2조에도 이와 동일한 취지의 규정이 기재되어 있다.

(4) 답변서의 제출

중재신청의 수리를 통지받은 피신청인은 그 통지의 발송일로부터 30일 이내에 답변할 수 있다. 그리고 답변서에는 답변의 취지, 답변의 이유 및 입증방법 등을 명백히 기재하여야 한다.

(5) 중재인의 선정

중재인은 중재에 있어서 가장 중요한 역할을 담당하게 된다. 따라서 이의 선정은 당사자가 직접 하거나 특약이 있는 경우 중재기관의 사무국이 하게 된다.

사무국이 중재인을 선정하는 경우에는 중재인단 중에서 중재인후보자 수인(보통 10인)을 선정하여 당사자에게 보내면 당사자는 각각 자기가 희망하는 중재인(보통 3인)을 표시하여 반송하고 사무국은 이를 근거로 중재인을 선임한다. 그러나 당사자의 일방이 외국인인 경우 이의 요구가 있으면 제3국인 중에서 중재인을 선정할 수 있다.

(6) 중재심판

중재판정부가 구성되면 사안의 파악 및 공정한 판정을 위하여 당사자의 심문 · 증거 · 조사 · 검증 등의 방법으로 심문절차를 진행하게 된다. 심문의 순서 · 일시 · 장소는 중재판정부가 결정한다. 그러나 사무국은 당사자에게 늦어도 5일 전에 이 결정을 통지하여야 한다.

한편 심문절차는 공개되지 않으며 중재인이 수인인 경우에는 심문에 따른 모든 결정은 그 과반수의 찬성으로 하게 된다.

(7) 중재판정

중재판정은 중재인들의 다수가결로 하게 되며 일단 판정이 절차상으로 확정되면 기판력이 발생하여 법원의 확정판결과 동일한 효력을 발휘하게 된다.

그러나 중재판정의 기판력은 본안의 종국판정에 대해서만 발생하는 것이므로 강제집행을 위하여서는 그 절차의 기본이 되는 채무명의를 얻어야 하며, 이를 위해서는 따로 법원의 집행결정을 받아야 한다.

따라서 법원의 집행판결에 의하여 중재판정의 적법성이 선언되면 이를 근거로 하여 구체적인 강제집행절차를 취할 수 있게 된다.

〈그림 17-3〉 중재절차과정도

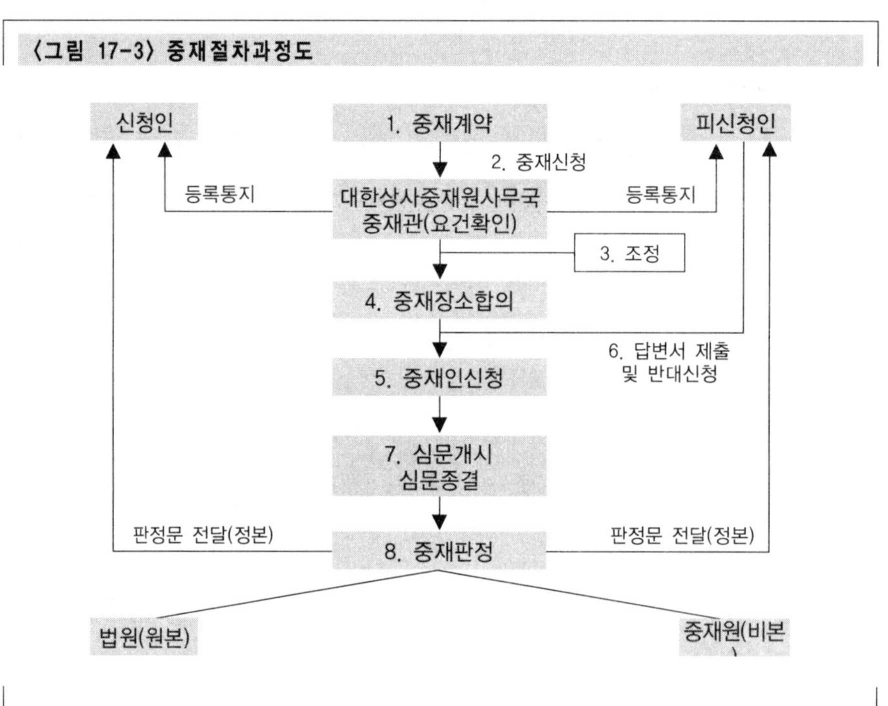

3. 중재판정의 집행

중재판정은 국내중재판정(domestic arbitral award)과 외국중재판정(foreign arbitral award)으로 나눌 수 있다. 중재판정의 이러한 구분은 판정이 내려진 장소가 외국인가 국내인가에 따라 구분하는 것을 원칙으로 하고 있다. 그러나 국가에 따라서는 판정이 외국의 영토에서 내려졌다 하더라도 그 사건의 당사자가 모두 자국인인 경우는 국내 판정을 보는 경우도 있다.

이처럼 중재판정을 국내판정과 외국판정으로 구분하는 이유는 판정이 궁극적 성질인 집행의 문제 때문이다. 국제사법적인 측면에서 본다면, 외국중재판정의 국내집행은 국내판정과는 달리 그 판정이 있기까지 적용된

해당국의 실정법 등이 상이할 수도 있기 때문에 국가마다 그에 대한 해석이 달라서 집행이 지연되거나 보류되는 어려움이 있게 된다.

(1) 국내중재판정의 집행

우리나라의 경우 국내중재판정은 당사자간에는 법원의 확정판결과 동일한 효력이 있기 때문에, 그 판정에 대한 종국성은 보장되고 있으며 그 집행도 법으로써 보장하고 있다. 그러나 중재판정은 준사법적 절차에 의한 결과이고, 또한 비법률가인 중재인에 의해 절차가 적용되었다는 점에서 그 절차에 적법성에 대한 법원의 심사를 받도록 하고 있다.

(2) 외국중재판정의 집행

우리나라의 경우에 상호주의 원칙에 따라 취급하게 되는데, 외국판정이 사법상의 과정을 준수한 것이고, 관할권이 있는 외국중재기관의 판정으로서 해당 국내에서 판정취소의 소송이 계류되어 있지 않을 것을 요하며, 민법이 규정하는 공서양속을 해하지 않는 것일 경우 집행이 허용될 수 있다.

한편 각국의 법적 상이함을 인해 섭외법적 문제들을 해결하고 있어서 집행의 어려움이 있을 수 있다. 그러나 이러한 문제점은 최근의 국제협약들에 의하여 개선되고 있는데, 외국중재판정의 집행을 위한 국제협약은 체결국간에서 외국판정의 집행을 용이하게 하기 위한 규정들을 두고 있다.

• 참고문헌

감덕식, 다국적 기업과의 한판 승부에 대비하라, LG 주간경제, 2003.

강원진, 『무역실무』, 박영사, 1995.

岡庭博, 『海運成長の理論』, ダイヤモイソト社, 1978.

강태구 · 한영일, “한국 제조기업의 국제화 과정 결정요인에 관한 실증적 연구”, 『경영학연구』, 36(1), 2007.

강한균 외, 『국제통상학원론』, 삼영사, 2008. 8.

고준성, “WTO체제의 법적구조”, 『국제통상과 WTO법』, 아시아사회과학연구원, 1996.

구종순 외, 『무역개론』, 박영사, 2007.

구종순, 『무역실무』, 박영사, 2007.

국가통계포털 자료

김경림, 『국제금융 및 자금관리론』, 법문사, 1983.

김광수 외, 『국제경영』, 박영사, 2010.

김동석, 국제합작투자의 문제점과 유의사항, 『경영법률』, 17(1-1), 2006.

김상만, Incoterms 2010의 개정내용에 대한 법적 고찰, 홍익법학, 제12권 제2호, 2011.

김세원, 『국제경제질서』, 무역경영사, 1985.

김수현, 『무역학』, 대진, 2007.

김시경, 『최신무역학개론』, 삼영사, 2007.

김정수, 『국제무역론』, 박영사, 2005.

김창봉 외 3인, 『무역학원론』, 박영사, 2007.

뉴스토마토, ‘유통업 해외진출, 성공키워드는 글로컬라이제이션’, 2012.9.20.

매일경제, 우리가 모르는 세계1등 한국기업, 2012.2.10.

매일경제, 중국을 홀린 이랜드의 비결, 2012.1.6.

매일경제, 홍진 HJC, 2012.2.15.

문병준 외, 『국제마케팅』, 비즈프레스, 2007.

박기안, 『글로벌경영론』, 무역경영사, 2007.

박의범 외, 『글로벌 경영 CASE 100』, 청람, 2011.

박철순 외(역), 글로벌시대의 국제경영, McGraw-Hill Korea.

반병길 외, 「글로벌 경영」, 박영사, 2011.

방호열 · 이언승, “국제기업 현지적응성의 결정요인과 성과에 미치는 영향”, 『국제통상연구』, 11(1), 2006.

相容芳和, 『信用狀統一規則の 解說』, 경제법령연구회, 1993.

上篇西三, 『貿易慣習』, 東洋經濟新報社(東京), 1959.
서돈옥, 『상법강의』, 법문사, 1981.
서울신문, "코리아 브랜드로 글로벌 불경기 넘는다", 2009. 1. 1.
서청석, 『신무역학원론』, 신영사, 2005.
손병해, 『경제통합의 이해』, 법문사, 2003.
손주찬, 『상법(下)』, 박영사, 1979.
송용종, 『국제통상개론』, 두남, 2008.8.
송채헌 외, 『무역경영론』, 두남, 2011.
新堀聽, 『貿易取引入門』, 일본경제신문사, 1992.
아시아경제, '헨리크림턴', 2012.9.21.
아시아경제, '한중수교 20주년 Review China', 2012. 3.8.
아시아뉴스통신, '무역한국의 새역사, 2년 연속 1조 달러 달성', 2012. 12.12.
언스트앤영(www.ey.com)
에너지경제연구원, 동북아 에너지협력 연구: 해외자원개발 전략연구, 2006.
연합뉴스, '남미, 국유화 움직임 확산', 2012. 5.3.
연합뉴스, '중국서 대박난 기업들의 성공비결', 2012.9.17.
연합뉴스, '포춘 글로벌 500대 기업', 2012. 7.10.
연합뉴스, "대미-대중 무역비중 10년만에 반대로", 2011.8.17.
연합뉴스, "한국, 미 · 일 무역의존도 계속 감소", 2007. 9. 2.
오병석, "우리나라 기업의 대중국 해외직접투자 전략에 관한 연구", 『관세학회지』, 9(2), 2008.
옥선종, 『무역관습론』, 법문사, 1984.
이규복, "해외직접투자 및 외국인 직접투자 현황과 시사점", 주간 「금융브리프」, 16(24), 2007.
이남구 외, 『국제무역개론』, 삼영사, 2008.
이명호 외, 『경영학으로의 초대』, 박영사, 2003.
이상옥, 『무역학개론』, 두남, 2008.
이승종 외, 『글로벌 경영』, 민영사, 2004.
이은섭, 『해상보험론』, 신영사, 1994.
이철 외, 『글로벌 시대의 국제 마케팅』, 학현사, 2006.
이철, 『글로벌경영』, 북넷, 2012.
이코노미조선, "수출확대 히든카드는 중소기업과 서비스업", 2013.1.1.
임석민, 『국제운송론』, 유천서원, 1992.
전순환, Incoterms 2010의 비용분배조항에 관한 연구, 통상정보연구, 제14권 3호,

2012.

전외술 외 2인, 『국제통상실무』, 신영사, 1999.

전외술 외, 「글로벌경영론」, 대명출판, 2009.

전외술, "한 · 일 해운업의 국제경쟁력에 관한 실증적 연구", 경희대학교, 1994.

전용욱 외, 글로벌경영, 문영사, 2012.

전자신문(Etnews), '우리나라 자원개발의 역사', 2011.11.23.

전창원 · 신현종, 『무역학연습』, 법문사, 1993.

조선비즈, "현지화보다 베이징 중심부 진출에 급급… 4년간 적자 1134억원", 2012. 9.22.

조선비즈, M&A와 현지화로 중국 식문화 사로잡아, 2012.5.21.

조선일보, '글로벌 한국' 어디까지 왔나, 2012. 1. 25.

조영곤 외(역), 국제경영, 시그마프레스, 2010.

조영정, "산업내 무역과 해외직접투자의 관계", 『통상정보연구』, 10(2), 2008.

지식경제부 2012년 10월 5일 보도자료(외국인 직접투자동향)

지식경제부, 2012년 3/4분기 외국인직접투자 동향, 2012.

채서일, 『마케팅조사론』, 학현사, 2004.

최해범 외, 『최신국제통상론』, 대학문화, 2001.

최해범, 『국제재무관리』, 대명, 2007.

최해범, 『현대무역학원론』, 일신사, 1996.

파이낸셜뉴스, '아세안 지역 수출 비중 크게 늘었다', 2012.10.16.

한국경제, 상의, 중기 '강소기업 도약 전략과제' 제시, 2008. 10.

한국무역협회

A. Rugman, *International as a General Theory of Foreign Direct Investment: A Reappraisal of the Literature*, Weltwirtschaftliches Archiv Review of World Economics, 116, 1980.

Adam Smith, *An Inquiry into the Nature and Causes of the Wealth of Nations*, The Modern Library, 1937, Book Ⅰ, Ch. 3; Book Ⅳ.

Adam Smith, *The Wealth of Nations*, I. M.. Dent & Sons Ltd., London, 1950.

Aharoni, Yair., *The Foreign Investment Decision Process*, Cambridge, Mass.: Harvard University, Graduate School of Business Administration, 1966.

B. Balassa, *The Theory of Economic Integration*, George Allen & Unwin, Londen, 1969.

B. Toyne and P. Wlater, *Global Marketing Management: A Strategic Perspective*, Boston: Allyn and Bacon, 1989.

C. F. Bastable, *The Theory of International Trade*, 4th ed. Macmillan & Co., Ltd., 1903.

C. P. Kindleberger, *International Economics*, Richard D. Irwin, Inc., 1982, p.114.

C. P. Kindleberger, *The Multinational Corporation*, M I T Press, 1967.

D. A. MacDougall, "British and American Exports : A Study Suggested by the Theory of Comparative Costs," *Economic Journal 61*, 1951.

D. E. Welch and L. S. Welch, "In the Internationalization Process and Networks : A Strategic management Perspective, *Journal of International Marketing*, 4. 1996.

D. Hume, *Of the Balance of Trade*, reprinted in Barry Eichengreen, ed., The Gold Standard in Theory and History, Methuen, 1985.

D. P. Kircher, *Now the Transnational Enterprise*, Harvard Business Review, March-April, 1964.

David A. Aaker, *Managing Brand Equity*(New York: The Free Press, 1991).

David Ames Wells, *Practical economics: A collection of essays respecting certain of the recent economic experiences of the United States*, Greenwood Press(New York), 1968.

David E. Lilienthal, "Management of Multinational Corporation", in Melvin Anshen and G. L. Bach Editors, *Management and Corporation*, New York, McGrawHill Book Company, 1960.

David Ricardo, *The Principles of Political Economy and Taxation*, Homewood, IL:Irwin, 1963.

E. F. Heckscher, "The Effect of Foreign Trade on the Distribution of Income", *Ekonomist Tidskrkft*, vol. 21, 1919.

E. J. Kolde, *International Business Enterprise*, Prentice Hall, 1973.

E. S. Bradford, *Marketing Research*, 1951.

F. Knickerbocker, *Oligopolistic Reaction and Multinational Enterprise*, Boston, Mass: Harvard Univ. Press, 1973.

G. Albaum, *International Marketing and Export Marketing*, MA: Addison- Wesley Co., 1989.

G. C. Hufbauer, *Synthetic Materials and the Theory of International Trade*, Gerald Duckworth & Co. Ltd., London, 1996.

G. H. Clee and A. Diescipio, *Creating a World Enterprise*, Harvard Business Review, Nov. - Dec, 1959.

G. Haberler, *The Theory of International Trade*. W. Hodge and Company, London, 1936.

G. Hooper, *The Law of International Trade*, Sweet & Marwell Co., Oxford, 1970.

G. Myrdal, *An International Economy*, Harper & Row, 1964.

G. Myrdal, *An International Economy*, Harper and Row, 1956.

Glenm C. Walter, Wayne D. Norvell and Sam J. Brune, *Basic Marketing: A*

Situational Orientation, 1988.

H. G. Grubel and P. J. Lloyd, *Intra-Industry Trade*: The MaCmillan Press, Ltd., 1975.

H. W. Singer, "The Distribution of Gains between Investing and Borrowing Countries", *American Economic Review*, Papers and Proceedings 40, No.2, 1950.

I.C.C., *Incoterms 1953*, The purpose § 3.

Ingo Walter, "Non-tariff Barriers and the Export Performance of Developing Countries", *The American Economic Review*, 1971.

J. Bleeke and D. Ernst, *Collaborating to compete: Using strategic alliances ad acquisitions in the global marketplace*, John Wiley & Sons Inc. 1993.

J. Fayerweather, *International Business Management: A Conceptual Framework*, McGraw-Hill, 1969.

J. Gregory & J. Wiechmann, *Branding Across Borders*(Chicago: McGraw-Hill, 2002).

J. H. Dunning, *Toward an Eclectic Theory of International Production*, Journal of International Business Studies, Spring-Summer 1988.

J. J. Wild, K. I. Wild, and C. Y. Han, op. cit..

J. Johanson and F. Wiedersheim-Palu, The Internationalization of Firm-Four Swedish Case, *The Journal of Management Studies*, Oct., 1975.

J. Johanson and J. E. Vahlne, The Internationalization Process of the Firm-A Model of Knowledge Development and Increasing Foreign Market Commitments, *Journal of International Business Studies*, Spring/Summer, 1977.

J. Johanson and J. E. Vahlne, The Mechanism of Internationalization, *International Marketing Review*, 7(4), 1990.

J. K. Jackson, W. J. Davey & A. O. Sykes, Jr., *Legal Problems of International Economic Relations*, West Publishing Co., 1995.

J. N. Bhagwati, "Immiserizing Growth: A Geometric Note", *Review of Economic Studies 25*, 1958, pp.201-205. & J. N. Bhagwati, "Distortions and Immiserizing Growth : A Generalization", *Review of Economic Studies 35*, 1968.

J. R. Hicks, *Essays in World Economics*, 1959.

J. Tinbergen, *International Economic Integration Amsterdam*, North Holland, 1965.

James A. Dobkin, *Transnational Joint Ventures: A Legal and Practical Overview*, 8(2), JPEOPR 3.

K. Kojima, *Direct Foreign Investment: A Japanese Model of Multinational Operations*, Croom Helm, 1978.

L. B. Kravis, "Availability and other Influences on the Commodity Composition of Trade", *Journal of Political Economy*, 1956.

Lee. D. Dahringer and H. Mhlbacher, *Global Marketing: A Global Perspective*, Reading, MA: Addison-Wesley, 1991.

Louis W. Stern and Adel I. EL-Ansary, *Marketing Channels*, 3rd ed., Englewood Cliffs, N.J.: prentice-Hall, 1976.

M. A. Davis, *The Documentary Credits Handbook*, Woodhead-Faulkner, New York, 1989.

M. C. Kemp, The Mill-Bastable Infant Industry Dogma, *Journal of Political Economy*, vol. 68, 1960.

M. Chacholiades, *International Trade Theory and Policy*, McGraw-Hill, Inc., 1978.

M. Chacholiades, *Principles of International Economics*, McGraw-Hill Book Company, 1981.

M. Czinkota and I. Ronkainen, *Global Marketing*, Orland: The Dryden Press, 1996.

McGovern, *International Trade Regulation*, Globefield Press, 1995.

Ogbuehi, A. O. & T. A. Longfellow, "Perceptions of U.S. manufacturing companies concerning exporting," *Journal of Small Business Management*, October, 1994.

P. B. Kenen, *International Economics*, Prentice-Hall Inc., Englewood Cliffs, New Jersey, 1964.

P. Buckley, J. Clegg, N. Forsans and K. Reilly, Evolution of FDI in the US in the context of trade liberalization and regionalization, *Journal of Business Research*, 56, 2003.

P. Dicken, *Global Shift: The Internationalization of Economic Activity*, 3rd ed.: London, Paul Chapman Publishing Ltd., 1998.

P. H. Lindert and C. P. Kindleberger, *International Economics*, Richard D. Irwin, Inc., 1982.

P. J. Buckley, G. D. Newbold and J. C. Thurwell, *Foreign Direct Investment by Smaller UK Firms: The Success and Failure of First-time Investor*, London, Macmillan, 1988.

P. M. Sweezy, "Foreign Investment", American Business Review, Jan, 1965.

Paul Engels, *International Carriage of Goods*, ed., by Julian D. M. Lew, in International Trade : Lawand Practice, Euromoney, 1983.

Peter J. Buckley and M. Casson, *The Future of Multinational Enterprise*, Basingstoke and London, Macmillan, 1976.

Philip R. Cateora, *International Marketing*, Seventh ed., Richard D. Irwin, Inc., 1990.

Philippines: Nippon Pigment Provides Compounding Technology, Japan Chemical Week, September 11.

R. H. Coase, "The Nature of the Firm", Economic N.S.4, 1937, pp.386~405. Reprinted in G. H. Stigler and K. E. Boulding(eds.), *reading in Price Theory*. Homewood, Ill.:Richard D. Irwin, 1952.

R. N. Farmer and B. M. Richman, *Interrnational Business: An Operational Theory*, Homewood Ⅲ.: Richard D. Irwin, 1966.

R. Prebisch, "Commercial Policy in the Underdeveloped Countries", *American Economic Review*, Papers and Proceedings 49, No.2, 1959.

R. Prebisch, *Toward a new trade Policy for development*, Geneva, UN, 1964.

R. Vernon, International Investment and International Trade in Product Cycle, *Quarterly Journal of Economics*, May, 1960.

R. Vernon, Sovereignty at Bay, New York, 1973.

Rennie, M. W., Born Global, *The McKinsey Quarterly*, No.4, 1993.

Richard D. Robinson, Ownership Across National Frontiers, *Industrial Management Review*, (Fall), 1969.

Robert E. Baldwin, *Multilateral Liberalization, The Uruguay Round : A Handbook for the Multilateral Trade Negotiation*, The World Bank, 1987.

S. B. Linder, *An Essay on Trade and Transformation*, John Wiley and Sons, 1961.

S. H. Hymer, *United States Investment Aboard*, in Peter Drysdale ed., *Direct foreign Investment in Asia and Pacific*, Australian National Unvi. Press, 1970.

S. Hirsh, The product cycle model of international trade : a multicountry cross-section analysis, *Oxford Bulletin of Economics and Statistic*, 37, 1975.

S. P. Douglas and C. S. Craig, C. S., *Global Marketing Strategy*, McGraw- Hill, 1995.

S. Root, *Market Expansion and Firm Internationalization*, in E. Kaynak (ed.), International Marketing Management(New York, Praeger), 1984.

S. Tamer Cavusgil and Ed Sikora, "How Multinationals Can Counter Gray Market Imports", *Columbia Journal of World Business*, 23, 1988.

Marketing News, Segmentation strategies create new pressure among marketers", *Marketing News*, 28 March, 1986.

T. Frost, *The Geographic Sources of Foreign Subsidiaries' Innovations*, Strategic Management Journal, 22, 2002.

T. Gao, The Contingency Framework of Foreign Entry Mode Decisions: Locating and Reinforcing the Weakest Link, *Multinational Business Review*, 12, 2004.

T. N. Rybczynski, "Factor Endowment and Relative Commodity Prices", *Economica*, 1955.

The Marine Insurance Act, 1906, Marine Insurance defined 1.

UNCTAD, *Protectionism and Structural Adjustment*, 1982.

UNCTAD, *United Nations Convention on International Multimodal Transport of Goods, 1980, Article 1 Paragraph 4, Article 10.*

UNCTAD, *United Nations Convention on International Multimodal Transport of Goods*, 1980, Article 1. & UNCTAD/ICC, *Rules for Multimodal Transport Documents*, 1991, Rule 2-1.

V. Terpstra, *International Marketing*, 3rd ed., Hinsdale, Dryden Press, Illinois, 1988.

W. F. Stolper and P. A. Samuelson, "Protection and Real Wages", *Review of Economic Studies*, 1941.

W. Gruber, Metha and R. Vernon, "The Factor in International Trade and International Investment of United States Industries", *Journal of Political Economy*, February 1967.

W. L. Hill, Charles, *Global Business Today*, McGraw-Hill, 1998.

W. M. Corden, *The Theory of Protection*, Oxford University Press, 1971.

W. W. Leontief, "Domestic Production and Foreign Trade : The American Capital Position Re- examined", *Economic International*, vol. 7(February), 1954.

Wild, John J., Wild, Kenneth L. and Han, Jerry C. Y., *International Business*, Prentice-Hall, 2000.

Y. Aharoni, *The Foreign Investment Decision Process*, Boston: Division of Research, Graduate School of business Administration, Harvard University, 1969.

• 찾아보기

ㄱ

ㅅ

A

B

C

D

E

U

V

W

저자약력

최해범(崔海範)

부산대학교 경제학과 졸업
부산대학교 대학원 경제학과 졸업(경제학 석사)
부산대학교 대학원 경제학과 졸업(경제학 박사)
제23회 행정고시 합격(1979)
재무부, 관세청(1980~1987.2)
경남신문 논설위원
창원대학교 경상대학장 겸 경영대학원장 역임
창원대학교 교무처장 역임(총장 직무대행)
현) 창원대학교 국제무역학과 교수

〈주요저서 및 논문〉
경제학원론(박영사, 공저)
무역학원론(일신사)
최신국제통상론(대학문화, 공저)
한국 관세체제의 산업보호효과
국제수지의 화폐론적 접근법
한국의 여신변화와 국제수지 및 환율과의 상호관계 분석
산업기지개발의 지역파급효과 측정
외환선물거래의 헷징효과에 관한 분석
1990년대 이후 한국무역의 구조분석
Exchange Rate Trends, Portfolio Balance, and Relative Prices 외 다수

전외술(全外述)

경희대학교 무역학과 졸업
경희대학교 대학원 무역학과 졸업(경제학 박사)
일본 국립가나자와대학교 객원연구원
경희대학교 경제통상학부 교수
위덕대학교 경영학부 교수
행정안전부 7급 공무원 선정 및 출제위원(무역학)
현) 창원대학교 국제무역학과 교수
창원대학교 평생교육원 부원장

〈주요저서 및 논문〉
북한정치경제론(신영사, 공저)
국제통상실무(신영사, 공저)
글로벌경영(민영사, 공저)
글로벌경영론(대명, 공저)
온라인 쇼핑몰에 있어 서비스품질이 구매의도에 미치는 영향에 관한 연구
은행고객들의 수익성향상을 위한 서비스품질과 충성도의 관계
What caused the ICT Progress? 외 다수

최신 무역학원론 : 개정판

초　판 1쇄 발행 — 2009년 2월 25일
개정판 1쇄 발행 — 2013년 2월 28일
개정판 2쇄 발행 — 2014년 2월 25일
지은이 — 최 해 범 · 전 외 술
펴낸이 — 전 두 표
펴낸곳 — 도서출판 두남
서울시 강동구 성내로6길 34-16 두남빌딩
신 고 : 제25100-1988-9호
TEL : 02) 478-2065, 2066, 2067, 2311
FAX : 02) 478-2068
E-mail : dunam1@unitel.co.kr
http://www.dunam.co.kr

정가 29,000원

ISBN 978-89-6414-399-5　93320